Nuestros cuerpos, sus batallas

Christina Lamb

Nuestros cuerpos, sus batallas

Lo que la guerra hace a las mujeres

TRADUCCIÓN DE
MARGARITA ESTAPÉ

PRINCIPAL

Primera edición: octubre de 2021
Título original: *Our Bodies, Their Battlefield. What War Does to Women*

© Christina Lamb, 2020
© de la traducción, Margarita Estapé, 2021
© de esta edición, Futurbox Project, S. L., 2021
Todos los derechos reservados.

Corrección: Carmen Romero y Benjamí Heras
Diseño de cubierta: Taller de los Libros

Publicado por Principal de los Libros
C/ Aragó, 287, 2.º 1.ª
08009, Barcelona
info@principaldeloslibros.com
www.principaldeloslibros.com

ISBN: 978-84-18216-26-8
THEMA: DNXR
Depósito Legal: B 15626-2021
Preimpresión: Taller de los Libros
Impresión y encuadernación: Liberdúplex
Impreso en España — *Printed in Spain*

Hemos dado lo más preciado que poseíamos y hemos muerto por dentro muchas veces, pero no encontraréis nuestros nombres grabados en monumentos o memoriales de guerra.

Aisha, superviviente de violación
de la guerra de Bangladés de 1971

Índice

Mapas

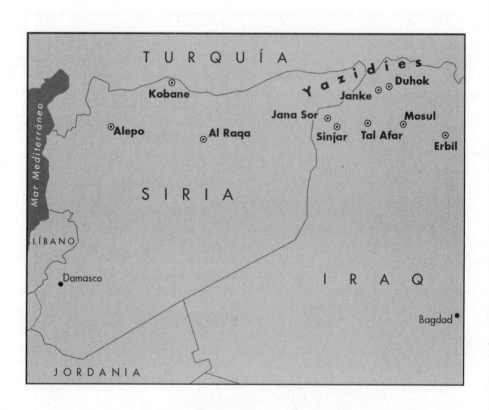

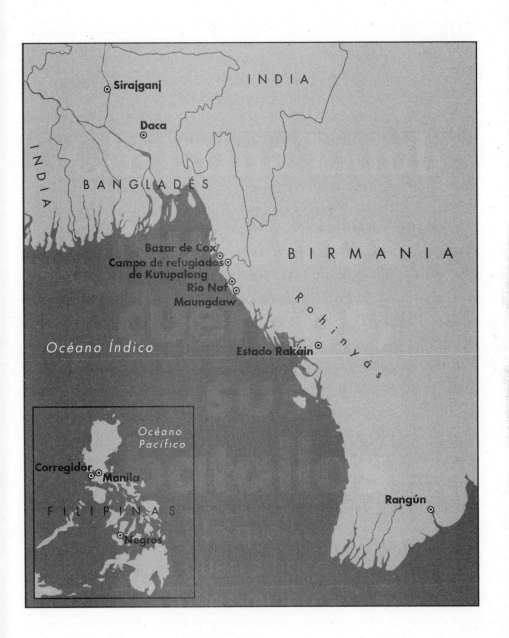

Prólogo

La niña que fui

Pusieron los nombres en un cuenco y empezó el sorteo. Diez nombres, diez chicas que temblaban como gatitos atrapados debajo del goteo de un grifo. Para ellas, no se trataba de una mera tómbola. Los hombres que extraían los papeles eran yihadistas del Estado Islámico y cada uno de ellos se llevaría a una chica como esclava.

Naima se miraba la manos mientras la sangre le latía en los oídos. A su lado había una chica más joven que ella. Debía de tener unos catorce años y gimoteaba de miedo, cuando Naima intentó darle la mano, uno de los hombres le pegó un latigazo con su cinturón para separarlas.

El hombre era más viejo y corpulento que los demás. Naima calculó que tendría unos sesenta años. Su vientre sobresalía por encima del pantalón y su boca tenía un rictus cruel. En aquel momento, Naima llevaba nueve meses de cautiverio a manos del Estado Islámico. Sabía que ninguno era bueno, pero rezaba para que no fuese él quien sacase su nombre.

«Naima». El hombre que leyó su nombre se llamaba Abu Danoon. Parecía más joven, casi como su hermano, y el vello en su barbilla todavía era pelusa; a lo mejor no albergaba tanta crueldad en su corazón.

El sorteo continuó. Al hombre grueso le había tocado la chica joven que estaba al lado de Naima. Sin embargo, dijo algo a los demás en árabe, sacó dos billetes nuevos de cien dólares y los lanzó sobre la mesa. Abu Danoon se encogió de hombros, guardó el dinero y entregó su trozo de papel.

19

Unos minutos más tarde, el hombre grueso la hizo subir a su Land Cruiser negro y la llevó por las calles de Mosul, ciudad que antaño soñaba con visitar, pero que ahora se había convertido en la capital de esos monstruos que habían invadido su patria y la habían secuestrado junto a seis de sus hermanos, entre otros miles de personas.

Miró a través de las ventanillas tintadas. Un anciano sentado en un carro fustigaba a un asno para hacerlo avanzar y la gente hacía la compra, aunque todas las mujeres en la calle llevaban el hiyab negro. Era extraño ver cómo la vida cotidiana proseguía para otras personas, casi como si fuera una película.

Su secuestrador era un iraquí llamado Abdul Hasib y era mulá. Los religiosos eran los peores.

«Me hizo de todo», contó más tarde. «Me pegó, me obligó a tener relaciones sexuales, me tiró del pelo, todo... Yo me resistía, así que me forzó y me golpeó. Me decía: "Eres mi *sabaya*", mi esclava».

»Después, me quedaba acostada e intentaba que mi mente flotase por encima de mi cuerpo, como si aquello estuviese ocurriéndole a otra persona, para que no pudiese robármelo todo.

»Abdul Hasib tenía dos esposas y una hija, pero no hicieron nada por ayudarme. Cuando no me obligaba a mantener relaciones con él, tenía que encargarme de todas las tareas de la casa. Un día, mientras fregaba los platos, una de las esposas me hizo tomarme una pastilla: algún tipo de viagra. También me daban anticonceptivos».

Su único momento de alivio se producía cada diez días, cuando el mulá viajaba a Siria para visitar la otra mitad del califato.

Después de aproximadamente un mes, Abdul Hasib la vendió por cuatro mil quinientos dólares a otro iraquí llamado Abu Ahla. Sacó una buena tajada.

«Abu Ahla gestionaba una fábrica de cemento y tenía dos esposas y nueve hijos. Dos de sus hijos eran yihadistas del Estado Islámico. Se repitió la misma historia; me obligaba a tener relaciones sexuales, pero luego me llevó a casa de su amigo Abu Suleiman y me vendió por ocho mil dólares. Abu Suleiman me vendió a Abu Daud y este me retuvo una semana antes de venderme a Abu Faisal, que fabricaba bombas en Mosul. Me violó durante veinte días y luego me vendió a Abu Badr».

En total, Naima fue vendida a doce hombres. Los enumera uno por uno, con sus nombres de guerra y sus nombres reales e incluso los de sus hijos. Se obligó a memorizar sus nombres porque estaba decidida a hacérselo pagar.

«Lo peor de todo era que me vendieran de uno a otro, como si fuésemos cabras», dijo. «Intenté suicidarme, arrojándome desde un coche en marcha. En otra ocasión, encontré unas pastillas y me las tomé todas. Pero igualmente desperté. Creí que ni siquiera la muerte me quería».

Estoy escribiendo un libro sobre la violación en tiempos de guerra. La violación es el arma más barata de la que se tenga constancia. Aniquila a las familias y vacía los pueblos. Transforma en parias a chicas, que desean acabar con sus vidas cuando estas apenas acaban de empezar. Engendra niños que suponen un recordatorio diario para sus madres del suplicio que pasaron y que a menudo su comunidad rechaza por ser «mala sangre». Además, casi siempre se ignora en los libros de historia.

Siempre que pienso que no puede existir una historia más terrible, conozco a alguien como Naima. Parecía una adolescente, vestida con vaqueros y camisa de cuadros, enfundada en unas deportivas negras y con el pelo castaño recogido en una cola de caballo que enmarcaba aquel rostro pálido y limpio, aunque en realidad tenía veintidós años y la habían secuestrado poco después de cumplir los dieciocho. Nos sentamos en cojines en su tienda, barrida con esmero, en el campamento de Janke, cerca de la ciudad de Dohuk, en el norte de Iraq. Hileras de tiendas blancas se habían convertido en el hogar improvisado de miles de yazidíes. Estuvimos hablando durante horas. Una vez que empezó, no quería parar de hablar. Y, aunque de vez en cuando se reía al explicarme las pequeñas venganzas que consiguió infligir a sus secuestradores, nunca sonreía.

Antes de que me fuese, le dio la vuelta a su móvil para enseñarme una foto de pasaporte protegida por la funda. Era un retrato de ella, sonriente, en su época escolar; lo único que le quedaba de una infancia en la que jamás había oído hablar de la palabra «violación». «Necesito creer que sigo siendo esa niña», dijo.

Tal vez el lector piense que la violación es algo que «siempre ha ocurrido en la guerra», que va de la mano con el saqueo. Desde que el hombre va a la guerra, ha dispuesto de las mujeres a su antojo, tanto para humillar a su enemigo como para ejercer su venganza, satisfacer su deseo o simplemente porque podía hacerlo: la violación es tan habitual en tiempos de guerra que en inglés se habla de la violación de una ciudad para describir su destrucción gratuita.

Como una de las pocas mujeres en un ámbito mayoritariamente masculino, me convertí en corresponsal de guerra por casualidad y lo que me interesaba no eran las explosiones, sino lo que ocurría detrás del frente: la manera en la que la gente sigue con sus vidas, alimentando, educando y protegiendo a sus hijos y dando cobijo a sus ancianos mientras a su alrededor se desata el infierno.

La madre afgana que me contó cómo rascaba musgo de las rocas para alimentar a sus hijos mientras los guiaba por las colinas para escapar de los bombardeos. Las madres durante el asedio a la antigua ciudad de Alepo oriental, que hacían bocadillos para sus hijos con harina frita y hojas de forraje, y los calentaban quemando muebles o marcos de ventanas mientras caían bombas a su alrededor y las calles se transformaban en ceniza. Las mujeres rohinyás que atravesaron bosques y ríos con sus bebés a cuestas para ponerlos a salvo, después de que los soldados birmanos masacrasen a los hombres e incendiasen sus chozas.

No encontraremos los nombres de estas mujeres en los libros de historia o en los monumentos en memoria de los caídos en guerra, que vislumbramos desde los vagones de tren o cuando cruzamos nuestros centros urbanos, pero para mí son las verdaderas heroínas.

Mientras más ejerzo este oficio, más inquieta me siento, y no solo por los horrores que he presenciado, sino porque me da la impresión de que solo oímos la mitad de la historia, tal vez porque los que recogen los testimonios suelen ser hombres. Incluso ahora, son los hombres quienes narran las historias de esos conflictos en la mayoría de las ocasiones. Hombres que escriben sobre hombres. Y, a veces, mujeres que escriben sobre hombres. Demasiado a menudo se marginan las voces de las mujeres. Durante la primera parte de la guerra de Iraq en 2003, hasta la caída de Sadam Huseín, fui una de las seis corresponsales en la zona para mi periódico, el *Sunday Times*. Más tarde, cuando leí los artículos de mis colegas, tres hombres y una de las dos mujeres que habían estado allí no citaron a una sola mujer iraquí. Fue como si no existieran.

No son solo los escritores los que ven el terreno de la guerra como exclusivamente masculino. A menudo, se excluye a las mujeres de las negociaciones para poner fin a las guerras, aun cuando infinidad de estudios han demostrado que los acuerdos de paz tienen más probabilidades de perdurar si las mujeres participan.

Solía pensar que, como mujeres, estábamos más seguras en una zona de guerra, que existía cierto respeto honorable hacia nosotras. Pero no hay honor entre los grupos terroristas y los mercaderes del mal. Hoy parece obvio que en muchas de las zonas conflictivas es más peligroso ser mujer. Durante los últimos cinco años, he presenciado, en un país tras otro, más brutalidad hacia las mujeres que durante tres décadas como corresponsal en el extranjero.

Basta con visitar las mejores galerías de arte del mundo u hojear los clásicos para percatarse de que la violación en tiempos de guerra no es nada nuevo. El primer libro de historia de

Occidente, escrito por Heródoto, empieza con una serie de secuestros de mujeres por los fenicios, luego los griegos y, por último, los troyanos que secuestran a Helena, lo que inicia la invasión griega de Asia y las represalias persas. «Las mujeres, obviamente, no habrían sido secuestradas si no lo hubiesen deseado», declara Heródoto, en un indicio precoz de cómo los hombres iban a escribir la historia. En la *Ilíada* de Homero, el general griego Agamenón promete a Aquiles abundantes mujeres si captura Troya: «[...] si los dioses nos permiten saquear la gran ciudad de Príamo, déjale que elija a veinte mujeres troyanas para sí mismo». De hecho, la disputa entre los dos hombres se debe a que Agamenón se ve obligado a renunciar a la esclava que obtuvo como «premio» e intenta quedarse con la de Aquiles.

La violación y el saqueo eran un modo de recompensar a los soldados no remunerados. También permitía a un conquistador enfatizar la victoria castigando y subyugando a los rivales, lo que los romanos denominaron *vae victis* ('¡ay de los vencidos!').

Esta costumbre no se limitaba solo a la Antigüedad. Si seguimos a los griegos antiguos, a los persas y romanos, desde Alejandro Magno y la estela de niños rubios y de ojos azules que dejó en Asia Central, a las mujeres utilizadas para el «solaz» del Ejército Imperial japonés y las violaciones masivas de mujeres alemanas a manos del Ejército Rojo durante la Segunda Guerra Mundial, nos percataremos de que las mujeres han sido consideradas botines de guerra durante mucho tiempo.

«El descubrimiento del hombre de que sus genitales podían usarse como arma para inspirar terror debe figurar entre uno de los más importantes de la prehistoria, junto al uso del fuego y la primera piedra sílex», concluyó la escritora norteamericana Susan Brownmiller en su relato rompedor sobre la violación, *Contra nuestra voluntad*, publicado originalmente en 1975.

La violación es un arma de guerra como el machete, el garrote o el AK-47. En los últimos años, grupos étnicos y sectarios, de Bosnia a Ruanda, de Iraq a Nigeria, de Colombia a la República Centroafricana, han utilizado la violación como una estrategia deliberada, casi como un arma de destrucción masiva, no solo para destruir la dignidad y aterrorizar a las comunidades, sino para exterminar las etnias consideradas rivales o a los no creyentes.

«Conquistaremos vuestra Roma, romperemos vuestras cruces y esclavizaremos a vuestras mujeres», advirtió Abu Mohammad al-Adnani, portavoz del Estado Islámico, en un mensaje dirigido a Occidente cuando los yihadistas del Estado Islámico entraron en el norte de Iraq y en Siria en 2014, donde secuestraron a miles de chicas como Naima.

Una amenaza similar profirió Boko Haram, un grupo terrorista todavía más letal, cuando asaltó pueblos en el norte de Nigeria: mató a los hombres y capturó a chicas como «esposas de la selva» para retenerlas en campamentos destinados a producir prole, una nueva generación de yihadistas en lo que parece una espeluznante versión en la vida real de *El cuento de la criada* de Margaret Atwood.

«He secuestrado a vuestras mujeres [...]. Las venderé en el mercado, en nombre de Alá», declaró Abubakar Shekau, después de secuestrar a centenares de niñas. «Casaré a una niña de doce años. Casaré a una niña de nueve».

He oído relatos inimaginables de boca de mujeres y, mientras me esforzaba por hacerles justicia a la hora de transmitirlos a los lectores de mi periódico, me preguntaba una y otra vez: ¿cómo puede seguir ocurriendo?

La naturaleza íntima de la violación significa que generalmente suele estar infradenunciada, y mucho más en las zonas de conflicto donde las represalias son probables, la estigmatización es común y las pruebas son difíciles de obtener. A diferencia de los asesinatos, las violaciones no dejan cadáveres y son difíciles de cuantificar.

Pero incluso allí donde sabemos que ocurre, donde hay mujeres valientes que dan el paso para describir su calvario, raras veces se emprenden acciones. Casi parece como si la violación se trivializase y se considerara aceptable cuando ocurría en tiempos de guerra, particularmente en lugares remotos. O como si no quisiéramos saber. A veces, tras poner el punto final y enviar mis reportajes, los redactores me decían que eran demasiado duros para los lectores o incluían una etiqueta de «contenido perturbador» en la parte superior de la pieza.

Para mi sorpresa, el primer juicio por violación como crimen de guerra no tuvo lugar hasta 1998.

Estaba convencida de que la violación en tiempos de guerra había sido ilegal durante siglos. El primer juicio que encontré se celebró en la ciudad alemana de Breisach en 1474, cuando Pedro de Hagenbach, caballero que trabajaba para el duque de Borgoña, fue condenado por la violación «de las leyes de Dios y de los hombres», después de cinco años de reinado de terror en los que había violado y matado a civiles en el valle del Alto Rin. Rechazaron su defensa, según la cual «solo estaba cumpliendo órdenes» y fue ejecutado. Algunos describen el jurado de veintiocho hombres formado por el archiduque de Austria como el primer tribunal penal internacional; otros sostienen que no se trataban de violaciones en tiempos de guerra porque no había conflicto alguno.

Uno de los primeros esfuerzos globales por codificar las leyes de guerra se oponía a la arraigada opinión de que la violación era una consecuencia inevitable del conflicto. La Orden General n.º 100 del presidente Abraham Lincoln, también conocida como Código Lieber, publicada en 1863 para dictar el comportamiento de los soldados de la Unión en la guerra civil estadounidense, prohibía estrictamente la violación «bajo pena de muerte».

En 1919, se creó una Comisión de las Responsabilidades como respuesta a las atrocidades de la Primera Guerra Mundial, incluyendo la masacre de cientos de miles de armenios a manos de los turcos. La violación y la prostitución forzosa encabezaban una lista de treinta y dos crímenes de guerra.

Esta dinámica no desapareció en la Segunda Guerra Mundial. La indignación provocada por los horrores de la guerra, cuando todas las partes del conflicto fueron acusadas de violación, hizo que los vencedores creasen los primeros tribunales internacionales en Núremberg y Tokio para procesar estos crímenes. Sin embargo, no se produjo ni un solo juicio por violencia sexual.

Ni siquiera una disculpa. Por el contrario, silencio. Silencio sobre la esclavitud sexual de las mujeres de consuelo. Silencio sobre las miles de mujeres alemanas violadas por las tropas de Stalin de las que no leí nada en mis libros de historia en el colegio. Silencio también en España, donde los falangistas del general Franco violaron a las mujeres y marcaron sus pechos.

Durante demasiado tiempo, esta reacción se ha repetido cada vez. La violación de guerra se aceptaba tácitamente y se cometía con impunidad, mientras los jefes militares y los dirigentes políticos se lavaban las manos, como si se tratase de una cuestión secundaria. O se negaba que hubiese ocurrido.

El segundo párrafo del artículo 27 de la Convención de Ginebra, adoptada en 1949, afirma: «Las mujeres serán especialmente protegidas contra todo atentado a su honor y, en particular, contra la violación, la prostitución forzada y todo atentado a su pudor».

Durante décadas, la violación ha sido el crimen de guerra más olvidado en todo el mundo. Tuvieron que volver los campos de violación en el corazón de Europa para que el tema mereciese atención internacional. Como mucha gente, la primera vez que oí hablar de violencia sexual en tiempos de conflicto fue en los años noventa, durante la guerra de Bosnia.

La indignación subsiguiente sugirió que había llegado el final de la aceptación tácita de la violación en tiempos de guerra. En 1998, el mismo año de la primera condena, la violación como crimen de guerra se recogió en el Estatuto de Roma que establecía el Tribunal Penal Internacional.

El 19 de junio de 2008, el Consejo de Seguridad de las Naciones Unidas aprobó por unanimidad la Resolución 1820 acerca del uso de la violencia sexual en la guerra, donde se indicaba que «la violación y otras formas de violencia sexual pueden constituir un crimen de guerra, un crimen contra la humanidad o un acto constitutivo de genocidio».

Un año más tarde, se creó la Oficina del Representante Especial del Secretario General de la ONU sobre la Violencia Sexual en los Conflictos.

No obstante, veintiún años después de su creación, el Tribunal Penal Internacional no había dictado ni una sola condena por violación en tiempos de guerra. A excepción de una, que se revocó en la apelación.

Incluir estos crímenes en los libros estatutarios es un comienzo, pero no garantiza su aplicación ni una investigación adecuada. Por su propia naturaleza, estos crímenes a menudo no tienen testigos ni hay constancia escrita de las órdenes directas, y es difícil para las víctimas demostrar los hechos o incluso admitir lo que ha sucedido. El hecho de que los investigadores a menudo sean hombres tampoco ayuda, puesto que no siempre saben obtener testimonios en temas tan sensibles. Los oficiales encargados de la toma de decisiones son fiscales o jueces que no consideran la violencia sexual como una prioridad en comparación con las masacres y a veces incluso sugieren que las mujeres «se lo habían buscado».

Lamentablemente, el hecho de que la comunidad internacional reconozca ahora que la violencia sexual se utiliza a menudo como una estrategia militar deliberada, que puede juzgarse en los tribunales, no ha cambiado nada en muchos lugares del planeta. El informe de 2018 de la representante especial de la ONU sobre violencia sexual en los conflictos enumeraba diecinueve países donde se violaba a las mujeres en tiempos de guerra y nombraba doce fuerzas militares y policiales nacionales, y a treinta y nueve actores no estatales. El informe constataba que esta lista no era en absoluto exhaustiva, pero incluía «los lugares donde se disponía de información fidedigna».

Y después llegó el #MeToo. Para muchos de nosotros, el año 2017 será recordado como un punto de inflexión a la hora de hablar sobre la violencia sexual. La aparición del movimiento #MeToo, a raíz de las alegaciones de una serie de actrices y de asistentas de producción contra el productor de Hollywood Harvey Weinstein, suprimió la culpabilidad y la vergüenza que sentían tantas mujeres agredidas y las animó a denunciar abiertamente lo que les había sucedido.

Como muchas mujeres, seguí el movimiento #MeToo con una mezcla de deleite y horror. Deleite porque tantas mujeres tomaran la palabra y se negaran a seguir sufriendo el acoso que muchas mujeres de mediana edad dábamos por sentado. Horror al confirmar la altísima prevalencia de la violencia sexual: una mujer de cada tres es víctima de violencia sexual a lo largo de su vida. La violencia sexual no conoce raza, ni clase, ni fronteras: ocurre en todas partes.

Por otra parte, también sentí cierto malestar. ¿Qué pasa con las mujeres que no tienen recursos para pagar abogados o acceso a los medios de comunicación? ¿Qué pasa con las mujeres de países donde la violación es utilizada como un arma?

Como pudimos observar en las acusaciones contra Harvey Weinstein, incluso las mujeres fuertes e independientes del Occidente liberal que denuncian a los depredadores sexuales lo hacen con extrema dificultad y no poco miedo. A menudo la prensa se muestra extremadamente dura con ellas y tienen que esconderse, como le ocurrió a la doctora Christine Blasey Ford, la abogada que acusó a Brett Kavanaugh, candidato a juez del Tribunal Supremo estadounidense, de haberla agredido cuando era adolescente.

Imaginen pues a las mujeres que no tienen dinero ni educación y viven en países donde quienes detentan el poder lo hacen con fusiles y machetes. No tienen acceso a terapia de violación o compensaciones. Por el contrario, a menudo son ellas las condenadas. Condenadas a toda una vida de trauma y de noches de insomnio, problemas para relacionarse, por no hablar del daño físico, y a veces a una existencia sin hijos; incluso al ostracismo por parte de sus comunidades, algo que una víctima describió como un «asesinato lento».

En todo el mundo, el cuerpo de la mujer sigue siendo un campo de batalla y centenares de miles de mujeres padecen las heridas invisibles de la guerra.

Por ello, decidí narrar algunas de las historias de esas mujeres con sus propias palabras. Sería el principio de un viaje sobrecogedor por África, Asia, Europa y América del Sur para explorar algunos de los actos más oscuros de la humanidad. Cuantos más lugares visitaba, más me convencía de que la violación prevalecía a causa del fracaso reiterado de la comunidad internacional y de los tribunales nacionales a la hora de llevar a los criminales ante la justicia.

Estas historias no son fáciles de contar ni de escuchar, pero a menudo traslucen una valentía y un heroísmo asombrosos.

Las mujeres no son meras espectadoras de los hechos. Dejemos pues de contar solo la mitad de la historia.

1

En la isla de Mussolini

Leros, agosto de 2016

Cuando recuerdo aquel verano en Leros, una diminuta isla griega, y el hospital psiquiátrico en ruinas plagado de excrementos de paloma y armazones de cama oxidados, donde conocí a los yazidíes, todavía veo los ojos de aquella niña, tan profundos, atribulados e implorantes.

Insiste en que coja su teléfono; quiere enseñarme un vídeo. Veo una jaula de hierro en la que se hacinan aproximadamente una decena de chicas mientras hombres árabes apiñados, con sus AK-47 al hombro, las abuchean. Al principio, no lo entiendo. Las jóvenes parecen petrificadas. Luego los hombres retroceden, las llamas devoran la jaula, se oyen gritos y termina el vídeo.

«Es mi hermana», dice la niña. «Están quemando vivas a las chicas vírgenes».

Por un instante, el mundo se detiene y todo me da vueltas. Es una imagen infernal. No sé si el zumbido en la cabeza proviene del mar a lo lejos o de la sangre que palpita en mis oídos. El sol entra por un agujero del techo y por nuestras caras se deslizan gotas de sudor. Una niñita yazidí gatea por los escombros, entre vidrios rotos y vigas caídas, cantando en voz baja, una cosita esquelética con mechones de pelo pegados a las mejillas como si fuesen algas. Se acerca cada vez más a un cráter grande en los entarimados hasta que la aparto, presa de pánico. Su madre descansa, apoyada contra un muro de pie-

31

dra, cerca de la niña a cuya hermana han quemado viva. Mira hacia delante con una expresión ausente. ¿Qué le ha sucedido a esta gente?

Quiero salir de este hospital de ventanas precintadas y paredes manchadas. Antes de llegar, había visto un documental antiguo titulado *La isla de los parias* y las imágenes de la película se agolpan en mi cabeza: hombres y mujeres rapados, algunos desnudos y encadenados a sus camas, con los miembros forzados en ángulos extraños; otros enfundados en túnicas sin forma, amontonados en el suelo de una habitación mientras miran hacia la cámara.

Abajo, a través de los barrotes de las ventanas, se ven hileras infinitas de contenedores prefabricados rodeados de una alambrada y, a lo lejos, el mar Egeo, cuya profunda perfección azul no hace sino desentonar con la terrible estampa.

El campamento donde vive este grupo de yazidíes se encuentra a más de mil quinientos kilómetros de su patria, situada a los pies de la alta montaña sagrada entre Iraq y Siria en la que se cree que encalló el arca de Noé.

Antes no conocía a ningún yazidí. Su religión es una de las más antiguas del mundo, pero, como la mayoría de la gente, la primera vez que oí hablar de ellos fue a finales del verano de 2014, cuando vi las imágenes de miles de yazidíes acorralados en la montaña a la que habían huido, convoy tras convoy, del intento de exterminio por parte de los yihadistas vestidos de negro del Estado Islámico.

En las ruinas del manicomio, aquel sofocante día de agosto, las mujeres yazidíes surgieron de entre las sombras una tras otra para contarme sus historias, que me turbaron profundamente, más terribles que cualquier cosa que hubiera escuchado en tres décadas de corresponsal en el extranjero.

Personas rotas, mujeres con cuerpos delgados y largos cabellos violáceos que enmarcaban rostros carentes de luz. Era como si no estuviesen ni vivas ni muertas. Todas habían perdido a padres, hermanos y hermanas. Con voces susurrantes como soplos de viento, me hablaron de Sinjar, su amada patria, que pronunciaban como «Shingal», y de la montaña epónima que consideraron un refugio, pero donde muchos perecieron de hambre y sed. Me hablaron de una ciudad pequeña llamada Kocho, que el Estado Islámico había sitiado durante trece días antes de masacrar a todos los hombres y a las mujeres mayores, además de capturar a las vírgenes. Y del cine Galaxy, en la orilla oriental del río Tigris, donde dividieron a las chicas (sus hermanas en algunos casos) entre feas y guapas, y las hicieron desfilar ante los yihadistas del Estado Islámico para venderlas en un mercado como esclavas sexuales.

La madre de la niña que había estado a punto de caerse en el agujero era de Kocho. Tenía treinta y cinco años, se llamaba Asma Bashar y su voz sonaba entrecortada como una ametralladora. Las demás la llamaban Asma Loco porque decían que había perdido el juicio. Me explicó que habían asesinado a cuarenta miembros de su familia, entre los que se contaban su madre, su padre y sus hermanos. Habían capturado a cuatro de sus hermanas y doce sobrinas para que fueran esclavas sexuales. «No me queda más que una hermana que consiguió escapar del cautiverio y está ahora en Alemania», dijo. «Tomo pastillas para olvidar lo que ocurrió».

Una mujer más joven, que hasta entonces había permanecido inmóvil como un retrato colgado de la agrietada pared azul, empezó a hablar: «Tengo veinte años, pero siento como si tuviera más de cuarenta». Se llamaba Ayesha y me dijo que habían asesinado a sus padres y hermanos en Kocho. «Vi morir a mi abuela, vi morir a niños y ahora solo recuerdo cosas malas. Vendieron a cuatro de mis amigas por veinte euros».

Había conseguido huir a la montaña con su marido y después se las habían apañado para atravesar una Siria desgarrada por la guerra y llegar a Turquía. Allí habían pagado cinco mil dólares a traficantes de personas para cruzar el Egeo hasta Grecia. Tras varios intentos fallidos en barcazas atiborradas, lograron desembarcar en la isla.

«Y después de eso nos enteramos de que todavía no somos libres», me dijo. Me enseñó la muñeca izquierda. Prominentes cicatrices rojas cruzaban su piel pálida como gusanos furiosos. «He intentado suicidarme con un cuchillo» dijo, encogiéndose de hombros. Solo habían pasado dos semanas desde su último intento.

Leros ha sido siempre una isla de parias: una leprosería, un campo de concentración para presos políticos y un hospital psiquiátrico para los llamados «incurables». En 2015, se convirtió en una de las numerosas islas griegas inundadas de refugiados que huían de la guerra en Siria, Iraq y Afganistán.

La crisis de los refugiados me condujo a la isla en calidad de periodista. Leros era una de las cinco islas griegas que habían sido declaradas «puntos calientes» después de que la Unión Europea firmase un acuerdo con Turquía en 2016, por el que pagó tres mil millones de euros a cambio de detener a los recién llegados que cruzaban el Egeo. Diez mil refugiados, abandonados en las islas, se concentraron en estos cinco centros de procesamiento, pero el procedimiento era tan lento que en realidad se convirtieron en cárceles insulares. Había visitado otros centros en Lesbos, Quíos y Kos, donde fui testigo de la inquietante yuxtaposición de estos refugiados desesperados a los que habían encerrado en campos, estadios y antiguas fábricas, donde el acoso de los traficantes sexuales era tan habitual que las mujeres se ponían pañales por la noche para no tener que salir de las tiendas. Mientras, a poca distancia de allí, los veraneantes despreocupados disfrutaban del sol, del mar y de la musaka regada con ouzo.

Leros era diferente. Nunca había visitado un lugar semejante. Tenía todas las particularidades típicas de las islas griegas: pueblos de pescadores con casas desperdigadas de un blanco cegador, molinos, tabernas y mares azules resplandecientes. No obstante, Lakki, su ciudad principal, era un estudio de *art déco* estalinista, con avenidas anchas y villas de ángulos pronunciados de hormigón armado, un cine con columnas, un mercado circular, una escuela que parecía un silo agrícola, una torre del reloj minimalista, además de edificios semejantes a un ovni y un transistor de radio anticuado. Era como pisar un plató cinematográfico abandonado.

Antaño la isla desempeñó un papel clave para los planes de Mussolini de crear un segundo Imperio romano. Los italianos arrebataron Leros, junto a todo el Dodecaneso, a los turcos otomanos en 1912 y la isla pasó a formar parte de un imperio colonial que abarcaba Libia, Somalia y Eritrea. Cuando Mussolini se hizo con el poder en los años veinte, decidió que el profundo puerto natural de Leros sería la base naval ideal desde la que dominar todo el Mediterráneo oriental. Por lo tanto, envió a la isla fuerzas navales y administradores, además de arquitectos, para planificar una ciudad moderna al estilo fascista que los italianos denominan *razionalismo*.

Tras la derrota de Italia en la Segunda Guerra Mundial, el control de las islas pasó a Grecia y se abandonó gran parte de Lakki (o Portolago, como la habían bautizado los italianos). Más tarde, cuando los coroneles se hicieron con el poder en Grecia en 1967, utilizaron los cuarteles navales de Mussolini para encerrar a presos políticos y, luego, como destino para deportar a enfermos mentales. Trajeron a miles de pacientes desde el continente y los mantuvieron en condiciones infrahumanas hasta que se denunció la situación en la prensa y en el documental de 1990, el que yo había visto, y que despertó indignación en toda la Unión Europea. Eso dio lugar al cierre del sanatorio en 1997. Después vinieron los refugiados.

Para llegar al campamento de refugiados, conduje por una serie de edificios de ladrillo abandonados y ambulancias oxidadas. Algunas personas salieron a curiosear, entre las que había un hombre de mirada salvaje que empujaba una carretilla y alzó el puño. Al parecer, algunos pacientes seguían allí.

Era un lugar inquietante para un campamento. Dentro vivían unos setecientos sirios, iraquíes, afganos y paquistaníes, un tercio de los cuales eran niños. Había unos cien yazidíes. Los refugiados constituían un diez por ciento de la población de la pequeña isla.

De cerca, los contenedores blancos resultaron ser contenedores ISO, diseñados para transportar comida, que se habían reconvertido en viviendas, con cuerdas de tender la ropa entre ellos y ancianos agazapados en el exterior jugando al *backgammon* con chapas de botella. Las condiciones no eran malas comparadas con las de otros campamentos que había visitado, pero, como señaló su administrador, Yiannis Hrisafitis: «Soñaban con otra cosa». No podían dejar la isla y estaban desamparados en aquel limbo mientras los países de la Unión Europea discutían sin éxito sobre quién los iba a acoger. En el ínterin, no tenían nada que hacer y nada en que pensar excepto en sus terribles recuerdos, sin esperanza de futuro.

Vagué entre las cuerdas de tender la ropa seguida por un niño que se aferraba a un oso de peluche enorme y que salió corriendo cuando intenté hablar con él. Un grupo de mujeres sirias fumaban sentadas en la cama, con el rostro surcado de profundas arrugas. En el hospital local me habían advertido que los intentos de suicidio eran frecuentes.

Una doble alambrada rematada con cuchillas de afeitar rodeaba el campamento, como si fuese una cárcel. «Es para impedir que entre alguien desde fuera», explicó Yiannis. «Gente que quiere robar niños o mujeres jóvenes, comprar órganos o vender droga».

La sección yazidí tenía otra alambrada para delimitar un campamento aparte dentro del campamento. Yiannis me explicó que, un par de semanas antes de mi visita, los yazidíes habían sido atacados por otros refugiados, musulmanes suníes, que les habían denunciado como adoradores del diablo, igual que el Estado Islámico, y que, por lo tanto, los habían acordonado para protegerlos. Las mujeres habían acudido al sanatorio para hablar conmigo porque consideraban que era un lugar más seguro.

Me di cuenta de que todos los yazidíes llevaban cordones rojos y blancos atados alrededor de las muñecas. Cuando pregunté por su significado, me explicaron que el blanco simbolizaba la paz que anhelaban y el rojo la sangre de su pueblo asesinado en genocidios anteriores por musulmanes, persas, mongoles, otomanos, iraquíes…, todos sus vecinos. Me dijeron que el último genocidio, a manos del Estado Islámico, era el septuagésimo cuarto que sufrían. Los yazidíes habían padecido tanta violencia que tenían una palabra para el intento de exterminación, *ferman*, mucho antes de que se acuñara su equivalente en inglés, *genocide*, en 1944 por parte del jurista polaco Raphael Lemkin.

«Esto es como una cárcel, todo el mundo lucha contra todo el mundo», me dijo Ayesha, una chica tan tranquila que parecía salida de un lienzo. «No nos queda nada, no tenemos dinero, lo gastamos todo para llegar hasta aquí y al mundo no le importamos».

El último día de mi estancia en la isla, los yazidíes me hablaron de un pueblo secreto en Alemania donde habían acogido a más de mil de las chicas retenidas como esclavas sexuales después de que las rescataran o huyeran. Me dejó intrigada y quise saber más.

2

Las chicas del bosque

Baden-Wurtemberg

Turko se miró la muñeca en la que llevaba un brazalete de cuentas de cristal azul, típico de Oriente Medio para protegerse contra el mal de ojo, mientras jugueteaba con los cordones trenzados rojos y blancos que representaban el genocidio de su pueblo. «¿De qué me sirve contar mi historia?», me preguntó.

Era una pregunta difícil. Turko era de Kocho, el pueblo donde el Estado Islámico había masacrado a seiscientas personas y secuestrado a numerosas chicas. Me dijo que tenía treinta y cinco años, pero, con el pelo negro recogido hacia atrás y un rostro al que le habían robado la luz, aparentaba diez más.

Yo me debatía entre el deseo periodístico de saber más, el miedo a lo que me pudiese contar y, sobre todo, la preocupación de que revivir su historia le trajese más dolor. Miré la pequeña habitación donde había vivido durante el último año, escasamente amueblada con una cama individual, un pequeño armario y unas cuantas fotografías de niños pegadas a la pared, casi como una habitación de estudiante. Por la ventana no se veía más que un bosque sombrío.

«Tal vez para que no vuelva a pasarle a otras mujeres», aventuré. «Pero no digas nada que no quieras decir».

Turko me escudriñó como si contemplase mi alma. Entonces comenzó a hablar. «Todo empezó el primer domingo de agosto de hace dos años, cuando el Dáesh entró en Sinjar», dijo. «Pensamos que los *peshmergas* (la milicia kurda) que defendían los puestos de control nos protegerían, pero huyeron.

»Solía trabajar en el campo de vez en cuando y aquella mañana estaba con mi madre y mi sobrina de tres años cuando de pronto aparecieron tres coches de los que se bajaron un puñado de hombres armados vestidos de negro. Nos acorralaron a unas cuarenta personas y nos metieron en un gallinero mientras decían: "¡Dadnos vuestros teléfonos, las joyas de oro y el dinero!". Se llevaron todo cuanto teníamos.

»Luego separaron a los hombres de las mujeres y los niños. Mi tío y mi primo estaban con nosotras y se los llevaron a los campos. Entonces oímos los tiros, ra-ta-ta ra-ta-ta, uno tras otro.

»Estábamos temblando. Nos metieron en un camión y pasamos por delante de los cadáveres de los hombres de camino a la cárcel de Badosh. Habían liberado a los presos para llenar la cárcel con mujeres, cientos de mujeres. Era una especie de infierno. No nos daban ni agua ni comida, solo un trozo de pan seco todos los días. Estábamos tan desesperadas que nos bebíamos el agua de las letrinas.

»El primer día, los yihadistas trajeron a un hombre con una larga barba y tres ejemplares del Corán. Nos dijo que nos enseñaría el islam. Contestamos que no, que no queríamos su religión, queríamos volver junto a nuestras familias. Eso les enfureció. Nos apuntaron con sus fusiles y dijeron: "¡Os mataremos si no os convertís!". Luego nos empujaron contra la pared y nos golpearon con palos de madera.

»Cada noche hacíamos una muesca en la pared. Quince días más tarde, nos transportaron en autocares a Tal Afar y nos llevaron a un hotel donde nos encerraron con centenares de mujeres. Primero, separaron a las niñas menores de doce años, después nos dividieron en mujeres casadas y vírgenes. Fingí que era la madre de mi sobrina de tres años para evitar que me llevaran con las vírgenes.

»Nos retuvieron en aquel hotel durante dos meses. A veces, los yihadistas del Estado Islámico venían y nos pegaban a todas. Se llevaban a una mujer o a una chica y la devolvían dos días más tarde. Durante un tiempo, me llevaron con algunas de las mujeres mayores y madres al pueblo vecino para trabajar en una panadería y cocinar, pero se dieron cuenta de que los niños no eran nuestros y dijeron que nos llevarían a Siria».

Se detuvo para encender un cigarrillo y dio una profunda calada, con la mano temblorosa.

«Llegamos a Al Raqa sobre las once de la noche», prosiguió. «Nos llevaron a un edificio de dos pisos donde había unas trescientas cincuenta mujeres y chicas. Todos los días, venían, nos miraban y luego elegían a algunas mujeres para entregarlas a hombres del ISIS».

Durante cuarenta días, Turko estuvo retenida en aquel mercado, presa de un temor permanente. Al final le llegó su turno. Ella y su sobrina pequeña fueron transportadas a la ciudad siria de Deir ez-Zor, donde las entregaron a un hombre saudí, un juez de los tribunales de la *sharía* que el Estado Islámico había creado. La primera noche la llamó a su habitación. «Te he comprado y eres mi *sabaya*. En el Corán está escrito que puedo violarte», le dijo.

Se refería a un panfleto emitido por el Departamento de la Fetua del Resurgimiento del Estado Islámico en octubre de 2014, con directrices sobre cómo retener, capturar y abusar sexualmente de las esclavas. El panfleto afirmaba que las yazidíes eran infieles y que su esclavitud era un aspecto firmemente establecido en la *sharía*, para que pudiesen ser violadas sistemáticamente. Así que podían regalarse y venderse al antojo de sus dueños, porque eran «simplemente una propiedad».

«Intenté resistirme, pero me pegó hasta que sangré por la nariz», dijo. «La mañana siguiente, me agarró por el pelo, me esposó los brazos a la cama [imitó estar estirada como un crucifijo] y luego me forzó. Sucedió lo mismo cada día durante cuatro meses. Me violaba tres veces todos los días y nunca me dejó salir.

»Me encerraba cuando se iba a trabajar. A mi sobrina también la golpeaba, pero no la violó.

»Un día volvió a casa con una mujer británica con quien se había casado. Tenía veintidós años y respondía al nombre de "Muslim". Cuando me violaba, esa mujer enloquecía, porque era muy celosa. Al final, se hartó, me puso un hiyab negro, se fue a la sede del ISIS de la ciudad y me dejó encerrada en el coche. Al cabo de diez minutos, volvió y me dijo: "Te he vendido por trescientos cincuenta dólares".

»Nos vendían por internet. Los yihadistas tenían un foro llamado "Mercado del Califato" donde se ofrecían mujeres, junto a consolas de PlayStation y coches de segunda mano.

»Mi nuevo dueño era guarda de una prisión siria. Me llevó con mi sobrina a casa de una mujer del ISIS. Fue igual que la vez anterior. Todas las tardes, el sirio venía a violarme y se iba a la mañana siguiente. Cuando la mujer del ISIS salía, me ataba los brazos a algo para que no pudiese escapar.

»Cada vez que una chica yazidí huía del cautiverio y salía por la televisión, nos daban otra paliza, porque decían que estaban calumniando al Estado Islámico y que nos iban a dar una lección. Muchas veces pensé en suicidarme. La única razón por la que no lo hice fue porque la hija de mi hermano estaba conmigo y, si yo desaparecía, ella moriría también».

El guarda de prisión retuvo a Turko durante dos meses hasta que uno de sus tíos pagó dos mil quinientos dólares para liberarlas a su sobrina y a ella. El 25 de mayo de 2015, después de más de nueve meses de cautiverio, la llevaron a un campamento de refugiados en el norte de Iraq.

Tenía un pequeño tatuaje en la mano que, según ella, era el nombre de su hermano. «No me queda nadie más», dijo. «Mi padre falleció hace años y la última vez que vi a mamá fue en la cárcel del Estado Islámico cuando nos capturaron al principio. Han muerto tantos miembros de mi familia…

»Por este motivo, cuando oí hablar del puente aéreo a Alemania, solicité venir aquí con mi cuñada y mi sobrina. ¿Qué más podíamos hacer en Iraq, nosotras que habíamos sido violadas y mancilladas?».

Alemania acoge desde hace tiempo una importante comunidad yazidí. La idea de ofrecer cobijo a mujeres como Turko surgió en septiembre de 2014, cuando los líderes yazidíes locales contactaron con Winfried Kretschmann, primer ministro del *Land* del sur, Baden-Wurtemberg. «¡Por favor, haga algo!», le suplicaron, enseñándole fotos del exterminio masivo de su gente en Sinjar, entre las que se incluían decapitaciones y crucifixiones. Le hablaron también de las chicas retenidas como esclavas sexuales.

Krestschmann era un cristiano comprometido y miembro del partido de los Verdes y se quedó horrorizado. Habló con el doctor Michael Blume, un académico responsable de las minorías religiosas en su *Land* y casado con una turca musulmana. Descubrieron que, en el marco de la ley alemana, era posible que una región interviniese en una crisis humanitaria en otro continente, aunque era algo que no se había hecho nunca.

Aquel mes de octubre, el gobierno del *Land* organizó una cumbre de refugiados para reunir a miembros de los partidos políticos, líderes religiosos y a los alcaldes. Todos estuvieron de acuerdo en que debían ayudar y organizaron un puente aéreo desde Iraq para trasladar a mil cien mujeres y niños a quienes otorgarían visados de tres años. Se asignaron noventa millones de euros al recién creado Proyecto de Cuotas Especiales y nombraron director del mismo al doctor Blume.

«El gobierno federal dijo que nosotros, el *Land*, tendríamos que hacernos cargo de todo», me contó. «No sabíamos cómo abordarlo, no teníamos ni ejército ni tropas sobre el terreno».

Blume contactó con el profesor Jan Kizilhan, psicólogo especializado en trauma cuya familia era kurda yazidí y, en febrero de 2015, acompañados de un médico, viajaron a Iraq.

Por aquel entonces, muchas de las mujeres esclavizadas habían huido o alguien había comprado su libertad, como en el caso de Turko, y se encontraban en campamentos de Kurdistán en el norte de Iraq. Derivaron a unas mil seiscientas mujeres a los médicos alemanes. Las sometieron a una evaluación psicológica de una hora, a una revisión médica y les dieron una charla sobre cómo podían beneficiarse del programa.

Las historias eran inimaginables. Los tres alemanes estaban atónitos. «Después de escucharlas, era imposible conciliar el sueño», dijo el doctor Blume.

Una madre le contó cómo la habían obligado a convertirse y a leer el Corán, pero tartamudeó en un fragmento. Así que la torturaron y mataron a su bebé delante de ella. Habían vendido a una niña de ocho años, pasándola de un hombre a otro, y había sido violada cientos de veces. También conocieron a una joven con el rostro y el cuello surcados por profundas cicatrices, porque estaba tan desesperada que se prendió fuego a sí misma.

«Como hombre, me siento avergonzado y lo mismo le ocurre a mi mujer, que es musulmana», dijo. «Y, como alemán, soy consciente de que hace menos de un siglo nuestra civilización europea cometió atrocidades; y no parece que aprendamos».

Tal vez no fue una coincidencia que fuese Alemania el país que acogió a las mujeres yazidíes, ya que su dirigente, Angela Merkel, había dicho «*Wir schaffen das*» ['lo conseguiremos'] al abrir las fronteras a un millón de refugiados mientras el resto de Europa cerraba las suyas.

«Lo más difícil fue decidir a quién acoger y a quién no», me explicó el doctor Blume. «¿Cómo se decide entre una mujer que ha perdido a dos hijos y otra que solo ha perdido a uno, pero que fue asesinado ante sus ojos?»

Se priorizaron las urgencias. «Algunas corrían riesgo de suicidarse», dijo, «o hubiesen muerto porque estaban enfermas (por daño ginecológico o a consecuencia de las quemaduras sufridas por haber intentado inmolarse)».

Para el resto, se tuvieron en cuenta tres criterios clave: si habían sufrido violencia traumatizante, si no tenían apoyo familiar (si sus maridos aún estaban vivos, lo habitual era no acogerlas) y si llevarlas a Alemania las ayudaría.

«Fue horrible no poder llevárnoslas a todas», dijo el doctor Blume. «Cada vida merece el esfuerzo».

En marzo de 2015, las primeras mujeres viajaron en avión de Erbil a Stuttgart. El año siguiente Blume hizo doce viajes a Iraq y trajo a más de quinientas mujeres y seiscientos niños. De estas, llevaron a unas mil a Baden-Wurtemberg, sesenta a Baja Sajonia y treinta y dos a Schleswig-Holstein.

Fue un gesto extraordinario por parte de un único *Land*. Sin embargo, habían esclavizado a más de cinco mil mujeres, así que Blume calculaba que habían acogido únicamente a un tercio de las que lo necesitaban. «Al final, derivaron a unas dos mil y entretanto los números aumentaron porque más chicas consiguieron huir o pagaron por su liberación. Creemos, por lo tanto, que quedan todavía más de dos mil mujeres necesitadas de ayuda en los campamentos de Iraq».

Entre los niños rescatados había chicos que habían recibido palizas y habían sido obligados a convertirse en niños soldados. Todos eran menores de trece años, ya que asesinaban a los mayores. «Los mataban si tenían pelo en las pantorrillas», cuenta el doctor Blume.

Como padre de dos chicos y una chica, las historias de los niños eran particularmente desgarradoras para él. «Una vez, entré en mi despacho de Iraq y había una chica yazidí de trece años de espaldas que se parecía a mi hija», dijo. «Era tan parecida, el cabello, todo... Me di cuenta de que podría haber sido nuestra hija. Esos niños son como nuestros hijos».

Unas semanas después de dejar Leros, tras varias llamadas telefónicas, descubrí que no solo existía un pueblo secreto de chicas yazidíes rescatadas, como me habían contado los refugiados, sino toda una región. Habían alojado a las yazidíes en veintitrés refugios secretos en veintiún ciudades diferentes, principalmente en áreas remotas y ocultas para protegerlas de cualquier atención no deseada.

El doctor Blume me permitió visitar y conocer a algunas de las mujeres dispuestas a compartir sus historias. El primer indicio de lo difícil que resultaría este viaje surgió cuando Shaker

Jeffrey, el joven refugiado yazidí residente en Alemania que había aceptado ser mi intérprete, dejó de contestar al teléfono unos días antes de mi vuelo a Stuttgart.

«Está atravesando una crisis personal», dijo el médico yazidí que nos había puesto en contacto. Cuando por fin conocí a Shaker, me quejé de su actitud escurridiza. Más tarde, en el coche, me dijo en voz baja que su prometida Dil-Mir era una de las chicas esclavizadas por el ISIS y deportada a Al Raqa, su capital en Siria. «Todo me iba bien en la vida», dijo. Su inglés era excelente, ya que había trabajado como intérprete con las tropas estadounidenses en Iraq. «Estudiaba farmacia en la universidad de Mosul, había ahorrado dinero con mi sueldo e iba a casarme con la mujer que amaba el día de mi cumpleaños, el 4 de septiembre de 2014. Sin embargo, un mes antes, llegó el ISIS y la secuestró».

Como decenas de miles de yazidíes, Shaker, su madre y cinco de sus hermanos huyeron a la montaña, escalando las rocas bajo un sol abrasador.

«No había agua, ni comida, ni sombra. Fue un infierno», dijo. Shaker estaba buscando desesperadamente manzanas y agua para su familia cuando Dil-Mir llamó y le dijo que la habían secuestrado. Curiosamente, el ISIS no había confiscado el teléfono de las chicas y desde su cautiverio pudieron contactar con sus parientes angustiados.

«El primer día la violaron tres veces», dijo. «Después la entregaron a dos hermanos que eran yihadistas y la obligaban a cocinar y bailar para ellos…; y otras cosas».

Mientras acompañaba a su madre enferma a Turquía, Shaker intentó desesperadamente liberar a su novia. Dil-Mir trató de escapar dos veces, pero no lo consiguió. Shaker se disfrazó de yihadista del Estado Islámico y fue a un mercado de esclavas cerca de Alepo, con la esperanza de comprarla. «La última vez que pudo llamarme, me dijo: "Ojalá estuviese muerta"», contaba. «Sonaba agotada».

Su último mensaje fue: «Encuéntrame, Shaker. Date prisa». Ya no hubo más llamadas. Al final, se enteró de que se había suicidado. Me enseñó el salvapantallas de su teléfono: era la foto de una hermosa chica con una larga melena castaña, una gran sonrisa y ojos alegres. «No pude salvarla», dijo. «Ahora tendría veintiún años».

Sus ojos se anegaron de lágrimas. «Por esto estoy aquí», dijo después de unos instantes. «Lo que vi en la montaña y lo que le hicieron a mi prometida, endureció mi corazón. Me daba igual vivir o morir. Al principio, quise luchar contra la gente que lo había hecho. Pero decidí que la mejor venganza era ir a Europa, ayudar a las chicas que habían sobrevivido y denunciar al mundo lo que había ocurrido».

Se despidió de su madre y dejó el campamento donde vivían en Turquía. Luego cruzó un río hasta Bulgaria y atravesó Serbia, Hungría y Austria antes de llegar a Alemania; con los cuatro mil dólares que había ahorrado para su boda, contrató a un traficante de personas. El viaje duró veintidós días durante los cuales fue arrestado varias veces. En Alemania le dieron asilo y supervisó un grupo de Facebook de activistas yazidíes para salvar a otras chicas, pero no era la vida que había soñado.

El primer refugio estaba lejos de Stuttgart. Durante el trayecto interrogué a Shaker acerca del yazidismo, sobre el que me había documentado desde mi encuentro con los refugiados en Leros. «Si buscas "yazidismo" en Google, solo un uno por ciento de la información es fiable», me dijo.

El yazidismo es una religión antigua y misteriosa que se originó en Mesopotamia. Es más antigua que el islam. Comprende elementos del cristianismo, del sufismo y del zoroastrismo. En su idioma se escribe como *Yezidi*, una palabra que procede de *Ezid* ('Dios') y que significa literalmente 'seguidores de Dios'.

Algunos dicen que no es una verdadera religión, porque, a diferencia del cristianismo, el islam y el judaísmo, no tiene un libro sagrado. Aunque Shaker insistió en que eso no era cierto. «Teníamos un libro, llamado el Libro Negro, en el que estaba escrito todo, pero nos lo robaron», dijo.

Le dije que me sorprendía que llevase una camisa azul. Había leído que sentían una aversión al azul y también a la lechuga. Se rio. «¡Son las generaciones mayores, como la de mi madre, que nunca come ensalada!».

No pudo explicarme las causas del rechazo a la lechuga, pero creía que el odio al azul obedecía a la época del dirigente otomano Ahmed Pasha, cuyos soldados llevaban gorros azules y fueron los responsables de uno de los numerosos genocidios contra los yazidíes.

Hay aproximadamente un millón de yazidíes en todo el mundo, de los cuales 450 000 están en Sinjar. Fuera de Alemania, muchos yazidíes viven en Estados Unidos. Los seguidores de esta religión veneran el sol y un ángel en forma de pavo real que, según sus creencias, fue creado por Dios antes del hombre y enviado a la Tierra para pintarla con los colores de sus plumas y así crear el planeta más hermoso. Los yazidíes no se duchan los miércoles porque creen que es el día de la llegada a la Tierra del ángel pavo real, o Melek Taus.

Los miembros del ISIS creen que Melek Taus es Iblis, la figura satánica que aparece en el Corán. Los yazidíes, por lo tanto, eran adoradores del diablo. A mí me parecieron la gente más amable que haya conocido jamás.

Nos detuvimos para comprar pasteles para las mujeres en Schwäbisch Hall, un pueblo medieval con casas de madera de color rosa y amarillo, y calles adoquinadas, que parecía salido de un cuento de hadas. El refugio estaba cerca, pero era tan sobrio que tardamos en encontrarlo. Por fin, accedimos al aparcamiento de un conjunto de edificios residenciales, similar a unos colegios mayores, que estaban esparcidos alrededor de una carretera angosta con árboles a ambos lados. Para mi sorpresa, era otra institución psiquiátrica. Localizamos el bloque de tres pisos donde residían las treinta y nueve chicas yazidíes. Unos cuantos niños jugaban con sus bicicletas cerca de la puerta, de la que no se alejaban demasiado.

Nos hicieron entrar en una larga sala vacía donde la única decoración era un friso de dibujos infantiles de pájaros, flores y mariposas enganchados a la pared. Llegó un grupo de mujeres con la mirada perdida, como los personajes de un cuadro de Edvard Munch. Varias puertas conducían a las habitaciones, en una de ellas conocimos a Turko.

Luego subimos al primer piso, donde hablamos con una chica mucho más joven, llamada Rojian, de tan solo dieciocho años, que nos saludó con una sonrisa insegura detrás de una cortina de pelo caoba.

Rojian se sentó en la cama con las piernas cruzadas, vestida con una camiseta negra y un pantalón deportivo del mismo color. Su único adorno era un colgante de oro del ángel pavo real. Como la de Turko, la habitación era pequeña y estaba vacía. Un calendario yazidí colgaba de la pared. A su lado, en la cama, Rojian había dejado el teléfono móvil. En la funda aparecía la palabra «esperanza» en letras rosas y brillantes.

Rojian me dijo que era la sobrina de Nadia Murad, que se había convertido en el rostro internacional de la tragedia yazidí. Nadia Murad fue secuestrada a los diecinueve años por los yihadistas del ISIS, que mataron a seis de sus hermanos y a su madre y, cuando escapó, fue la primera en contar su historia a nivel mundial. Recientemente, había sido nombrada embajadora de las Naciones Unidas para la Dignidad de las Supervivientes del Tráfico de Seres Humanos.

«A Nadia y a mí nos secuestraron a la vez», dijo. «Mi padre era su hermano y lo asesinó el Estado Islámico. Este es su nombre» añadió, tocando la inscripción en su colgante.

Rojian tenía solo dieciséis años el 3 de agosto de 2014, cuando el ISIS invadió su pueblo, cerca de Kocho. Como la mayor parte de los yazidíes de Sinjar, su familia era pobre; hacía dos años que había abandonado la escuela para trabajar en los campos cultivando patatas y cebollas.

«Algunos lugareños escaparon al Monte Sinjar. Pensaban refugiarse en nuestra montaña sagrada; pero estaba muy lejos y nos enteramos de que los yihadistas del Estado Islámico iban a matar a los que intentaran huir, así que nos fuimos al pueblo vecino donde vivía mi abuela, la madre de Nadia.

»Nos asediaron durante casi dos semanas. Todas las salidas habían sido bloqueadas por los soldados del ISIS, oíamos su llamada a la oración desde los puestos de control. Nos quedamos en la casa, estábamos demasiado asustados para salir. Cuando volvía la electricidad, encendíamos la televisión y veíamos a la gente en las montañas intentando desesperadamente subirse a los helicópteros de rescate del ejército iraquí o hacerse con los paquetes de ayuda que lanzaban desde el aire.

»No sabíamos qué nos iba a pasar. Nueve días más tarde llegó un comandante del ISIS y nos dio un ultimátum: o nos convertíamos y pasábamos a ser miembros del Califato o tendríamos que enfrentarnos a las consecuencias.

»Tres días después, llegaron más soldados. Se subieron a los tejados más altos y convocaron a todo el mundo por los altavoces a la escuela primaria. Las calles se llenaron de gente por primera vez desde que sitiaron el pueblo, pero estábamos tan asustados que nadie hablaba ni se saludaba.

»Obligaron a los hombres a quedarse en el patio y nos enviaron a nosotras y a los niños arriba. Nos dijeron que les diéramos todo cuanto teníamos y que se marcharían. Trajeron unas bolsas enormes donde la gente metió el dinero, los teléfonos y las joyas. Mi abuela dio su alianza de matrimonio.

»Luego hicieron subir a los hombres y a los adolescentes a los camiones y se los llevaron. Unos instantes más tarde, oímos disparos. La gente se puso a gritar: "¡Están matando a los hombres!" y luego vimos a los yihadistas del Estado Islámico con palas».

Asesinaron a seiscientos hombres del pueblo, incluyendo a su padre y a cinco de sus tíos, los hermanos de Nadia. Únicamente se salvaron los más jóvenes, los que no tenían pelo en las piernas o en las axilas. Se los llevaron para entrenarlos.

«Después, los camiones volvieron a la escuela para buscar a las mujeres y las chicas. Les suplicamos que nos dijesen qué les habían hecho a nuestros hombres, pero nos obligaron a subir a los vehículos. Estábamos asustadas y no teníamos otra opción.

»Nos transportaron a otra escuela donde nos separaron a las vírgenes, como Nadia y yo, de las mujeres mayores o de las que tenían niños, como mi madre. Grandes autocares con las ventanillas tintadas vinieron a recoger a las chicas vírgenes».

Los autocares se las llevaron a Mosul. El ISIS había capturado la ciudad iraquí en junio y el jefe del grupo, Abu Bakr al-Baghdadi, había aparecido en la antigua mezquita Grand al-Nuri para proclamar el Califato que, según sus palabras, se extendería desde Iraq hasta España.

«Nos metieron en un edificio de tres plantas lleno de mujeres y niños, con muchos yihadistas. Llegó un hombre que se puso a palparnos el cabello, los pechos, la espalda, todo el cuerpo. Nos dijo que éramos infieles y *sabaya,* y dijo: "Si gritáis, os mataré". Yo estaba con Nadia y, cuando el hombre empezó a tocarla, se puso a gritar y todas las demás chicas también, así que arrastraron a Nadia fuera de la habitación y empezaron a golpearla y a quemarla con cigarrillos.

»Nos enteramos de que se llevaban a las más hermosas, así que nos ensuciamos el cabello para parecer feas, pero una chica les contó lo que hacíamos.

»Por la noche, vino un soldado obeso del ISIS y nos asustamos mucho. Tenía una barba rojiza y un *dishdasha* blanco y era tan grande que parecía un monstruo. Yo estaba con Nadia, mi prima Katrine y Nisreen, una amiga del pueblo. El gordo enfocó su linterna hacia nuestros rostros y quiso llevarse a Nadia, pero la retuvimos y nos negamos a dejarla ir. Los yihadistas del ISIS entraron con cables eléctricos y empezaron a golpearnos los brazos, el rostro y la espalda, y nos sacaron a las cuatro. Uno de ellos, un hombre delgado llamado Haji Salman, nos hizo salir a Nadia y a mí, y a ella la metió en su coche. Gritamos y nos dimos la mano, pero nos separaron. Luego el gordo que nos había pegado al principio vino y me dijo: "Ahora eres mía"».

Hasta aquel momento, Rojian había hablado sin detenerse. De pronto, agachó la cabeza.

«Era de noche», dijo. «Se llamaba Salwan y era un iraquí de Mosul. Fuimos a su casa y no dejaba de tocarme, pero yo no le dejaba. Me arrancó el cinturón, me pegó y abofeteó tan fuerte que me hizo sangrar un ojo y me quedó una marca enorme en el rostro. Me dijo: "Las yazidíes sois infieles; por lo tanto, podemos hacer lo que queramos con vosotras". Luego se sentó sobre mi espalda para impedirme respirar y me violó por detrás. Después de eso, volvió todos los días para violarme tres o cuatro veces.

»Así siguió, durante más de seis semanas. Las violaciones eran toda mi vida.

»Un día me dijo que iba a comprar a otra chica. Me sentí aliviada al pensar que me facilitaría la vida, pero la chica que trajo a casa tenía solo diez años.

»Aquella noche estaban en la habitación de al lado. Nunca he oído a nadie gritar tanto, llamaba a su madre. Lloré más por aquella niña que por mí misma».

Le di la mano. Estaba fría. Le pregunté si quería dejarlo. Sacudió la cabeza.

«Un día el hombre nos trajo hiyabs y nos llevó al centro de la ciudad», prosiguió. «Las banderas negras y blancas del Estado Islámico estaban por todas partes. Intenté escapar, pero otra mujer me sorprendió y me obligó a regresar.

»Había oído historias de lo que pasaba cuando atrapaban a una chica que intentaba escapar. Las apalizaban y mataban a sus familias. Así que le dije al hombre que creía haber visto a mi tía en el coche y que por eso había echado a correr.

»Estaba a punto de rendirme cuando, al fin, un día conseguí robarle el teléfono. Llamé a uno de mis tíos. Me dio el número de una persona de contacto en Mosul que estaba ayudando a las chicas yazidíes a escapar.

»Poco después, el gordo me llevó una mañana a una reunión en una especie de fábrica de bombas. Me dejó en otro edificio; entonces me tiré té por encima y les dije que me iba a cambiar de ropa. Llamé al contacto de Mosul, me puse el hiyab y salté a la calle desde el tejado.

»Pero el coche de rescate que en teoría debía esperarme no aparecía por ningún lado. Volví a llamar, pero el contacto me dijo que me estaban siguiendo tres individuos y que era demasiado peligroso. Le dije que era mi segundo intento de fuga y que me matarían. Por fin, me dio una dirección donde ir.

»Llegué al coche, pero nos seguían tres individuos en coches y motos. El conductor llamó a unos amigos suyos, bloquearon el paso y consiguió llevarme con su familia».

Sin embargo, durante la huida el conductor se había herido la pierna y acabó ingresado en el hospital durante seis días, durante los que dejó a Rojian con su familia. «Estaba muy asustada», dijo. «Había oído que en los puestos de control ponían fotos de las chicas huidas. Su familia no sabía que yo era yazidí. Les había dicho que era su prima y que mi padre estaba en el hospital».

Por fin, el hombre recibió el alta y la llevó hasta Erbil, atravesando los puestos de control, donde quedaron con su tío en un punto de encuentro.

La historia no acabó ahí. En un campo en el norte de Iraq se reunió con Nadia, que había logrado escapar de Mosul unos meses antes.

«Me alegré de verla, pero ¿dónde estaban los demás? Faltaban tantos miembros de la familia. Mi padre había sido asesinado, así como cinco de sus hermanos y también la madre de Nadia, mi tía».

Esto no fue todo. «Cuando el violador se percató de que había huido, se enfureció tanto que sacó a mi madre de la cárcel Tal Afar y la retuvo como esclava junto a mi hermano, que tenía seis años, y mi hermana recién nacida. Estuvieron nueve meses presos». Cuando por fin salieron, aquel hombre seguía violando a la niña de diez años todos los días. Rojian no sabía qué había sido de ella.

En cuanto a las demás chicas que secuestraron al mismo tiempo que ella, su prima Katrine falleció a causa de un artefacto explosivo que había improvisado, tras lograr huir junto a otras dos mujeres. Creía que Nasreen seguía cautiva.

Con el tiempo, la madre de Rojian también se escapó con su bebé y su hijito. Cuando se enteraron del puente aéreo a Alemania, presentó una solicitud. El 1 de diciembre de 2015, Rojian, sus hermanos pequeños y su madre se subieron a un avión por primera vez en su vida y volaron a Stuttgart.

En el refugio, recibían trescientos veinte euros mensuales para comida y ropa, y Rojian había empezado a ir a la escuela. Aunque estaba contenta con la seguridad que le brindaba Alemania, me dijo: «No me gusta la escuela, porque solo hay dos chicas yazidíes. Las otras son afganas y sirias, y siempre están diciendo cosas del Estado Islámico o reproduciendo oraciones o poesía del Estado Islámico en sus teléfonos para asustarnos».

«Creo que nunca lo podré superar», añadió. «No voy a dejar de pensar en ello».

Las trabajadoras sociales alemanas las visitaban todos los días, pero las mujeres me dijeron que no recibían terapia.

«Al principio sí organizamos sesiones de psicoterapia, pero no la aceptaron muy bien», explicó el doctor Blume cuando pregunté más tarde al respecto. «Hubo una sesión, por ejemplo, en que una mujer yazidí salió y se quejó. "Ha dicho que era médica, pero no ha hecho más que hablar". En Iraq los médicos recetan muchas pastillas y eso es lo que querían.

»Además, prefieren no hablar en absoluto de su sufrimiento personal. Cuando preguntas a las mujeres cómo se sienten, a menudo contestan: "Gracias, mis hijos están bien".

»Lo que sí funciona son las terapias como el arte, la pintura, el yoga y el contacto con animales: caballos, por ejemplo, para reconstruir la confianza en sus cuerpos y en otras personas. Esto es un problema grave. Muchas se sienten traicionadas por todo el mundo».

Turko me confesó que a menudo se sentía desesperada, en especial porque el refugio estaba situado en el recinto de una institución psiquiátrica.

«Siento como si muriese cada día», dijo. «Lloro todas las noches. Esos hombres me robaron algo que no podré recuperar jamás. Cada vez estoy peor aquí. No tengo nada que hacer, estoy sola con mis pensamientos y a nuestro alrededor solo hay personas con trastornos mentales. La ciudad está a media hora a pie y es cara. Siento que este lugar me está hundiendo.

»A menudo, los niños duermen conmigo por la noche. Ellos también fueron esclavos del Estado Islámico y vieron cómo mataban a gente y cómo nos violaban; se despiertan diez veces por la noche chillando: "¡Que vienen los hombres, que vienen los hombres!"».

Le pregunté al doctor Blume por qué habían instalado a las chicas en aquellos lugares tan alejados, donde estaban incomunicadas, casi como si fuesen parias.

«Al principio, tenían mucho miedo y no querían que las viese más gente», dijo. «Algunas sienten mucha vergüenza.

»Además la mayoría de ellas no había salido nunca de Iraq y no sabíamos cómo iban a reaccionar al choque cultural. Al principio, los hombres las aterrorizaban, especialmente los de origen árabe o africano, por lo que instalarlas en grandes ciudades con muchos refugiados les hubiera supuesto mucho estrés. Los psicólogos nos dijeron que era importante llevarlas a un lugar donde no hubiese factores desencadenantes».

Como nunca se había hecho algo parecido, no tenían de dónde aprender. «Había ciertos precedentes de acogida de personas traumatizadas de Ruanda y los Balcanes, pero no en cantidades tan grandes, y, además, la cultura y la religión eran diferentes».

También señaló que, como Alemania acogió en 2015 a tantos refugiados (más de un millón), quedaban pocos lugares disponibles para las yazidíes. «Las instalaciones no son ideales, pero lo importante era la supervivencia, no la estética.

«No podíamos ponerlas con los demás refugiados, porque la mayoría de los que venían a Europa eran varones (el setenta por ciento de los que llegaron a Alemania) y de familias que podían costear el viaje, por lo tanto, de perfiles muy distintos a los de esas mujeres, que estaban profundamente traumatizadas y que eran mucho más débiles psicológicamente».

Lo que habían sufrido era tan terrible que algunas de las mujeres tardaron un año en volver a hablar. Con todo, ninguna se había suicidado desde que llegaron a Alemania. El doctor Blume dijo que había visto mejoras, sobre todo en los niños. «Durante todo un año, no oíamos a los niños cantar o dar palmadas al son de la música, pero ahora en la guardería vuelven a reír y a jugar y, por supuesto, esto ayuda a sus madres».

Algunas de las mujeres, según dijo, incluso habían empezado a conducir. Su plan consistía en integrarlas poco a poco en la sociedad y trasladarlas a pisos.

Fue de gran ayuda que su líder espiritual Baba Sheij bendijese a cada grupo antes de su partida y les dijera que no habían hecho nada malo. Los únicos que habían perdido su honor eran los autores de los crímenes y no ellas. «Seguís siendo nuestras hijas y nuestras hermanas, y podéis regresar en cualquier momento». Gracias a eso, ahora la comunidad las va aceptando lentamente.

Lo vi con mis propios ojos en otro refugio en una colina boscosa donde una pareja que celebraba su primer aniversario de boda me recibió en su estudio.

Vian, de treinta y un años, y Ali, de treinta y tres, llevaban el colgante del ángel pavo real. Estaban sentados en una colchoneta verde en el suelo, al lado de un capazo. En su interior había un precioso bebé envuelto en pañales, de solo veinte días. En la pared un banderín rojo y blanco con un sol dorado: la bandera yazidí.

Ali sonrió al contarme cómo había perseguido a Vian durante un año para que le diera su foto. El día en que por fin accedió, llegó el ISIS y Vian fue secuestrada y transportada en camioneta a Mosul.

«Llevaban barbas y melenas largas, iban descalzos y nos condujeron a una escuela grande en Siria», me contó. «Estaba muy asustada. Nos dijeron que, si no nos convertíamos, nos matarían».

Enredando entre sus dedos la manta del bebé, prosiguió: «Todos los días llegaban soldados con trozos de hierro y madera y se llevaban a varias chicas durante un par de días para divertirse. Nos dividieron en tres grupos: el de las guapas, el mediano y el de las feas. Yo estaba en el grupo mediano. Fingí que sufría trastornos mentales, y me golpeaba la cabeza contra la pared para que no me llevasen a ningún lado».

Mientras tanto, Ali estaba desesperado. Cuando Vian consiguió llamarle desde Mosul, le prometió que haría todo lo posible para recuperarla. «Le dije que incluso si se casaba con un soldado del ISIS y tenían hijos, me casaría con ella y sería mía».

Vian le dio el paradero de aquel edificio de tres pisos y le suplicó: «Dile a los de los ataques aéreos que lo bombardeen, porque no quiero sufrir algo peor que la muerte».

Más tarde, Ali oyó gritos y el teléfono dejó de responder. «Estaba tan preocupado que no comí durante dos días», dijo.

Después se fue al monte Sinjar para unirse a la lucha contra el Estado Islámico. «Asesinaron a cuatro de mis amigos en la montaña y la gente se moría de hambre, pero me negué a marcharme, por la promesa que le había hecho a Vian».

Por fin, cuando la trasladaron a otro pueblo, Vian escapó con un pequeño grupo y consiguieron abrirse camino por la montaña. Ali estuvo muy contento de verla, pero, al principio, ella no le reconoció con la barba, el uniforme y las armas.

Vian logró que la aceptaran en el programa alemán y se fue a Alemania en junio de 2015. Ali pidió prestados diez mil dólares y siguió la ruta de los refugiados para reunirse con ella. Llegó tres meses más tarde y se casaron. Muchos miembros de la comunidad asistieron a la ceremonia, que fue el primer matrimonio de una de las chicas secuestradas.

«Esas chicas deberían ser nuestras heroínas y deberíamos sentirnos orgullosos de casarnos con ellas», dijo Shaker.

Contar estas historias lleva tiempo. Había anochecido y todo el mundo estaba agotado. Más tarde, me enteré de que Shaker estaba tan horrorizado por lo que esas chicas habían sufrido que cada vez que hacíamos una pausa, iba al baño a vomitar.

Turko y Rojian nos invitaron a cenar. No acepté, les expliqué que nuestro hotel estaba a tres horas en coche. Además, sabía que tenían poco dinero para comprar comida.

Sin embargo, mientras hablábamos, varias de las otras mujeres habían estado ajetreadas con cazos y sartenes en la diminuta cocina. En la larga mesa, bajo los dibujos de los niños, habían desplegado un banquete sobre un mantel de plástico estampado con rosas de color rosa.

Como muchos refugiados lejos de sus hogares, cocinar la comida tradicional de sus casas es una manera de conectar y de construir un sentido de comunidad, y también de recordar a los niños sus orígenes. Las mujeres hablaban todas a la vez intentando explicar qué había en cada plato.

Había paquetes de *kibbeh,* empanadillas fritas rellenas de bulgur, además de cebolla, especias, perejil y trozos de cordero; *dolmas,* hojas de parra rellenas de berenjena y arroz; pollo en salsa de tomate y *mier,* una especie de gachas de bulgur frito.

Me hicieron preguntas sobre la comida inglesa. Expliqué que la cocina de mi país no tenía mucha fama y les hablé del pastel de salchichas *toad in the hole,* del pescado con patatas fritas envuelto en una hoja de papel de periódico y de que nuestro plato nacional era el pollo *tikka masala,* exportado por los inmigrantes de India y Paquistán. Les pareció muy divertido y se rieron por primera vez mientras se repetían la anécdota de una a otra.

Me dijeron que la comida alemana les parecía sosa y sin sabor. En broma, dije que tal vez un día un plato yazidí figuraría en los menús alemanes, igual que el *Bratwurst* y el chucrut, pero me miraron incrédulas y me di cuenta de mi falta de tacto al sugerir que tenían por delante una larga estancia a personas que estaban en un limbo entre la añoranza y el miedo a regresar a su país.

De postre sirvieron una bandeja de melón enorme y reanudamos la charla mientras nos caía jugo por la barbilla. Después, me abrazaron, una tras otra. «Es la primera vez desde que empezó todo esto que hemos conversado de cosas normales con otra persona», dijo Turko.

Ojalá viviera cerca y pudiera visitarlas. Mientras atravesaba los bosques oscuros en el coche, pensé en ella y en Rojian en sus pequeñas habitaciones, con sus pesadillas y los gritos de los niños asustados durante la noche.

3

El poder de un *hashtag*

Noreste de Nigeria

Se dice que el nombre «Chibok» proviene del sonido de succión que emiten los pies al moverse en un terreno pantanoso. Chibok era una pequeña ciudad aletargada en el noreste de Nigeria, en la linde del bosque de Sambisa, con una carretera sucia y estrecha, y una plaza del mercado en el centro, rematada con un gran poste de telecomunicaciones. Había una iglesia, una mezquita, una sucursal de Union Bank con un letrero azul desvaído y una puerta tapiada, y mujeres y niños empujando carros con bidones amarillos porque no había agua corriente. A pesar de su nombre, la tierra de los alrededores estaba seca y cuarteada por la escasez de lluvia. Si continuabas por la carretera hasta el término de la ciudad, se llegaba a un gran edificio de tejado rojo con el letrero ESCUELA SECUNDARIA PÚBLICA.

El 14 de abril de 2014, la noche en la que Boko Haram secuestró a su hija mayor de esa escuela, Esther Yakubu estaba en la cama con sus otros cuatro hijos en su sencilla casa de hormigón. «Hacia las once o las doce de la noche me desperté por el ruido de unos disparos», recordó. «Mi cuñado me llamó para decirme que había llegado Boko Haram y que debíamos huir. Los miembros de Boko Haram son carniceros, todo el mundo sabe qué sucede cuando llegan: incendian las casas, matan a los hombres y se llevan a las mujeres jóvenes para que sean sus esposas en la selva».

«Le dije que no pensaba irme de mi casa, pero luego oímos más disparos y mi marido insistió en que teníamos que marcharnos, así que salimos con los niños en calzoncillos y en camisón. Chibok es un lugar rocoso y nos escondimos entre los matorrales y las grietas.

»Boko Haram llegó y prendió fuego a la plaza del mercado hasta las cuatro de la madrugada. Los oíamos circular con sus motos y veíamos columnas de humo, pero no sabíamos que se habían dirigido a la escuela.

»Entonces, mi cuñado volvió a llamar y preguntó: "¿Dónde está vuestra hija mayor?". Le dije que estaba en la escuela. Mi Dorcas tenía dieciséis años y estaba en plenos exámenes; estaba interna, a pensión completa. Mi cuñado dijo que habían atacado la escuela. No me lo creí, pero algunos padres volvían llorando y diciendo que las chicas no estaban. Todavía seguía sin creérmelo. ¿Cómo podían llevarse a todas las chicas?

»Cuando amaneció, hacia las cinco y media de la madrugada, corrimos a la escuela. Vimos las aulas incendiadas, ceniza por todas partes y las mochilas, las Biblias y todos los manuales esparcidos. Busqué a mi hija Dorcas y grité su nombre, pero no estaba en ninguna parte.

»Alguien contó a las desaparecidas. Se habían llevado a doscientas setenta y seis chicas. Aquel día, toda la comunidad estuvo de luto, sumida en un mar de lágrimas.

»Entonces algunas de las chicas regresaron. Nos explicaron que unos hombres habían entrado en su dormitorio en plena noche y las habían despertado a gritos. Los hombres llevaban uniformes del ejército y por eso ellas no se habían dado cuenta de inmediato de que se trataba de un ataque. Bajaron de sus catres con la ayuda de una linterna. Vieron que los hombres estaban saqueando y robando comida y que eran muy jóvenes, y fue entonces cuando comprendieron que no eran soldados del ejército. De repente vieron que los edificios de la escuela estaban ardiendo y se pusieron a gritar despavoridas porque creyeron que las iban a quemar vivas. Entonces los hombres las metieron en camiones descapotables y se las llevaron al bosque.

»Algunas escaparon al principio y otras huyeron por el bosque, agarrándose a las ramas. Reconocí a una de las chicas y le pregunté: "¿Dorcas estaba contigo?", y me contestó: "Sí, pero estaba tan cansada cuando íbamos en el camión que no huyó". No estaba acostumbrada a correr, a lo mejor tuvo miedo.

»Mi marido y otros hombres fueron al bosque para intentar buscarlas, pero es un lugar denso y muy grande. Cincuenta y siete chicas se habían escapado la primera noche. Eso significaba que doscientas diecinueve estaban en algún lugar del bosque, rodeadas de serpientes y animales. Algunos pensaron que ya habrían llevado a las chicas hasta Camerún, atravesando las colinas de Gwoza. Quizás pensaban venderlas.

»Seguía mirando la foto que tengo de mi hija en el teléfono, como si mi voluntad pudiese hacerla regresar. Me preguntaba cómo había podido suceder aquello. Hacía poco que la había cambiado de Kano a esta escuela en Chibok porque pensaba que sería más segura.

»En el pueblo hubo quien dijo que estas cosas sucedían cuando las chicas recibían demasiada instrucción [las chicas como Dorcas eran una excepción en el norte de Nigeria, donde tan solo un cuatro por ciento de las adolescentes acaba la enseñanza secundaria y dos tercios están ya casadas cuando cumplen los dieciséis años], pero Dorcas siempre fue muy inteligente y yo quería que estudiase para tener una vida mejor.

»Literalmente, "Boko Haram" significa "la educación occidental está prohibida". Poco tiempo antes, habían atacado una escuela masculina en Buni Yadi donde quemaron vivos a cincuenta y nueve chicos, pero nunca habíamos oído algo parecido.

»Al parecer no era un ataque planeado, porque no tenían suficientes vehículos para todas las chicas y entraron en varias casas para llevarse unos cuantos. Algunas de las que lograron volver dijeron que los yihadistas entraron en la escuela buscando cemento y una máquina de hacer ladrillos para construir su base. Nos contaron que habían discutido sobre qué hacer con las chicas e incluso hablaron de quemarlas.

»Algunas personas dicen que es una conspiración. Normalmente, tenemos un centenar de soldados de guardia en Chibok debido a todos los ataques que tienen lugar en esta zona, pero aquella noche solo había quince porque habían enviado a muchos a otro sitio, y solo había veintisiete policías, de los cuales la mayoría estaban ebrios. La escuela no tenía electricidad porque el generador se había quedado sin gasóleo. La directora era musulmana y, dos semanas antes, la escuela había hecho un simulacro de evacuación a raíz de las alertas de ataque. Les había dicho a las niñas que se quedasen todas juntas en un mismo lugar si sucedía algo. Si hubiesen huido, podrían haber escapado».

En su enorme chalé blanco de la moderna capital de Abuya, el presidente nigeriano Goodluck Jonathan no hacía nada. Miles de chicas habían desaparecido de sus pueblos en todo el noreste de Nigeria. El secuestro de las chicas de Chibok podría haber sido solo uno más en el catálogo de las atrocidades de Boko Haram, excepto por un detalle. El 23 de abril de 2014, nueve días después del secuestro, un abogado mercantil llamado Ibrahim Adullahi se encontraba en su habitación de hotel en Port Harcourt, haciendo el equipaje para volver a su casa en Abuya, y encendió el televisor. Se estaba retransmitiendo un programa en directo desde la Feria del Libro de Port Harcourt donde intervenía Oby Ezekwesili, antigua ministra de Educación. Informó al público sobre el secuestro de las chicas, e instó a la gente a exigir al gobierno que «recuperase a nuestras hijas».

Abdullahi era un usuario habitual de Twitter. Tuiteó las palabras de Oby y añadió dos hashtags *#BringBackOurDaughters* y *#BringBackOurGirls*. Devolvednos a nuestras hijas y devolvednos a nuestras chicas. Luego corrió para no perder su vuelo, reflexionando sobre como a él, en tanto que padre, lo habría destrozado la pérdida de un hijo.

Al otro lado del mundo, en Los Ángeles, el tuit llegó a un productor cinematográfico. En tres semanas, el *hashtag*

#BBOG había sido retuiteado más de un millón de veces en todo el mundo. La supermodelo Naomi Campbell, la *celebrity* Kim Kardashian, la secretaria de Estado Hillary Clinton y la primera dama Michelle Obama estaban entre las decenas de personalidades destacadas que publicaron *selfies* con carteles que rezaban *Bring Back Our Girls*. Con dos hijas adolescentes, la señora Obama ocupó la franja radiofónica semanal del presidente para expresar su indignación. «En esas chicas, Barack y yo vemos a nuestras hijas», declaró, añadiendo que su marido había dado la orden a su Gobierno de hacer todo lo posible para ayudar a encontrarlas. En Londres, el primer ministro David Cameron dijo a la Cámara de los Comunes que «esto es un acto de pura maldad» y prometió que Gran Bretaña «se esforzará al máximo por ayudar».

Estados Unidos envió a analistas de la CIA y a negociadores de rehenes del FBI, así como drones Predator, también llamados «ojos en el cielo». Se estableció una célula de consolidación de información por parte de los servicios de inteligencia y Gran Bretaña y Francia enviaron asesores militares y especialistas en satélites, aunque un avión espía centinela de las fuerzas aéreas británicas se retrasó por culpa de una avería.

Igual que al resto de periodistas de todo el mundo, mi jefe me mandó conseguir un visado y meterme en un avión. De pronto, el Ministerio de Asuntos Exteriores de Nigeria quedó inundado de solicitudes de los medios de comunicación que parecían deseosos de cubrir el Foro Económico Mundial sobre África que se celebraba aquella semana en Abuya. Experimenté la habitual subida de adrenalina de los que nos encargamos de las noticias de última hora, cuando salimos del avión y penetramos en el calor agobiante y pegajoso del país. Nos subimos a un puñado de taxis para plantarnos en aquella extraña capital moderna donde encontramos un bosque de antenas satélites con las siglas CNN, ABC, CBS, BBC, ITN, Sky, Nippon TV... Durante los siguientes diez días, el secuestro de las chicas de Chibok encabezó los boletines informativos de todo el planeta.

Todos los días, cuando se ponía el sol, montones de periodistas salían del Hilton y cruzaban la carretera hasta Unity Fountain, una polvorienta isla peatonal con una fuente que no funcionaba, en la que estaban inscritos los nombres de los treinta y seis estados de Nigeria. Mientras bandadas de pájaros volaban en forma de V bajo un sol rojizo, los activistas vestidos de rojo se reunían para aplaudir a la vigorosa señora Ezekweseli que protestaba junto a otros contra la inacción del Gobierno.

Después de cada interlocutor, empezaba un coro:

¿Qué cantamos?
¡Devolved a nuestras chicas!
¿Qué pedimos?
¡Devolved a nuestras chicas! ¡Ahora mismo y vivas!

Mientras la gente se dispersaba en la oscuridad aterciopelada, fui a tomar café en un hotel cercano con la señora Ezekwesili, que había pasado de ser una exministra del Gobierno a vicepresidenta del Banco Mundial y cofundadora de Transparency International. Estaba muy enfadada y se enfureció aún más cuando un trozo del techo del hotel cayó sobre su vestido. «Sin educación sería una de tantas niñas olvidadas y atrapadas en la pobreza», me dijo. «¿Cómo hemos fracasado tanto como sociedad como para que secuestren a nuestras chicas de forma masiva? Esto tiene que servirnos para hacernos reaccionar».

Nigeria, rica en petróleo, acababa de superar a Sudáfrica como primera economía africana, algo que el Gobierno nigeriano había planeado publicitar en aquel Foro Económico tan bien protegido. Sin embargo, al mundo solo parecía interesarle las chicas desaparecidas. Debió de resultar muy molesto para el presidente Goodluck, antiguo zoólogo con una debilidad por los sombreros de fieltro. Pasó los diecinueve días siguientes agazapado en su residencia oficial en Aso Rock, sin pronunciar ni media palabra sobre los secuestros ni convocar una reunión para planificar un rescate. El alto mando militar llegó a negar que el secuestro hubiese ocurrido. Su esposa acusó a los manifestantes de «jugar». Cuando fotografiaron al presidente bailando en un mitin de su partido, fue escarnecido en un editorial del *New York Times* como «sorprendentemente lento e inepto a la hora de abordar este crimen monstruoso».* La terrible situación de las chicas de Chibok y su indiferencia aparente parecían ser el fiel reflejo de un Gobierno que estaba interesado solo en enriquecerse.

De vez en cuando, varios padres de las alumnas desaparecidas se unían a la manifestación que se congregaba en la Unity Fountain. Allí fue donde conocí a Esther, una mujer elegante de cuarenta y dos años que trabajaba como directora financiera para el Gobierno local de Chibok. Me enseñó en su móvil una foto de su hija Dorcas, radiante en un vestido turquesa de manga larga que brillaba como la cola de una sirena. La foto había sido tomada la misma semana de su desaparición.

«Se nota que le encantaba la moda», dijo Esther. «Solíamos decir que se recogía el cabello tan bien como las yorubas, que son famosas por sus peinados.

»Es como un eco del latido de mi corazón», añadió. «Una chica tan simpática y mi principal apoyo. Siempre se ocupa de sus hermanos menores sin que se lo pida y también cocina. Le gusta cantar en el coro de la iglesia y tiene una voz melosa».

Todos los miembros de la familia eran fieles devotos. «La mayoría de los habitantes de Chibok éramos cristianos y vivíamos en paz con nuestros hermanos musulmanes hasta la llegada de Boko Haram».

Como la mayoría de las chicas de la escuela, Dorcas estaba examinándose. «Ha entregado cinco trabajos. Siempre ha tenido buenas notas y ha estudiado mucho. Quiere estudiar administración de empresas y ser profesora».

---

*«*Nigeria's Stolen Girls*» [Las chicas robadas de Nigeria], *New York Times,* 6 de mayo de 2014.

Cuatro semanas después del secuestro, Boko Haram difundió un vídeo. Mostraba a unas ciento treinta chicas en hiyabs negros y grises debajo de tamarindos, alzando las palmas de las manos, mientras rezaban y recitaban el Corán. Aunque el norte de Nigeria es mayoritariamente musulmán, Chibok era una comunidad mixta, como Esther me había dicho, y muchas de aquellas chicas eran cristianas.

«He secuestrado a vuestras niñas», rugió el líder de Boko Haram, Abubakar Shekau, riéndose como un maníaco o un payaso malvado. «Las venderé en el mercado, si Alá lo permite. Las venderé y las casaré».

Esther escrutó el vídeo en vano intentando encontrar a su brillante hija. ¿Qué le estarían haciendo?

Cualquier madre estaría horrorizada. Boko Haram era el grupo terrorista más letal del mundo, según el índice global de terrorismo, pese a no recibir la misma atención internacional que Al Qaeda y el ISIS.

Cuando hablé con los nigerianos, parecía existir una confusión considerable acerca de los objetivos de Boko Haram. En Abuya, conocí a un antiguo parlamentario que dirigía una red de lucha contra la corrupción, pero apareció conduciendo un coche deportivo, un Audi R10, y lucía un Rolex de oro y diamantes. Me describió a Boko Haram como «una secta demoníaca que se aprovecha de la ignorancia de las creencias religiosas para cometer actividades satánicas» y que estaba «vinculada con los saqueos y la delincuencia».

Otros afirmaban que, en realidad, eran el ejército o los políticos del norte los que fundaron Boko Haram, para sembrar la anarquía y destrozar al presidente Goodluck Jonathan, que era un cristiano del sur, y conseguir acaparar el poder. O quizás los responsables habían sido los políticos cristianos del sur, para arrebatar el poder al norte.

Boko Haram era en realidad el apodo del movimiento: su verdadero nombre era uno mucho menos pegadizo: *Jama'atu Ahlus wa-Sunna Lida'awati wal-Jihad*, que quiere decir 'el pueblo comprometido con la propagación de las enseñanzas del Profeta y la yihad'. Sin embargo, cuando el grupo comenzó a actuar no tenía nombre, lo que llevó a algunos a denominarlos «los talibanes nigerianos».

Su fundador era un clérigo salafista de cara aniñada llamado Mohammad Yusuf, que en 2002 creó una madrasa en Maiduguri, capital del estado de Borno, y la bautizó con el nombre de Ibn Taymiyyah, un sirio que había defendido la yihad contra los mongoles en el siglo xiii. Allí, Yusuf enseñaba que la tierra era plana y denunciaba la educación occidental *(boko)* como *haram*.

Nigeria es el país más poblado de África, con unos doscientos millones de habitantes y cientos de lenguas y tribus. Casi la mitad son musulmanes, sobre todo en el norte, que es sumamente pobre en comparación con el floreciente sur, tras años de distribución desigual de la riqueza petrolera del país, agravada por la mala gestión económica y por el saqueo de los gobernantes corruptos.

También es una de las poblaciones más jóvenes del mundo: más de la mitad tiene menos de treinta años. La prédica del islam radical de Yusuf comenzó a atraer a seguidores entre los miles de jóvenes sin empleo ni esperanza, especialmente los miembros de la tribu Kanuri. Yusuf y sus acólitos recorrieron la región en camionetas equipadas con altavoces que instaban a los musulmanes a ignorar el «Gobierno de los ladrones», dominado por los cristianos y a respetar la *sharía*. El origen de toda esta corrupción, decía Yusuf enfurecido, era el sistema educativo implantado por los colonizadores británicos.

Sin embargo, fue una ley sobre el uso de cascos de motocicletas lo que convirtió a Boko Haram en una insurrección en toda la regla. Las carreteras de Nigeria se cuentan entre las más peligrosas del mundo, así que, en enero de 2009, el Gobierno aprobó la obligatoriedad del casco en un intento de reducir el número de víctimas mortales. Pero muchas personas se negaron a ponerse el casco, argumentando que provocaba piojos, y que podía estropear los caros peinados de trenzas de las mujeres, o incluso utilizarse para lanzar maldiciones con espíritus malignos a quien lo llevase. La mayoría de la gente pensaba que solo era otra manera más de obtener sobornos por parte de la policía.

El mes siguiente, algunos de los acólitos de Yusuf se hallaban en una procesión funeraria en otra ciudad del noreste llamada Bauchi, cuando la policía los detuvo por no llevar el casco. La confrontación subió rápidamente de tono y las fuerzas de seguridad hirieron a diecisiete personas con sus disparos.

Yusuf convocó a sus acólitos para responder con la yihad y lanzó ataques en los cinco estados del norte. Las fuerzas gubernamentales aplastaron a los insurgentes, lo que causó mil muertos y muchos más detenidos, entre los que se incluían muchos de los familiares del grupo. En las calles de Maiduguri se desataban batallas sin fin. Por último, los militares detuvieron a Yusuf y lo pusieron bajo custodia policial, pero le dispararon en el pecho mientras «intentaba escapar», según dijeron. Mostraron a los periodistas su cuerpo acribillado por las balas.

Los demás líderes pasaron a la clandestinidad y mucha gente pensó que el movimiento estaba acabado. Pero algunos acabaron en campos de entrenamiento yihadista en Somalia, Mali e incluso Afganistán. Hacia 2010, resurgieron como grupo terrorista a las órdenes de Shekau, el antiguo segundo al mando de Yusuf.

Shekau me pareció aterrador en el vídeo de las chicas de Chibok cubiertas con el hiyab. La gente utilizaba palabras como «psicópata» y «demente», pero nadie parecía saber mucho de él, aparte de que se había casado con la viuda de Yusuf. «Si Yusuf era Lenin, él es Stalin», me dijo un diplomático británico en Abuya. «Se ha apoderado de la revolución y la ha llevado en una dirección particularmente violenta».

Al igual que Osama Bin Laden, su medio preferido de comunicación eran vídeos en los que sostenía un AK-47. Rodeado de sus lugartenientes con el rostro oculto, pronunciaba largas parrafadas de una hora sobre cualquier tema: desde Abraham Lincoln a la reina Isabel II. «Disfruto matando a cualquiera que Dios me manda matar, al igual que disfruto matando pollos y ovejas», declaró en un vídeo de 2012. «Mataremos a todos los que practiquen la democracia... ¡Matar, matar, matar!».

Los primeros muertos fueron los líderes musulmanes moderados, asesinados por pistoleros en moto. La mayor parte de los ataques iniciales del grupo se centraron en liberar a sus miembros y familiares irrumpiendo en las cárceles, para volver a completar sus filas. Los yihadistas también bombardearon iglesias: empezaron por dos en Maiduguri el día de Nochebuena de 2010 y luego en toda la región, mientras exigían a todos los cristianos que abandonaran el norte. El año siguiente, se trasladaron a la capital, donde bombardearon la comisaría de policía de Abuya y el edificio de las Naciones Unidas.

La caída en 2011 del régimen de Gadafi en Libia, descrito memorablemente en un informe de la inteligencia británica como el «Tesco del comercio ilegal de armas», proporcionó una fuente abundante de armamento que llegó a Níger y más allá.

En 2012, Boko Haram actuaba de forma más indiscriminada, con atentados suicidas para bombardear mezquitas, estaciones de autobús, mercados y hospitales de toda la región. Fieles a su nombre, quemaron también escuelas y asesinaron a profesores. A veces reclutaban a los chicos para que sirviesen de vigías y reclutas. Otras veces simplemente los asesinaban. Obligaban a los adolescentes a cavar trincheras, después los ponían en fila para que cuando les cortasen el cuello cayeran dentro. Uno de sus miembros era conocido como el Carnicero, al parecer porque cortaba la médula espinal de un tajo.

Eran tan crueles que incluso Al Qaeda los consideraba demasiado extremistas. Entre los papeles confiscados en mayo de 2011 durante la incursión a Abbottabad de los Navy SEAL estadounidenses en la que fue asesinado Osama Bin Laden, se encontró una carta de Shekau. Había solicitado una reunión con Ayman al-Zawahiri, segundo de Bin Laden, para unirse «bajo una única bandera». No le habían contestado.

Para recaudar fondos, Boko Haram asaltaba bancos y metía el dinero en efectivo en sacos de cuadros de nilón, conocidas como «bolsas *Ghana-Must-Go*». Para armarse, confiscaba pistolas del ejército, camiones e incluso tanques. Algunos decían que se los vendían militares corruptos. Muy pronto, Boko Haram se centró en el control del territorio, anexionando ciudades y pueblos en todo el norte hasta controlar el setenta por ciento del estado de Borno y crear un califato, como haría ISIS más tarde, aunque con mayor brutalidad. Mataron y capturaron a miles de personas y provocaron la huida de cientos de miles.

No solo Boko Haram atacaba escuelas, en particular escuelas de chicas. Cientos de instituciones educativas habían sido bombardeadas o atacadas por los talibanes en Afganistán y en el norte de Paquistán donde, en octubre de 2012, una chica de quince años, Malala Yousafazi, había sido víctima de un atentado en el autocar de la escuela por haber hecho campaña por el derecho a estudiar.

Una de las características de Boko Haram era que secuestraba a chicas jóvenes para obligarlas a casarse con yihadistas. Lo hacían en parte para asegurarse la lealtad de sus seguidores, proporcionando esposas a jóvenes desempleados que no tenían posibilidad de pagar la dote tradicional. También suministraba futuros miembros al Califato: se trataba a las chicas como meras incubadoras para producir descendencia musulmana. A las mujeres ya embarazadas de niños cristianos se les abría el vientre con un machete para extraer el feto.

Este tipo de acciones también podrían ser una venganza por el arresto de sus propias mujeres y parientes a manos de las autoridades nigerianas. Algunos informes indicaban que habían capturado a la mujer y las tres hijas de Shekau en septiembre de 2012 mientras asistían a un bautizo que fue atacado por los militares. Poco tiempo después, Shekau difundió otro vídeo advirtiendo: «Ya que estáis apresando a nuestras mujeres, esperad a ver lo que les pasará a las vuestras...».

Y añadió: «Sabed que la esclavitud existe en el islam. Incluso durante la batalla de Badr, el profeta Mahoma capturó a esclavas», refiriéndose a la primera victoria militar de los musulmanes en el siglo VII sobre los mequíes, que los superaban en número.

Boko Haram era un asunto complicado y la atención de medios y satélites desapareció pronto, a medida que los periodistas pasaron a otros reportajes. El Estado Islámico capturaba grandes superficies de Iraq y Siria. El avión espía británico Sentinel enviado por David Cameron se desplazó silenciosamente a otro lugar. El FBI retiró a sus negociadores de rehenes.

En lo que respecta a las chicas, fue como si hubiesen desaparecido de la faz de la tierra. El año siguiente, en marzo de 2015, al presidente Goodluck Jonathan se le acabó la suerte y fue el primer presidente en ejercicio de la historia de Nigeria que perdió unas elecciones. Su fracaso obedeció a su incapacidad de encontrar a las chicas de Chibok y de poner fin a la insurrección.

El vencedor fue Muhammadu Buhari, que había sido dictador militar en los años ochenta. Padre de nueve hijas, dijo a sus tropas que encontrar a las chicas de Chibok sería una prioridad de sus primeros cien días. Pero el plazo pasó, los atentados de Boko Haram continuaron y los intentos de negociación con Shekau se estancaron. El 14 de enero de 2016, el presidente Buhari se reunió con los cerca de trescientos padres y les dijo que su Gobierno carecía de «pruebas fidedignas de los servicios secretos» del paradero de las chicas o incluso de si seguían vivas.

Esther solía enviarme mensajes llenos de citas religiosas y yo no podía quitarme de la cabeza a las chicas. Conocía bien ese nerviosismo en el estómago cuando me despertaba temprano y encontraba todavía vacía la cama de mi hijo adolescente. No tenía comparación con saber que una hija está en manos de asesinos y violadores sin escrúpulos.

Una serie de ataques suicidas cometidos por mujeres jóvenes se había desatado en el norte de Nigeria en junio de 2014, dos meses después del secuestro. Muchos creían que eran chicas de Chibok a las que habían lavado el cerebro y entrenado para ser asesinas o bombas suicidas cuyos chalecos se activaban a distancia, aunque otros sostenían que las chicas eran demasiado valiosas para Boko Haram por su perfil internacional.

Conocí a un hombre en Londres que abrió su Macbook Air para enseñarme vídeos que revolvían el estómago. Aparecían tres chicas a las que violaban una y otra vez, hasta que sus gritos se apagaban y se convertían en un lamento silencioso.

«Boko Haram ha hecho que el ISIS parezca un juego de niños», me dijo el doctor Stephen Davis, antiguo canónigo de la catedral de Coventry que vivía en Perth, Australia, y que había pasado varios años negociando con miembros de Boko Haram. «Conocí a una chica a la que violaron en grupo todos los días durante un año».

Entre 2009 y 2016, Boko Haram había matado a más de quince mil personas, arrasado pueblos y obligado a más de dos millones de personas a abandonar sus hogares. Según la UNICEF, también habían forzado a más de un millón de niños a abandonar la escuela, quemando los edificios, matando a centenares de maestros y secuestrando a miles de chicos y chicas para obligarlos a trabajar como cocineros, vigilantes y esclavas sexuales. Después del rechazo de Al Qaeda, Boko Haram se afilió al Estado Islámico en 2015 y se convirtió en el Estado Islámico de África occidental.

Y, sin embargo, ¿cómo es posible que secuestraran doscientas diecinueve chicas, para desaparecer sin más? El doctor Davis, padre de tres hijas, estaba muy enfadado. «No puedo creer que secuestraran a un número tan grande de niñas, sin dejar ni rastro», dijo. «Piense en cuántos vehículos se necesitan. Sin embargo, no dejaron ni una huella de neumático y ningún habitante de la zona los vio. Es absolutamente insostenible».

Dos años después del secuestro, la vigilia continuaba celebrándose todas las noches en Unity Square. Las golondrinas acudían en formaciones en V, pero los manifestantes se habían reducido a un pequeño grupo de una docena de personas, con sus chapas rojas de *Bring Back Our Girls*. Una pila de sillas de plástico permanecía intacta. Otros se unían al salir del trabajo y unos pocos motoristas se solidarizaban tocando el claxon.

«Nadie abandona», insistía Yusuf Abubakar, el coordinador de la sentada. Su altavoz no funcionaba, así que gritaba el cántico habitual:

¿Cuándo vamos a parar?
¡No pararemos hasta que nuestras chicas vuelvan vivas!
¿Cuándo vamos a parar?
¡No pararemos sin nuestras chicas!

Hablaron de varios temas como, por ejemplo, quién iba a suministrar refrescos para un velatorio próximo en memoria de los chicos degollados de Buni Yadi. Como siempre, la sesión finalizaba con todo el mundo cantando *Give Peace a Chance* de John Lennon, con el último verso reescrito como «Lo que decimos es: devolvednos a nuestras chicas. ¡Ahora y vivas!».

Entre los presentes había una adolescente, Maryam, delgada y esbelta como un tulipán, y su madre Fatima, ambas de rostro afligido. Maryam me contó que estaba en la escuela de Buni Yadi con su querido hermano mayor Shoaib la noche del 24 de febrero de 2014 cuando atacó Boko Haram. «Confinaron a todas las chicas en la mezquita y nos dijeron que era malo ir a aquella escuela y que, si nos volvían a pillar, no se apiadarían de nosotras. Luego dispararon a los chicos en la cabeza delante de nosotras».

A otros los degollaron y ellas oyeron los gritos. No volvió a ver a su hermano. «Quería ser arquitecto», dijo Fatima, su madre. «Me desmayé cuando oí la noticia».

Fatima pagaba la matrícula escolar de Maryam en la escuela en Kaduna que, según creía, era más segura. Pero la chica se echó a llorar cuando me explicó: «No me puedo concentrar porque no dejo de pensar en mi hermano y en lo que les hicieron a los demás chicos. Sé que mi madre se sacrifica por mí, para que vaya a la escuela. Y yo no querría dejar de estudiar, pero no sé qué hacer. Tengo pesadillas todas las noches y no puedo dejar de pensar en eso».

A la mañana siguiente, me reuní con Esther Yakubu. Parecía haber envejecido una década en los dos últimos años y me dijo que se sentía como si viviese en una especie de limbo. «No puedo dormir, no puedo respirar», me dijo. «Mi otra hija se niega a volver a la escuela porque tiene miedo». Me contó que algunos de los padres de Chibok se habían suicidado. Nadie les había ofrecido terapia. «El Gobierno solo nos dio tela para vestidos y arroz», dijo encogiéndose de hombros. «¿De qué nos sirve eso?»

Todavía tenía fe en que rescatarían a su hija. «Creo que está viva», dijo. «Solía soñar que había vuelto. Una vez su hermana se despertó a media noche chillando: «¡Dorcas está aquí!». Había soñado que había vuelto y que se estaba maquillando. Le encantaba maquillarse.

»Si estuviese muerta, yo lo sabría», añadió.

La atención internacional las había sorprendido y albergaron la esperanza de que las chicas volverían pronto, así que el fracaso las había desconcertado. «Nos enteramos de que los estadounidenses tenían satélites que podrían ver incluso a un hombre andando por la calle en Bagdad o una cabra en una colina de Afganistán», dijo Esther. «¿Cómo es que no han visto a las chicas?

»Pienso que el Gobierno no se lo ha tomado enserio. Si hubiesen sido hijas de la élite, las habrían encontrado».

El puesto de control militar justo al lado del aeropuerto de Maiduguri desplegaba un gran cartel de «Se busca» cubierto de los rostros amenazadores de decenas de yihadistas armados de Boko Haram, en cuyo centro estaba la faz de mirada lasciva de Shekau.

Los soldados, de pie detrás de montones de sacos de arena, parecían huraños, lo cual quizás no fuera sorprendente, porque les pagaban muy poco y estaban mal equipados. Dicen que en parte se debía a que sus comandantes se quedaban los fondos o vendían su equipamiento al grupo terrorista.

Había volado al lugar de nacimiento de Boko Haram para conocer a algunas de sus antiguas rehenes y saber cómo era el cautiverio de una chica como Dorcas. Durante el vuelo, iba sentada al lado del profesor Abba Gambo, que era jefe del Departamento de la Producción de Cultivos en la universidad. Me contó que habían asesinado a sus once hermanos y que a uno le dispararon ante sus ojos. Acusaba a Boko Haram de los elevados niveles de pobreza, del analfabetismo y del cambio climático, lo cual significaba que la región tenía solo tres meses de lluvia. La superficie del lago Chad se reducía y las cosechas disminuían. Señaló por la ventanilla la tierra marrón y reseca.

No era la única extranjera a bordo. Denise Ritchie era una enérgica abogada rubia y militante contra la violencia sexual de Nueva Zelanda que me dijo que llevaba maletas con sujetadores y bragas que había conseguido para dárselos a las mujeres secuestradas. Primero pensé que estaba loca, pero luego me percaté de mi error al comprender que alguien había ahorrado dinero para recorrer medio mundo e intentar devolver un poco de dignidad a mujeres que nunca había visto.

Ambas nos alojamos en la casa de huéspedes Satus, que nos habían recomendado como segura porque había una unidad del ejército estacionada cerca, aunque eso podía ser cuestionable, dado que los soldados solían ser el objetivo principal de Boko Haram. La página web de la casa de huéspedes mostraba habitaciones de estilo escandinavo de madera decapada y edredones de algodón egipcio blanco, pero las habitaciones eran marrones y húmedas, con colchas de algodón afelpado y llenas de manchas. Me dirigí al gerente, que se rio y me dijo que eran fotos de otro hotel que le habían gustado. Se había dedicado a cortar y pegar las imágenes en su página.

La ciudad de Maiduguri estaba mucho más animada que en mi anterior visita dos años antes, en 2014. Entonces estaba bajo toque de queda tras un atentado reciente. Ahora todo el mundo parecía vender algo. En la calle, los jóvenes jugaban al futbolín mientras la gente asaba brochetas de pescado de río y de pequeños pájaros parecidos a gorriones con un pico rojo, llamados *quelea,* que se vendían envueltos en papel y eran crujientes.

Cientos de miles de personas de los pueblos y ciudades de los alrededores, capturados por Boko Haram, habían huido a la ciudad. Se habían construido veinticinco campamentos para albergarlos a todos. Entre ellos había miles de niñas que habían escapado o habían sido rescatadas de Boko Haram. Aunque toda la atención internacional se centró en las chicas de Chibok, pronto se hizo evidente que su secuestro había sido solo la punta del iceberg.

«Nos taparon la boca con sus sucias manos y nos obligaron a enseñarles los pechos», dijo Ba Amsa que, como Dorcas, la hija de Esther, tenía dieciséis años cuando fue secuestrada por Boko Haram. «No podías resistirte, porque tenían armas y, si lo hacías, te llevaban al monte y te mataban».

Ba Amsa era de una pequeña ciudad llamada Bama, que había sido atacada varias veces por Boko Haram y finalmente capturada en septiembre de 2014, cinco meses después de los secuestros de Chibok.

Fue especialmente sangriento, incluso para su brutalidad habitual. Más tarde, Boko Haram publicó un vídeo que mostraba a sus hombres armados acribillando a civiles tumbados boca abajo en el dormitorio de una escuela local, forrado de literas. La mayoría eran hombres adultos. Había tantos cadáveres que a los pistoleros les costaba pasar entre ellos para acabar con la vida de los que aún se movían.

«Hemos teñido de rojo el suelo de esta sala, así será en todos los futuros ataques y las detenciones de infieles», dijo el jefe del grupo en un mensaje. «En cualquier lugar que invadamos a partir de ahora, nuestro deber religioso será matar, masacrar, destruir y bombardear».

Mientras Boko Haram avanzaba, la gente intentaba huir. Ba Amsa cojeaba debido a la poliomielitis que padeció en su infancia, por lo que no podía correr rápido. «Nos secuestraron a mí y a mi hermana, y nos llevaron a una especie de prisión de mujeres donde nos retuvieron tres meses y nos obligaron a recibir clases de islam.

»Era un lugar para que los yihadistas de Boko Haram eligieran a sus esposas. Nos decían que los hombres venían a mirarnos y nos hacían ponernos de pie y enseñar los pechos. Luego elegían a cinco o diez de nosotras. Se llevaron a más de veinte chicas antes de que vinieran por mí.

»Conocía de Bama al hombre que me eligió y nos quedamos en una casa de gente a la que Boko Haram había matado. Era joven y parecía no saber nada de religión. Me dijo que cualquiera que se uniera a Boko Haram iría al paraíso».

Cuando le pregunté cómo la trataba, miró al suelo. «No pude resistirme a él», respondió. «Estaba armado. Un día llegó el ejército y bombardeó la aldea. Conseguí huir a pesar de estar embarazada».

Conocí a Ba Amsa en el campamento de Dalori, situado en una antigua escuela técnica a las afueras de la ciudad, en un terreno polvoriento salpicado de baobabs desnudos. Dalori era el campamento más grande, con unas veintidós mil personas, y también el más antiguo. Se decía que era el mejor equipado y tenía multitud de hileras de tiendas de campaña blancas, pero parecía un lugar abandonado. Solo había un grifo, donde la gente descalza hacía cola para conseguir agua. Las tiendas no protegían de los cuarenta grados de temperatura. Las raciones consistían solo en arroz y una pastilla de jabón al mes. Más tarde, vi harina, aceite de cocina y alubias que debían de conseguir en el mercado que había al final de la calle.

Los campamentos se organizaban por lugares de procedencia, para intentar mantener las comunidades unidas, y la mayoría de los habitantes de Dalori eran de Bama. Ba Amsa asistía a un taller organizado por un grupo local para mujeres y chicas que habían escapado de Boko Haram y querían contar su experiencia. Estaba en un pequeño remolque con filas de escritorios donde se sentaban cuarenta mujeres y chicas, varias de ellas con bebés en los brazos, aunque parecían niñas. Hacía un calor sofocante.

Ba Amsa, que ya tenía dieciocho años, amamantaba a un niño. Su hijo Abuya, de cuatro meses, había nacido en el campamento. Se había reunido con sus padres, que también estaban en Dalori. El resto de sus hermanos (dos mayores, uno menor y una hermana pequeña) seguían desaparecidos.

Ba Amsa dijo que tenía suerte, porque su familia seguía apoyándola, pero le preocupaba el futuro de su hijo. Un día, la hermana mayor de su marido de Boko Haram fue a buscarla con la intención de darle un nombre al niño.

«En nuestra tradición, es el marido quien elige el nombre del bebé, pero le dije que no tenía derecho a escoger el nombre después de lo que me había hecho. El bebé me recuerda todo ese dolor, pero ni siquiera sabe de la existencia de su padre y no tiene ninguna culpa», dijo. «Todas las cosas malas que me sucedieron son culpa de su padre, no de él. Este niño es inocente».

No me lo pareció al principio, pero conocí a más chicas y me di cuenta de que Ba Amsa tenía razón cuando decía que tenía suerte. La mayoría de las chicas del taller padecían ostracismo por parte de su comunidad. Las obligaban a quedarse en una tienda separada para las llamadas «esposas de Sambisa».

Entre ellas se incluía Raqaya al Haji, que, a los trece años, estaba embarazada de cuatro meses de un terrorista de Boko Haram con quien la habían obligado a casarse.

Cuando Boko Haram fue a buscarla, tenía once años y estaba a punto de empezar la escuela secundaria. «Dormía en casa de mis padres en Bama cuando dos hombres armados forzaron la puerta y vinieron a por mí», dijo. «Los conocía porque eran del barrio y todo el mundo sabía que eran de Boko Haram».

Se llevaron a Raqaya a un pueblo llamado Bu Nafe y la hicieron la tercera esposa de un joven yihadista llamado Jumoro, aunque era tan joven que todavía no tenía la menstruación.

«Si me hubiese negado, me hubiesen convertido en una concubina», dijo. «Sabía que, si nos escapábamos, había gente en las carreteras que nos obligaría a regresar y nos mataría.

»Era un hombre indeseable», añadió. «Si me resistía, me obligaba a beber sangre. A menudo nos reunía para que viésemos cómo les daban latigazos a las mujeres o les partían la cabeza a pedradas por haber cometido adulterio.

»Algunas veces, Jumoro se iba a luchar y pensé en huir, pero sabía que Boko Haram tenía a gente por los caminos, que me mataría si me encontraba».

Al final estaba tan desesperada que, en diciembre, después de más de un año y medio de cautiverio, le suplicó que la dejase visitar a su abuela enferma.

«Escapé. Caminaba por la noche para que no me viesen y me escondía durante el día. Estaba mareada porque no comía ni bebía. Tardé tres noches en llegar a Bama. El pueblo estaba bajo el control del ejército nigeriano y me quedé allí durante un tiempo… Luego, en enero, me trajeron aquí, al campamento. Al principio estaba muy contenta, pero luego me di cuenta de que nadie me dirigía la palabra. Nos llaman *annova*, que significa 'epidemia' o 'sangre sucia'».

«La gente cree que las mujeres secuestradas se han convertido en simpatizantes y que las han hechizado», me explicó el doctor Yagana Bugar, profesor de la Universidad de Maiduguri, que también era de Bama y que había elaborado un informe sobre la estigmatización de estas mujeres. «Como los campamentos se organizan por pueblos, todo el mundo conoce su historia y nadie quiere relacionarse con las secuestradas por Boko Haram. Así que, después del sufrimiento que han padecido, por añadidura acaban condenadas al ostracismo en los campamentos y no pueden volver a sus lugares de origen».

Dicho de otro modo, son víctimas por partida doble. O tal vez por partida triple, si se tiene en cuenta lo que les ocurrió cuando estaban bajo la custodia del ejército.

Algunas habían sido violadas tan brutalmente que tenían fístulas: un desgarro en las paredes entre la vagina y la vejiga o el recto, lo que significaba que perdían orina o heces y apenas podían salir de su tienda porque olían mal. Otras se habían contagiado con el VIH por sus secuestradores o habían intentado abortar a sus propios bebés, a veces obligadas por sus familias. No podía imaginar siquiera lo que pasaba por sus cabezas.

Entonces habló otra chica, Zara Shetima, de dieciocho años, con una belleza delicada y el pelo cuidadosamente trenzado y que tenía una adorable niña de veinte meses a la que había llamado Kellu Kariye.

«Los insurgentes vinieron a mi pueblo de Bama y le dijeron a mi padre que querían casarse conmigo», dijo. «Me negué, así que volvieron con armas de fuego y dijeron que nos matarían a mí y a mi padre si no aceptaba. Trajeron dos mil nairas [ocho euros] como dote».

Cuando el pueblo fue capturado y los demás huyeron, el hombre la retuvo en la casa de su familia. «Era bajito y de tez oscura», dijo.

Le pregunté cómo la trataba y, primero, dijo que bien. Pero había un vacío en su mirada. «Me forzó, todos lo hicieron», añadió, bajando la vista. «Fue muy duro».

Las lágrimas le empezaron a rodar por las mejillas. La pequeña Kellu tomó la punta del fular rojo de su mamá y se las secó. «Si me resistía, me obligaban a mirar cómo masacraban a otras personas».

Su historia no terminaba aquí. «Vinieron más hombres y dijeron que nos teníamos que ir y él se negó, así que le dispararon», dijo. «Entonces me dijeron que me casase con otro. Cuando me negué, secuestraron a mi hermana».

Más tarde, cuando un avión militar bombardeó la zona, aprovechó la oportunidad para huir, trepando por unos matorrales espinosos. No sabe qué le ha ocurrido a su hermana y al resto de su familia.

«Nadie se ocupa de mí», dijo. «Aquí estoy sola. Pienso a menudo que sería mejor morir, pero ¿quién cuidaría de Kellu?».

Aparte de la doble ración diaria de arroz y de la pastilla de jabón mensual, no recibía más comida o ayuda. Para suplementarlo, tejía gorras tradicionales de oración que tardaba un mes en hacer y vendía por solo dos mil o tres mil naira (entre ocho y once euros) cada una.

Solo había otra manera de permitirse comprar más comida para Zara y chicas como ella. Todos los trabajadores de ayuda humanitaria me dijeron que en los campamentos abundaban los abusos sexuales. Estaban juzgando al superintendente de un campamento por haber violado a niñas.

Había mujeres que encontraban las condiciones en los campamentos tan insoportables que preferían vivir fuera de ellos, pidiendo limosna en las calles.

Al regresar a Abuya, fui a ver al general de brigada Rabe Abubakar, portavoz de los militares nigerianos. Habían sufrido un apagón eléctrico y su oficina era sofocante. Me dijo que Boko Haram era ahora «sumamente débil porque nuestras actividades militares les están haciendo daño» y que el ejército había rescatado a «miles de chicas» (más de mil desde el mes de enero). Me sorprendió que ninguna de ellas fuese una de las chicas de Chibok, en particular teniendo en cuenta todos los recursos internacionales que se habían desplegado para encontrarlas.

Sugirió que la atención internacional había empeorado la situación de las chicas. «Ustedes han convertido a esas chicas en las joyas de su corona», dijo encogiéndose de hombros.

El doctor Andrew Pocock, que era el alto comisionado británico en Nigeria en el momento del secuestro, admitió más tarde que habían localizado un grupo numeroso de chicas al principio de la búsqueda. «Un par de meses después del secuestro, gracias a los vuelos de vigilancia y los drones estadounidenses, se detectó a un grupo de hasta ochenta chicas en un lugar del bosque de Sambisa, alrededor de un gran árbol que llamaban el Árbol de la Vida; hubo también pruebas de movimiento de vehículos y de un campamento grande.

»Permanecieron allí durante un tiempo [seis semanas]. Preguntamos a Whitehall y Washington qué debíamos hacer con ellas y no llegó respuesta alguna».

A pesar de todo el fervor que los dirigentes occidentales habían mostrado en torno al hashtag BBOG, se resistían a enviar a sus tropas sobre el terreno. «Un ataque por vía terrestre se hubiese visto a una distancia de kilómetros y habría provocado la muerte de las chicas», explicó Pocock. «Un rescate aéreo con helicópteros o aviones Hércules requería muchos efectivos sobre el terreno y suponía un riesgo para los rescatadores e incluso agravar la situación de las chicas. Se hubiese podido rescatar a algunas, pero muchas hubiesen sido asesinadas.

»Mi temor personal fue siempre qué les sucedería a las chicas que no se encontraban en aquel campamento», añadió. «Ochenta estaban allí, pero secuestraron a más de doscientas. ¿Qué les habría ocurrido?

»Es perfectamente concebible que Shekau apareciese en uno de sus vídeos una semana más tarde, diciendo: "¿Quién les ha dado permiso para liberar a esas chicas? Déjenme que les muestre lo que les he hecho…".

»O sea que teníamos las manos atadas, tanto si lo hacíamos como si no lo hacíamos», dijo. «En la práctica no podíamos rescatarlas».

Muy lejos de allí, en Australia, el doctor Stephen Davis no podía creer que fuese tan difícil encontrar a más de doscientas chicas. Había participado en negociaciones de rehenes en el estado del Delta, una región rica en petróleo, así como en anteriores negociaciones de paz con Boko Haram. Hizo algunas llamadas a comandantes que había tenido la ocasión de conocer.

«Tres llamadas, tres comandantes», explicó. «Dijeron: "Por supuesto que sabemos quién tiene a las chicas". Hablaron con los secuestradores y estos anunciaron que quizá estaban dispuestos a liberarlas».

Basándose en esto, Davis viajó a Nigeria en abril de 2015 y pasó tres meses en el territorio de Boko Haram en el norte del país. Su piel blanca le hacía destacar «como un faro».

Pidió una prueba de vida. Le mostraron los vídeos de las chicas siendo violadas, los mismos que yo había visto. También le dijeron que dieciocho chicas estaban enfermas y él sugirió que les resultaría más cómodo librarse de ellas: se ofreció a llevárselas. Tres veces estuvieron a punto de llegar a un acuerdo. «Una vez, acordamos que llevaran a las chicas a un pueblo para entregarlas, pero otro grupo las retuvo, intuyendo una posibilidad de ganar dinero».

Frustrado y después de ser objeto de graves amenazas, al final Davis tuvo que marcharse por motivos de salud: tenía un cáncer terminal.

Insistía en que los campamentos de Boko Haram eran fáciles de detectar. «No es difícil ver dónde están los cinco o seis campamentos principales», dijo. «Los puedo ver en Google Earth. ¿Y debo creer que los estadounidenses, los británicos y los franceses no pueden localizarlos con sus sistemas de seguimiento por satélite o con drones?

»Mientras tanto, todas las semanas Boko Haram sale de estos campamentos para matar y secuestrar a cientos de chicas y niños», añadió frustrado. «¿Cuántas chicas deben violar y secuestrar para que Occidente haga algo?».

En junio de 2016, poco después de mi segundo viaje, se difundió otro vídeo de las chicas. Delante de varias filas de jóvenes con túnicas hasta los pies, unas sentadas y otras de pie, se erguía un militante con la cara oculta y vestido de camuflaje, y con un AK-47 entre las manos. «Todavía tenemos a vuestras mujeres», declaró. «El Gobierno nigeriano sabe lo que queremos: la liberación de nuestros hermanos presos».

Empujó a una chica que llevaba una abaya negra desteñida y un pañuelo amarillo hecho jirones y le acercó un pequeño micrófono a los labios. Con expresión nerviosa y la mirada puesta en él, agarrándose el vestido hasta el cuello, explicó quién era y leyó una súplica dirigida al Gobierno nigeriano para que las liberase a cambio de los presos de Boko Haram. La chica era Dorcas.

Esther sintió alivio al ver que su hija estaba viva, pero la horrorizaba ver e imaginar lo que debía estar soportando. «Ver a mi niña junto a un terrorista con munición en torno al cuello no fue fácil», dijo.

Una de las chicas detrás de Dorcas estaba claramente embarazada y otra tenía a un bebé en los brazos. «Tengo pesadillas, sueño que la están violando», añadió Esther. «Pero en esas pesadillas la abrazo. No me importa que la hayan violado, que esté embarazada o que se haya convertido al islam. Solo queremos que vuelvan nuestras hijas, sea cual sea su estado».

El vídeo concluía de una manera alarmante. La cámara enfocaba una serie de cadáveres de chicas que yacían en charcos de sangre. Los soldados arrastraban algunos de los cuerpos y se les veían las caras. El yihadista decía que habían muerto en un ataque aéreo del Gobierno y declaraba: «No podemos seguir protegiendo a estas chicas».

Unos meses más tarde, un sábado de octubre de 2016, llegó una noticia inesperada. Habían liberado a veintiuna de las chicas de Chibok. Más tarde, en mayo de 2017, tres años después de su secuestro, entregaron ochenta y dos más cerca de la frontera con Camerún. Una fotografía las muestra en una fila con hiyabs hasta los pies, custodiadas por siete militantes, uno de los cuales les preguntaba si habían violado o tocado a alguna durante el cautiverio. «No», respondieron las chicas.

Emocionada por la noticia, Esther examinó en vano las imágenes buscando a su hija. «Esperaba de veras que Dorcas estuviera entre ellas, porque alguien me llamó y me dijo que la habían liberado. Pero, al final, vimos la foto de las chicas reunidas con el presidente Buhari y no estaba en el grupo.

»Más tarde, me dijeron que sí había estado a punto de quedar libre: tenía que ser la chica número ochenta y tres, pero decidieron no liberarla y volvieron a llevársela al bosque».

Las liberaciones fueron el resultado de negociaciones en las que había participado el Gobierno suizo y la Cruz Roja. El encargado de facilitarlas fue Zannah Mustapha, un abogado de Maiduguri que había representado a las familias de Boko Haram ante los tribunales y había fundado un orfanato y una escuela de viudas para albergar a las víctimas de ambos bandos. «Ni siquiera los perros se comen a sus cachorros», dijo para explicar la relación de confianza que había construido.

Explicó que la primera entrega de chicas había sido «una medida para inspirar confianza»; la segunda entrega fue el resultado del principal acuerdo.

A cambio, se liberaron a cinco presos de Boko Haram y se dice que el grupo recibió una bolsa de lona negra con tres millones de euros. Mustapha dijo que no estaba al corriente. «Soy un hijo de la tierra, criado en Maiduguri, que solo quiere traer la paz a su región», insistió. «No sé si hubo un pago de dinero».

Sostenía que podrían haber liberado a más chicas, pero que no quisieron marcharse, y lo atribuía al síndrome de Estocolmo. «Conocí a una de las jóvenes que me dijo que ella y las demás no querían irse porque se habían convertido y se habían casado con hombres de Boko Haram. Los padres no quieren saber nada al respecto, pero eso es lo que oí».

Una semana después de la segunda liberación de las muchachas, se difundió otro vídeo de las chicas vestidas con un hiyab negro, sentadas en el suelo y diciendo que no volverían porque se habían convertido y casado con hombres de Boko Haram. De nuevo era Dorcas la que hablaba, con el rostro cubierto. Una vez más salía en pantalla un AK-47.

«Se la ve más alta y delgada que cuando vivía conmigo», dijo su madre.

Esther insistió en que Mustapha no tenía razón respecto a lo del síndrome de Estocolmo. «Boko Haram dicta todo lo que dicen las chicas en esos vídeos. Conozco a mi hija. No lo diría a no ser que la obligasen. Si tuviese la oportunidad de volver a casa, la aprovecharía. No puede estar tranquila allí, en el bosque, a tantos kilómetros de su madre».

Las chicas de Chibok que regresaron fueron trasladadas a una localización secreta de Abuya, para entrar en un programa de desradicalización y terapia psicológica, y solo las dejaron volver con sus familias por Navidad. Algunas se matricularon en la universidad americana de Adamawa, alojadas lejos de los demás estudiantes en un dormitorio bautizado en honor a Malala y con una elevada seguridad.

Esther intentó desesperadamente verlas, pero las autoridades se negaron. Por fin, en octubre de 2018, consiguió hablar por teléfono con una de las chicas. «Le hacía las trenzas a Dorcas. Me dijo que Dorcas estaba viva, que estaba bien, que los terroristas les enseñaban árabe y que algunas se habían casado, pero no Dorcas.

»Soñaba que había vuelto y me despertaba sobresaltada, pero ahora a veces tengo pesadillas en las que Dorcas me dice que nunca regresará».

Esther había dejado su empleo y se había marchado de Chibok. «Es un lugar triste», dijo. «Solía guardar todas las pertenencias de mi hija en su habitación en Chibok, pero me deshice de sus cosas porque no quiero seguir viéndolas.

»Sé que, si pudiese, mi Dorcas me hubiese contactado. Se sabe de memoria mi número de teléfono. He llamado muchas veces a su antiguo móvil durante estos cinco años, pero nunca contesta. No me importa si se ha convertido al islam o no, si ha tenido un hijo o no, solo quiero que vuelva.

»Dicen que algunas de las chicas han muerto, pero estoy segura de que Dorcas está viva. Voy a la iglesia todos los días y rezo para que vuelva. Espero que un día Dios me conteste».

4

Hagan cola aquí para la víctima de violación

Bazar de Cox, Bangladés

¿Cómo se decide a qué hijo salvar cuando los soldados birmanos te están apuntando con un arma? Este fue el dilema imposible de Shahida, una madre rohinyá a la que conocí en diciembre de 2017, poco después de llegar al asentamiento de Kutupalong al que había huido junto a centenares de miles de personas. ¿Y cómo se vive con la decisión?

Ahora, cuando pienso en el asentamiento, recuerdo el ruido. Y niños por todas partes. Con caras inciertas y ropa inapropiada de donaciones bienintencionadas, un chico con un jersey de mujer con cinturón de lana *beige* y un cuello de piel, una chica con un vestido de hada con un tutú rosa y tacones altos como barcas en sus pies diminutos. Alguien les había enseñado unas palabras en inglés. «*¡Bye-bye!*», gritaron al pasar.

Era un poco abrumador después de la larga serie de vuelos de Londres a Doha y luego a Daca, hasta la ciudad del Bazar de Cox en el noreste de Bangladés, donde la terminal del aeropuerto ostentaba el insólito mensaje de «Bienvenidos al Resort Luna de Miel». El hotel Mermaid Beach me dio la bienvenida con un coco adornado con una sombrilla de cóctel y una invitación para apuntarme a una cena romántica a la luz de las velas en lo que parecía la playa más larga del mundo.

Dejé mis cosas en uno de los pequeños bungalós de paja con nombres psicodélicos, entre un bosque de palmeras y pa-

payos, bajo la mirada de un público de monos charlatanes, y seguí la carretera de la costa.

El camino estaba sembrado de pirámides de hormigón con la desconcertante inscripción: «Protección contra tsunamis». «Como la Venus de Willendorf», dijo Reza, mi intérprete, que resultó ser una artista.

Los letreros que cruzaban la carretera mostraban grandes fotografías de la primera ministra Sheij Hasina con las palabras: «Madre de la humanidad». El título resultaría sorprendente para las minorías o los opositores secuestrados, torturados o encarcelados por su régimen. Las organizaciones de derechos humanos habían registrado y denunciado al menos mil trescientas muertes extrajudiciales a manos de las fuerzas del Estado desde su llegada al poder en 2009, así como unas elecciones en 2014 en las que casi la mitad de los diputados ganaron escaños sin que nadie los votase.

Los letreros se referían a que había abierto la frontera a los hermanos musulmanes de la vecina Birmania. Los refugiados eran rohinyás, un nombre que pocos extranjeros habían oído antes de los últimos días de agosto de 2017. La gente empezó a entrar en Bangladés desde el estado de Rakáin, en el oeste de Birmania, cruzando el río Naf en barcazas, en piraguas o incluso a nado. Al poco tiempo entraban diez mil al día.

Era la época de los monzones y llegaban empapados y enfangados, algunos con heridas abiertas de cuchillo o de bala Estaban muertos de hambre después de días o semanas en la selva sin más alimento que unas hojas. La mayoría eran madres y niños que llegaban con historias inimaginables sobre los soldados birmanos y sectas budistas que saqueaban sus pueblos para degollar a los hombres, prender fuego a sus chozas y violar a las mujeres y chicas, a menudo delante de sus familias.

En tres meses, habían expulsado a más de 650 000, dos tercios de la población rohinyá. La ONU lo denominó una limpieza étnica «de manual».

Mientras avanzamos por arrozales de color esmeralda, donde las mujeres con sus paños coloreados estaban entre los brotes de arroz, en lo que los cooperantes llamaban un «megacampo», temí haberme vuelto indiferente al dolor ajeno, después de todos los refugiados con los que había hablado durante tantos años.

Entonces conocí a Shahida, envuelta en un pañuelo gris oscuro mientras apartaba las moscas, en el interior de un endeble refugio de plástico negro sobre cañas de bambú en un camino embarrado. Al otro lado había una letrina con filtraciones y el hedor era insoportable, igual que los cacareos de dos gallos en el exterior. Un niño de unos cinco años pasó acarreando un manojo de leña casi tan grande como él y, de vez en cuando, se paraba para dejarlo en el suelo y mirarlo, como si lo absurdo de la situación lo dejase perplejo.

Shahida era una de las tres jóvenes viudas que vivían juntas y venían del mismo pueblo del estado de Rakáin. Cada una llevaba un pañuelo de distinto color y todas habían perdido a su marido y a un hijo.

Munira, que a sus treinta años era la mayor y también la que llevaba un atuendo más luminoso, de color amarillo canario, estaba deseosa de hablar. «Primero vinieron a buscar a los hombres», dijo, recordando aquella noche a finales de septiembre cuando los soldados birmanos irrumpieron en sus casas en Borochora, en el distrito de Maungdaw. «Dos días más tarde, vinieron por nosotras.

»Serían sobre las dos de la madrugada cuando oí el primer disparo mientras amamantaba a mi bebé. Después hubo tantos tiros que parecía que llovía fuego. A lo lejos se veían llamas en todos los pueblos de alrededor y cohetes silbando por encima de nuestra cabeza.

»Entonces los soldados se llevaron a los hombres, atándoles las manos con cuerdas. Dos días más tarde, volvieron, otra vez después de medianoche, gritando: "¡Salid a ver lo que les ha ocurrido a vuestros maridos!". Entraron en nuestras casas, nos apuntaron al pecho y nos arrastraron hacia fuera.

»Llevaron a todas las chicas y mujeres del pueblo a un arrozal, nos pusieron en fila [éramos unas cuarenta] y nos violaron.

Al principio, gritábamos todas, pero, al final, se hizo el silencio porque no podíamos gritar más.

»Me violaron cinco hombres, uno tras otro. Me pegaron, me abofetearon, me empujaron y me mordieron. Estaba demasiado asustada para moverme. Vi a dos chicas muertas cerca de mí. Cuando salió el sol, apenas si estaba consciente.

»Cuando me desperté, no podía caminar, me arrastraba. Había cadáveres por todas partes. Intenté encontrar a mis hijos. Entonces vi a un niño con la cabeza de cara al suelo, le habían disparado en la espalda. Era Subat Alam, mi hijo mayor. Había corrido hacia mí. Tenía ocho años».

Aquella noche también estaba en el arrozal Shahida, de veinticinco años, la mujer vestida de gris. Había agarrado a su bebé de seis meses y a su hija de dos años cuando los soldados irrumpieron en su choza. Sus ojos se llenaron de lágrimas cuando me contó la desesperación con la que había intentado protegerlos.

«Los tenía en brazos y los soldados vinieron a arrebatármelos», dijo. «Intenté retenerlos, pero solo pude proteger a uno. Me arrancaron al bebé y lo arrojaron al suelo, oí un disparo cuando salí corriendo. No me di la vuelta porque tenía miedo de perder también a mi hija».

La empujaron a punta de pistola hacia la fila de mujeres. Su corazón latía tan fuerte que casi no lo podía soportar. «Había oído hablar de mujeres violadas en otros pueblos», dijo. «Entonces me ataron las muñecas a un bananero y me violaron.

»Me violó un soldado. Lloré y grité mientras abusaba de mí. Después intentó dispararme o acuchillarme, pero estaba demasiado oscuro».

Se las apañó para escapar a la selva, donde encontró juntos a sus otros tres hijos, acurrucados y muertos de miedo.

«Cuando amaneció, lo vimos todo», dijo. «Todo el ganado, las cabras y los polluelos, muertos, y nuestras casas arrasadas por el fuego. Gente decapitada, con miembros amputados o asesinada de un disparo».

Empezó la llamada a la plegaria desde la mezquita sobre la colina, lo que hacía más difícil seguir la narración de la tercera viuda, Madina, con un pañuelo rosa pálido, en especial cuando el niño que amamantaba se echó a llorar. Tenía la mano izquierda hinchada y gravemente infectada.

«Cuando entraron los soldados estaba durmiendo», dijo. «Conseguí huir con mis tres hijos a la colina detrás de la casa. Tenía mucho miedo, porque estaba embarazada de cinco meses. A las embarazadas les extraen el feto del vientre. Piensan que los rohinyás no son seres humanos. Quieren eliminarnos.

»Entonces un soldado me vio y me retuvo. Me aterrorizaba que se diese cuenta de mi vientre hinchado. Tenían cuchillos grandes y machetes».

Mientras el soldado la violaba en el bosque, rezó varias veces por su bebé. «Gritaba y mis hijos lloraban, aterrorizados», dijo. «Entonces secuestraron a mi hijo mayor.

»No volví a verlo. Sabemos que matan a los niños si se los llevan.

»Los soldados del ejército birmano son la peor gente del mundo», dijo y, con su pañuelo, se secó las lágrimas.

«Si tuviésemos cuchillos, los mataríamos», dijo Shahida. Las tres mujeres consiguieron huir, atravesando un cementerio al este del pueblo y escondiéndose durante un mes en la selva con otras supervivientes de las violaciones, ancianos y niños del pueblo.

«Nos escondíamos bajo los arbustos y nos movíamos de un lugar a otro», dijo Munira. «Llovía día y noche y no teníamos ninguna esperanza. Las mujeres habíamos perdido el apetito a causa de todo el horror, pero nuestros hijos lloraban para que les diésemos de comer. Todo lo que podíamos darles eran frutas y hojas. Algunos días solo teníamos el agua de los riachuelos. No podíamos dejar de movernos, porque los militares no dejaban de buscarnos por todas partes. Algunos aldeanos habían conseguido enterrar sus coscchas antes de huir. Una semana más tarde, volvieron al pueblo para desenterrar un poco de mijo, pero los soldados los vieron y les dispararon en la cabeza. Seguíamos viendo cadáveres. Algunos habían muerto unos días antes. Otros eran más recientes».

«Era difícil dormir», dijo Shahida. «Cerraba los ojos y veía a aquellos soldados encima de mi cuerpo y suplicaba ayuda».

Al final, cruzaron el río hasta Bangladés, donde confiaban ponerse a salvo; pero su desgracia no había terminado y tal vez no terminase nunca.

Aparte de los fantasmas en su mente, el asesinato de sus maridos había dejado a las mujeres como únicos sostenes económicos y protectoras de sus hijos, algo que no es fácil en ninguna parte y menos en una sociedad musulmana conservadora. Las dificultades no cesaban. «Los niños no tienen nada que ponerse, ni ropa de abrigo, y los bebés padecen diarrea», dijo Madina.

«Solo nos cubren las necesidades básicas: arroz, lentejas y aceite, pero no tenemos ni un colchón para sentarnos o un cojín, ni bidones para ir a buscar agua», dijo Shahida.

«Y nadie querrá casarse con nosotras después de lo que ha pasado; y con todos estos niños».

Incluso los cooperantes con más experiencia en conflictos y los periodistas estaban atónitos ante lo sucedido con los rohinyás. No porque sus historias individuales fuesen peores que las que habíamos oído antes, aunque muchas lo eran, sino más bien por la magnitud de la tragedia. Cada choza encerraba historias terribles. Nunca me había enfrentado a violaciones tan generalizadas de mujeres y chicas.

Las condiciones de vida, además, eran pésimas. El campamento estaba sucio, con charcos de agua verde y fétida a lo largo del camino. Había muchas letrinas: treinta mil, según me dijo más tarde el director de la ayuda humanitaria. Sin embargo, se habían construido con tanta premura que muchas ya estaban atascadas y ninguna se podía cerrar. Muchas estaban cerca de los pozos donde los niños iban a buscar agua potable. Eran tan superficiales que los cooperantes me contaron que más de tres cuartas partes de los pozos estaban contaminados con materia fecal. No es sorprendente que la mayoría de la gente tuviera diarrea. Una cuarta parte de los niños sufría malnutrición. Muchas de las mujeres con bebés estaban tan traumatizadas que se habían quedado sin leche.

Tampoco había privacidad. Bangladés era el país más densamente poblado del mundo y sus ciento sesenta y cinco millones de habitantes figuraban entre los más pobres, así que encontrar espacio para otros centenares de miles de personas adicionales no fue fácil. Según dijo un cooperante, era como si toda la población de Manchester hubiese aparecido de pronto frente a su puerta.

Aproximadamente medio millón de refugiados se habían instalado en los campamentos de Kutupalong. Desde la colina, la zona parecía uno de esos mapas en relieve que hay en los museos, punteado de edificios prefabricados por las laderas de la colina que se extendían hasta donde alcanzaba la vista humana. Costaba creer que, unos meses antes, el área había estado compuesta principalmente por bosques. Una parte era una reserva de elefantes, así que los primeros días algunos refugiados murieron aplastados, aunque pronto hubo tanta gente que hasta los elefantes se retiraron.

Tiendas que se extienden en todas las direcciones.
Kutupalong alberga más de seiscientos mil refugiados rohinyás.

El asentamiento ocupaba quince kilómetros cuadrados y estaba dividido en cuadrantes, de la AA a la OO. Había letreros para cada organización humanitaria del mundo, algunas secciones se denominaban «espacios aptos para niños», como si otros lugares no lo fueran. Las mezquitas parecían ocupar los mejores emplazamientos en las colinas.

Pese a todo, había un río interminable de gente. Un hombre barbudo, de aspecto decidido, pasó con una bolsa de plástico llena de pescado. Los senderos estaban bordeados por puestos de gente que vendía cosas. Un joven se sentaba ante una mesa con una balanza digital en la que intentaba pesar polluelos vivos. Una barbería improvisada tenía un espejo y un tablero pintado con distintos estilos de peinados, incluyendo los de los futbolistas Neymar y Cristiano Ronaldo. Me fascinó la resiliencia de aquellas personas que lo habían perdido todo. ¿Qué haríamos en Occidente si perdiésemos nuestras casas y nos abandonaran en un lugar sin electricidad?

Los refugiados vivían tan amontonados que tenían menos de la mitad del espacio mínimo recomendado internacionalmente. Dicho de otro modo, se daban todas las condiciones para que las enfermedades proliferasen. Ya habían sufrido un brote de sarampión y, durante mi visita, estalló la difteria. António Guterres, secretario general de la ONU, habló de una «pesadilla de los derechos humanos».

Todas las tardes, en cuanto se escondía el sol, el aire se oscurecía con el humo de miles de hogueras y los ojos me escocían. Había tantas personas tosiendo que era casi como la banda sonora del campamento, eso y los gritos de «*bye-bye*».

No estaba permitido que los extranjeros se quedasen pasadas las cinco de la tarde. A menudo oía rumores de lo que sucedía entonces, de cómo llegaban hombres en moto para llevarse a las chicas y prostituirlas. Algunos refugiados me dijeron que por la noche oían los gritos de niños secuestrados. No conseguí encontrar a nadie que hubiese perdido a una hija de esa manera, pero sí vi a jóvenes rohinyás ligeras de ropa en la larga playa de Bazar de Cox, ofreciendo su «mercancía». Algunas me dijeron que lo hacían por sus familias, desesperadas por completar las raciones de arroz y lentejas.

Sin embargo, hablando con los rohinyás, me di cuenta de que lo que les sucedía no era nada nuevo. En una isla enfangada en el río donde habían recalado seis mil rohinyás, me recibió Din Mohammad, un líder comunitario con gafas de culo de vaso sujetadas con una cinta, que me ofreció una botella verde de una bebida gaseosa. «Aunque seamos refugiados, todavía podemos ofrecer algo a nuestros huéspedes», dijo sonriendo.

Le comenté que hablaba muy bien inglés y me dijo que había estudiado la carrera de Psicología en la Universidad de Rangún. «Me licencié en 1994, justo antes de que prohibiesen a los rohinyás acceder a la enseñanza superior», dijo. «Ahora tengo cincuenta y un años y nunca me han permitido ejercer. He conseguido ganarme la vida con cosechas de subsistencia.

»Para el régimen birmano, no somos humanos. Durante décadas nos acosaron todos los días, encarcelaron a nuestra gente, no nos daban derechos civiles, sino tarjetas de no residentes, como si fuésemos extranjeros. No teníamos derechos ni educación. Había escuelas de primaria en nuestros pueblos, pero no había maestros. No nos dejaban viajar a otro pueblo sin permiso, que siempre nos denegaban. Ni siquiera podíamos casarnos sin su autorización y cada vez exigían más dinero por una licencia».

Tampoco fueron los primeros en huir. El campamento de Kutupalong se abrió en 1992, cuando trescientos mil rohinyás huyeron de una primera ola de represión. En la carretera principal que llevaba al campamento había refugios, fabricados de acero corrugado, que parecían más permanentes.

Dentro de uno de esos refugios conocí a Shahida Begum, madre de cinco hijos, que había llegado en esa primera ola, veinticinco años antes, cuando incendiaron su pueblo. «En Birmania, los budistas son mayoría y, por lo tanto, detentan todo el poder; y no les gustan los musulmanes», explicó. «Creo que no pararán hasta expulsar a todos los rohinyás».

Shahida había acogido a una chica rohinyá de catorce años llamada Yasmin que estaba sentada en una cama, envuelta en un chal naranja dorado con flores estampadas. Había una mosquitera verde atada al techo.

Yasmin no sonreía nunca y retorcía las manitas una y otra vez mientras explicaba cómo había terminado en aquel lugar. Hablaba tan bajo que tuve que agacharme para oírla, esforzándome por entender los nombres de lugares desconocidos para mí que durante los días siguientes oiría tantas veces. Pronto se apagó el ruido de los niños en el exterior.

«Crecí en el pueblo de Chali Para, en el distrito de Maungdaw», empezó. «Vivíamos del arroz y del pescado de río. Yo era la que alimentaba a la familia porque mis padres estaban demasiado viejos y enfermos para cultivar los campos. Teníamos que mendigar la comida y eso me entristecía mucho. Yo era la mayor, tenía dos hermanos de tres y cuatro años. Les dije a mis padres que, si hubiese sido un chico, me hubiese puesto a trabajar. Entonces un vecino me enseñó a coser guirnaldas con hojas de teca en cañas de bambú para los tejados de paja de nuestras chozas. Tardaba mucho, pero, si cosía cien guirnaldas, ganaba mil kyat birmanos [unos cincuenta y un céntimos], que eran suficientes para comprar un kilo de arroz.

»Me hubiera gustado aprender a leer y a escribir, pero no teníamos escuela: las autoridades birmanas no nos lo permitían. Había solo una madrasa para estudiar el Corán.

»La mañana en la que llegaron los *tatmadaw* [los militares birmanos], sobre las diez, yo estaba descansando de mi trabajo con las guirnaldas de hojas. Jugaba fuera de nuestra casa con unas amigas. No oímos los camiones, ya que la carretera no llegaba hasta nuestro pueblo. Los soldados se detuvieron en la carretera principal y llegaron a pie.

»Cinco o seis se dirigieron a nuestra casa. Llevaban uniforme, mascarillas negras y mochilas. Un soldado sacó una granada de su mochila y la lanzó al interior de la casa donde estaban mi madre, mi padre y mis dos hermanos pequeños. Inmediatamente hubo llamas y los oí gritar.

»Intenté entrar, pero mis amigas me retuvieron. La casa quedo reducida a cenizas ante nuestros ojos. Intentamos huir, porque sabíamos que los soldados solían llevarse a las chicas para violarlas, pero nos dieron alcance. Nos llevaron a la selva. Estaba asustada, lloraba y gritaba, pero uno de los hombres me tapó la boca. Me arrancaron la ropa, me ataron las manos por detrás y dos soldados me violaron, uno tras otro.

»El segundo decía "mátala", pero les supliqué que no lo hicieran. Les dije que ya había perdido a toda mi familia, ¿para qué iban a matarme? Dos de mis amigas murieron desangradas. No sé qué le pasó a la otra. No puedo contar lo que me hicieron porque cuando pienso en ello me echo a llorar».

Se quedó callada. Al rato siguió hablando. «Me dejaron desnuda. Solo tenía mi pañuelo amarillo, en el que me envolví. Luego me abrí camino hasta la orilla del río, muy lentamente, porque me costaba caminar.

»Encontré a una señora con sus hijos que me preguntó qué me había pasado al verme sangrar por la pierna. Me dio un trapo para tapar la herida y me ayudó a llegar a la orilla del río. Estaba lleno de gente intentando cruzarlo. Los barqueros querían dinero, pero yo no tenía nada con qué pagar. Les dije que solo tenía un anillo de nariz y se lo quedaron. Era lo único que me quedaba de mis padres.

»Éramos unas treinta personas apiñadas en la barca. Tenía motor, pero carecía de techo para resguardarnos de la lluvia y tardamos mucho, del amanecer hasta la tarde, tal vez ocho horas. Sin embargo, tuvimos suerte de encontrar una, porque muchas personas iban en balsas improvisadas, que eran muy poco seguras.

»La barca nos llevó al lado bangladesí de la isla, pero, cuando llegamos, me alejé de la señora, porque me daba miedo. Tenía dos hijos de mi edad y temía que me hiciesen daño, así que le dije: "Encontraré mi camino, Alá estará conmigo".

»Luego me senté y me eché a llorar con tanta fuerza que la gente de la isla me preguntaba qué me había ocurrido. Me dieron pastel de arroz y agua y algo de dinero para cruzar hasta Teknaf [en Bangladés continental].

»Después caminé diez minutos siguiendo la carretera destruida y vi a unos militares bangladesíes. Vieron que era rohinyá y me dieron galletas y agua. Luego me hicieron subir a un autocar hasta el centro de tránsito. Me quedé allí dos días. Estaba tan cansada que no podía hablar. Me quedé estirada en el suelo, con el pie y el vientre hinchados. Alguien dijo que estaba sola y me llevó al campamento de Balukali».

Shahida Begum la encontró allí. «Había ido al campamento con algo de comida para ver a unos parientes que acababan de llegar, pero, cuando salí del *tuk-tuk,* vi a una muchedumbre rodeando a la chica. Fui a ver qué pasaba», explicó Shahida. «Estaba muy enferma y débil, apenas cubierta con una túnica. La puse en el *tuk-tuk* y la llevé a la clínica de ACNUR. Le curaron una herida que se le había infectado a causa de una espina y también le hicieron la prueba del embarazo.

»Ya tenía cuatro hijas, ¿por qué no podía ocuparme también de ella? Era difícil, pero con la gracia de Alá podríamos salir adelante. No tenía a nadie».

Me mostró su pequeña vivienda, con cuatro habitaciones y un área de cocina en un cobertizo exterior. Tenían electricidad y una bombilla, pero había que ir a buscar agua a una bomba. Yasmin compartía habitación con Shahida y una de sus hijas. Vivían muy apretadas porque otra de las hijas estaba casada y tenía un hijo. El marido también vivía allí, o sea que eran diez. Y las cosas se habían puesto más difíciles porque el marido de Shahida acababa de perder su empleo de maestro de escuela. Me pregunté cuántos occidentales acogeríamos a una chica en esas condiciones.

«Durante las primeras semanas, tenía pesadillas todas las noches en las que mi familia se quemaba, pero ahora duermo con mi tía y mi hermana y ya no tengo tantas», dijo Yasmin. «No me obligan a hacer nada: todavía no salgo y me quedo en casa ayudando a cocinar. Solo de vez en cuando voy a buscar agua al pozo.

»Me gustaría ir a la escuela y aprender a leer y escribir. Sé que tengo suerte, porque algunas de las chicas violadas murieron y yo sobreviví. Creo que esos soldados son la peor gente del mundo. ¿Acaso no tienen hijas o hermanas?».

Cuando me disponía a marcharme, me miró fijamente a los ojos. «Lo que me sucedió fue muy malo y no creo que ningún chico quiera casarse conmigo», dijo. «¿Quién va a casarse conmigo ahora?».

La pregunta era desgarradora. Por supuesto, la vida no había sido nunca fácil para las chicas rohinyás en su pueblo, donde a menudo las casaban a la edad de Yasmin. Por lo menos, Yasmin no estaba embarazada y había encontrado a una familia que cuidaba de ella. No obstante, ¿cómo se supera algo así? Había pocas distracciones para las chicas en los campamentos, porque, cuando alcanzaban la pubertad, la mayoría solo tenía permitido salir de las chozas en contadas ocasiones.

Debo confesar que estas historias no solo me parecen espeluznantes, sino también desconcertantes. Crecí pensando que los budistas hablaban de paz, flores de loto y meditación, y admiraba a Aung San Suu Kyi como símbolo de la valentía contra la tiranía. Galardonada con el Nobel de la Paz por sus años de lucha, había pasado quince años en arresto domiciliario, separada de su marido británico Michael Aris y de sus dos hijos. Incluso cuando su marido estuvo enfermo de cáncer en Oxford, no le permitieron verlo y tuvo que enviarle un vídeo de despedida, vestida de su color favorito y con una rosa en el cabello. El vídeo llegó dos días después de su muerte.

Sin embargo, Aung San Suu Kyi era ahora la jefa de Estado de Birmania *de facto* y había guardado silencio cuando los rohinyás se habían quedado sin un lugar donde vivir por culpa de su Gobierno y de las increíbles atrocidades que los militares cometieron contra ellos.

Las autoridades birmanas ni siquiera pronunciaban la palabra «rohinyá» y los llamaban «bengalíes» como si fuesen migrantes de Bangladés. O bien los demonizaban denominándolos «gusanos», «invasores», o «tsunami negro».

En realidad, los rohinyás vivían en Birmania desde hacía siglos. Rakáin, la zona de cultivo de arroz donde estaban ins- talados, era el antiguo reino de Arakán y algunos documentos mencionan que los musulmanes lo ocupaban desde el siglo VIII. La persecución y las violaciones no eran nada nuevo. La monarquía birmana saqueó Arakán después de conquistarlo en 1784. Francis Buchanan, cirujano escocés en la Compa- ñía de las Indias Orientales, que viajó allá más tarde, escribió: «Los birmanos causaron la muerte de cuarenta mil personas; siempre que encontraban a una mujer hermosa, se la llevaban después de matar al marido y secuestraban a chicas jóvenes sin consideración alguna».*

Los británicos saquearon de nuevo el reino de Arakán cuando pasó a estar bajo su control en 1826, como parte del Imperio de la India, al que después se uniría el resto de Birma- nia. Las autoridades coloniales animaron a muchos más mu- sulmanes a venir de Bengala como mano de obra barata en los arrozales, lo cual causó resentimiento entre los budistas.

Durante la Segunda Guerra Mundial, cuando los nacio- nalistas birmanos apoyaron a los ocupantes japoneses, los ro- hinyás se pusieron del lado de los británicos, que les habían prometido un país autónomo. Más tarde, los británicos recom- pensaron a los rohinyás con cargos prestigiosos en el Gobierno. Con todo, la partición de los territorios indios británicos de 1947 trazó una línea entre lo que es hoy el estado de Rakáin y lo que era entonces el Paquistán oriental (hoy Bangladés), y el estado autónomo prometido no llegó a materializarse.

Tras la independencia de Birmania en 1948, algunos ro- hinyás organizaron una revuelta, que fue aplastada. Cuando los militares se hicieron con el poder en 1962, su situación se deterioró. La junta de Rangún veía a los grupos minoritarios como una amenaza para la identidad nacionalista budista. Los

* Willem van Schendel (ed.), *Francis Buchanan in Southeast Bengal (1798): His Journey to Chittagong Hill Tracts, Noakhali and Comilla* [Francis Buchanan en Bengala del Sureste: Su viaje hasta Chittagong Hill Tracts, Noakhali y Comilla] (Daca, Dhaka University Press, 1992).

redujeron a la pobreza, les negaron la ciudadanía, los hacinaron en trabajos de esclavos y les prohibieron viajar fuera de sus pueblos o casarse sin permiso.

El primer éxodo tuvo lugar en 1978 y, más tarde, se produjeron varias oleadas después de nuevos ataques, como el que hizo huir a Shahida en 1992, y otros dos en 2012 y 2016. Dentro de Birmania, más de cien mil rohinyás fueron detenidos para transferirlos a lo que esencialmente eran campos de internamiento cerca de Sittwe, la capital de Rakáin. Una conferencia celebrada en Harvard en 2014 describía su situación como un «genocidio a fuego lento».[*]

Uno pensaría que las cosas iban a cambiar con las elecciones de 2015 que llevaron a Suu Kyi y su Liga Nacional por la Democracia al poder con una mayoría abrumadora. Birmania volvió a las filas de la comunidad internacional y se levantaron las sanciones.

Después de todo, Aung San Suu Kyi había dicho a la Iniciativa de Mujeres del Nobel en 2011: «La violación se utiliza en mi país como un arma contra los que solo quieren vivir en paz y defender sus derechos humanos básicos. Especialmente abundan las violaciones en las regiones de nacionalidades étnicas. Las fuerzas armadas las blanden como un arma para intimidar a las nacionalidades étnicas y para dividir nuestro país».

Sin embargo, un año más tarde, adoptó una línea muy distinta cuando Samantha Power, entonces embajadora estadounidense de la ONU, aprovechó una visita para plantear el tema de la violencia estatal contra los rohinyás y la exhortó a denunciar la situación. «No olvide que se comete violencia en ambos bandos», contestó Suu Kyi, y añadió: «No debería recurrir a la propaganda para conseguir información. Los países musulmanes están exagerando los hechos».[†]

En octubre de 2016, un año después de las elecciones, las fuerzas de seguridad llevaron a cabo «una operación de lim-

---

[*] Doctor Maung Zarni y Alice Cowley, en *Pacific Rim Law & Policy Journal*, Universidad de Washington, junio de 2014.

[†] Samantha Power, *The Education of an Idealist* [La educación de un idealista] (Londres: William Collins, 2019), págs. 315-16.

pieza» en el norte del estado de Rakáin. Incendiaron los pueblos, asesinaron a centenares de personas, niños incluidos, y violaron en grupo a las mujeres. Unas noventa mil personas se vieron obligadas a huir.

Un informe de la ONU subrayó que habían violado al cincuenta y dos por ciento de las mujeres y degollado a niños de ocho meses. «La crueldad devastadora a la que han sometido a los niños rohinyás es intolerable», comentó Zeid Ra'ad al Huseín, un diplomático jordano que formaba parte por aquel entonces del Alto Comisionado para los Derechos Humanos de la ONU, la institución que publicó el informe. «¿Qué clase de odio puede incitar a un hombre a apuñalar a un niño que llora porque quiere el pecho de su madre? ¿Y para que encima la madre asista a este asesinato mientras las fuerzas de seguridad que deberían protegerla la violan en grupo?».*

De nuevo, se salieron con la suya. Según los observadores, hubo un aumento de popularidad del régimen, al presentarse como defensor de los valores budistas frente a las «hordas invasoras musulmanas». Utilizaron Facebook, que es muy popular en Birmania, para incitar al odio contra los rohinyás, haciéndose pasar por seguidores de estrellas del pop y creando páginas dedicadas a famosos llenas de comentarios incendiarios que describen el islam como una amenaza global para el budismo y a los rohinyás como una amenaza para la identidad nacional, aun cuando solo constituyen el cinco por ciento de una población de cincuenta y cuatro millones de habitantes.

Mientras tanto, los preparativos para lo que algunos denominaron «la solución final» seguían en marcha. La masacre de 2017 fue la peor de todas. Supuestamente, se desencadenó el 25 de agosto a raíz de un ataque del ARSA (Ejército de Salvación de los Rohinyás de Arakán), un pequeño grupo de milicianos, en una serie de puestos fronterizos; pero las represalias fueron despiadadas y estaban planeadas de antemano.

---

* Informe de la misión de la ACNUD a Bangladés, 5 de febrero de 2017.

En tres meses, se borraron del mapa más de trescientos cincuenta pueblos y setecientas mil personas fueron expulsadas. Fue la mayor migración humana forzosa de la historia reciente. Un informe de una misión de investigación de la ONU de septiembre de 2019 afirmaba que al menos diez mil rohinyás habían sido asesinados. El informe se elaboró a partir de entrevistas a casi mil trescientas víctimas e incluía imágenes gráficas de mujeres a las que habían atado a los árboles por el cabello o por las manos para luego violarlas, así como de pueblos sembrados de cuerpos de mujeres con sangre en la entrepierna, en una campaña del régimen para «borrar su identidad y después expulsarlos del país». El documento advertía que las seiscientas mil personas que permanecían aún en Birmania «siguen estando en el punto de mira».

Los investigadores afirmaron poseer una lista confidencial de cien nombres de implicados en crímenes de guerra e instaban a la comunidad internacional a actuar y a llevar a los tribunales a los generales de alto rango.*

Pramila Patten, representante especial de la ONU sobre la Violencia Sexual en Conflictos, acusó a los militares birmanos de utilizar la violación como «un instrumento de terror deliberado para obligar a las poblaciones perseguidas a huir».

El Gobierno birmano desestimó los informes y tachó las acusaciones de «violaciones falsas». El coronel Phone Tint, ministro de Asuntos Fronterizos del estado de Rakáin, llegó a decir a los periodistas: «Estas mujeres afirman que las han violado, pero mírenlas: ¿creen que son suficientemente atractivas como para que las violen?».

No hemos podido verificar de forma independiente estas historias, ya que las autoridades birmanas no dejaron entrar a los periodistas en el estado de Rakáin. No obstante, las imágenes del satélite de la ONG Human Rights Watch mostraban claramente trescientos cuarenta y cinco pueblos

---

* Informe de la Misión Internacional Independiente de Investigación sobre Birmania, 16 de septiembre de 2019.

destruidos. Y los testimonios de violación de las mujeres que entrevisté desprendían una verosimilitud espeluznante. Algunas me mostraron marcas de mordiscos en las manos o en las mejillas y se levantaban tímidamente el pantalón para enseñarme heridas de bala o contusiones. Su mirada expresaba un profundo dolor.

¿Por qué la comunidad internacional hizo la vista gorda? ¿Estaba tan obnubilada por la señora con flores en el cabello y la historia de su valentía que ignoró las agresiones? ¿Les importaba más no poner en peligro la transición birmana que el destino de los pobres rohinyás?

Azeem Ibrahim, un académico escocés que ha escrito un libro sobre los rohinyás, además de largas columnas en la prensa en las que advierte de un genocidio inminente, no opinaba lo mismo. «El problema es que los rohinyás están justo en el último peldaño de la escalera global», dijo. «Nadie puede nombrar a un rohinyá, no tienen liderazgo, no tienen oficina en la calle K de Washington, en los círculos del poder. Es una población pobre, compuesta de conductores de *rickshaws,* pescadores y agricultores de subsistencia».

Se necesitarían pruebas para emprender acciones legales y me dediqué a preguntar si alguien las estaba reuniendo. Las dificultades de dicha tarea se hicieron patentes una mañana, cuando un responsable de prensa de Save the Children me llevó a la sección OO del campamento para que conociese a una mujer a la que habían violado y herido, y que, al parecer, tenía muchas ganas de contar su historia.

Sanoara Begum, de treinta y cinco años, se disponía a almorzar cuando llegamos a su refugio, así que la dejamos y nos fuimos a dar un paseo. En el camino había un área de aseo donde hombres y chicos en *lunguis* se enjabonaban la cabeza y el cuerpo con cubos que llenaban de una fuente.

Me pregunté qué hacían las mujeres. Algunas me contaron que apenas comían para evitar usar la letrina.

Había cola cuando regresamos al refugio de Sanoara. El *New York Times* y un periodista local esperaban fuera. Un equipo de la NBC rondaba por ahí cerca.

«¿Podemos acabar lo más rápido posible?», me preguntó Sanoara. «Ya ves que hay más gente».

Pensé en irme, pero, tras haber esperado tanto tiempo, parecía maleducado no escuchar su historia, así que me senté en el interior sobre una colchoneta con la sigla ACNUR. Su marido y su hijo se sentaron a mi lado en la entrada. No era la situación ideal para aquel tipo de charla.

Me dijo que era de Boli Bazar, en el distrito de Maungdaw, un pueblo que ya habían fijado como objetivo en 2016. «Primero, los militares vinieron a nuestro pueblo y quemaron todas las casas, por lo que huimos a otro llamado Leda. Pero, entonces, la noche siguiente, llegaron hacia las nueve y gritaron que todos teníamos que irnos de Birmania, nos preguntaban por qué estábamos todavía allí. Empezaron a matar a los hombres. Cogieron a mi hijo mayor, Mohammad Shaufiq, y le dispararon en el pecho y lo degollaron. Tenía quince años.

»Hacia las doce de la noche, agarraron a las chicas más jóvenes y a las mujeres casadas y nos llevaron a una escuela. Había seis, cuatro chicas jóvenes, dos mujeres casadas, y yo. Dos estábamos embarazadas. De ocho meses en mi caso.

»Me ataron las manos y las piernas y me arrojaron al suelo. Me violaron doce soldados, en grupos de tres. No dejaba de pensar en el bebé y en lo que pasaría. Me mordieron. Cuando intenté resistir, me golpearon con el cañón del fusil; mira, perdí dos dientes».

Se apartó el labio superior para enseñarme el hueco.

«Perdí el conocimiento al rato y, después, entraron otros tres hombres. Uno de ellos me dijo que, si se lo contaba a alguien, me matarían. Llegó otro y me disparó, dos veces, en la rodilla derecha y cerca de la vagina». Se levantó el pantalón para enseñármelo. «Una vez con una pistola y otra con un arma de gran calibre.

»Yacía tan inmóvil que ni siquiera me atrevía a mover los ojos. Luego no recuerdo nada más. Mi marido y mi hermano vinieron a buscarme y me llevaron con ellos. Pensaban que estaba muerta, pero movía un poco los dedos y se dieron cuenta de que estaba viva.

»Vendieron el anillo de nariz de mi hija, que era de oro, y gracias a ese dinero, me llevaron a un médico que me dio medicinas. Di a luz en la orilla del río, pero el bebé nació muerto y lo enterramos allí. Tenía cuatro hijos, pero ahora solo me quedan dos».

Se echó a llorar y señaló el pequeño refugio de plástico negro, apenas más grande que un cubículo de aseo, con el suelo de barro y un fuego en la esquina para cocinar, que seguramente constituía un peligro de incendio.

«Mira cómo vivimos», dijo. «En Boli Bazar teníamos muchas propiedades. Nuestro cuarto de baño era más grande que esto. Mi marido tenía un *tuk-tuk* y mis hijos mayores iban en bicicleta a la escuela. Mi marido es sanador y curandero. Teníamos catorce reses y dieciséis cabras. Tenía una buena cama, comida. Ahora estamos en este lugar tan feo. No tenemos dinero, no podemos ni siquiera comprar pescado».

En aquel momento, sentí que algo se movía detrás de mí, donde tenía la mochila. Sonali, mi intérprete, también se percató y sugirió que la colocase delante de mí. Tuve la vaga sensación de que el marido y el hijo se habían ido. Seguimos escuchando su relato.

«Mi marido y mi hermano me transportaron todo el trayecto, ayudándose con una manta porque no podía andar. Caminamos seis días hasta el río y tuvimos que detenernos en una colina para que pudiesen descansar.

»Cruzamos el río en barco y llegamos a la frontera de Utipara. Aún sangraba por las heridas de los disparos y me llevaron en un *tuk-tuk* al campamento Kutupalong, donde me curaron. Todavía me duele muchísimo.

»Ahora no quiero tener relaciones sexuales, pero mi marido me pega. Dice que tomará otra esposa si no lo hago».

Empezó a llorar. Luego dijo que era la hora de la siguiente entrevista.

No suelo hacerlo, pero le pregunté si podía hacerle una foto, no para publicarla, sino para tener un recuerdo. Metí la mano en el bolsillo de la mochila para sacar el iPhone. Percibí un momento fugaz de pánico en su rostro. El teléfono no estaba. Estaba desconcertada: lo había utilizado justo antes de entrar en la tienda y lo había guardado en el bolsillo al llegar. Sabía que lo tenía.

«¡No deberías haberlo dejado cerca de la entrada!», me regañó. «Se lo habrá llevado un mendigo».

«Pero tu marido y tu hijo estaban aquí sentados», le contesté. «¿Adónde han ido?»

Se puso a gritar. Pronto apareció una mendiga. Era una mujer anciana con una bolsa de rejilla. Sonoara le exigió que la vaciase. No estaba el iPhone, solo había un sombrero de lana.

«Esta pobre mujer no tiene nada que ver», le dije a Sonoara. «¿Dónde está tu marido?».

El representante de Save the Children le dijo que tendríamos que llamar a la policía del campamento y denunciar el robo, y sugirió que tal vez preferiría encontrar a su marido. Esperé en el exterior de la tienda y fueron a buscar al marido.

«Tiene poderes mágicos; a lo mejor puede encontrar el teléfono», dijo Sonoara.

Después de una acalorada discusión entre ella y su marido, el teléfono apareció milagrosamente y el marido me lo lanzó. «Encontró al chico que lo tenía, gracias a su magia negra, y le pegó para recuperarlo», dijo Sonoara.

«Magia negra», asentí.

Pasé por encima de una fosa séptica al salir y me alejé. Aquella noche en Mermaid Beach, un estridente grupo de otros colegas periodistas y de cooperantes se había reunido en torno a una mesa sobre la arena gris, donde pidieron gambas especiadas, lima y cervezas. Un animado estadounidense, que venía en nombre de una institución llamada Instituto del Futuro de Palo Alto, era el centro de atención: explicaba su plan de levantar torres en todo el campo para proyectar películas de Bollywood en beneficio de los refugiados, para luchar contra su aburrimiento. Le pregunté si sabía que los rohinyás eran musulmanes y que los imanes no lo iban a consentir. Luego me sentí mal: aquel hombre solo quería proporcionar entretenimiento en un lugar donde no había nada que hacer ni adónde ir, solo esperar y recordar.

Me sentaba al lado de a Hannah Beech, una periodista del *New York Times* cuyo trabajo admiraba mucho. Me preguntó cómo me había ido el día y le conté la historia de la víctima de la violación y el teléfono. Me dijo que había pasado el día con tres menores no acompañados y su tío, con los que se había entrevistado para escribir un reportaje. Poco a poco se dio cuenta de que algo no cuadraba. Empezó a sospechar. Resultó que no eran niños no acompañados, sino los hijos del hombre que se había presentado como el tío bondadoso.

Ambas estábamos molestas, claro, pero también reflexionamos sobre lo desesperadas que debían estar aquellas personas para robar o inventarse aquellas historias. ¿O el trauma que habían sufrido era tan enorme que ya no distinguían la verdad de la mentira? El comisionado de los refugiados me había dicho que algunos rohinyás estaban tan desorientados que confundían los líquidos antisépticos con la leche y se los bebían. ¿Y qué pasaba con nosotros, que los incitábamos a alimentar a la bestia de la maquinaria de las noticias, en una búsqueda constante por devorar relatos cada vez más horrendos? ¿Éramos realmente tan distintos de aquel reportero de televisión, tal vez apócrifo, que gritó «¿alguna ha sido violada y habla inglés?» a los pasajeros de un avión que transportaba a monjas belgas rescatadas de un asedio en el este del Congo?

5

Las mujeres que miran al vacío

Sirajganj, Bangladés

> *Un niño cruzaba la calle en Jamalpur cargado de un bidón de leche cuando un guardia de seguridad le hizo señas para que entrase en el campo del Ejército paquistaní. Llevó la leche y le pagaron con una moneda de dos anna. Dentro de la habitación, el chico vio a tres mujeres desnudas con marcas de tortura en todo el cuerpo. No olvidaría nunca lo que vio y nunca se gastó la moneda.*

Recuerdo de guerra expuesto en el Museo de la Guerra de Liberación, Daca.

En el centro de la galería estaba la escultura de una mujer con un vestido largo y ondulante que parecía desesperada, fabricada con trozos de corteza de árbol retorcidos. Me recordó a las mujeres yazidíes que conocí en las ruinas del hospital psiquiátrico. Su autora era la escultora Ferdousi Priyabhashini, una conocida artista bangladesí que en los años noventa se convirtió en la primera mujer de clase media en romper el silencio sobre la violencia sexual que había sufrido durante la guerra por la independencia de su país. Creaba sus obras de arte con ramas de árboles y ramitas combinadas con pedazos de hierro abandonado porque, según decía: «Somos como esta corteza desechada que nadie quiere».

Cerca de allí, en una pared, había un tríptico de fotografías en blanco y negro de tres mujeres que transmitían una desesperación inimaginable, a pesar de que no se les veía el rostro. De hecho, el fotógrafo Naibuddin Ahmed había fotografiado a cada mujer con un río de cabello desgreñado cubriéndoles la cara, con los puños muy cerrados y las muñecas adornadas con brazaletes parecidos a esposas.

Me encontraba en la cuarta galería del Museo de la Guerra de Liberación en Daca, para ver su pequeña exposición sobre la violencia sexual. Los soldados paquistaníes violaron a la escalofriante cifra de entre doscientas mil y cuatrocientas mil mujeres durante la guerra por la independencia de 1971. Sin embargo, una placa en la pared rezaba: «No hay muchos documentos de este sufrimiento oculto».

Las llaman *birangonas* (de la palabra bengalí *bir* que significa 'valiente' o 'heroína de guerra'). Fue un título otorgado por el presidente fundador de Bangladés, Sheij Mujibur Rahman, en 1972, y que pretendía reconocerlas como heroínas de guerra y otorgarles respeto. Pronto descubrí que aquel título había tenido consecuencias indeseables.

Había ido al museo después de reunirme con el capitán honorario Abdul Suhan, un oficial retirado del ejército de Bangladés con el pelo teñido de henna naranja, ojos lechosos y una cojera pronunciada, que vivía cerca de los campamentos rohinyás. Estábamos sentados en su terraza en un sofá sin muelles, luchando contra los mosquitos. Mientras tomábamos un té con galletas, me contó que las terribles historias que había oído en esos campamentos no eran ninguna novedad para la población local.

«El problema, por descontado, comenzó con vosotros, los británicos», empezó. Se refería a la independencia de India en 1947 y a su partición para crear la patria musulmana de Paquistán, como dos alas separadas a mil seiscientos kilómetros de una India hostil entre las dos. Lo que después se convirtió en Bangladés era entonces el Paquistán Oriental, un país que resultaba difícil imaginar que fuera a funcionar. Cuando la Liga Awami, dirigida por Sheij Mujibur Rahman, procedente del territorio este, mucho más poblado, se hizo con la mayoría en las elecciones de 1970, Paquistán Occidental simplemente se negó a aceptarlo.

Sheij Mujib, como lo llamaban, expuso seis exigencias para la autonomía regional en un discurso histórico que pronunció en Daca el 7 de marzo de 1971. Cuando se rechazaron sus condiciones, convocó una huelga general. El líder militar paquistaní, el general Yahya Khan, respondió con la Operación Reflector, un ataque militar masivo.

El 25 de marzo de 1971, tres batallones se posicionaron secretamente en Daca. Atacaron justo antes de la medianoche, cuando todo el mundo estaba durmiendo. Incendiaron las residencias universitarias y dispararon a los estudiantes y los académicos. Asesinaron a intelectuales, poetas y nacionalistas bengalíes; dinamitaron las oficinas de los periódicos y prendieron fuego a los barrios hindúes. Detuvieron a Sheij Mujib. Los escuadrones de la muerte deambularon por las calles de la capital y mataron a siete mil personas en una sola noche.

No fue más que el principio. Al cabo de una semana, la mitad de la población de Daca había huido y habían asesinado al menos a treinta mil personas.

Purgas similares tuvieron lugar en todo el país. Suhan era entonces un *havildar* importante en el regimiento bengalí de Paquistán. Él y otros bengalíes huyeron de sus cuarteles de Chittagong y se unieron a los rebeldes en las colinas. Pronto Suhan se dio cuenta de que los soldados paquistaníes hacían algo más que luchar y matar.

«Violaban a las mujeres, a muchísimas, fue una atrocidad tremenda», dijo. «A veces las colgaban de bananeros, otras las ataban y las violaban. Los colaboradores de al Shams y al Badr llevaron innumerables mujeres a Bazar de Cox para que el Ejército paquistaní las violase una y otra vez en el campamento de Comilla. Las retuvieron como si fuesen suyas. No parecía importarles si eran jóvenes o viejas.

»Como nuestra sociedad era conservadora y las mujeres muy tímidas, no se atrevían a contar lo que les había ocurrido, pero los combatientes sabíamos lo que estaba pasando y esas víctimas nos inspiraron y nos motivaron muchísimo.

»Sin embargo, después de la guerra, los soldados como yo obtuvimos condecoraciones y ayuda, mientras que esas mujeres no recibieron nada y tuvieron que esconderse. Las mujeres acomodadas callaron, mientras que las pobres acabaron mendigando. Algunas se ahorcaron con su sari. Fue peor que lo que se rumorea que les pasó a las rohinyás, pero no quieren hablar. No hacen más que mirar fijamente al vacío».

El anciano empezó a derramar lágrimas. «Fundé una escuela secundaria de chicas como homenaje a aquellas mujeres mártires», dijo. «No sabía qué más hacer.

»Cuando muera, como hacen con todos los combatientes por la libertad, la gente del Gobierno vendrá a mi funeral, colocarán una bandera sobre mi ataúd y tocarán música. Cuando muere una *birangona,* no hacen nada».

Debajo de la galería, en la sala de actos del museo, se celebraba una conferencia que comparaba los ataques contra las mujeres rohinyás en la frontera con Birmania con lo que había ocurrido en Bangladés cuarenta y seis años antes. Allí conocí a Mofidul Hoque, escritor y uno de los fundadores del museo, que había librado una larga lucha, a menudo solitaria, con el objetivo de obtener reconocimiento para las *birangonas*.

«Las mujeres son siempre dianas fáciles en los conflictos», dijo. «Los paquistaníes pensaban que con una matanza masiva podrían subyugar a la población para siempre: una especie de solución final para los nacionalistas bengalíes. Así que se fueron al campo, construyeron campamentos militares y lo siguiente que hicieron fue ir en busca de las mujeres. Secuestraron a chicas y mujeres de todas las edades. Se las llevaron, ya fuera en sus hogares o en las calles, en los cultivos, en las estaciones de autobuses, en las escuelas o en los pozos cuando iban a buscar agua».

A algunas las violaron allí mismo, a menudo en su cama y delante de sus familias (la llamada violación *in situ)*. A otras las ataron a bananeros para forzarlas en grupo. Trasladaron a las mujeres a los campamentos del ejército como esclavas sexuales y las obligaron a permanecer desnudas para evitar que huyesen. La gente veía cómo descargaban de los camiones a mujeres semiinconscientes. En el campamento, proyectaban películas pornográficas para excitar a los hombres antes de dejarlos sueltos. Muchas mujeres murieron en los campamentos, algunas desangradas, con la vagina perforada por bayonetas.

El periodista australiano Tony Clifton escribió en *Newsweek* que había dudado de las historias hasta que visitó los campamentos de refugiados y los hospitales en la frontera india. Allí conoció a víctimas como la huérfana Ismatar, «una niña tímida con un vestido rosa pálido... que se cubría con la mano una cicatriz violácea en el cuello, donde un soldado paquistaní la había atacado con una bayoneta». Volvió «con la seguridad de que el ejército punjabi era capaz de cometer cualquier atrocidad».* Clifton había cubierto Vietnam, Camboya y la

* «The Terrible Bloodbath of Tikka Khan» [El terrible baño de sangre de Tikka Khan], *Newsweek*, 28 de junio de 1971

guerra de Biafra, por lo que no era ajeno al horror. Sin embargo, al describir a los bebés asesinados, las chicas forzadas a la esclavitud sexual, los hombres con las espaldas brutalmente azotadas a latigazos, escribió: «Vuelvo a quedarme mudo, una y otra vez, sin palabras y sin saber qué hacer. No hago más que preguntarme cómo un hombre puede abandonarse a ese tipo de frenesí asesino».

Podría haber estado describiendo cómo serían los campos de los rohinyás cuarenta años más tarde.

Entre las personas que Clifton entrevistó se encontraba John Hastings, un pastor metodista británico que había vivido en Bengala durante veinte años. «Las tropas lanzaban bebés al aire para ensartarlos con sus bayonetas», dijo. «Y también estoy seguro de que las tropas violaron a chicas repetidamente y luego las mataron clavándoles la bayoneta entre las piernas».

Muchas supervivientes tenían los pechos mutilados. Médicos de la Federación Internacional de Planificación Familiar, a los que llamaron para que instalaran clínicas después de la guerra, descubrieron que casi todas las mujeres padecían alguna clase de enfermedad venérea. Una reveló que la habían violado cincuenta soldados.

Uno de esos médicos alertó al mundo sobre lo que había ocurrido. Geoffrey Davis, un médico australiano conocido por su trabajo sobre abortos en estado de gestación avanzada, participó en un programa para supervisar el aborto de bebés no deseados, además de facilitar la adopción internacional de los bebés que ya habían nacido. Dijo que estaba llevando a cabo abortos «a escala industrial»; unos cien al día solo en Daca.

Unos años más tarde, le preguntaron si se habían exagerado las cifras de mujeres violadas tal y como Paquistán había reivindicado. «No», contestó. «Probablemente es una estimación muy conservadora respecto a lo que hicieron realmente. Algunas de las historias que contaban eran terribles; violaciones consecutivas por soldados pastunes fuertes y corpulentos. Las mujeres ricas y más guapas se reservaban para los oficiales y al resto se las distribuía entre los demás soldados. Y todas las mujeres vivieron un terrible calvario. No recibían suficiente comida y, cuando estaban enfermas, no recibían atención médica. Muchas de ellas murieron en esos campamentos. Había un aire de incredulidad en torno a lo sucedido. Nadie podía creer que fuera verdad, pero las pruebas lo demostraban más allá de toda duda».*

Las cifras eran muy superiores a lo que podía considerarse como «un subproducto común de la guerra» y el objetivo era humillar al enemigo y socavar su moral. Al igual que con las yazidíes, las chicas de Nigeria secuestradas por Boko Haram y las rohinyás, las violaciones eran un arma sistemática de guerra.

«No eran casos individuales, sino una política deliberada de carácter ideológico», dijo Mofidul. «Fue una de las mayores masacres de musulmanes a manos de otros musulmanes, que nos consideraban musulmanes inferiores, falsos creyentes. La violación era su 'deber' para purificar a los paganos».

Igual que años más tarde los yihadistas del Estado Islámico esgrimirían una «justificación» religiosa para secuestrar a las mujeres yazidíes y esclavizarlas, los imanes de Paquistán emitieron una fatua declarando que los luchadores bengalíes por la libertad eran «hindúes» y que sus mujeres podían ser secuestradas como *gonimoter maal* o 'botín de guerra'.

En sus memorias, *A Stranger in My Own Country* [Extranjero en mi propio país], publicadas después de su muerte, el mayor general paquistaní Jadim Husaín Raja confesaba que su comandante, el general A. A. K. Niazi, había ordenado a los oficiales que «soltasen a sus soldados contra las mujeres de Paquistán Oriental hasta que la etnia de los bengalíes cambiase».

El doctor Geoffrey Davis había oído explicaciones similares de los soldados paquistaníes a quienes conoció como presos de guerra en Bangladés. «Tenían órdenes especiales o instrucciones de Tikka Khan [gobernador militar del este de Paquistán] de las que se deducía que el buen musulmán tenía que luchar contra todos, excepto contra su padre. Por lo tanto, lo que

* Entrevista a la doctora Bina D'Costa de la Universidad Nacional de Australia, Sídney, 2002.

tenían que hacer era dejar embarazadas a tantas mujeres bengalíes como pudiesen... para que hubiese una generación de niños en Paquistán Oriental nacidos de padres del Paquistán Occidental. Esto es lo que dijeron».

La llegada de las fuerzas indias puso fin a la guerra. A las cinco y un minuto de la tarde del 16 de diciembre de 1971, el comandante paquistaní, el general Niazi, firmó la rendición en una mesa de caballete instalada en el circuito de carreras de Daca. Lentamente, desenfundó su pistola y se la entregó al comandante indio, que completó la humillación arrancando las insignias militares que Niazi exhibía en sus hombros.

Los bengalíes exultantes que se habían reunido en torno a la pista de carreras lanzaron flores. Los paquistaníes liberaron a Sheij Mujib, quien regresó para dirigir su país, que acababa de conseguir la independencia.

Uno de sus primeros actos fue acoger a las mujeres violadas como a heroínas de guerra. Las declaró *birangonas* para darles un estatus honorífico, igual que a los combatientes por la libertad. Eran elegibles para recibir una educación preferente y acceder a oportunidades de empleo, y animó a los hombres a casarse con ellas.

También fundó centros de rehabilitación para las mujeres y clínicas para proporcionarles tratamientos médicos, y legalizó temporalmente el aborto.

En un acto histórico de 1973, con la Ley Internacional del Tribunal Penal, Sheij Mujib declaró, además, que la violación era un crimen contra la humanidad.

Era una decisión valiente y sin precedentes.

A pesar de todo, sus buenas intenciones fracasaron, porque el título marcaba a las víctimas. Para la sociedad, eran mujeres mancilladas que habían tenido relaciones sexuales con alguien que no era su marido. Muchas ya habían sido rechazadas por sus familias y sus pueblos, e incluso las asesinaron o las obligaron a matar sus hijos.

Al igual que las chicas secuestradas por Boko Haram en Nigeria, padecieron una doble victimización: primero sufrieron la violación y luego el ostracismo cuando intentaron volver a su casa y recuperar una vida normal.

«Tenemos un caso», me contó Mofidul, «en el que una chica violada se quedó embarazada, su madre se quitó los pendientes de oro y le dijo: «Quédatelos, vete y no vuelvas jamás». Un vigilante de un puerto del río acogió a la joven, que dio a luz un niño. Entonces, la familia del vigilante le dijo que debería matar a aquel bebé e irse a Daca a empezar una nueva vida. La chica puso sal en la boca del bebé y lo dejó ahogarse en el río. Después de eso, quedó traumatizada».

Cuando las mujeres contaban sus historias, las acusaban de prostituirse y corrían rumores de que habían recibido dinero a cambio de mantener relaciones con los soldados enemigos. A otras, las acusaron de inventar mentiras para cobrar dinero.

Si la situación de las supervivientes era dura antes, empeoró mucho después de 1975, cuando asesinaron a Sheij Mujib y un Gobierno islamista tomó el poder. Algunos miembros del nuevo Gobierno eran los mismos hombres que durante la guerra proporcionaban mujeres a los soldados paquistaníes; o incluso las habían violado ellos mismos. Los centros de rehabilitación fueron clausurados y las mujeres se encontraron de golpe en la calle.

«Cuando cruzaba la calle, me escupieron y me llamaron "esposa de un soldado paquistaní"».

«"¿Cómo pudiste dejar que te tocaran?", ¡eso fue lo que me dijo mi propia familia!».

Las mujeres que así hablaban estaban reunidas en una choza de hierro corrugado al final de un sendero enfangado, cerca de la orilla del río, en Sirajganj, una pequeña ciudad en las llanuras llenas de marismas del noreste de Daca.

La choza estaba en una hilera de casuchas adosadas unas a otras frente a un cercado lleno de patos y que se parecían más a rediles de animales que a viviendas humanas. Dentro, grandes telarañas, iluminadas por una bombilla desnuda, colgaban como cortinas desde el techo. Los únicos muebles que había eran una cama, un aparador de madera lleno de tazas y platos y un televisor pequeño en blanco y negro. En la pared había una foto de La Meca y un calendario de 2014.

Seis mujeres envueltas en saris coloridos se sentaban en sillas de plástico o se apiñaban en la cama. El naranja, rosa, amarillo y verde de sus túnicas, incluso a la media luz polvorienta, eran vibrantes, pero en sus rostros se pintaba la angustia y sus cuerpos parecían encogidos.

Las mujeres me dieron la mano cuando entré y una, vestida de rosa, me acarició el pelo como si fuese una niña.

Era el Club de las Madres. Todas eran madres (y abuelas), pero tenían algo más en común. Se referían a ese lugar como *ghotona,* que mi intérprete tradujo por el 'acontecimiento', y añadió: «Todo el mundo sabe lo que significa».

Antes de que empezásemos a hablar, hicieron salir a un grupo de nietos curiosos que se habían reunido en la entrada. Los niños empezaron a lloriquear ruidosamente en el exterior. Pronto los patos se les unieron y, después, se oyó el sonoro escupitajo de alguien que pasaba por allí.

Me sentí aliviada al encontrar a las mujeres. El viaje desde Daca, bajo una cortina gris de lluvia interminable, había sido largo. Al cabo de dos horas, la carretera se había derrumbado, reduciendo el tráfico a una sola vía, y nos quedamos atascados en una fila interminable de coches, camiones y autocares que intentaban adelantarse en el carril único. Tardamos más de seis horas en llegar el puente de Bangabhandu sobre el gran río Jamuna, uno de los mayores afluentes del Ganges, y cruzar los arrozales color verde esmeralda hasta Sirajganj.

Había contactado con las mujeres a través de una activista local, Safina Lohani, que había creado un centro de mujeres después de la guerra, donde nos reunimos todas; pero la comunicación no había sido fácil y no estaba segura de si al final las mujeres me esperaban o si querrían hablar conmigo. Sin embargo, no podrían haber sido más cálidas y cercanas.

Llevaban más de cuatro décadas reuniéndose cada quince días, generalmente en casa de Safina, y durante muchos de esos años habían estado en la clandestinidad. En 2015, Safina sufrió una embolia y desde entonces se reunían en casa de cada una, pero no en pueblos donde la gente hablara.

«Cuando nos vemos, hablamos de nuestro pasado y de cómo el Ejército paquistaní destruyó nuestras vidas», explicó Hanzera Jatam, de rostro arrugado y curtido bajo un pañuelo escarlata. «Por su culpa, nuestra vida ha sido muy desgraciada. Hemos sobrevivido gracias a Safina».

Hasna, que a sus setenta años era la mayor y llevaba un chal naranja por encima de su vestido amarillo, fue la primera en hablar. Contó su historia casi sin respirar.

«Era jueves cuando los soldados llegaron a Khaji Para, nuestro pueblo. Estaba cocinando con mi hija en el regazo; tenía cinco años. Los soldados llegaron en tren y reunieron a todo el pueblo. Casi todas las mujeres huyeron, pero la estación estaba justo al lado de mi casa y llegaron antes de que pudiese reaccionar. No me dio tiempo a escapar. Me agarraron y arrojaron a mi hija tan fuerte contra el suelo que se le partió el cráneo. Le salía espuma por la boca. Murió quince días después. Dos de los soldados me violaron allí mismo. Gritaba y los soldados me pegaron con el cañón de sus rifles. ¡Qué Alá les dé el castigo que merecen!

»Tras la guerra, tuvimos que seguir luchando. Mi marido falleció inmediatamente después. Todos los lugareños sabían lo que me había ocurrido, así que me despreciaban y me rechazaban. Me llamaban *birangona,* una palabra que tiene una connotación peyorativa. Los vecinos me insultaban. Tenía un hijo y trabajé como criada en el centro de rehabilitación de mujeres, que más tarde cerró. Conseguí trabajo, separando el arroz de la cáscara y como trabajadora rural, aunque a menudo tenía que trabajar aunque me doliera la barriga.

»Mi hijo se hizo conductor de *rickshaw,* pero ahora está enfermo y no puede trabajar, así que tengo que cuidar de sus cuatro hijos».

Una gallina entró y empezó a picotear por el suelo, antes de que la espantara el siseo de un flacucho gato extraviado y se escabullera de nuevo.

En solo tres minutos, Hasna había descrito una vida sumida en la más absoluta miseria.

Retomó el hilo Koriman, la mujer que llevaba un chal rosa claro por encima de un vestido negro y lila, y no dejaba de acariciarme el pelo.

«Yo también tengo setenta años», dijo. «Cuando estalló la guerra, tenía veintitrés y vivía con mi marido en el pueblo de Tetulia. Él trabajaba en una fábrica de tabaco haciendo cigarrillos y vivíamos bien. Teníamos dos hijos y estaba embarazada de un tercero. Los militares llegaron al pueblo y lo quemaron todo. Huimos y nos refugiamos en una isla del río. Unos días más tarde, volvimos al pueblo para intentar recuperar nuestras cosas y lo encontramos todo destruido. Vimos los cadáveres descompuestos de muchos de nuestros vecinos».

Se echó a llorar. «Los soldados habían reunido a todos los hombres, los habían puesto en fila y los habían disparado. Nos fuimos sin llevarnos el ganado ni ningún objeto de valor».

Ahora sollozaba. Se secó los ojos con la punta de la tela rosa. Me tocaba a mí acariciarla ahora. Su voz se tornó todavía más suave.

«Vimos al ejército paquistaní incendiando todo cuanto encontraba a su paso, incluso en la ciudad de Sirajganj. Todo el cielo estaba encendido a causa del humo y las llamas. Teníamos tanto miedo que regresamos al pueblo por poco tiempo, en lugar de para quedarnos allí.

»Un día había vuelto a casa con mis hijos y estaba horneando pan en el patio cuando, de pronto, vi a soldados paquistaníes. Intenté ponerme a mi hijo en el regazo, pero los soldados ya estaban en el patio y lo arrojaron al suelo con sus rifles y me violaron. Estaba tan asustada que cerré los ojos hasta que se marcharon. No sé cuántos abusaron de mí ni durante cuánto tiempo, pero me dejaron los pechos y el cuerpo hinchados. Llegó mi marido y lo vio todo. Se quedó tan afectado que no volvió a hablar, desde aquel día hasta su muerte, trece años más tarde.

»Sufrí mucho. Creía que habría sido mejor que me hubiesen matado. Los aldeanos me insultaron durante mucho tiempo… Ningún hombre quería casarse conmigo. Tiempo después, no soportaba el olor a pan cocido.

»Pero entonces conocí a Safina, que llevaba el centro de mujeres, y trabajé allí. En 1975, Sheij Mujib estuvo en Sirajganj y se dirigió a todas las heroínas de guerra como si fuesen sus hijas, dijo que merecíamos que nos cuidaran. Ocho de nosotras incluso nos alojamos en su casa.

»Luego lo asesinaron y todo empeoró. Los centros cerraron y tuvimos que hacerlo todo solas».

Las demás mujeres asintieron con la cabeza. El bullicio exterior parecía haber cesado y percibí el goteo del agua que caía del borde del tejado y salpicaba el aparador.

Dos hermanas se sentaban delante. La choza donde estábamos pertenecía a la mayor, Raheela, vestida con un pañuelo estampado negro, rojo y amarillo. Masticaba hojas de betel y negaba con la cabeza mientras escuchaba las historias que había oído tantas veces.

«Tengo sesenta y cinco años. Me casé tres años antes de la guerra y mi marido y yo habíamos vivido en Shinapurna, a unos ocho o nueve kilómetros de aquí», empezó.

«Al principio, la guerra estaba en Daca; luego grandes cantidades de soldados paquistaníes llegaron a una estación llamada Jamtoli Bazar y la gente estaba aterrorizada. Me encontraba en casa de mi padre cuando llegó mi suegro. Nos dijo que la situación en Sirajganj empeoraba y que deberíamos irnos. Fuimos a su casa, pero el ejército llegó a un pueblo vecino donde secuestró a dos hermanos para matarlos y violó a dos mujeres, una madre de un recién nacido y la otra virgen. Se las llevaron a su campamento.

»La noticia corrió como la pólvora y mi suegra nos llevó a un campo de maíz para escondernos, pero mi suegro dijo que el lugar no era seguro, así que bien entrada la noche nos fuimos con mi padre».

Se detuvo unos instantes para apartar con un gesto a su nieta pequeña, que se paseaba apretando una muñeca de trapo sucia contra el pecho e intentaba subirse al regazo de su abuela.

«Luego vimos que el ejército paquistaní había incendiado la casa a la que nos dirigíamos, así que seguimos nuestro camino y llegamos a casa de mi tía. Eran las diez de la mañana: habíamos caminado toda la noche. De repente, oímos el ruido de los *jeeps* del ejército. Mi padre me dijo que me escondiese en una casa vecina, donde vivían unos hindúes. Los vehículos se detuvieron delante y oí ruido de botas y los hombres entraron y encontraron a dos mujeres hindúes intentando esconderse debajo del diván. Las sacaron a rastras tirándolas del pelo, las golpearon y entonces me vieron escondida detrás de la puerta».

En aquel momento, mandó salir a los niños de la choza y meneó la cabeza.

«Primero, tres intentaron violarme. Luego, otros soldados entraron arrastrando a otra mujer hindú y entonces nos violaron una y otra vez. Los hombres eran corpulentos, no como nosotras y nuestros hombres bengalíes. Nos dejaron allí y se llevaron a las otras dos hindúes.

»Cuando se fueron, había perdido el conocimiento. Recuperé la consciencia en torno a las siete de la tarde. Encontré a mi padre y a más gente en la orilla del río. Algunos estaban heridos. Me costaba andar, pero mi padre me ayudó a llegar a la casa de otra tía. Un par de semanas después, mi marido me visitó, se enteró de lo que había pasado y no volvió.

»Tres meses más tarde, cuando liberaron Bangladés, todo el mundo lo celebró y volvió a sus casas, menos yo. En lugar de ir a casa de mi marido, me fui a la de mis padres.

»Después de un tiempo, oí hablar del centro de rehabilitación que estaba lleno de mujeres como yo, que habían sido torturadas por el ejército paquistaní. Le dije a mi padre que quería ir y primero se negó, porque dijo que todo el mundo sabía qué tipo de mujeres iban al centro. Pero luego fui y trabajé allí tres años: aprendí a tejer ropa junto a unas cuarenta mujeres más.

»Un día llegó la noticia de que habían asesinado a Sheij Mujib y nos asustamos. El guardia del centro nos mandó a casa porque temía que hubiese represalias.

»Volví a casa de mi padre y este persuadió a los aldeanos para que buscasen a mi marido y le convenciesen de que me acogiese de nuevo, porque yo no había hecho nada malo.

»Así lo hizo y viví con él hasta su muerte. Tuvimos cinco hijas y dos hijos, pero no fue fácil. Mi marido no podía olvidar lo que había ocurrido. No era amable conmigo. Algunos de los vecinos decían que yo era una mujer impura y que no debería vivir en el pueblo. Insistían en que debería haberme suicidado, en lugar de soportar aquella deshonra, y a menudo pensaba que tenían razón. De todos modos, lo que me habían hecho los paquistaníes acabó conmigo. Cuando nuestras hijas se casaron, tuvimos que pagar dotes más caras porque la gente no quería emparentarse con nosotros.

»Hace unos años, fui a la televisión a hablar sobre las *birangonas* y mi yerno se enfadó mucho. Se divorció de mi hija y ella estaba muy molesta conmigo. «Me has arruinado la vida a mí también», me dijo.

Raheela no era la única mujer de su familia a la que habían violado. Su hermana menor Maheela, que ahora tenía sesenta y tres años, vestida con un chal amarillo, negro y oro, fue la siguiente en hablar.

«Cuando nuestro padre se llevó a Raheela a casa de nuestra tía y los paquistaníes la violaron, me dejó a mí y a los más jóvenes con mi tío, su hermano. Tenía solo dieciséis años y mi marido se había unido a los combatientes por la libertad.

»Un día, un avión paquistaní bombardeó el molino de yute y el punto de embarcación en el río. Todo el mundo se asustó. Unos días más tarde, llegaron los soldados a nuestro pueblo y mi tío me llevó a otro donde vivía su familia política, pero entonces los soldados llegaron y tuvimos que escondernos en el campo de yute, en un búnker en la tierra seca. Al día siguiente, los aldeanos pensaron que los soldados se habían ido y salimos, pero unos colaboradores se lo dijeron a los paquistaníes y fueron a la casa. Me escondí detrás de una valla y la mujer de mi primo se ocultó debajo del colchón. Nos encontraron fácilmente y nos violaron en la casa. Se llevaron a la mujer de mi primo. Más tarde, cuando la trajeron de vuelta, le habían cortado los pechos; falleció a causa de las heridas.

»Después de unos meses, liberaron Bangladés, pero nuestra casa quedó reducida a cenizas a manos de los militares paquistaníes. No teníamos adónde ir y tuvimos que quedarnos en la casa de mis abuelos, allí recibimos tratamiento. Cuando mi marido se enteró de que los paquistaníes me habían deshonrado, me dejó y se casó con otra mujer.

»Luego Raheela vino al centro de rehabilitación. Yo empecé a trabajar como costurera y nos apoyamos mutuamente, pero, más tarde, el centro cerró. Fue como quedarnos sin esperanza.

»Me enteré de que mi marido estaba enfermo. Estuvo mal durante mucho tiempo y su segunda mujer lo dejó. Después, volvió conmigo y le cuidé desde entonces hasta su muerte; tuvimos cinco hijos más: tres niños y dos niñas».

Al igual que Maheela, Hanzera Khatam era la viuda de un combatiente por la libertad.

«Tenía veintitrés años cuando estalló la guerra y vivía con mi marido, Hatam Ali, en el pueblo de Chuna Hati. Cuando empezó la guerra, nuestra casa se convirtió en un refugio de combatientes por la libertad. Yo cocinaba toda la noche, a diario, para unas cuarenta personas. A menudo, había tiroteos o bombardeos de las fuerzas aéreas paquistaníes y murió mucha gente de nuestro barrio. Un día, llegaron refuerzos del ejército paquistaní al campamento cercano a nuestro pueblo y empezaron a lanzar morteros y a disparar desde todas direcciones. Rodearon a los combatientes por la libertad y muchos murieron. Nos vimos obligados a huir.

»Me escapé a la selva, con mis siete hijos, pero era difícil escondernos, las hormigas y los insectos nos mordían sin parar. Los soldados incendiaron nuestro pueblo. Empezaron por un extremo y fueron prendiendo fuego a una casa tras otra. Mi marido observaba desde la selva y pensó que, si no podía llevarse el ganado, también quemarían a los animales; y eran todo cuanto teníamos. Así que fuimos a buscarlos. Oí un disparo y supe que le habían alcanzado. Cuando levanté la cabeza, tres soldados me vieron y corrieron hacia mí. Llevaba a mi hija de tres años, la agarraron y la pisotearon hasta matarla. Después me violaron tantas veces que perdí el conocimiento.

»Mis hijos huyeron en distintas direcciones. Más tarde, los aldeanos me ayudaron a encontrarlos. Cuando encontré el cuerpecillo de mi hija pequeña, las hormigas se le habían comido un ojo y una parte de la nariz.

»Mi marido no llegó a recuperarse nunca. Solo nos quedaba una pequeña parcela de tierra, de unos mil trescientos metros cuadrados y la vendimos para comprarle medicamentos, pero falleció tres años después de la guerra.

»Los aldeanos no quisieron dejarme volver al pueblo, por lo que tuve que construirme una choza junto al ferrocarril, donde todavía vivo. Mis hijos recogían leña para venderla en el bazar y preparaban bosta de vaca para combustible, aunque no era suficiente para alimentarnos. Safina nos ayudó mucho, nos dio ropa y comida, pero a pesar de todo teníamos que mendigar.

»Como ves, somos muy pobres, pero no pedimos solo dinero, sino el reconocimiento de la desgracia que nos ha destrozado la vida».

Recogió una bolsa de plástico del suelo y esparció cartas y formularios, muchos de ellos con sellos oficiales: intentos vanos de validación en el país de la burocracia.

Las demás mujeres sacudieron la cabeza en señal de asentimiento y me enseñaron sus propios papeles.

La última en hablar fue Aisha Khode Bhanu. «Cuando estalló la guerra, los trenes dejaron de circular durante tres meses, pero, de pronto, una noche empezaron a pasar y nos dimos cuenta de que los militares paquistaníes estaban llegando a Sirajgang», dijo. «Antes de venir, bombardearon la zona de forma indiscriminada. Los aviones zumbaban como moscas por encima de nuestra cabeza.

»Como la mayor parte de la gente de nuestra región, mi marido trabajaba en la fábrica de algodón, pero estaba cerrada. Cuando oímos los trenes, mi marido, mis suegros y yo caminamos doce horas durante toda la noche. Miramos a nuestras espaldas y el ejército paquistaní estaba incendiándolo todo; las llamas eran tan altas que se veían desde lejos.

»Cuando regresamos a nuestra casa unos días más tarde, descubrimos que todo había ardido: utensilios, cojines, incluso el arroz. No teníamos nada. Nos quedamos en casa de unos parientes excepto mi suegro, que volvió y construyó una cabaña con las placas de hierro quemado.

»Un día, mi suegro recibió la visita de un *razakar* [colaborador], que insistió en que todos los miembros de la familia ya podían volver, porque el ejército no regresaría y no tenían de qué preocuparse. Así que, tres meses más tarde, regresamos, pero me sentía incómoda. Mantenía una linterna encendida de noche y me daba miedo salir de la choza.

»Una mañana oímos que volvían los *razakar*. Corrimos hacia la laguna y nos cubrimos la cabeza con plantas acuáticas. Nos encontraron y nos aseguraron que el ejército no regresaría, pero, hacia el mediodía, cuando esperábamos dentro de casa, vimos a un grupo de soldados: eran unos dieciocho. Mi suegra me dijo que guardase silencio, pero al cabo de unos instantes los soldados empezaron a aporrear la puerta con tanta vehemencia que nos asustamos.

»Mi marido salió para enfrentarse a ellos y le pegaron con el cañón de un rifle, después le obligaron a ir a los campos y también a mi suegro, y comprendí que habían llegado. Entonces, dos de ellos entraron y me violaron.

»Luego los soldados vinieron uno tras otro y nos violaron a todas en el catre: a mí, a mi suegra y a la otra esposa de mi marido. Fueron tan violentos que las otras dos murieron al cabo de un mes a causa de las heridas.

»Mi marido también falleció un año después, a raíz de las torturas que sufrió. Me quedé sola con tres hijas y un hijo.

»Sobreviví gracias a Safina. Hacíamos artesanía en el centro de rehabilitación de mujeres y recibíamos algunas raciones pero, cuando asesinaron a Sheij Mujib, quedó claro que tendríamos que soportar una vida de miseria y de penas. Después trabajé como criada.

»Mi hijo trabaja ahora en la fábrica de yute y mis hijas están sumidas en la pobreza y les cuesta subsistir.

»No me gusta la palabra *birangona:* para mí significaba penas y falta de respeto», dijo. «Las cosas mejoraron un poco cuando la hija de Mujib, Sheij Hasina, llegó al poder en 1996 e intentó rehabilitar a las *birangonas.* Hace poco, empezamos a recibir una subvención de diez mil takas [cien euros] y los vecinos y los aldeanos empezaron por fin a respetarnos, pero todavía hoy me sobresalto cuando oigo golpes en la puerta».

Mientras hablaba, el suave gemido del muecín llamaba a la plegaria desde una mezquita lejana. Había caído la noche. Las mujeres estaban inquietas porque tenían que regresar a sus pueblos.

Aisha tenía algo más que decir. «Hemos dado lo más preciado que poseíamos, pero nuestros nombres no están grabados en ninguna parte. Querría matar a mis violadores por lo que hicieron. Quisiera que los ahorcaran».

Esa noche, en un pequeño y sucio hostal de Sirajganj, estaba leyendo en la cama con una linterna cuando alguien empezó a aporrear mi puerta. Me quedé helada. Los golpes se hicieron más insistentes y se oyeron gritos. No percibí olor a humo, por lo que me quedé en la cama, esperando que la cerradura aguantara. Abrí la puerta a la mañana siguiente y había una botella de agua fuera. Sonreí avergonzada al gerente cuando me entregó un desayuno que consistía en huevos fritos que flotaban en aceite.

Salí pronto para visitar a Safina, que vivía encima del bazar. En la calle, un hombre había hecho una hoguera y hervía agua con Nescafé en un cazo para venderla a los transeúntes. «¡Starbucks de Bangladés!», dijo el intérprete, bromeando.

El marido de Safina, Amin-ul-Islam Chaudhry, estaba sentado frente a una mesa en el piso, escrutando la prensa matutina. En la habitación había fotos de Sheij Mujib. Amin me dijo que había sido combatiente por la libertad con su padre y sus hermanos, y que le dispararon cuando atacaron un campamento del ejército paquistaní.

«Me fui a India para recibir formación militar. El ejército paquistaní nos buscaba a mí y a mi padre, de modo que Safina y nuestro hijo pequeño se quedaron en casa de sus padres e iban de pueblo en pueblo. Lo que el ejército paquistaní hizo fue un genocidio, secuestraron a mujeres y chicas para torturarlas».

Safina entró empujando un andador, envuelta en un chal bordado de colores. Sus ojos eran profundos y amables. Desde que tuvo la embolia, le costaba hablar y Amin la ayudaba.

Le pregunté sobre el centro de rehabilitación que había abierto y del que las mujeres hablaban con tanto cariño. «Al principio fue muy difícil», dijo. «Aunque Sheij Mujib había dicho que todas las víctimas de las violaciones debían ser reconocidas como combatientes por la libertad y nos había ayudado, ninguna quería dar el paso y hablar. Bangladés es una sociedad musulmana muy conservadora. Nadie hablaba de acoso sexual y las mujeres violadas por el ejército paquistaní recibían odio y padecían persecuciones a manos de sus propias familias. Muchas de las mujeres se escondían en la selva. Fui a buscarlas y les ofrecí refugio en el centro.

»Había aproximadamente unas sesenta mujeres. Sus historias eran tan terribles que me pasaba llorando la mayoría de las tardes. A menudo los soldados les habían arrebatado a sus bebés antes de violarlas y los habían pisoteado hasta matarlos o los habían arrojado al suelo con tanta fuerza que les partieron la cabeza. Ahora vemos que las rohinyás están sufriendo lo mismo. Lo triste es que, cuando estalla la guerra, las mujeres son las víctimas más fáciles.

»Les di formación a las mujeres para tejer ropa, coser y hacer brazaletes para que pudiesen ser autosuficientes, porque pensaba que esto ayudaría a su autoestima.

»Pero, cuando asesinaron a Mujib, el régimen militar mandó clausurar los centros en veinticuatro horas y la policía acudió y dijo a las mujeres que se fuesen antes de cerrar el centro a cal y canto».

»Algunas de las mujeres fueron a casa de sus parientes, pero sus propias familias no las querían. Otras vivían en la selva y a veces había gente o parientes que les llevaban comida en secreto, pero la mayoría tenía que mendigar.

»Me dijeron que cortara toda comunicación con ellas. Pero no podía dejarlas así. Intenté encontrarlas. Di con unas treinta y creé una organización a la que llamé el Club de las Madres. Ya eran todas madres.

»Era difícil recaudar fondos y fundé una ONG llamada Organización de Desarrollo de las Mujeres de Sirajganj. Teníamos que realizar la mayoría de las actividades de manera clandestina. El problema es que los colaboradores del régimen estaban vivos y nos amenazaban.

»De 1975 a 1995, trabajé en la comunidad, organizando pequeñas reuniones donde me sentaba con la gente local para intentar cambiar sus opiniones sobre las *birangonas*. Traté de hacerles entender que gracias a esas mujeres y a su sufrimiento Bangladés fue liberado; pero fue muy difícil. Nos reprendieron por trabajar con las *birangonas*.

»Por fin, al final de los años noventa, las cosas empezaron a mejorar. Bajo el mandato de la hija de Sheij Mujib, Hasina, el Gobierno volvió a declarar que estas mujeres eran combatientes por la libertad».

Fue entonces cuando la escultora Ferdousi dio un paso al frente y contó su historia, pero la mayoría había pasado muchos años negando todo aquello.

Según Safina, las mujeres de Sirajganj habían recibido un subsidio mensual y asistencia médica desde 2013, después de que una trabajadora social, Mitalee Husein, cuya madre era *birangona*, presentase una demanda al Tribunal Supremo para su reconocimiento.

«Pero ya era tarde para la mayoría de ellas. Muchas habían fallecido. Y, para ser elegibles, tenían que contar su historia, así que no muchas dieron el paso adelante. Algunas habían sido aceptadas por sus familias y no querían arriesgarse. A veces las familias ni siquiera lo sabían, en particular los hijos; pero había algunas víctimas de violaciones a las que volvían a violar sus propios familiares con la excusa de que ya estaban deshonradas».

En 2010, el gobierno de Sheij Hasina creó el Tribunal Penal Internacional, basándose en la ley de su padre de 1973. Actuando fuera del antiguo edificio del Tribunal Supremo en Daca, hacia marzo de 2019 el tribunal había juzgado a ochenta y ocho colaboradores y dirigentes de partido por tortura, asesinato y violación. Veintiséis fueron condenados a cadena perpetua y sesenta y dos a la pena de muerte, de los cuales ejecutaron a seis.

Paquistán nunca había pedido disculpas. Una comisión de investigación sobre la guerra y sobre cómo el país perdió la mitad de su territorio acusó a los jefes militares de haber cometido «atrocidades vergonzosas», pero nunca se publicitó ni nadie lo publicó. El Museo Militar de Lahore no lo menciona y la historia que se enseña en las escuelas parece inferir que en realidad Paquistán había ganado la guerra.

De regreso al Museo de la Liberación de Daca, Mofidul me dijo que Nilofar Butt, un artista paquistaní, les había visitado recientemente y que había hecho un vídeo de un minuto titulado *Amnesia* con solo tres frases:

Habéis ocultado la verdad
La nación ha ocultado la verdad
Yo he ocultado la verdad

Como pude observar, todavía hoy esas mujeres viven en la sombra. «Se sigue sufriendo en silencio», dijo Mofidul. «Hace poco conocí a una chica cuya madre tenía cicatrices en el cuerpo y, solo después de muchos años, le había contado el motivo.

Esta chica compuso una canción, *Soy la hija de una birangona*. Era muy bonita, pero no la puede cantar en público porque la sociedad todavía no está preparada.

»Necesitamos un movimiento que diga que el Estado debería homenajear a estas mujeres», añadió. «Hay muchas violaciones en este país e incluso hoy en día, si violan a una chica, la consideran una paria y a menudo le echan la culpa. Deberíamos desempolvar nuestra propia historia para aprender de ella. Cuando nuestros jóvenes investigadores se reúnen con una *birangona,* dicen siempre que se sienten inspirados por su resiliencia y que les da fuerza».

6

Las mujeres que cambiaron la historia

Taba, Ruanda

La pequeña ciudad de Taba parecía un lugar improbable para hacer historia en el derecho internacional. A casi una hora al sur de Kigali, pasando por arrozales de un verde brillante y bordeando la cinta marrón del río Nyabugogo, que inundaba la carretera, el asfalto desapareció de pronto al pie de una pequeña colina. En la cumbre, había un camino de barro rojo, la calle principal de Taba, llena de mujeres en *kitenges* estampados (paños de algodón) que vendían tomates, pepinos y tarjetas de móvil de prepago, así como unas pocas cabras sin rumbo, mientras los hombres iban en bicicletas pintadas en colores vivos, la versión local de los taxis. Hibiscos rosas y blancos crecían en las orillas de la acera y un cálao de pico amarillo graznaba desde un bananero.

Me estaba esperando una mujer alta, de unos cincuenta y pico años, con pómulos muy marcados y un hueco en los dientes frontales, Victoire Mukambanda. Se subió a mi taxi y seguimos entre baches por una pista de arcilla hasta su casa, cruzando las verdes pendientes con bancales. Ruanda es conocida como la tierra de las mil colinas y el paisaje era agradable, con profundos valles y colinas onduladas envueltas en la bruma. Victoire me señaló las casas en forma de caja. «Aquí mataron a los maestros, allí asesinaron a toda la familia... Todos eran tutsis en esta zona; y los asesinaron a todos».

Sobre las colinas estaban las huertas de bananeros donde Victorie se había escondido bajo una lluvia torrencial. «Morí muchas veces en esos bananeros. Recé a Dios para morir. Sabía que habían asesinado a mis padres, porque gritaron sus nombres desde la cumbre de las colinas. Oí los nombres de mis cuatro hermanos y de mi hermana. A veces, gritaban mi nombre como el de un objetivo a abatir.

»Eran personas que conocía, vecinos, actuando como animales. Mataron a miles de tutsis. Los machetes que utilizaron para degollar a la gente eran los mismos con los que segaban las cosechas y sacrificaban a las vacas, no les importaba».

Al final, nuestro conductor fue derrotado por la pista enfangada y recorrimos a pie el último tramo. Sobre nuestra cabeza se iban amontonando nubes atronadoras. Se oía el sonido de los pájaros por doquier, el graznido de un cuervo de pecho blanco anunciaba nuestra llegada.

Llegamos a una casa baja con muros de adobe, un tejado de hierro corrugado y sin ventanas. Detrás había un pequeño cobertizo donde un niño pequeño cuidaba de una vaca de raza jersey blanca y negra que no paraba de mugir. El plan del Gobierno era regalar una vaca a cada superviviente del genocidio.

La casa tenía dos habitaciones: un dormitorio, con un colchón sucio en el suelo, y una sala de estar donde los únicos muebles eran un sofá marrón y una mesa de café. No había más decoración que una foto del presidente Kagame y un calendario de hacía un par de años.

Fuera empezaron a caer gotas gigantes que golpeaban el hierro corrugado como puñados de piedras.

Llovía de la misma forma en abril de 1994 cuando empezó la temporada de los asesinatos, en la que asesinaron a una décima parte de los compatriotas de Victoire en cien días, incluyendo a la mayoría de sus familiares, ya que todo el mundo se convirtió en presa o cazador.

Nos desplomamos en el sofá marrón y Victoire empezó a contarme lo que recordaba. «Crecí aquí, en Taba, y antes la vida era fácil», dijo.

Como todas las personas a las que conocí en Ruanda, se refería al periodo anterior al genocidio diciendo simplemente «antes».

«Mis padres eran campesinos y tenían muchas tierras donde criaban vacas y plantaban judías, patatas, mandioca y cacahuetes, además de frutas de la pasión, naranjas, mangos y papayas. Iba a la escuela y me encantaba, pero solo pude acabar la enseñanza primaria, ya que el Gobierno no nos favorecía porque éramos tutsis: así lo indicaban nuestros documentos de identidad. Éramos una minoría y nos acosaban. Aunque aprobases los exámenes de ingreso en la escuela secundaria, un estudiante hutu que había conseguido peores resultados ocupaba tu plaza.

»Nos enseñaban que los hutus y los tutsis eran dos razas distintas. Decían que los hutus eran el verdadero pueblo de Ruanda y que nosotros, tutsis, éramos invasores procedentes de Etiopía. Ser un tutsi era una deshonra. Si un tutsi prosperaba, saqueaban su casa y, antes de incendiarla, mataban a sus animales, para que tuviera que volver a empezar de cero. Mi padre tuvo que hacer una «huturización» y falsificar un documento de identidad hutu, lo cual le hizo sentirse deshumanizado. El Gobierno sabía que la gente lo hacía y llevaba un control exhaustivo. Detuvieron a mi padre y le pegaron una paliza.

»Todo este problema empezó mucho antes de 1994. Las matanzas de tutsis se producían desde la independencia de 1959, antes de que yo naciese. Y, en 1973, cuando estaba en cuarto curso, expulsaron a los tutsis de las escuelas e incendiaron y saquearon muchas casas. Vi a gente huir a la iglesia católica. Siempre íbamos a las iglesias cuando había un problema».

Los hutus constituían aproximadamente un ochenta y cuatro por ciento de la población; los tutsis, un quince por ciento; y los twa, un grupo pigmeo local, el resto. La gente habla a menudo de las diferencias físicas: suele describirse a los hutus como de piel más oscura, la cara más redonda y la nariz más chata, mientras que los tutsis son más altos y delgados con la cara larga y rasgos más finos. Sin embargo, he conocido a hutus altos y delgados y a tutsis bajos y gruesos. En general, la división se remonta a finales del siglo XIX cuando la «ciencia de la raza» era popular entre los colonizadores europeos que

139

clasificaron a los africanos en función del color de su piel y del tamaño de su cráneo. Los alemanes, que colonizaron Ruanda en 1897, consideraron a los tutsis de tez más clara como reyes guerreros que gobernaban a los campesinos, mientras que los belgas, que los sustituyeron después de la Primera Guerra Mundial, consolidaron estas distinciones indicando la etnicidad en los documentos de identidad oficiales.

Actualmente, se ha desacreditado todo esto y los dos grupos no se consideran tribus separadas, sino más bien como clases sociales o castas. Los tutsis se han dedicado tradicionalmente a pastorear el ganado y los hutus, a la agricultura. El ganado es más valioso y, con el tiempo, los tutsis ganaron un estatus más alto que les permitió gobernar, provocando resentimiento entre los hutus. Al final, en 1959, la revolución hutu derrocó al rey tutsi y obligó a miles de personas a exiliarse. Desde entonces, se han producido purgas periódicas.

«El acoso que sufríamos como tutsis siempre había provenido de las autoridades, no de las personas», dijo Victoire. «Esto cambió en 1994, cuando lanzaron la "solución final" para acabar con nuestra etnia. El primer paso fueron las denominadas "reuniones de seguridad" de las cuales siempre se excluía a los tutsis. Fue entonces cuando formaron las milicias que llamaron interahamwe, que significa 'los que trabajan juntos', porque a esto lo llaman trabajar. Les dijeron que los tutsis eran los enemigos. En la radio, empezaron a difundir este discurso de odio llamándonos *inyenzi* o cucarachas.

»Por aquel entonces, estaba casada y mi marido era propietario de un bar. Teníamos siete hijos. La noche del 6 de abril, oímos que habían abatido el avión del presidente Habyarimana en Kigali y que lo habían asesinado. Al día siguiente, aparecieron las barricadas del Hutu Power en las calles de Kigali y allí empezaron las matanzas. Unos once días más tarde, invitaron a nuestro *Bourgmestre* [alcalde], Jean-Paul Akayesu, a una reunión en Muchakaberi en el sur de Ruanda, donde recibió la orden de matar a todos los tutsis.

»Al día siguiente, el 19 de abril, nos despertaron los gritos de alguien que pedía auxilio. La gente subió a la colina y descubrió que habían incendiado la escuela y que Akayesu estaba celebrando una reunión. Declaró que las matanzas empezaban y que ningún tutsi debía permanecer con vida.

»Entonces bajaron al valle donde vivíamos. Estábamos muy asustados. Empezaron matando a los tutsis instruidos. Se llevaron al maestro Alex Gatrinzi y a su hermano mayor Gosarasi, que eran nuestros vecinos, y los asesinaron. Apalizaron y enterraron vivos a otro maestro, acusado de favorecer a los niños tutsis. Asesinaron a sesenta y seis niños en la escuela.

»Después, alguien subió a lo alto de la colina y anunció: "Hoy es el último día para los tutsis". Aquella noche mataron todas las vacas que pertenecían a los tutsis. La gente saqueaba nuestras cosechas en los campos.

»Era como si aquella gente hubiese perdido su humanidad. Eran personas a las que conocíamos y con quienes intercambiábamos mercancías. Personas con las que compartíamos momentos tomando una cerveza. Solían ir al bar y nos invitábamos a nuestras respectivas ceremonias.

»Destruyeron nuestra casa y se lo llevaron todo: los muebles e incluso las placas de hierro del tejado. No dejaron nada. ¿Qué podíamos hacer? Todos huimos y nos dispersamos.

»No tenía ni idea de dónde estaban mi marido o mis hijos, solo llevaba a mi niñita en la espalda. Mientras corría, alguien me pegó por detrás con una maza. Intentaban golpearme la cabeza, pero le dieron a mi bebé y le aplastaron el cráneo. Sentí el porrazo y lo supe cuando no la oí llorar. Retiré su cuerpo muerto de mi espalda, la dejé en el suelo y seguí corriendo. Ni siquiera pude enterrarla.

»Algunos se escondieron en los árboles durante muchos días. Era abril, la estación de las lluvias, todo estaba muy húmedo y enfangado. Nos escondíamos, pero ya habíamos aceptado que nuestro destino final era la muerte.

»Un día, me encontré con el cadáver de una de mis hermanas, la habían triturado con un machete hasta matarla. No sé cómo sobreviví. Me violaron muchas, muchas veces. Cada vez que alguien me encontraba, me violaba. "Quiero probar cómo sois las mujeres tutsis", decían. Y así todos, uno tras otro. Me violaron tantas veces que perdí la cuenta.

»No puedes imaginarte lo que significa que te violen cuando no puedes ducharte ni cambiarte de ropa y, después, por la mañana te caen encima las lluvias torrenciales y luego vuelve a llover por la noche.

»Un día cuatro hombres me violaron con tanta violencia que no podía caminar. Después, una mujer me encontró cuando iba a los campos y me dio una mandioca, diciéndome que me la comiese bocado a bocado. Por entonces, después de tantos días sin comer, mi mandíbula apenas funcionaba.

»Durante un tiempo, buscamos refugio delante de la oficina municipal . Había decenas de mujeres y niños. Sabíamos que el alcalde había ordenado las matanzas, pero no teníamos otro lugar adonde ir. Durante las dos semanas siguientes, las milicias y los locales nos violaron y golpearon en repetidas ocasiones. Cuando la gente moría, los perros se comían los cadáveres, pero, si intentábamos enterrarlos, nos pegaban. Suplicamos a Akayesu que nos matase, porque no podíamos seguir viviendo de aquel modo. Contestó que no "iba a gastar balas con nosotros".

»Volví a las colinas, pero me cogieron y me dieron un golpe en un ojo, que estuvo rojo e hinchado durante meses; después me arrojaron al foso de una letrina. Todos los días rogaba a Dios que me dejara morir, porque estaba muy cansada».

La lluvia sobre el metal del tejado era ensordecedora. La oscuridad ecuatorial había caído rápidamente, como una cortina, como sucede siempre en África. El chico que cuidaba de la vaca trajo una lámpara de aceite. Se oyó un fuerte trueno, seguido por un relámpago en las colinas que iluminó los huecos del rostro de Victoire con una la luz tenue.

«Por fin, alguien me dijo que fuese al sur, a Musambira, porque allí ya no mataban a las mujeres. Me hice pasar por hutu, y una mujer me acogió. Me quedé una semana y después vi que un gran número de hutus se desplazaban hacia el Congo. La anciana me dijo que el FPR venía de camino y que ella huía. Le contesté que iba a quedarme».

El FPR era el Frente Patriótico Ruandés, una guerrilla de tutsis exiliados en los países vecinos de Uganda y Burundi, dirigida por Paul Kagame.

«Cuando llegó el FPR, corrimos hacia ellos y se alegraron mucho de vernos. Nos dijeron que estábamos en buenas manos y nos dieron agua y comida.

»Tardé un mes en encontrar a mis hijos. Mi hermana menor Serafina les había dado cobijo. A ella también la habían violado y la habían obligado a casarse con un interahamwe. Éramos las únicas supervivientes de nuestra familia».

Se detuvo un momento y me miró. «Quiero que maten a la gente que nos hizo eso», dijo.

«Después de todo eso no podía hablar ni comer: me olvidaba de cocinar. Apenas si pronuncié una palabra durante meses. ¿Cómo se podía expresar con palabras lo que había ocurrido?»

Sin embargo, Victoire no se quedó sin hacer nada. No solo recuperó la voz, sino que se convirtió en la testigo JJ detrás de una delgada cortina en un tribunal en la ciudad tanzana de Arusha, en un juicio que dio lugar a la primera condena mundial por una violación de guerra.

Dios pasa el día en otros lugares, pero duerme en Ruanda, según le gusta decir a la población. ¿Dónde estaba ese Dios cuando el vecino atacaba a su vecino con una maza y un machete en un esfuerzo nacional por exterminar a los tutsis, mientras el mundo hacía la vista gorda?

Todas las personas que conocí me parecían muy simpáticas, todo era muy bonito; sin embargo, igual que Victoire, todos, en todas partes, arrastraban relatos de enorme maldad. «Me escondí en una fosa séptica durante dos meses y medio», me contó mi chófer Jean-Paul. «Cuando salí, habían asesinado a toda mi familia: mi padre, que era médico; mi madre, que era maestra en una escuela primaria, y mis siete hermanos».

Me enseñó el puente desde donde arrojaron a cientos de personas; el Hôtel des Mille Collines, donde más de mil dos-

cientos tutsis se escondieron aterrorizados cuando su heroico gerente sobornó al Ejército ruandés con dinero y Johnnie
Walker; la iglesia donde apalearon hasta la muerte a los que
habían buscado refugio, hileras de cráneos destrozados ahora
dispuestos a lo largo de los bancos.

Josh y Alissa Ruxin, la pareja estadounidense que llevaba
Heaven, la pensión donde me alojaba, con sus populares *brun-
ches* los fines de semana, me dijeron que, cuando empezaron
a construir su local en 2003, encontraban huesos lavados cada
vez que llovía.

Ochocientas mil personas asesinadas en cien días de una
población de ocho millones de personas. Era un índice de asesinatos nunca visto, ni siquiera en la época de los nazis, y obligó a la ONU a utilizar la palabra genocidio por primera vez en
su historia, aun cuando no hizo nada para detenerlo.

El relator especial de la ONU sobre Ruanda calculó que, en
aquel pequeño país, entre el 6 de abril y el 12 de julio de 1994
se habían cometido entre 250 000 y 500 000 violaciones. Es
decir, entre doscientos cincuenta y quinientas diarias. Víctimas
desde los dos hasta los setenta y cinco años. La violación era
la norma y su ausencia la excepción, según los resultados de
un informe de la ONU de enero de 1996. En algunas zonas,
habían violado a casi todas las mujeres supervivientes.

Era obvio que la violación no era circunstancial, sino una
parte integral de la campaña y que se utilizaba como arma,
al igual que el machete y la porra. La propaganda hutu incluía una octavilla titulada *Los diez mandamientos de los hutus*,
que avisaba de que los tutsis «no dudarán en transformar a
sus hermanas, esposas y madres en pistolas» para conquistar
Ruanda. Uno de los mandamientos decía: «Una mujer tutsi
trabaja para los intereses de su grupo étnico. Por consiguiente,
consideraremos traidor a todo hutu que se case con una mujer
tutsi, que sea amigo de una tutsi o proporcione empleo a una
mujer tutsi».

¿Cómo pueden un país y un pueblo recuperarse de algo
así? El Gobierno posgenocidio intentó legislar para eliminar

la animosidad entre la minoría tutsi y los hutus que querían exterminarlos lanzando la campaña «Soy ruandés» y suprimiendo la mención a la etnia de los documentos de identidad. La mayoría de la gente miraba para otro lado cuando les preguntabas si eran tutsi o hutu. El idioma oficial, junto con el kinyarwanda, pasó del francés al inglés. El francés se asociaba a los amos coloniales belgas del pasado, además de a lo que se consideró el apoyo al régimen genocida por parte del Gobierno del presidente François Mitterrand. Los topónimos se han modificado y me resultó difícil localizar las ciudades y los pueblos en los mapas.

A primera vista, parecía que había funcionado. Ruanda se considerada modélica en África. El centro de Kigali, donde las alcantarillas se habían teñido de sangre, tenía ahora calles con farolas, setos bien cuidados y aceras minuciosamente barridas, porque cada ciudadano debía dedicar un día al mes a la limpieza. Kigali era la capital más limpia y segura del continente, como si se pudiese borrar el pasado a base de frotar. El Gobierno había llegado a criminalizar las bolsas de plástico y se las quitaban a los turistas a su llegada al aeropuerto para obligarlos a comprar sustitutos de arpillera.

En cuanto a las mujeres, era el único Gobierno de la tierra donde la mayoría parlamentaria era femenina: un increíble sesenta y cuatro por ciento. Ruanda también se estaba promocionando como destino turístico y se habían gastado treinta y tres millones de euros para publicitarse en las camisetas de los jugadores del Arsenal; además, tenían una recomendación del *New York Times*. En el aeropuerto de Kigali, una estadounidense rubia y su hija anunciaron al funcionario del control de pasaportes que habían viajado para hacer «turismo de la reconciliación».

Todo esto parecía extraordinario y complacía a los donantes occidentales que habían transformado Ruanda, el país de las mil colinas, en lo que los locales llamaban entre bromas el país de los mil cooperantes. El Banco Mundial había invertido cuatro mil millones de dólares desde el genocidio. El Reino Unido, en particular, había apoyado al nuevo Gobierno. En 2007, el entonces líder conservador, David Cameron, llevó al país a un grupo de sus parlamentarios para ayudar a reconstruir escuelas y realizar otras buenas obras durante unos cuantos días.

No obstante, ¿era posible legislar y borrar un pasado tan sangriento? En efecto, mucha gente me dijo que lo que tenían ahora era un Gobierno dictatorial. Paul Kagame, alto y tan delgado que sus americanas parecían flotar alrededor de él, había sido presidente durante dieciocho años, después de dirigir a las fuerzas tutsis para poner fin al genocidio. Lo habían reelegido para un tercer mandato en 2017 con un noventa y nueve por ciento de los votos, después de haber cambiado la Constitución para volver a presentarse. Mientras tanto, su rival potencial, Diane Rwigara, una contable educada en Estados Unidos, no recibió autorización para presentarse. Permaneció encerrada en una cárcel de máxima seguridad con su madre durante más de un año. Otras personalidades de la oposición desaparecieron o sufrieron un final violento. Un amigo mío que había hecho un curso de periodismo en Ruanda me contó que los colegas de profesión locales que se atrevían a criticar a Kagame recibían palizas o los asesinaban de manera misteriosa.

«Hago lo que tengo que hacer para asegurarme de que mi país no vuelva a pasar por algo tan terrible», afirmó Kagame a un general británico que cuestionó sus métodos autoritarios.

El Tribunal Penal Internacional para Ruanda (TIPR) se creó en noviembre de 1994, poco después del juicio para la antigua Yugoslavia. Se trató del primer tribunal penal internacional desde los de Núremberg y Tokio tras la Segunda Guerra Mundial. El fiscal jefe de ambos tribunales fue el juez surafricano Richard Goldstone, altamente respetado por su trabajo para desmantelar las leyes del *apartheid.*

No se confiaba en que el TIPR sirviese de gran cosa. El nuevo Gobierno ruandés había establecido una lista de unos cuatrocientos genocidas principales y solicitó ayuda a la ONU para detenerlos y juzgarlos en Ruanda ante su pueblo. Por el contrario, la ONU creó el Tribunal de Ruanda como un subgrupo del de la antigua Yugoslavia, que era una especie de pariente pobre del anterior. Ni siquiera estaría en Ruanda, sino en la vecina Tanzania.

El objetivo era juzgar por genocidio a los criminales de alto rango, como los responsables gubernamentales y oficiales. Sin embargo, con poco personal y poco equipamiento, este tribunal se parecía como mucho a un gesto de la comunidad internacional, que intentaba aparentar que estaba haciendo algo después de su incapacidad para actuar en el momento.

Muchos de los fiscales eran jóvenes e inexpertos. Uno de ellos era Sara Darehshori, a quien conocí en Nueva York, donde trabajaba para Human Rights Watch como asesora sénior, estudiando los casos de agresión sexual en los Estados Unidos.

Mientras tomábamos un chocolate caliente en Manhattan en una fría tarde de otoño, Sara me explicó que, cuando estudiaba en la Facultad de Derecho de Columbia, había hecho un voluntariado en centros de crisis de violaciones y después había trabajado en Bosnia durante un año reubicando a refugiados y a víctimas de violaciones de la guerra. Acababa de licenciarse y había encontrado su primer empleo en un bufé de abogados cuando oyó hablar del nuevo tribunal para Ruanda y se presentó a una plaza de investigadora.

«Tenía solo veintisiete años y, cuando conseguí el trabajo, pensé que me dedicaría a llevar las bolsas de un asesor sénior», dijo. «Pero cuando llegué no había más abogados, no había nadie en la oficina, solo dos forenses y una secretaria. Disponíamos de un solo coche y teníamos que llevar nuestros ordenadores y caminar dos manzanas hasta la oficina de la ONU para hacer fotocopias. El primer día pillamos a nuestros guardias de seguridad intentando robar nuestro generador.

»Nos costaba creer que aquello fuese la ONU y un caso serio. Todo era improvisado».

Nadie fue a recibirla al aeropuerto cuando llegó. «Estaba todo a oscuras porque hubo un apagón de la iluminación callejera y me encontraba sola. Al final, conseguí que me llevara el coche de una agencia de cooperantes. La primera noche, me quedé en una habitación de hotel con una puerta que no cerraba bien y con la huella de una mano ensangrentada en la pared.

»Acabábamos de empezar la investigación en el terreno cuando recibimos una llamada del Gobierno zambiano para decirnos que habían arrestado un grupo de ruandeses que figuraba en nuestra lista de los más buscados. ¡Todavía no teníamos una lista! En aquel momento el juez Goldstone actuaba como fiscal para Ruanda y Bosnia, y estaba en La Haya con todo el personal y una gran oficina, pero no había nadie detenido. Goldstone estaba, pues, bajo una fuerte presión, con gente que preguntaba por qué no hacían juicios con todo aquel dinero. Cuando supo que podíamos empezar los juicios, se mostró muy entusiasta».

Sara acabó siendo una de las cofiscales junto con otro joven estadounidense, Pierre Prosper, que venía de trabajar en casos de pandillas en Los Ángeles. La pareja se descubrió juzgando a un criminal de guerra por genocidio ante un jurado compuesto por tres jueces internacionales. El primer juicio de este tipo en la historia.

«Cuando fui a presentar la primera acusación, no había sala de audiencias, en aquella oficina improvisada solo estábamos un juez que vivía en Tanzania y yo», dijo Darehshori riendo.

Aquella primera acusación fue contra Jean-Paul Akayesu, alcalde de Taba, no porque se tratase de una figura clave, sino porque formaba parte del grupo detenido en Zambia.

«Fue irónico, porque no tendría que haber estado en el grupo de las personas que estábamos investigando», añadió.

Cuando le hicieron entrar, tuvo que interrogarlo. «Fue el primer sospechoso al que interrogué», me comentó. «Era alto y educado; me dijo que no había visto nada porque había permanecido encerrado en su casa durante el genocidio».

El siguiente desafío consistió en hacer declarar a la gente. Habían asesinado a la mayor parte de los tutsis de Taba. Aunque evidentemente había testigos de sobra, muchos ruandeses temían que se les castigase a ellos o a sus familias. La colaboración con los investigadores de los tribunales supuso pronto un peligro para la gente. En septiembre de 1996, se asesinaron por lo menos a diez testigos antes de que pudiesen declarar en Arusha.

Victoire fue una de las cinco valientes mujeres de Taba que fueron a declarar. «Al principio dudaba», me dijo. «Nuestros amigos y parientes intentaron disuadirnos. Dijeron que la gente se enteraría y que sería horrible, pero al final decidí que, para que se hiciese justicia, alguien tenía que decir lo que pasó y contárselo al mundo. Estaba dispuesta a hacerlo para que aquella gente fuese castigada y que no volviese a suceder».

«No quería morir con odio», me explicó Godelième Mukasarasi, una mujer hutu casada con un tutsi, cuando me contó cómo convenció a cinco mujeres del pueblo para que se subiesen a un avión por primera vez en su vida y describiesen ante un tribunal extranjero el calvario por el que habían pasado.

«Nuestra misión es extraordinaria. Nuestra misión es curar los corazones», decía el letrero exterior del pequeño edificio de ladrillo en la calle principal de Taba donde se encontraba la sede de Sevota, la organización que creó Godelième para viudas y huérfanos del genocidio. Dentro, un grupo de niños con uniformes azules se sentaban delante de una pizarra en la que alguien había escrito «Un león nos persigue» en una clase de inglés. Cantaron y bailaron para darnos la bienvenida.

«Después de la masacre, odiaba a todo el mundo», dijo Godelième. «Enfermé y estuve a punto de morir. Cuando me curé, dije que tenía que hacer algo para perdonar y amar. Había sobrevivido dos veces. Durante el genocidio, me persiguieron y llevaron al río como las demás mujeres para violarme y asesinarme, pero no me mataron».

Su casa estaba unas puertas más abajo por la calle principal; era una construcción sólida de ladrillo con una puerta verde y un papayero en el patio delantero. Su piel era mucho más oscura que la de Victoire e iba magníficamente vestida con una chaqueta y una falda de estampados rojos, amarillos y blancos que me recordaron la salida del sol por la mañana. No aparentaba sus cincuenta y nueve años y su sonrisa transmitía calidez. Era el tipo de persona que inspira confianza de inmediato. La casa estaba inmaculada y en la mesa había una pila de cestas hechas por las mujeres de su organización.

«Cuando empezó el genocidio, tenía treinta y tres años y cinco hijos», dijo. «Mi marido Emmanuel era empresario y tenía un colmado que vendía comida, cosméticos, cerveza, refrescos, de todo. Yo era trabajadora social. Éramos felices. Emmanuel era el jefe de los empresarios locales, teníamos un coche, una casa y plantaciones. Éramos de los más acomodados del lugar.

»Cuando empezaron las masacres, mi marido tuvo que huir primero porque era tutsi y una persona rica, y luego se fueron también mis hijos. Me quedé para cuidar de nuestras propiedades, porque pensaba que, como hutu, no era un objetivo.

»Las masacres empezaron el 19 de abril. Iban de familia en familia, por las colinas y las montañas, matando, utilizando distintas armas (lanzas, mazas y machetes) o arrojando a la gente al río.

»El 20 atacaron a la familia de mi suegro y el 23 llegaron a nuestra casa por la noche y lanzaron una granada. Tenía miedo. Sabía de familias que estaban en la misma situación y los habían matado a todos, incluidos a los que no eran sus objetivos. Iban vestidos con hojas de plátano y fumaban hierba, cantaban y silbaban. A lo mejor habían estado bebiendo cerveza de plátano. Se habían manchado la cara con algo blanco y gritaban: "¡Buscadlos! ¡No tiene que quedar ni uno con vida!".

»Los conocía, eran nuestros vecinos. Algunos trabajaban en nuestra tienda, otros eran maestros en nuestras escuelas primarias.

»Intenté negociar con ellos. Teníamos dos casas en la propiedad y les dije: "Destruid una casa y dejad la otra, porque una es mía y soy hutu" y les di un poco de dinero; pero volvieron por la noche y las destruyeron las dos, saquearon todo cuanto había en la tienda y se llevaron todas las vacas y cerdos. Teníamos tres vacas.

»En el recinto estaban también mi hermana menor y unos cincuenta niños de Kigali que se habían refugiado allí. Los niños estaban escondidos en el patio trasero del bar.

»Por suerte, cinco minutos antes de que volviesen los interahamwe, me avisó un amigo. "Estate preparada, vienen a matarte", me dijo. Nos llevó a mí y a mi hermana a otro lugar donde vivía un anciano. Ese mismo hombre fue a buscar a mis hijos, que se habían escondido en una sala de oración, y volvió con ellos al lugar donde yo estaba. Uno de los chicos se había subido a un aguacatero cuando llegaron los asesinos y el otro se había escondido en una cesta de alubias.

»Conocía a todos los implicados, tanto a los asesinados como a los asesinos. No podía imaginar que fueran capaces de hacer algo así. ¿Cómo podía un muchacho mandar a gente degollar a los vecinos con machetes y violar a sus hijas? Era como si todos hubiésemos perdido la razón. Creí que había dejado de vivir en el mundo real, era la única explicación.

»Violaban a las chicas antes de arrojarlas al río. Me llevaron al río, pero después me dejaron porque estaban más interesados en saquear.

»Solo nos quedamos una noche con aquel anciano. La mañana siguiente, había dejado una cajetilla de cigarrillos donde había escrito "Marchaos Corred Deprisa Están Llegando".

»Mientras corríamos nos topamos con una barricada y me desmayé, porque no había comido en varios días y mi hermana me dio agua de los charcos para reanimarme, aunque el agua estaba en una condición pésima. Cuando recuperé la consciencia, fuimos a mi oficina en el bloque de la administración del distrito. No tenía nada allí, solo una Biblia y una imagen enmarcada de Jesús. Dormimos en el suelo. Dos días más tarde, un anciano nos trajo una colchoneta para dormir y un poco de comida.

»Vi a gente cavando fosas profundas y arrojando cadáveres. Torturaban a mujeres y algunos incluso violaban cuerpos muertos. Lo vi con mis propios ojos.

»Unos días más tarde, transportaron a mi marido a la oficina herido de gravedad tras una paliza. Estuvimos allí unas dos semanas. Mientras le escondía, un gran grupo de Interahamwe llegó en un camión y se lo llevó a nuestra antigua residencia, para que les enseñase lo que podían saquear. Arrebataron a la milicia más pequeña lo que nos habían robado. Después le dijeron: "No vamos a matarte. Te irás y morirás de todos modos".

»Sabíamos que no teníamos mucho tiempo y Emmanuel encontró el coche de un tutsi que habían asesinado y lo tomó para llevarnos por la noche a la zona de mis padres. Mi hermana, también casada con un tutsi, estaba allí, así que dijeron que tenían que castigarles por dar cobijo a serpientes en su casa. A veces llamaban serpientes a los tutsis en lugar de cucarachas. "Debemos acabar con esas serpientes", decían.

»Volvieron con pistolas y huimos en un convoy de ocho vehículos a la zona segura de la misión de la ONU, cuyas tropas francesas estaban en Kibuye. Por el camino seguíamos encontrando controles en la carretera. Iba en el primer coche y no dejaba de repetir que no éramos tutsis y les daba dinero, pero después de un rato me quedé sin nada. Mi madre tenía unos 50 000 francos, le dije que me diese el dinero para salvar a mi marido y a mis hijos. Así fue como sobrevivimos.

»No volvimos a Taba hasta que el nuevo Gobierno llegó al poder. Fue muy difícil regresar, porque no teníamos dinero y yo estaba enferma; también, naturalmente, por lo que había ocurrido aquí. Mi marido consiguió un contrato del FPR, que estaba entonces en el Gobierno, para suministrar madera para la reconstrucción de Kigali».

Cuando se recuperó, Godeliève creó Sevota para ayudar a viudas y a niños. Como Taba no estaba lejos de la capital, pronto empezó a recibir visitas de las ONG y de oficiales gubernamentales. Cuando le preguntaron cómo podían echarles una mano, sugirió que diesen pollos o cabras a las mujeres, la mayoría de las cuales se habían quedado viudas, para ayudarlas a ganarse la vida.

Poco a poco fueron apareciendo más mujeres. Victoire asistió a una de las reuniones y le dieron una cabra que, según dijo, la ayudó a encontrar su voz. «Si tienes una cabra, tienes algo», dijo riendo. «La puedes sacar para que coma. Le puedes hablar. Le puedes gritar. Incluso si gritas y la persigues, por lo menos abres la boca».

Conocer a las demás mujeres de Sevota también ayudó. «Fue cuando me di cuenta de que aquello no nos había ocurrido solo a nosotras», dijo.

Cuando los investigadores de la ONU llegaron al centro, las mujeres aceptaron hablar con ellos, con la esperanza de llevar sus verdugos a un tribunal, pero no estaban seguras de que las hubieran tomado en serio.

Luego se enteraron de que habían acusado a Akayesu y consultaron a Godelière sobre si alguna de las mujeres de Sevota estaría dispuesta a declarar en Arusha.

«Quería asegurarme de que se supiese la verdad», dijo. «Ayudé al tribunal a encontrar testigos y a prepararlas psicológicamente antes de que fuesen a Arusha».

Ella misma se negó a ir. «Me lo pidieron y dije que no. Porque una mujer noruega me había advertido de que siempre asesinan a la gente que aporta pruebas. Y éramos dos las que habíamos visto lo mismo en la oficina del alcalde, así que no era necesario que declarásemos ambas».

Sin embargo, su marido Emmanuel dijo que él iría y testificaría. «Lo hablamos, sobre todo cuando recibí amenazas por escrito diciendo que le matarían, pero él quería ir. Después, la noche del 23 de diciembre de 1996, nos enteramos de que había habido un tiroteo y que habían muerto once personas. Algunas de las milicias derrotadas que habían huido al Congo regresaron para atacar el país. Era en la zona donde Emmanuel estaba haciendo obras. Más tarde supe que se encontraba entre los muertos, junto con mi hija de doce años. Al día siguiente, fuimos al hospital a buscar sus cuerpos y los enterramos el día de Navidad».

Se levantó y buscó algo en la habitación. «Tengo una foto suya, pero el marco está roto».

El asesinato de Emmanuel la dejó viuda como las mujeres a las que había ayudado. La tragedia aumentó su determinación de seguir con su labor y llevar a los agresores ante la justicia.

Le pregunté si algunos de los asesinos y violadores de Taba habían regresado. «La gente regresó», asintió. «Algunos fueron primero a la cárcel, pero luego volvieron. Otros huyeron al Congo y después volvieron. Algunos viven en mi calle. Tenía un sereno que era un asesino. La persona que vive en frente de mi casa también era un asesino. Nos saludamos todas las mañanas, pero los dos lo sabemos».

La miré fijamente. No había imaginado que los agresores regresarían a los mismos lugares. No podía imaginar lo que debía de suponer verlos todos los días.

«Cuando vemos a los asesinos, no podemos decirlo públicamente, pero lo sabemos en nuestro fuero interno y, por supuesto, lo hablamos en casa», contestó.

Resultó que algunos miembros de la familia de Akayesu habían regresado a Taba, aunque la gente creía que su mujer y sus hijos estaban viviendo en Mozambique.

«Pero, claro está, la agenda política actual pretende unir a la gente y fomentar la reconciliación. Se ha suprimido la información sobre la etnia en los documentos de identidad y no se indica en ninguna parte. Ser hutu o tutsi significa nada o menos».

Le pregunté si aquello se podía legislar.

«Bueno, la gente no puede olvidar, por supuesto, pero es un mecanismo para ayudarlos a avanzar. Y, por supuesto, los agresores dicen siempre que los engañaron».

Quise saber si les creía.

«No lo sé», contestó. «Por ejemplo, si alguien es tu vecino y lo sabe todo sobre tu familia, no cabe imaginarse que va a matar a tus hijos. Les debieron de lavar el cerebro».

«Decían a la gente que nosotras, las mujeres tutsis, éramos más hermosas y atractivas, y que despreciábamos a los hutus», dijo

Serafina Mukakinani, la hermana menor de Victoire, que también aceptó declarar, convirtiéndose en la testigo NN.

Estábamos sentadas en un restaurante de cabañas de paja en una colina de Kigali porque Serafina no quería que la gente de su alrededor la viese hablando con una *mzungu* o persona blanca. «Hablarán o pensarán que tengo dinero y que quiero más», dijo encogiéndose de hombros. «Así están las cosas».

Volvía a llover y por el altavoz de nuestra cabaña sonaba en el hilo musical la canción *Careless Whisper*, de George Michael, mientras pedíamos arroz y estofado de cabra.

Serafina se trasladó a Kigali después del genocidio y trabajó en un mercado en Nyamirambo, un suburbio pobre en el suroeste de la ciudad. Vendía carbón que compraba a un camión que venía del norte. Si tenía un buen día, ganaba mil francos ruandeses, menos de un euro.

Cuando se desencadenó el genocidio, Serafina tenía veinticinco años y, como su hermana, estaba en su casa en un pueblo cercano a Taba a donde llegaron los milicianos.

«Destruyeron el tejado, se llevaron nuestras sillas y la cama, y todo lo demás», dijo. «Huimos a una zona próxima solo con lo puesto. Más tarde, Akayesu celebró una reunión en la que dijo que les habían hablado del enemigo, ahora el enemigo era su vecino y esperaba que supiesen lo que tenían que hacer.

»Entonces empezaron a matar a todo el que encontraban. La gente huyó en distintas direcciones, a los campos y a las colinas. No volví a ver a mi familia. Mataron a nuestros padres, a nuestros hermanos y hermanas. Mis padres trabajaban en las minas extrayendo piedrecitas preciosas para un inversor y los interahamwe los arrojaron a las minas y los lapidaron hasta matarlos.

»Cada vez que asesinaban a alguien, lo sabíamos porque gritaban: "Hemos matado a fulanito y menganito".

»Me escondí bajo un árbol y estuve allí muchos días. Llovía y no podía moverme. Estaban talando plantaciones de plátanos y árboles, todo estaba abierto y cada vez era más difícil esconderse. Me encontraron y me llevaron a uno de los lugares donde mataban. No sé cómo sobreviví. Había letrinas por allí, y nos ponían en esas fosas sucias para enterrarnos vivas.

»Eran nuestros vecinos. Como todo estaba organizado de forma oficial, también lo hacían a la luz del día y era fácil reconocerlos.

»Claro que me violaron. Las mujeres somos débiles físicamente y el Gobierno había dejado de protegernos e incluso les dijo a los hombres que nos persiguiesen. En cualquier lugar, si te escondías bajo un árbol, un hombre te iba a buscar, a violar y, a veces, también te mataba. Había muchos hombres distintos que se dedicaban a ello y clavaban palos y botellas en las partes íntimas de muchas mujeres hasta el estómago, pero a mí no me lo hicieron. Estaba inconsciente buena parte del tiempo».

Se quedó callada. Miré fijamente mi estofado de cabra y después pregunté tontamente cómo se sentía. Enseguida me arrepentí de haber pronunciado aquellas palabras.

«¿Puedo preguntarte algo?», contestó tranquilamente. «Si alguien te encuentra bajo un árbol después de tres días sin comer ni beber nada, ha matado a tus padres y a tu familia, luego te viola, ¿piensas que sentirías algo? Estás anestesiada. Ponte en mi lugar e imagínatelo.

»Después de un tiempo, el alcalde Akayesu ordenó a la gente que trajese ante él a las personas que se escondían, pero era una trampa para hacernos ir a la sede de su distrito. La gente acudió y Akayesu dijo que debían asesinarnos a todos.

»Uno de los asesinos dijo que se casaría conmigo, que me sacaría de allí y me salvaría. ¿Tú qué hubieses hecho? Así fue cómo sobreviví y cómo salvé a los hijos de Victoire.

»Contaba con protección porque él era miliciano, pero no era una buena situación, porque salía a matar a mi gente. Tampoco sus compañeros estaban contentos. Le preguntaban por qué se había casado con aquella cucaracha y no con una de sus hermanas.

»Me llevó a otro lugar. Por fin, llegó el FPR, así que él y sus amigos huyeron al Congo y los soldados me encontraron hambrienta y sola. Quería morirme. Me encontraba mal por las fuertes palizas, el hambre, la lluvia y el miedo, pero nos aconsejaron y nos dijeron que nos protegerían.

»Volví a Taba después del 4 de julio, cuando todo se hubo acabado. Habían destruido la mayor parte de las casas de los tutsis, pero había varias casas abandonadas por los hutus huidos. Nos las dieron. Yo pensaba que era la única superviviente de mi familia, pero en agosto regresó Victoire. Me alivió tanto encontrarla. Éramos las únicas. A nuestra hermana pequeña la habían violado y asesinado, le mutilaron todo el cuerpo. Nuestros hermanos fueron asesinados».

Ruanda es un país muy poblado donde escasea el terreno cultivable, por lo que muchas mujeres no tenían otra elección que volver a la tierra de su familia donde habían sufrido un calvario tan terrible.

«Me daba miedo quedarme en el mismo lugar después de lo que había ocurrido», dijo Serafina. «Una vez que Victoire regresó a buscar a sus hijos, me trasladé a Kigali. Primero me quedé con un tío que había perdido a su mujer y once hijos en el genocidio y quería que alguien cuidase de él. Tenía un empleo, pero después de un tiempo volvió a casarse y yo no le gustaba a su esposa así que tuve que irme. Entonces alquilé una vivienda y sobreviví haciendo distintos trabajos de limpieza y jardinería.

»Fui a Arusha a testificar porque estaba decidida a que se castigase ese crimen y quería desempeñar un papel en poner fin a aquella maldad. No tenía miedo porque sabía que era verdad».

Sin embargo, al principio, ni siquiera se acusó a Akayesu de violación. No porque no hubiese pruebas de la existencia de violaciones masivas; al contrario, estaban bien documentadas. Pero no se consideraba un tema suficientemente importante para desviar la atención y otros recursos de un equipo de investigadores, fiscales y otros cargos del tribunal con poco dinero y saturado de trabajo.

Más tarde, en septiembre de 1996, se publicó un informe de Human Rights Watch titulado *Shattered Lives* [Vidas destrozadas], que documentaba horrendas historias de violaciones, matrimonios forzosos, violaciones en grupo y mujeres alanceadas a muerte en la vagina. Era el primer informe exhaustivo sobre la violencia sexual durante el genocidio. Algunas de las supervivientes entrevistadas eran de Taba. Las organizaciones de mujeres empezaron a hacer preguntas y el *New York Times* quería saber por qué el Tribunal Internacional no estaba procesando a nadie por estos crímenes.

El Tribunal mandó a Ruanda a Lisa Pruitt, una estadounidense de treinta y dos años, como asesora de género para investigar si las declaraciones de los testigos podían sustentar las acusaciones de violencia sexual contra Akayesu. Lisa Pruitt fue más tarde profesora de derecho en la University of California Davis en San Francisco, donde hablamos. «Creo que me enviaron porque el tribunal era el blanco de muchas críticas internas y necesitaban que se viese que estaban haciendo algo», me dijo. «Había trabajado como asesora de violaciones y acababa de escribir un ensayo sobre la teoría jurídica feminista, así que estuve en el lugar adecuado y en el momento adecuado y tenía las acreditaciones adecuadas. Estaba muy emocionada».

Terminó destrozada, convencida de que los investigadores del Tribunal habían desestimado ampliamente la cuestión, desacreditando a las supervivientes de las violaciones como Victoire por razones espurias como que «perdían el hilo de su razonamiento» o parecían «menos que coherentes».

«¿Qué puede esperarse de alguien que describe ese tipo de trauma?», preguntó Pruitt. «No ayudó el hecho de que los investigadores fueran mayoritariamente hombres blancos».

Opinaba que estaban completamente centrados en el genocidio que, según creían, era el crimen más importante. «Muchos de los investigadores dijeron: "Bueno, no podemos ocuparnos de unas pocas mujeres violadas. No podemos desviar recursos para investigar esos crímenes. Estamos hablando de que hubo un genocidio"».

Cuando escribió un memorándum con recomendaciones sobre cómo entrevistar a mujeres profundamente traumatizadas, sugiriendo hacer que se sintiesen cómodas y dándoles agua, se rieron de ella.

Se fue en avión a la sede del tribunal de La Haya para presentar los resultados a Louise Arbour, la jurista canadiense que había relevado al juez Goldstone como fiscal en jefe, pero le dijeron que, después de todo, no interesaba proseguir con las acusaciones de violación.

«Después de dejar Ruanda y reunirme con Louise Arbour, estaba claro que no iban a hacer nada con mis memorándums. Pensé: "Oh, ya lo entiendo, era una astucia, no están comprometidos con la investigación de estos temas, solo querían poder decir que habían tenido a una asesora de género que lo había estudiado"».

Su informe *Taba Commune Sexual Assault Evidence Summary* de octubre de 1996 fue archivado.

«Fue verdaderamente devastador. Me violaron en 1984 cuando estaba en la facultad y, como superviviente, tenía el dolor a flor de piel y además había trabajado tanto, invirtiendo tanto de mí misma en algo que me importaba muchísimo, solo para que me dijeran: "Gracias, pero no, no vamos a enmendar la acusación"».

A los jóvenes fiscales que estaban en Arusha, les parecía demasiado arriesgado enmendar la acusación. Trabajaban a destajo para demostrar el genocidio apoyándose en las masacres, algo que no se había hecho nunca. No querían complicar las cosas y arriesgarse a perder todo el caso.

«Por lo que sabíamos, nada vinculaba a Akayesu de forma específica a las violaciones masivas de Taba», dijo Sara Darehshori.

El 9 de enero de 1997, se juzgó a Akayesu por genocidio: el primer juicio de este tipo en el mundo. Había tres jueces, el senegalés Laïty Kama, que era el presidente del tribunal, el sueco Lennart Aspegren y la surafricana Navanethem Pillay, la única mujer.

«No quería hacerlo», admitió Pillay. «Mandela acababa de llegar al poder como presidente [del primer Gobierno mayoritario] en mi país y yo quería participar en aquel cambio. Pero acepté participar en el juicio durante un año».

Hija de un conductor de autobús de Durban, Pillay había crecido durante el *apartheid* y dice que sus vivencias la llevaron a convertirse en abogada especializada en derechos humanos. Consiguió no solo ir a la escuela secundaria, sino también obtener una plaza en la Universidad de Natal. «No podía ir a los parques o a las playas que estaban reservados a los blancos. No tenía dinero para volver en autobús a casa entre clase y clase. Me quedaba en la biblioteca leyendo los procesos de Núremberg». Cuando ninguna empresa jurídica blanca quiso contratarla, acabó fundando la suya y se centró principalmente en casos de violencia doméstica.

Como a los fiscales, le chocó la falta de apoyo. Sin embargo, se quedó allí ocho años y medio. «¿Por qué? Fue por las mujeres testigos que nos dijeron que habían esperado aquel día para que se hiciese justicia».

Su pregunta a una de las testigos en el proceso a Akayesu lo cambió todo. Durante la tercera semana del juicio, la testigo J tomó la palabra y explicó que estaba embarazada de seis meses cuando llegaron los milicianos y mataron a la mayor parte de su familia. Ella y su hija de seis años consiguieron escapar escondiéndose en un bananero. Luego, casi de pasada, mencionó otra cosa.

«La mujer se había subido a un árbol para esconderse y dijo que estaba con su hija de seis años a la que habían violado tres hombres y conocía sus nombres. Pero el fiscal la interrumpió y dijo: "Sí, bueno, no le había preguntado sobre todo eso". ¡Los investigadores nunca se lo habían preguntado! Supongo que no estaba en su declaración de testigo y al fiscal le preocupaba que añadir datos nuevos en el banquillo de los testigos pudiese ser un motivo para desacreditarla.

»Pero pensé que esta persona había tenido la valentía de presentarse a testificar, no conseguía nada reviviendo este horror, y ¿quiénes éramos nosotros para decir que solo íbamos a oírla sobre esto y no sobre lo otro? Tenía derecho a dejar constancia de todo lo que había sucedido. Nos dijo que había oído hablar de otras violaciones en la oficina municipal, donde trabajaba el alcalde».

Poco tiempo antes, Pillay había impartido una charla el Día de los Derechos Humanos en la ONU donde una cooperante había preguntado por qué no había ni una acusación de violación entre las treinta y siete acusaciones en el TPIR. «Le di la respuesta adecuada: eso lo tiene que hablar con los fiscales, los jueces solo examinan las acusaciones», dijo Pillay. «Pero aquello me hizo pensar: ¡de las treinta y siete acusaciones no había ni un solo caso de violencia sexual! Sin embargo, el informe sobre Ruanda encargado por el Consejo de Seguridad de la ONU para constituir el tribunal que nos habían dado a los jueces, contenía información objetiva sobre incidentes a gran escala de violación y violencia sexual».

Cuando la siguiente mujer, la testigo H, subió al estrado en marzo, Pillay insistió una vez más en que le permitiesen contar toda su historia. Explicó que habían atacado su casa y se había escondido; cómo la encontraron y la violaron en los campos de sorgo. Al final, huyó a la oficina del alcalde, donde había oído que la gente se estaba refugiando. Dijo que eran unas ciento cincuenta personas, sobre todo mujeres y niños. Entonces mencionó un nuevo detalle.

«Vi cómo arrastraban a las mujeres a la parte trasera de la oficina municipal y las violaban», dijo, añadiendo que los hombres «registraban a las mujeres que debían violar».

La jueza Pillay retomó sus palabras. «¿Diría que Akayesu estaba al corriente de las violaciones que se estaban produciendo?», preguntó.

«Ocurrió en la oficina municipal y él sabía que estábamos allí», replicó la testigo.

«Era el eslabón que faltaba desde el principio», dijo Sara Dareshori. «Las violaciones en la oficina municipal eran algo que Akayesu no podía haber pasado por alto».

Los fiscales pidieron una remisión para investigar las alegaciones de violación y el juicio se aplazó dos meses. «Era algo poco habitual, porque estábamos a punto de acabar», dijo Pillay. «Pero pensamos que se trataba del primer juicio de un crimen muy grave, el primer juicio de un genocidio, y no podíamos ser restrictivos en cuanto al tiempo».

Los fiscales desempolvaron el memorándum de Lisa Pruitt, que les ayudó a llegar a Victoire, a Serafina y a tres mujeres más a las que los investigadores ya habían interrogado.

«La información estaba toda allí», dijo Pillay. «Una se pregunta si...».

En junio de 1997, los fiscales añadieron cargos de violación y violencia sexual a la acusación de Akayesu y estaban preparados para demostrar que, aun cuando Akayesu tal vez no había violado a nadie personalmente, había sido consciente de que los milicianos estaban llevándose a las mujeres para violarlas y no utilizó su poder para impedirlo.

Se pidió a las mujeres que fuesen a Arusha para declarar.

«Teníamos fuerza gracias a que permanecimos unidas», dijo Cecile Mukarugwiza, la más joven, que solo tenía catorce años en la época del genocidio y treinta y ocho cuando la conocí tantos años después. «No podríamos haberlo hecho solas».

Como Serafina, se había trasladado a Kigali y vivía en un distrito rural llamado Kabuka, al este de la ciudad, en una choza de barro en medio de la pendiente de una colina a la que se llegaba por una pista de tierra. Los pájaros cantaban y de vez en cuando mugía una vaca. La ropa se estaba secando en un arbusto. En el interior había una foto de Jody Phibi, una estrella del pop ruandés, recortada de una revista y colgada de la pared, cerca del obligatorio póster de Kagame.

Fruncí el ceño a mi intérprete cuando me enseñó un mensaje que le habían enviado al móvil en el que aparecía Kagame con un gran paraguas negro, como Mary Poppins, con las palabras «Feliz cumpleaños». «No es su cumpleaños», dijo riendo. «Recibimos cosas como estas todos los días».

Cecile era despampanante y estilosa. Más tarde me enteré de que era costurera. En la choza nos esperaba un hombre joven y alto en vaqueros negros y una camisa de rayas, con un aire tan serio que acallaba todo el ajetreo. «Es Clemente», dijo Cecile. «Es uno de los *enfants mauvais souvenirs* [los niños nacidos de una violación]».

«Me enteré de que había nacido de mala sangre cuando tenía doce años», dijo, «y mi madre me estaba cortando las uñas. Siempre supe que el hombre al que llamaba papá no me trataba como a un hijo suyo.

»Durante mucho tiempo no pude estudiar. Quería que mi madre me llevase con la familia de mi padre biológico, pero me dijo que no sabía quién era. No quería que recibiese ayuda porque entonces la gente se enteraría de que algo no iba bien.

»Al final me llevó a Sevota [la organización de Godelième] y conocí a otros niños como yo y también a Cecile».

«Ya ves, para muchos de nosotros, lo que ocurrió en el genocidio no terminó con las masacres; en más de un sentido», dijo Cecile.

Clemente tenía que ir a su trabajo, donde pintaba coches, y se marchó tan silenciosamente como había llegado.

Entonces Cecile contó su historia. «Crecí en Muhanga, un pueblo cercano a Taba, en casa de mi abuela, adonde me habían enviado para que cuidase de ella. Falleció en octubre de 1993 y regresé a casa de mis padres. Había discriminación contra los tutsis en la escuela y en el trabajo, pero vivíamos todos juntos. Mi hermano estaba casado con una hutu. De pronto, las cosas cambiaron.

»Una mañana, cuando iba a casa de mi tía, unas personas me dijeron: "Es peligroso, vuélvete". No lo entendí. Cuando llegué a casa, oí a la gente gritar y vi que estaban asaltando a nuestros vecinos, que tenían muchas vacas en la colina.

»Mis padres dijeron que nos teníamos que ir, así que corrimos todos hacia los bananeros. Yo no conocía bien la zona, porque solo había vivido allí unos meses y no sabía dónde esconderme. Mataban a todo el que encontraban. Vimos cómo gente conocida asesinaba a nuestros vecinos día tras día. Incluso los niños participaban. Nos abatían como a criminales o animales.

»Cuando agarraban a una mujer o a una chica, la desvestían, la obligaban a tenderse en el suelo y luego venían uno tras otro para violarla. Era horrible, porque se hacía en público. Gritaban: "¡Date prisa! ¡Yo también la quiero!".

»Me violaron incontables veces. El último grupo que me violó era muy numeroso, y uno gritó: "¡No puedo meter el pene en un lugar tan sucio, así que voy a usar un palo!". Sé de muchas mujeres que murieron de este modo. Afilaban los palos y se los metían en la vagina.

»Había perdido a mis padres. La última vez que los vi fue cuando huimos de casa. A mi padre lo arrojaron a la letrina con mazas y luego le derribaron la casa encima. Vi cómo mataban a mi hermano pequeño de siete años. Había intentado subirse a un árbol, lo agarraron y le pegaron con una porra hasta que murió. A mi hermano de nueve años le dieron una azada para que cavase un foso y lo enterraron vivo.

»Cuando atrapaban a alguien, gritaban en las colinas para celebrarlo: "Tenemos a mengano y zutano, ¡es su último día!".

»Mi padre tenía dos esposas; tuvo cinco hijos con mi madre y dos con la otra; los asesinaron a todos.

»Lo único que esperaba era morir. Si te violan con palos y otros objetos mientras estás en el suelo, no puedes pensar en nada más, el dolor físico es tan grande… Pensaba: "Podría morir ahora, o dentro de unas horas, o tal vez mañana". Así era mi vida todos los días.

»Uno de los milicianos me capturó como esclava, me encerró en su casa, donde me violaba continuamente y luego salía a matar».

Un flacucho gatito atigrado entró y volvió a salir, y alguien se puso a tocar un sintetizador de jazz por allí cerca. «Es una de las iglesias evangélicas nuevas», explicó el intérprete. El genocidio había desacreditado a las iglesias católicas tradicionales por su incapacidad de proteger a sus rebaños.

Cecile retomó su relato. «El FPR llegó al fin, así que la milicia huyó al Congo y me llevó con ella. Un hombre había perdido a su esposa, pero tenía un bebé y me obligó a llevarlo. Entonces montaron una tienda y me pusieron fuera; una mujer me dio una jarapa para dormir. Cruzamos a Ruanda para conseguir comida y pude huir. Un día, vi a unos hombres del FPR, me preguntaron qué hacía allí y me trajeron de vuelta.

»Cuando regresé a Taba, la única persona de mi familia que encontré fue mi tía, que estaba casada con un hutu. No había sobrevivido nadie más. Me fui a vivir con ella, pero su marido no me quería y mi vida era muy difícil.

»Al principio, ni siquiera podía imaginar hablar alguna vez de lo ocurrido, pero me uní a Sevota y conocí a Godelième. Un día nos enteramos de que habían detenido a Akayesu y que necesitaban testigos. Como asociación, habíamos decidido que testificaríamos donde fuese necesario, por lo que consideré una obligación hablar con los investigadores.

»Akayesu era el líder. Me retuvieron en el ayuntamiento y le vi dar órdenes. Vi a maestros encerrados en una sala y él ordenó que los matasen. No fui testigo de que diese la orden de violar, pero sé de otros que lo vieron.

»Luego, cuando nos pidieron que fuésemos a Arusha a testificar, nos asustamos mucho, por supuesto. Sabíamos que atacaban a la gente y les enviaban cartas repletas de amenazas, pero, teniendo en cuenta la gravedad de las matanzas y de las violaciones, ¿cómo no íbamos a ir?

»Tenía diecisiete años y acababa de casarme. Mi tía y mi tío me habían obligado a casarme con un tutsi de treinta y siete años para poder heredar la propiedad de mis padres y construirse una casa en aquel terreno. Aquel hombre me pegaba todas las noches y le daba igual; pensó que me darían dinero si iba a Arusha».

Cecile se convirtió en la testigo OO.

Las cinco mujeres de Taba estaban atemorizadas de viajar en avión por primera vez. Como era la mayor, Victoire calmó a las demás, aunque había dado a luz diez días antes y tenía fiebre a consecuencia de la malaria. «Me daba miedo volar y me dolían los oídos», dijo.

En Arusha las instalaron en una casa segura. La noche antes del juicio rezaron todas juntas para decir la verdad, explicar lo que había ocurrido y buscar justicia, no venganza.

Cuando llegaron al tribunal a la mañana siguiente, se horrorizaron al toparse con Akayesu allí sentado, aunque él no podía verlas porque estaban detrás de una cortina. Victoire, la testigo JJ, fue la primera en declarar y empezó nerviosa, con un hilo de voz un poco aflautado, cuando el fiscal describió el acto de penetración y luego le preguntó: «¿Su agresor la penetró con el pene?».

Entonces se hizo más fuerte. «No fue lo único que me hicieron», contestó. «Eran chicos jóvenes, soy madre y, sin embargo, eso no les detuvo».

Dijo que había perdido la cuenta de cuántas veces la habían violado. «Nos violaban cada vez que nos cruzábamos con los agresores».

Cuando le preguntaron por Akayesu, explicó que se dirigía al centro cultural de la ciudad mientras se la llevaron por la fuerza de la oficina municipal en un grupo de unas quince chicas y mujeres para que luego la interahamwe la violase varias veces. La segunda vez oyó a Akayesu decir en voz alta: «¡No me volváis a preguntar a qué sabe una mujer tutsi!».*

Las mujeres dejaron al tribunal patidifuso. «Aunque tuve que hablar ante un tribunal extranjero, con jueces extranjeros

---

* Tribunal Penal Internacional para Ruanda, 96-4 Transcripción de la Testigo JJ, 23 de octubre de 1997.

vestidos con togas que hablaban un idioma extranjero, no tuve miedo, porque, cuando dices la verdad, no tienes nada que temer», dijo Victoire.

Veinte años más tarde, la jueza Pillay, madre de dos hijas, dijo que no olvidaría jamás el testimonio de las mujeres. «Como mujer que escuchaba aquellas barbaridades sobre mujeres que decían que las habían violado en grupo y hombres saltando sobre el vientre de una embarazada para hacerla abortar, no lo puedes olvidar jamás, porque sientes en tu mente y en tu cuerpo que te está ocurriendo a ti».

Sus colegas varones estaban horrorizados. «Querían taparse los oídos con las manos y no escuchar nada más», dijo. «Me dijeron que no sabían qué hacer con aquellas pruebas y que me lo dejaban a mí.

»No existía una definición aceptada a escala internacional de la violación y de la violencia sexual, por lo que decidí crear una».

Akayesu subió por fin al estrado en marzo de 1998. Se declaró inocente, alegando que era un mero testaferro y que había hecho cuanto había podido para reducir la violencia en su municipio. Su principal argumento consistía en que, si el general Roméo Dallaire, entonces comandante de la fuerza pacificadora de la ONU, no había podido poner fin a los abusos, ¿cómo habría podido hacerlo él? Negó haber sido testigo de violaciones y argumentó que las alegaciones de violación eran el resultado de la presión pública de los movimientos de mujeres y que no correspondían a la realidad. Cuestionó además la credibilidad de las testigos, preguntando por ejemplo cómo la testigo JJ podía haberse subido a un árbol cuando estaba embarazada de seis meses. Después de catorce meses, la cámara se retiró a deliberar.

De regreso a Taba, las mujeres luchaban por sobrevivir. La testigo H había desaparecido. A otra de las cinco, su violador la había contagiado con el VIH y falleció más tarde. Cecile también enfermó.

«Las palizas constantes de mi marido me provocaron problemas mentales y el tribunal de Arusha me facilitó un terapeuta que me sugirió que dejase a mi marido, pero no tenía a donde ir y entonces teníamos una hija. Al principio, me quedé con una amiga, pero era una prostituta que vivía en una habitación. Era muy difícil estar allí con mi hija y acabé regresando con mi marido.

»Me puse muy enferma a causa de las palizas y de la malaria. La gente se burlaba y decía que me estaba muriendo de sida porque me habían violado. Acabé en el hospital y una vez oí al médico decirle a alguien: "Atiendan a esa anciana". ¡Tenía diecinueve años!

»Cuando me restablecí, tuvimos una segunda hija y, por fin, cuando cumplí veintitrés años, me fui. Tenía algo de dinero y alquilé una habitación por tres mil francos al mes. Era como un aseo. Me compré una cuchara, un plato de plástico y un colchón, además de una cesta para vender plátanos y esa era mi vida.

»Un día un hombre joven me propuso matrimonio. Le dije que estaba acostumbrada a sufrir sola, que no viniese a compartir mi dolor; pero después pensé que estaría bien sentirme segura y vino a vivir a mi habitación. Al cabo de unos días, me di cuenta de que era un borracho, ladrón y mujeriego.

»Robó una moto y fue a la cárcel. Cuando lo soltaron, robó una bicicleta y volvieron a detenerlo. Entonces ya estaba embarazada de su hijo. Le dije que solo estaba haciendo más grande mi sufrimiento.

»Llevaba a gente en su moto para ganar dinero, pero un día el Ayuntamiento de Kigali prohibió las motos porque ensuciaban la ciudad. Incluso tuve que dejar la venta de plátanos. Cuando vienen días malos, cada vez son peores y volví a quedarme embarazada.

»Entonces falleció mi tía y heredé su tierra, así que vendí una parte para el transporte hasta la ciudad de mi marido en la frontera con el Congo. Viví con sus padres durante un año, pero eran hutus y yo no les caía bien.

»No podía vivir en el terreno de mis padres en Taba, porque temía aquel lugar después de lo que había ocurrido y a mis vecinos que eran unos asesinos. Hasta hoy no soy capaz de pasar una noche allí.

»Así que volví. Mi marido había conseguido un empleo de guardia de seguridad en un banco y le concedieron un crédito de cincuenta mil francos que me dio para que empezase un negocio.

»Aquí, en Kabuka, se pueden conseguir mandiocas baratas y empecé a comprarlas para venderlas en el centro de la ciudad. Vi que las casas eran muy baratas y me instalé aquí. Después, el banco cerró y mi marido se puso a trabajar en la construcción. Tuvimos otro hijo, pero murió en 2013 en un accidente de tráfico cuando tenía cinco años».

Sacó una foto de un niño precioso, con los ojos curiosos y enormes como platos.

»Mi marido pasó a ser capataz, pero, cuando sus ingresos aumentaron, olvidó de dónde venía y empezó a irse con otras mujeres. Después de la muerte de nuestro hijo, me pidió el divorcio.

»Mi primer marido había vuelto a casarse y no era bueno con nuestras dos hijas. Las enviaba a la calle y me las traje para que vivieran conmigo.

»Había un programa para las supervivientes. Hice corte y confección y aprendí a fabricar ropa, pero Kabuka tiene muchas costureras y hay demasiada competencia. Toda la gente que ha fracasado en la vida, especialmente las mujeres, se hacen costureras.

»Hace poco tomé una decisión: fui a la oficina del presidente, donde ayudan a los supervivientes, y pedí una casa. El hombre dijo que me podían dar una casa en el sur, en Taba, en la región de mi padre. Le expliqué que, por lo que me había ocurrido, nunca podría vivir allí.

»Me contestó: "Bueno, entonces no podemos ayudarla". Me dijo: "Parece joven y sana. Tiene tiempo para esperar a la fortuna. Este no es el lugar adecuado para venir con sus problemas".

»Esta es mi vida. No es una buena vida, pero sobrevivimos. Mi mente está tan anestesiada que ya nada me duele. Quizás parezca bella, pero nadie sabe lo que hay en mi interior».

El 2 de octubre de 1998, el Tribunal declaró a Jean-Paul Akayesu culpable de nueve de los quince crímenes contra la humanidad, entre los que se incluyen exterminación, tortura y asesinato, y el cargo número trece, que era la violación. Fue condenado a cadena perpetua y encarcelado en Mali.

Además de haber matado al menos a dos mil tutsis en Taba, el Tribunal concluyó: «La violación de mujeres tutsis fue sistemática y cometida contra todas las mujeres tutsis y solo contra ellas».

Los tres jueces firmaron la sentencia de ciento sesenta y nueve páginas a las dos de la madrugada. Junto con sus funcionarios judiciales, habían trabajado veinticuatro horas seguidas para acabar de redactarla e imprimirla en la única impresora.

Tras unas horas de sueño, se reunieron en la pequeña antecámara para anunciar el veredicto a la prensa internacional, que estaba aguardando para informar del primer veredicto de genocidio de la historia.

Sin embargo, la jueza Pillay tenía un problema. «El sumario que el juez Kama, presidente del Tribunal, iba a leer estaba en francés y dije que no iba a entrar antes de ver una versión inglesa», explicó. «Fueron a buscar una y me dijeron que me diese prisa. La miro, y ¿sabe qué?, faltaban páginas, ¿y qué era lo que faltaba?: los últimos cuatro cargos por violencia sexual.

»Cuando me quejé, el juez sueco me dijo: "¿Qué quieres decir? Aquí está todo". Nos estábamos enfadando todos. Por fin, se dieron cuenta y llamaron a gritos a uno de los funcionarios judiciales, que rescató la parte que faltaba de la maldita impresora».

En esas páginas el Tribunal sentenciaba que la violación y la violencia sexual «constituyen genocidio del mismo modo que cualquier otro acto, siempre y cuando hayan sido cometidas con la intención específica de destruir, total o parcialmente, un grupo particular, perseguido con tal fin».

Era la primera vez en la historia que se reconocía la violación como un instrumento del genocidio y se procesaba como crimen de guerra en un tribunal internacional.

«Desde tiempos inmemoriales, la violación se ha considerado un botín de guerra», declaró entonces la jueza Pillay. «Ahora se considera un crimen de guerra. Queremos lanzar un mensaje contundente de que la violación deja de ser un trofeo de guerra».

La sentencia incluía la definición de la violación y de la violencia sexual que la jueza había formulado, la primera definición en la ley internacional y que era deliberadamente neutra respecto al género:

> El Tribunal considera que la violación es una forma de agresión y los elementos centrales del crimen no pueden captarse en una descripción mecánica de objetos y de partes del cuerpo... El Tribunal define la violación como una invasión física de naturaleza sexual, cometida contra una persona bajo circunstancias coercitivas. La violencia sexual no se limita a la invasión física del cuerpo humano y puede incluir actos que no implican penetración o incluso contacto físico.

«Hasta entonces la violación se había considerado un daño colateral y también algo mecánico sin entender su efecto en las mujeres», explicó. «Recogimos lo que dijeron mujeres como JJ; para ellas la violación les destruyó la vida misma».

Para las mujeres de Taba que habían arriesgado tanto para contar su historia, el veredicto supuso un gran alivio. «Durante meses escuché la radio a la espera de la sentencia, angustiada ante la posibilidad de que nuestra decisión de hablar hubiese sido en vano», dijo Victoire. «Cuando oí la noticia de que habían declarado culpable a Akayesu, ¡bailé!».

«Su gesto cambió la ley y el derecho penal para todas las mujeres», me dijo Erica Barks-Ruggles, embajadora de los Estados Unidos en Kigali. «Esas mujeres demostraron que se puede sufrir el trauma más terrible y convertirlo en un relato de resistencia y victoria».

Patricia Sellers era la asesora jurídica del Tribunal sobre género en aquel momento y pasó a ser asesora legal especial para la oficina del fiscal en La Haya, además de profesora de derecho en Oxford. Para ella, el caso Akayesu fue «tan importante en los términos de derecho penal internacional como "Brown contra el Consejo de Educación"», el caso estrella de 1954 en el que el Tribunal Supremo de Estados Unidos sentenció por unanimidad la inconstitucionalidad de la segregación racial de los niños en las escuelas públicas.

Sin embargo, aunque las mujeres de Taba hubieran cambiado la justicia internacional, su vida no llegó a recuperarse nunca.

«Me alegré con las condenas porque me dolía cuando categorizaban a un violador como un ladrón de patatas o de cabras: era verdaderamente injusto», dijo Serafina. «Abrimos los ojos al mundo. Muchas mujeres me dijeron que se habían sentido empoderadas para hablar después, pero no me ha ayudado en mi vida. Han pasado casi veinticinco años desde el genocidio, pero sigo sin poder confiar en nadie ni volver a mi casa o a mi ciudad natal ni he tenido relaciones cercanas desde entonces».

Cecile asintió. «Al principio, cuando fuimos a declarar, era aterrador, pero al dar el primer paso, las demás nos siguieron. Si no fuera por los procedimientos judiciales, todavía estaríamos mirándonos con desconfianza y no podríamos ser vecinos.

»Me puso muy contenta que condenaran a Akayesu, pero personalmente fue muy duro. Me sentía desgarrada por dentro. Una no termina de sanar nunca, sino que es como un viaje: no te quedas donde estás. Ya no pienso tanto en el pasado, porque, todos los días, cuando me despierto, se me va la mente a lo que vamos a comer y en cómo pagaremos las matrículas escolares».

No habían recibido ninguna compensación, según me dijeron, y vi que todas tenían dificultades para sobrevivir. En 2005, casi diez años después de la condena de Akayesu, la jueza Pillay escribió, en el prólogo de *Listening to the Silences,* sobre las experiencias de las mujeres en tiempos de guerra: «Ahora he sabido que la testigo JJ […] vive en una choza desvencijada, en el suelo, entre escasas provisiones, rechazada por la sociedad, como ella misma rechaza el contacto con otras personas… La comunidad internacional ha respondido a un único aspecto de las consecuencias del genocidio, juzgar a los agresores, pero no ha atendido a la necesidad de ayudar a las mujeres a alimentarse, vestirse, alojarse, educarse, curarse y reconstruirse».

Cuando las visité en 2018, JJ (Victoire) todavía no tenía electricidad. Sin embargo, su principal frustración parecía consistir en que su valentía en dar el paso y hablar no había puesto fin a las atrocidades cometidas contra las mujeres en otros lugares del mundo. Algunas habían ido a Nueva York a reunirse con las supervivientes yazidíes.

«Condenamos a la comunidad internacional y a la ONU, porque estuvieron allí sin hacer nada y miraron cómo nos violaban y las mismas cosas están ocurriendo una y otra vez en todo el mundo», me dijo Victoire. «Somos mujeres sencillas, pero nos cuesta entenderlo».

Parecía la más solitaria de todas en su choza en las colinas de Taba, mirando los campos de plataneros donde la violaron varias veces. «Podéis pensar que somos las afortunadas, porque sobrevivimos al genocidio y no estamos enfermas», dijo. «Pero somos como muertas ambulantes.

»Creo que violar a alguien es peor que matar, porque tengo que convivir con eso todos los días. Es algo que viví cuando era adulta y lo recuerdo todo. Nos lo hicieron hombres del mismo país, de la misma ciudad, que hablaban el mismo idioma, con el mismo color de piel, nacidos iguales. Sigo viviendo con ellos. El chico que has visto me ayuda y es hutu. La gente me pregunta por qué lo aguanto».

Todas las mujeres se quejaban de que sufrían todavía consecuencias físicas. «Incluso hoy cuando voy a labrar los campos o a buscar agua, me encuentro muy mal y tengo un dolor de espalda que no se va», dijo Victoire.

Antes de dejarla en aquella choza oscura bajo los truenos y relámpagos en las colinas, me dijo que dormía muy poco. «Vivo sola y me siento sola, pero ¿qué puedo hacer?», preguntó. «Cierro las puertas y las ventanas y entonces vuelven los recuerdos…».

El Tribunal Internacional de Arusha actuó durante veintiún años, escuchó a más de tres mil víctimas y acusó a noventa y tres personas, de las cuales condenaron a setenta y dos.

No se juzgó a nadie por violación, sino por supervisar y fomentar las violaciones, como en el caso de Akayesu.

Sorprendentemente, una de ellas era una mujer, Pauline Nyiramasuhuko, condenada con su hijo después de un juicio de diez años. El Tribunal oyó cómo la exministra de Promoción de la Mujer había exhortado a la Interahamwe de Kigali en su región natal de Butare a matar y violar a mujeres con otras milicias dirigidas por su hijo. Obligó personalmente a las mujeres a desnudarse antes de cargarlas en los camiones.

La cifra de condenas fue baja, si tenemos en cuenta el coste del juicio, de más de dos mil millones de dólares, y solo se castigó a una fracción de los agresores. Algunos de los cerebros de las masacres estaban todavía a la fuga, entre sus localizaciones se encuentran el Reino Unido y otros países europeos, lo que le resulta muy irritante al ministro de Justicia de Ruanda, Johnston Busingye.

Al igual que muchos miembros del Gobierno de Kagame, Busingye no se hallaba en el país durante el genocidio, pero creció en Uganda, donde su familia huyó después de los primeros pogromos contra los tutsis en 1959 y 1963. Había estado implicado en el sistema judicial desde que el Gobierno posgenocidio llegó al poder, así que parecía una persona bien situada para preguntarle si alguna vez se haría justicia. Busingye era un hombre alto, vestido con una camisa violeta, un traje oscuro y gafas de montura de metal. Estaba sentado frente a una larga mesa, rodeado de armarios repletos de archivos con la etiqueta de «Órdenes de Detención Europeas». La unidad ministerial que perseguía a los fugitivos había encontrado a más de quinientos genocidas escondidos en otros continentes.

«Algunas de las personas responsables de estas violaciones y del asesinato masivo se encuentran en su país, pero el Gobierno se niega a entregarlos», dijo. «Reino Unido se está convirtiendo rápidamente en un lugar seguro como ya lo es Francia. Ellos [los sospechosos] dicen que, si los devuelven a Ruanda, los torturarán y los matarán, y que no habrá un juicio justo… Pero imagine que forma parte de una familia que cree que estas personas que están en el Reino Unido son las que eliminaron a sus seres queridos y violaron a sus mujeres. ¿Qué mensaje supone dejarlos libres?».

Le pregunté si pensaba que la sociedad ruandesa se podría recuperar algún día de lo que había sufrido. «Nuestro proceso de sanación se ha basado en el paso del tiempo», contestó. «El año 1994 fue crudo, muy brutal. Todos los meses de abril celebramos actos conmemorativos. Los primeros años, cientos de personas chillaban. Ahora se muestran muy callados y sombríos, y vuelven a sus casas en silencio».

Me dijo que una parte importante de la recuperación había sido un programa de justicia comunitaria iniciado en 2002 llamado *gacaca* (pronunciado «ga-cha-cha»), en referencia a la hierba sobre la que se sentaba la gente cuando salía a confesar sus delitos o a contar las atrocidades que había sufrido. Durante diez años se oyeron casi dos millones de casos.

Para muchos, esto fue una destacable proeza de verdad y reconciliación. Conocí a Alice, una mujer con un muñón donde debería estar su brazo derecho, que había trabado amistad con su antiguo compañero de clase, Emmanuel, que se lo había cortado. Sin embargo, para otros, era perpetuar el mito de que solo los tutsis fueron asesinados. Los tribunales *gacaca* no dijeron palabra sobre los ajustes de cuentas que los tutsis llevaron a cabo después del genocidio, cuando Kagame envió a su ejército del FPR al Congo para obligar a volver a los hutus que estaban en campamentos de refugiados de la ONU o las persecuciones en las junglas, donde mataron a miles de ellos.

Aparte de la sentencia de Akayesu en un tribunal internacional, las mujeres de Taba habían ayudado a consolidar una importante victoria en su país al lograr que la violación pasase de ser un delito de categoría 4, como robar una cartera, a un delito de categoría 1, como el asesinato.

Los casos de violación en los tribunales *gacaca* eran vistos a puerta cerrada para proteger las identidades. Con todo, muchas mujeres no se dieron a conocer porque temían que sus comunidades las viesen entrar en los edificios para declarar.

«Una cifra importante se condenó en los *gacaca* y están cumpliendo penas por violación», dijo el ministro. «Pero, a mi parecer, el número no corresponde al de los crímenes cometidos, porque no teníamos pruebas».

Se quedó pensativo. «Me ha preguntado cómo la sociedad puede superarlo, pero la sociedad no lo supera. En 1994, pensábamos que nosotros, ruandeses, habíamos capeado tantas tormentas que esta vez podríamos salir adelante. Hicimos caer al Gobierno que nos estaba matando, teníamos que restaurar la cordura.

»Pero Ruanda ha sido una escuela. He trabajado en el sistema judicial desde 1995; he sido fiscal, juez, secretario permanente en este ministerio y ahora ministro. He hablado con miles de personas, he sido un estudiante del trauma. Y algunas de mis esperanzas iniciales han dado un giro de 180°. La idea de que, como la amenaza ha sido suprimida, es posible llevar una vida plena, no se corresponde con la realidad, en particular para estas mujeres.

»Por este motivo, se dice que la violación es un arma calculada. Los individuos que violaron a las mujeres y planearon

LAS MUJERES QUE CAMBIARON LA HISTORIA

violarlas sabían que las mujeres morirían o entonces o más tarde, pero que nunca volverían a ser humanas después de ese
calvario.

»Hablamos con esas mujeres, aquí, en la ciudad, o en los
pueblos, en Taba, las vemos y parecen normales; pero creo que,
cuando vuelven a casa y cierran la puerta por la noche, hay un
espacio en su fuero interno en el que nadie puede penetrar,
hagamos lo que hagamos».

7

Las rosas de Sarajevo

Sarajevo

Nevaba cuando mi avión aterrizó en Sarajevo en marzo de 2018, y las montañas de los alrededores resplandecían blancas y majestuosas. Después de todo, Sarajevo fue sede de los Juegos Olímpicos de Invierno de 1984, donde Torvill y Dean obtuvieron sendos seis perfectos por su actuación con música del *Bolero* de Ravel y lograron que adolescentes como yo en toda Gran Bretaña soñasen con ser patinadoras sobre hielo.

Sarajevo es también conocida por ser el lugar donde se desencadenó la Primera Guerra Mundial. Una sencilla placa gris en la esquina de la calle Franz Joseph, en el extremo norte del Puente Latino, indica el lugar donde, el 28 de junio de 1914, un domingo soleado, el nacionalista serbio de diecinueve años Gavrilo Princip asesinó al archiduque Francisco Fernando, heredero al trono de Habsburgo, y a su esposa embarazada, la duquesa Sofía, cuando paseaban en su limusina descapotable.

Mi guía, Resad, que había aprendido inglés escuchando las canciones de Annie Lennox después de obsesionarse con *Sweet Dreams (Are Made of This)*, me dijo que el atentado estuvo a punto de no cometerse. Princip formaba parte de un grupo de seis personas y el plan era que uno de sus colegas arrojase una granada al coche de la pareja mientras conducían para visitar un puesto de avanzada del Imperio austrohúngaro; pero la granada rebotó en el toldo posterior del vehículo, y dio al conductor por detrás. Ajenos a ello, el archiduque y su esposa siguieron caminando hasta el ayuntamiento para tomar el té.

Sin embargo, después decidieron visitar al chófer herido en el hospital. Su conductor se equivocó en un giro por la calle Franz Joseph y luego se detuvo frente a la tienda de *delicatessen* donde Princip aguardaba con su pistola Browning. Las guerras estallan por culpa de estos accidentes del destino. El Imperio austrohúngaro acusó a Serbia del asesinato de su príncipe heredero y, un mes más tarde, declaró la guerra, con el apoyo de Alemania, lo que provocó un efecto dominó que involucró a las principales potencias y dejó diecisiete millones de muertos.

En los años noventa, Sarajevo obtuvo fama por otra cosa distinta: convertirse en la ciudad que ha soportado el asedio más largo de la historia moderna. Es difícil imaginarlo ahora, al ver los simpáticos tranvías amarillos, los cafés abarrotados y la tienda de Zara, pero, durante casi cuatro años, desde el 5 de abril de 1992 hasta el 29 de febrero de 1996, Sarajevo estuvo sitiada mientras la antigua Yugoslavia se desgarraba y los serbios de Bosnia intentaban eliminar a los musulmanes con quienes habían convivido durante siglos. Fue la guerra que dio a conocer al mundo entero el concepto de «limpieza étnica».

Día tras día, las fuerzas serbias en las colinas bombardearon la ciudad a sus pies y derribaron numerosos edificios, como el del ayuntamiento, que se había convertido en la Biblioteca Nacional. Los francotiradores se situaban en edificios altos y elegían como blanco a los civiles que hacían cola para ir a buscar agua, a una niña pequeña que saltaba a la comba, a parejas de enamorados en el puente, incluso a las comitivas que seguían los funerales.

«Un francotirador hizo explotar mi cabello», me dijo Aida, la intérprete, una mujer de mediana edad de pelo negro y una pasión por el color violeta.

«Tenía veinticuatro años, era la Nochevieja de 1994 e íbamos a reunión en casa de unos amigos. A aquellas alturas de la guerra nos habíamos vuelto todos expertos en sobrevivir. Mi melena era un problema, porque necesitaba mucha agua para lavarla, electricidad para calentar el agua, y no teníamos ni una cosa ni la otra: los serbios las habían cortado y todos los árboles se habían talado para tener leña durante el primer invierno.

»Nos regalamos pequeños detalles que habíamos hecho nosotros mismos, o cosas que serían útiles. Mis amigos habían colaborado para regalarme siete litros de agua caliente (exactamente lo que necesitaba para mi melena), que era el mejor regalo posible. Estuve tan feliz cuando me lavé el pelo aquella mañana de Año Nuevo. Me dejé el pelo suelto como una nube alrededor del rostro y me dispuse a volver a casa. Llevaba en las manos un árbol de Navidad en miniatura como decoración para las fiestas.

«De repente, oí un crujido y sentí que algo pasaba volando. ¡Era mi cabello! Una mujer me gritó que me agachase. La cuestión es que una conocía los puntos malos de los francotiradores en su zona, pero no cuando ibas a otra. No podía parecerme menos a un soldado con mi cabello y mi arbolito de Navidad».

Los francotiradores y la artillería, bajo las órdenes del comandante militar serbiobosnio, el general Ratko Mladić, causaron la muerte de once mil habitantes de la ciudad, más de la mitad de los cuales eran civiles. Entre ellos se encontraba su hija Ana, que se suicidó en 1994 con la pistola preferida de su padre, horrorizada por las acciones de este.

La guerra finalizó un año más tarde cuando por fin la OTAN intervino con ataques aéreos. Richard Holbrooke, el diplomático estadounidense que negoció el Acuerdo de Paz de Dayton de 1995, dijo que la guerra de Bosnia era «el fracaso más importante de la seguridad colectiva en Occidente desde los años treinta».

El *Libro bosnio de los muertos,* el informe sobre las víctimas publicado en 1997 por el Centro de Investigación y Documentación de Sarajevo, registra 97207 muertos, de los cuales un cuarenta por ciento eran civiles. Dos tercios de los fallecidos eran musulmanes.

Y luego estaban las violaciones. Nadie sabía a ciencia cierta cuántas habían sido, pero se calculaba que habían violado entre veinte mil y seiscientas mil mujeres, mayoritariamente bosníacas (musulmanas), pero también croatas y serbias, y algunos hombres.

Las víctimas tenían entre seis y setenta años y las violaron repetidas veces, a lo que a menudo se sumó un cautiverio de varios años. Dejaron embarazadas a muchas mujeres a la fuerza y las retuvieron hasta que les resultase imposible abortar. Se trataba a las mujeres como una propiedad y se utilizaba la violación para intimidar, humillar y degradar.

La novedad fue la atención que recibieron estos abusos. La proliferación de violaciones como arma de guerra en la antigua Yugoslavia y las mujeres retenidas en campos de violación conmocionaron al mundo. Nadie podía alegar ignorancia en aquel momento. Por primera vez en la historia moderna, periodistas e historiadores documentaron el uso deliberado y metódico de la violación y la violencia sexual como arma de limpieza étnica y genocidio.

«La enormidad del sufrimiento infligido a la población civil en ese conflicto desafía las palabras», afirmó el *Informe Warburton,* publicado en febrero de 1993 por los investigadores del Consejo Europeo.

Decía que las violaciones se cometían «de manera particularmente sádica para infligir la máxima humillación a las víctimas, a sus familias y a la comunidad en su conjunto».

Esto «no podía considerarse como un incidente de guerra», sino como parte de «un esquema deliberado» que servía a un objetivo estratégico en sí…, generalmente perpetrado con la intención consciente de desmoralizar y aterrorizar a las comunidades, expulsándolas de sus regiones de origen y demostrando el poder de las fuerzas invasoras.

«En muchos casos, hay pocas dudas de que la intención deliberada fuese dejar embarazadas a las mujeres y luego retenerlas hasta que el feto estuviera lo suficientemente desarrollado como para imposibilitar el aborto, una forma adicional de humillación y recordatorio constante del abuso que se ha cometido contra ellas».

Bosnia es una mezcla de musulmanes (que desde 1993 se han llamado a sí mismos bosníacos), serbios y croatas, pero se parecen físicamente y hablan el mismo idioma: lo que se conocía como serbocroata, aunque los serbios utilizan el alfabeto cirílico. Solo los nombres y las religiones son distintos: los serbios son ortodoxos, los croatas son católicos y los bosníacos son musulmanes. Durante siglos se habían casado entre ellos.

La antigua ciudad de Sarajevo parece un crisol de religiones. Bajando por añejas avenidas adoquinadas donde los caldereros martillean como han hecho durante siglos, hay una catedral, una iglesia ortodoxa, una sinagoga y una mezquita con un reloj lunar, del que se ha ocupado la misma familia durante generaciones.

¿Cómo se volvieron esos vecinos de toda la vida los unos contra los otros de forma tan salvaje?

«Bosnia empieza donde acaba la lógica», me dijo encogiéndose de hombros Resad, mi guía aficionado a Annie Lennox. Tenía diecinueve años en 1992 cuando estalló la guerra y, de la noche a la mañana, pasó de ser un estudiante que no había utilizado nunca un arma a convertirse en un soldado con un AK-47 y tres balas. «Mi uniforme era el mono de jardinero de mi padre. La línea del frente estaba a solo un kilómetro y medio de mi casa y mi familia tenía tan poca comida que, cuando volvía de luchar, iba al hospital a donar sangre para conseguir una lata de carne para mi madre. Después volvía al hospital y donaba sangre del otro brazo para conseguir otra lata. La única certidumbre al despertar cada día era que aquel podía ser el último».

Recientemente habían reconstruido el ayuntamiento donde el archiduque Francisco Fernando y su mujer tomaron su último té en todo su esplendor morisco. En la pared había una placa en un inglés torpe que rezaba: EN ESTE LUGAR, EN LA NOCHE DEL 25–26 DE AGOSTO DE 1992, CRIMINALES SERBIOS INCENDIARON LA BIBLIOTECA NACIONAL Y UNIVERSITARIA. MÁS DE DOS MILLONES DE LIBROS, PERIÓDICOS Y DOCUMENTOS DESAPARECIERON ENTRE LAS LLAMAS. ¡NO OLVIDÉIS, RECORDAD Y PREVENID!

«No olvidar» era el objetivo del Tribunal Penal Internacional para la antigua Yugoslavia (TPIY) o del tribunal de La Haya, como se le conoció más tarde. El Consejo de Seguridad de las Naciones Unidas votó su creación antes del final de la guerra. Era un tribunal especial para perseguir y castigar a los responsables. Lo que representaba en realidad era un reconocimiento incómodo de la comunidad internacional de su fracaso a la hora de evitar las peores atrocidades acaecidas en Europa desde la Segunda Guerra Mundial.

El Tribunal tuvo un inicio bastante desafortunado. Durante los primeros dieciocho meses, la ONU adjudicó tan poca financiación que no podía permitirse alquilar un edificio judicial. El tribunal ganó peso cuando Nelson Mandela convenció al juez surafricano Richard Goldstone, quien había desmantelado las leyes del *apartheid,* para que fuese fiscal jefe. Aun así, el primer acusado, en noviembre de 1994, no era uno de los cerebros detrás del genocidio, sino un humilde guarda de prisiones, aunque uno especialmente desagradable. Había huido a Múnich, donde una refugiada bosnia lo reconoció e informó a un reportero de la televisión alemana.

Tuvo que producirse la peor masacre desde la Segunda Guerra Mundial para conseguir que la comunidad internacional interviniese en serio. En julio de 1995, las fuerzas serbias asesinaron a más de ocho mil hombres y chicos bosnios en Srebrenica, lo que supuestamente era un enclave protegido por la ONU. Un puñado de ellos sobrevivió escondiéndose debajo de cadáveres y salieron de las fosas comunes con relatos que helaban la sangre, de modo que el mundo ya no pudo cerrar los ojos.

Se estableció una lista de ciento sesenta y un criminales de guerra imputados de todos los bandos. Por fin, se desencadenó la persecución criminal internacional más importante de la historia, antes del 11S, en la que se implicaron los servicios de inteligencia y las fuerzas especiales de una decena de países, entre ellos el Special Air Service británico y la US Delta Force.

Sin embargo, se seguía derramando sangre en la antigua Yugoslavia. Encabezaba la lista de los acusados el presidente serbio Slobodan Milošević, el denominado carnicero de Bosnia, que en 1998 había iniciado otra guerra en los Balcanes, esta vez en Kosovo, donde se masacraron y deportaron a la fuerza a miles de albanos étnicos, y violaron a muchas mujeres.

En octubre del año 2000, al fin derrocaron a Milošević y en el marzo siguiente, hombres con mascarillas de esquí y uniformes militares le arrestaron en su lujoso chalé de Belgrado. Era la víspera de la fecha límite fijada por Estados Unidos para que Serbia cooperase con el Tribunal de los Crímenes de Guerra o perdiese su ayuda y se enfrentase a sanciones económicas paralizantes.

Más tarde, una noche del mes de junio del año siguiente, un helicóptero aterrizó en el patio de la cárcel de la ONU en La Haya. A bordo viajaba Milošević que iba a convertirse en el primer jefe de Estado en someterse al juicio de tribunal internacional.

Su juicio duró años porque lo acusaron de instigar tres guerras en Croacia, Bosnia y Kosovo y montó su propia defensa, volviendo a interrogar a los testigos. Al final, falleció en 2006 de un ataque cardíaco en la cárcel, antes de la sentencia. No obstante, contemplar su enorme cabeza y aquel cuerpo del tamaño de un gánster en el banquillo de los acusados siguió siendo un símbolo potente.

Radovan Karadžić, el líder serbio de Bosnia responsable del pogromo, fue detenido en 2008 cuando se escondía a plena vista en un piso de Belgrado, disfrazado casi cómicamente con una larga cabellera blanca como la nieve y una barba larga, trabajando como curandero espiritual bajo un nuevo nombre.

El general Mladić, comandante militar, consiguió permanecer dieciséis años escondido antes de que lo capturaran en último lugar. Había huido a un búnker nuclear construido para Tito, un dirigente que gobernó Yugoslavia durante muchos años, en una montaña en Bosnia oriental; luego marchó a Serbia, donde lograron localizarlo en mayo de 2011 en una habitación del segundo piso de la granja de su primo en Lazarevo, un pequeño pueblo del norte. Era casi imposible reconocer en aquel anciano canoso, enfundado en una gorra negra de béisbol y agazapado junto a una pequeña estufa, al general de ancho pecho que se pavoneaba ladrando órdenes asesinas.

En su juicio en 2016, se emitieron cuñas de radio de Mladić ordenando a sus fuerzas hacer fuego de artillería contra la población de Sarajevo. «¡Volvámoslos locos para que no puedan dormir!», gritaba.

El arresto de Mladić significó que se había arrestado a las 161 personas de la lista del tribunal.

Día tras día, en la aséptica sala de audiencias holandesa del Tribunal, a mil quinientos kilómetros de Bosnia, con sus jueces en togas carmesíes presidiendo los bancos de abogados vestidos de negro e hileras de oficiales del Tribunal sentados delante de sus ordenadores, hombres y mujeres tomaron la palabra para contar males más allá de lo imaginable: mujeres y chicas encerradas en escuelas donde sufrían repetidas violaciones anales, orales y vaginales, gente a la que cortaron la lengua o personas quemadas vivas como antorchas humanas mientras «chillaban como gatos».

Cuando el Tribunal cerró en diciembre de 2017, había oído a más de cinco mil testigos. De los 161 acusados, habían condenado a 90 criminales de guerra.

Se decía que Scheveningen, la cárcel neerlandesa en el mar del Norte donde se encarceló a estos criminales, era tan cómoda que podía describirse como mitad cárcel mitad *spa,* con entrenadores personales, instalaciones para cocinar y visitas de la familia de una semana de duración; pero, por lo menos, se había detenido y encerrado a los responsables. Los dictadores no volverían a pasar sus años otoñales en villas del sur de Francia.

78 de la lista de 161 habían sido acusados de violencia sexual. Más de la mitad de las acusaciones incluían responsabilidades en acto de violencia sexual, pero esto representaba una pequeña parte si consideramos que el Tribunal había recibido informes de más de veinte mil violaciones.

Mientras los jueces del Tribunal para Ruanda crearon un precedente según el cual la violación podía ser juzgada como parte de un genocidio, los jueces del Tribunal para Yugoslavia fueron más lejos, dictando que la violación sistemática y la esclavización sexual podían tratarse como tortura y como arma para destruir vidas y que, por lo tanto, eran crímenes de guerra.

«Los miembros de las fuerzas armadas serbiobosnias utilizaban la violación como un instrumento de terror», declaró la jueza zambiana Florence Mumba, que presidió la primera condena.

Se había tardado años en localizar a los autores de los crímenes y aunque, por supuesto, esto no compensaba en modo alguno el hecho de que se había permitido que ocurriesen esas atrocidades, a mi parecer, el tribunal de La Haya hizo un buen trabajo obligando a los que cometen crímenes contra la humanidad a responder de sus actos y dejó claro que no podía haber impunidad.

Más tarde, fui a tomar café en un hotel de Sarajevo y Resad señaló a un hombre vestido con un traje negro en una mesa cercana. «Mira, es un criminal de guerra», dijo.

«Mis aficiones son fumar y cazar a criminales de guerra», me dijo entre risas Bakira Hasecić con su voz ronca mientras encendía un cigarrillo y lo aspiraba con fuerza. También le gustaba ir de compras a Primark.

No era una broma. Había encontrado a más de cien criminales. Veintinueve fueron juzgados en La Haya y ochenta en Bosnia.

Vestida con vaqueros y un polo de canalé del color de las nubes de tormenta, con un cabello rubio vaporoso y la cara lavada, Bakira irradiaba una actitud de desafío.

Nos encontramos en su despacho, en la Asociación de Mujeres Víctimas de la Guerra, en la planta baja de un bloque de pisos de la época comunista a las afueras de Sarajevo. El edificio era lúgubre y gris y, como muchos en la ciudad, estaba acribillado de agujeros de bala y cicatrices de mortero, conocidos como rosas de Sarajevo.

En el interior, las paredes estaban cubiertas de fotos y recortes de periódico, así como de un gran mapa de Bosnia salpicado con puntos rojos. Cada punto indicaba un campo de violación y había cincuenta y siete, donde se violaron a entre veinte mil y cincuenta mil mujeres durante la guerra de Bosnia.

Uno de esos puntos era , la ciudad donde había nacido Bakira, en el sureste de Bosnia y donde trabajaba para la administración local.

«Probablemente ha oído hablar de nuestro puente», me dijo. Se refería a su imponente puente del siglo XVI con once arcos de mampostería que se extendían entre las montañas, construido por orden del dirigente otomano, el gran visir Mehmed Paša. Era el eje principal de la novela del premio Nobel Ivo Andrić, *Un puente sobre el Drina* y, durante siglos, había sido testigo silencioso de la historia y la mezcla de musulmanes, ortodoxos, judíos y católicos en la ciudad. Ni siquiera Andrić hubiese podido imaginar que aquellas aguas mansas de color turquesa se teñirían de rojo cuando la población de Visegrád se volvió contra sí misma y el puente se convirtió en un matadero desde donde se arrojaban cuerpos.

Tampoco lo imaginó Bakira. «Casi dos tercios de la población eran musulmanes bosnios y hasta 1992 nunca habíamos tenido problemas», dijo. «Diría que el noventa por ciento de mis amigos más próximos eran serbios.

»En 1992, cuando estalló la guerra, tenía treinta y nueve años, estaba felizmente casada y tenía dos hijas de dieciséis y diecinueve años. Trabajábamos duro y vivíamos en una casa cerca del río. Éramos bastante acomodados; habíamos montado una peluquería para mi hija mayor. Luego, a principios de abril, se desató el infierno y nuestro mundo se derrumbó.

»El 6 de abril, los serbios empezaron a bombardear Visegrád y huimos a Goražde como muchos musulmanes. Entonces, el Ejército entró en Visegrád y nos invitó a regresar, diciendo que, si no volvíamos en tres días, perderíamos nuestros empleos.

»Mi marido no quería volver, pero soy muy obstinada y me preocupaba mucho de qué viviríamos. Confiamos en el

Ejército. Mi marido había servido en él cuando era el Ejército yugoslavo y yo no creía que fuera a haber una guerra. Así que insistí.

»Cuando volvimos, fui a la oficina. Había hombres en uniformes de camuflaje en el edificio. Encontré a tres colegas musulmanes sentados en una habitación y me uní a ellos. Entonces los hombres uniformados de camuflaje entraron y nos dijeron que nos teníamos que marchar. Así, sin darnos ninguna explicación.

»Unos días más tarde, el 21 de abril, mi marido y yo estábamos tomando café en casa cuando de pronto me dijo: "¡Mira!".

»Nuestra casa estaba muy cerca del célebre puente. Vimos a cinco soldados dirigirse hacia nosotros. Uno de ellos era un vecino nuestro, Veljko Planincic, un policía a quien conocía muy bien, porque vivía a unos cien metros de casa y habíamos crecido juntos. Era un hombre alto, con bigote, aunque aquel día llevaba barba».

Juntó las manos bajo su barbilla para describirlo.

«De pronto, forzaron nuestra puerta y fueron al primer piso. Veljko estaba con dos hombres vestidos de camuflaje con los cinturones blancos que rezaban MP, policía militar. Llevaban el pelo y las barbas largas y parecían horribles y monstruosos, como animales.

»Cuando un policía entra en tu casa, esperas que sea para protegerte, pero Veljko se comportó como una bestia, como si jamás en la vida nos hubiese visto. Empezaron a acosarnos, exigiendo dinero y joyas. Lo revolvieron todo y se llevaron todos los objetos de valor.

»Estábamos todos llorando. Se llevaron a mi hija mayor a otra habitación diciendo que querían que les enseñase algo. Sabía que era una mentira. Me liberé y me precipité a la habitación, pero fue demasiado tarde. La estaban violando ante mis ojos y los de mi marido.

»Después le golpearon la cabeza con los cañones de los rifles. Había tanta sangre que pensé que la habían decapitado. Solo veía sangre.

»La llevamos al hospital. Los doctores fueron muy profesionales. Tenía una larga y hermosa cabellera que le cortaron y le dieron puntos en la herida.

»Después de esto, temíamos quedarnos en casa. Conseguimos cruzar el puente para ir a casa de uno de nuestros vecinos, en un edificio que da al río desde la otra orilla.

»Aquella noche mi hija tuvo fiebre. Tenía más de 40 °C y no disponíamos de pastillas, así que dimos vueltas por las calles intentando encontrar una farmacia.

»Recordaré aquel día mientras viva. Me cogieron y me violaron tres veces. La primera vez me llevaron al sótano de la comisaría de policía. Había un gran sillón, sillas y la sala estaba medio tapizada de madera. Vi a Milan Lukić y a su primo, Sredoje Lukić, policía. Visegrád era una ciudad pequeña y reconocíamos inmediatamente a la gente. Conocía muy bien a Milan Lukić; habíamos ayudado a su familia en el pasado.

»Sacó un cuchillo en forma de luna creciente y me dijo que me quitase la ropa. Pensé que estaba bromeando, pero me estaba apuntando con un cuchillo.

»Hice lo que me decían, me quité el pantalón y la camisa hasta quedarme en ropa interior.

»La segunda vez fue en un centro médico.

»La tercera vez fue en el edificio de la escuela secundaria.

»En todos estos lugares no estaba sola, había muchas mujeres. Utilizaban múltiples lugares para cometer violaciones masivas: la comisaría de policía, el centro local de deportes, incluso el Instituto para la Protección de la Infancia. Nos llamaban turcas. Nos decían: "No vais a dar a luz a turcos, sino a serbios".

»La tercera vez mi marido descubrió dónde estaba y vino a por mí. Oí una pelea entre los serbios y le golpearon.

»Luego volví a casa y mi marido llegó llorando. Hasta hoy nunca me ha preguntado qué me hicieron».

Por aquel entonces, en las ciudades y los pueblos de Bosnia tenían lugar ataques horrendos, pero en Visegrád fueron particularmente salvajes. Noche tras noche, los paramilitares serbios llevaban camiones de hombres musulmanes al puente. Allí les disparaban o los apuñalaban y, después, los arrojaban al río, muertos o casi muertos. Otros tenían las gargantas cortadas con trozos de vidrio y se encontró incluso a uno con un destornillador introducido en el cuello. Arrojaron al río tantos cuerpos que el gerente de la estación hidroeléctrica de Serbia se quejó de que estaban atascando su pantano. Además de los asesinatos en el puente, se amontonó a centenares de musulmanes en casas en Visegrád, donde los quemaban vivos, también a mujeres y niños, a los que se dio el siniestro apodo de «antorchas vivas».

La carnicería en toda Bosnia se llevó a cabo siguiendo órdenes del líder serbiobosnio Radovan Karadžić y su contraparte militar, el general Mladić, bajo la supervisión de un Comité de Crisis, establecido en todas las comunidades serbiobosnias. En Visegrád los líderes fueron Milan Lukić y su milicia, las Águilas Blancas, que entraban desfilando en las fábricas y sacaban a rastras a los musulmanes, los hacían ponerse en fila en la orilla del río y los abatían. «Hermanos serbios, es hora de acabar con los musulmanes», bramaban por un altavoz.

«Estos tribunales han oído muchos relatos, pero incluso los jueces y fiscales más avezados hacen una pausa cuando se mencionan los crímenes cometidos en Visegrád», dijo uno de los jueces en La Haya. «Crímenes que alcanzaron un punto álgido sin precedentes, de una crueldad caprichosa que no se había visto en ninguna otra parte».

Visegrád fue también el lugar de uno de los más denostados campos de violación, en un hotel balneario llamado Vilina Vlas, donde la pandilla de Lukić retenía a mujeres y chicas musulmanas. Las violaban toda la noche hasta enloquecerlas; a veces, las mujeres se suicidaban, saltando por los balcones de vidrio. De las doscientas mujeres que estuvieron retenidas en aquel lugar, Bakira creía que tal vez solo diez u once habían sobrevivido.

Ella y su familia consiguieron escapar después de su calvario y se dirigieron hacia el oeste, siguiendo el Drina hasta Goražde, uno de los seis enclaves musulmanes que supuestamente estaban bajo protección de las fuerzas de la paz de la ONU. «Jamás nos atrevimos a esperar que fuéramos a sobrevivir y que tendríamos la oportunidad de contar nuestras historias», dijo.

Al final de la guerra, había perdido a veinte miembros de su familia o a cincuenta, si contamos a los de la familia de su marido. Su hermana se contaba entre las pérdidas; la violaron repetidas veces en Vlasenica, otra ciudad que vio a miles de musulmanes acorralados en un campamento o asesinados. «Cuando acabaron de violarla, la mataron», dijo. «Hallaron su cuerpo en 1998, se encontraba mutilado en tres fosas comunes diferentes».

La caza de criminales de guerra de Bakira empezó en 1998, cuando viajó con un grupo de personas que volvían a Visegrád para visitar su casa y las tumbas de sus parientes.

«La ciudad estaba tan destruida que solo pude reconocer mi casa gracias a la moto calcinada de mi padre en el exterior», dijo.

A pesar de todo, continuó volviendo a su ciudad. «No tengo vínculos con Sarajevo, aquí vivo desorientada. Quiero vivir en Visegrád.

»Nos escoltaron fuerzas internacionales, las de los italianos, pero también había una escolta de la Policía serbia. Siempre había chicas en el convoy que reconocían a algunos de ellos como sus agresores. Algunas madres se desmayaban al ver a los hombres que habían violado a sus hijas.

»Mientras visitábamos nuestras casas, esos policías nos insultaban. Se reían en nuestras caras y preguntaban: "¿Has vuelto porque querías más? ¿Has vuelto porque querías que acabásemos lo que empezamos?".

»Nos habían quitado lo que significaba ser una mujer. Cuando los vi reír y humillarnos, decidí que necesitábamos romper el silencio. Si no hablábamos de lo que habíamos sufrido y si ellos no eran castigados, ¿qué podíamos esperar de sus hijos sino el mismo mal o algo incluso peor?

»Por aquel entonces, incluso Milan Lukić visitaba a menudo la ciudad, dividía su tiempo entre esta y Belgrado. Lo condenaron [en 1998], pero su primo era el jefe de la Policía de Serbia y gozaba de protección.*

»En un principio, pensé en vengarme por mis hijas. Pero tenía una cámara y después pensé que la venganza tenía que venir de la justicia, así que empecé a hacer fotos y conseguir testimonios de las madres que después envié a la oficina del TPIY. Me di cuenta de que nuestra mayor venganza era llevar a aquellas personas ante la justicia».

En 2003, Bakira fundó la Asociación de Mujeres Víctimas. Para ser miembro, era necesario que te hubieran violado. Ella fue la primera mujer en contar los pormenores de su historia en público. «Para mí, fue muy difícil compartir mi historia la primera ocasión, pero, cada vez que una de nosotras salía por televisión, más mujeres se unían», dijo. «Ahora tenemos 35 000 miembros. Hemos creado una base de datos con todo:

---

* Huyó a Brasil en 2002.

fecha y lugar de la violación, edad de la chica, estatus social, etnia. Nuestros miembros no son solo musulmanas, sino también croatas y serbias; pero nadie habla de las mujeres que fueron violadas y después asesinadas, solo sabemos de ellas por las declaraciones de las que secuestraron con ellas y sobrevivieron.

»Y no eran solo las mujeres. Desde 2006, cuando los hombres oyeron hablar de nosotras, rompieron también el silencio. Tenemos sesenta y tres municipios de Bosnia Herzegovina donde las mujeres denunciaron una violación y veintitrés donde lo hicieron los hombres».

Como en Ruanda, el objetivo de la violación era triple: humillar a las mujeres del enemigo, traumatizar la población bosnia y obligarla a marcharse, y también dejar embarazadas a las mujeres con bebés serbios para cambiar el equilibrio demográfico.

«Tenemos partidas de nacimiento de sesenta y dos niños que nacieron como resultado de una violación, pero muchos no lo dicen, y muchas mujeres interrumpieron su embarazo incluso en un estado avanzado para no llevar al hijo ante sus familias».

Muchos de los supervivientes se entregaron a orfanatos, donde se les ocultaba su origen y se les conocía como «niños invisibles». Para aquellos que lo sabían, era una carga casi insoportable. En octubre de 2019 se estrenó en Sarajevo una obra titulada *En nombre del padre,* en que las voces de los niños invisibles se oían por los altavoces. «Pensaba que mi madre me odiaba porque era la experiencia más horrible de su vida», se oyó la voz de Ajna Jusnic, la primera inscrita como nacida de una violación.

En el pasillo que conducía al despacho de Bakira, había decenas de fotos de hombres de mediana edad enganchadas a la pared. «No se trata solo de conseguir que la gente cuente sus historias», dijo. «Estamos persiguiendo a criminales de guerra.

»Actuamos como policías e investigadores», me explicó. «Hacemos mucho trabajo de campo. Algunas de mis mujeres están trabajando en secreto. Cuando el fiscal dice que no puede emprender acciones judiciales porque no puede localizar al acusado, encuentro a mujeres del lugar donde vive el criminal de guerra, llevo su foto al fiscal y le digo: "Mire, aquí está, delante de su casa". El fiscal me contesta: "Lo que ha hecho es ilegal". Le digo: "¡Acúseme, señor fiscal!"».

De los que habían encontrado hasta entonces, enjuiciaron a veintinueve en La Haya y a ochenta en Bosnia.

«Tenemos que hacerlo nosotras, las mujeres, porque a la policía de nuestro país no le interesa, ¡muchos policías son criminales de guerra!»

La primera vez que Bakira declaró en La Haya, tuvo que pedir prestada ropa elegante porque lo había perdido todo durante la guerra. Después la encarcelaron el día que tenía que dejar Bosnia. Consiguió salir.

«Desgraciadamente, tengo que ser muy agresiva, porque a nadie le importa realmente», dijo encogiéndose de hombros. «El Gobierno querría olvidar estas violaciones, borrarlas de nuestras mentes».

Fue el valor de mujeres como Bakira, que desveló detalles íntimos ante los hombres que les habían causado tanto daño, lo que garantizó que la violación se juzgase como crimen de guerra en La Haya, como en el Tribunal para Ruanda.

«Cuando estás en el tribunal y ves al culpable, recuerdas cosas que nunca has mencionado antes», dijo. «Por experiencia propia, sé lo estresante que es».

El primer éxito llegó el 22 de febrero de 2001, cuando el Tribunal condenó a tres serbios bosnios por «violación, esclavización y tortura» en la pequeña ciudad oriental de Foča.

Las supervivientes testificaron con detalles gráficos cómo tres hombres secuestraron a centenares de mujeres y niñas de tan solo doce años en el verano de 1992 y las retuvieron en polideportivos y «casas de violación». Allí sufrieron repetidas violaciones vaginales, anales y orales, y las obligaron a bailar desnudas mientras las apuntaban con una pistola.

«Los tres acusados no son meros soldados corrientes cuya moral se relajó ante la dureza de la guerra», dijo al Tribunal la jueza Florence Mumba. «Prosperaron en el oscuro ambiente de la deshumanización de aquellos a los que se consideraba enemigos».

Se decía que Dragoljub Kunarac, de cuarenta años, había estado implicado en un «plan espeluznante de explotación sexual» y lo condenaron a veintiocho años de cárcel por violación y tortura. Radomir Kovač, de treinta y nueve, fue condenado a veinte años por crímenes similares. Al tercer acusado, Zoran Vuković, de cuarenta y cinco, lo condenaron a doce años porque los fiscales pudieron aportar menos pruebas en su caso. Sin embargo, se le condenó por haber violado y torturado a una chica musulmana de quince años que tenía la misma edad que su hija.

«Perseguisteis y torturasteis a mujeres musulmanas a causa de su etnia y, entre ellas, escogisteis a las que se os apetecieron», les dijo la jueza Mumba. «Habéis mostrado una falta de respeto más que evidente por la dignidad de las mujeres y sus derechos fundamentales a una escala que supera con creces lo que podríamos llamar la gravedad media de las violaciones en tiempos de guerra».

Sin embargo, en el propio caso de Bakira, solo uno de sus verdugos acabó detrás de los barrotes; y no por violación. Su primer violador, Milan Lukić, fue detenido en Buenos Aires en 2005 y condenado a cadena perpetua por la muerte de más de 133 civiles, de los cuales encerró en dos casas a 120 para quemarlos vivos, mientras que a su primo Sredoje le cayeron veintisiete años.

«Me convocaron como testigo y declaré, pero no puedo decir que se hiciese justicia», dijo. «Tuve que pasar por toda la reconstrucción y revivir el trauma, para lo que tomé pastillas y más pastillas con la esperanza de calmarme. Y a mi violador no se lo juzgó por violación, solo por los asesinatos».

La acusación hizo modificar los cargos contra los primos para incluir los crímenes de violencia sexual como la violación, la esclavización y la tortura, y citó el caso de Akayesu de Ruanda. Pero el Tribunal rechazó la moción argumentando que ello perjudicaría indebidamente a los acusados.

Bakira estaba furiosa. «Tenemos a cincuenta o sesenta mujeres que declararon que Lukić las había violado, pero la fiscal jefe dijo que se los detuvo demasiado tarde [a los primos] y que había muchos más cargos para encarcelar a Lukić más fácilmente.

»Algunas mujeres dijeron que no pasaba nada, que le habían dado la cadena perpetua, pero otras, como yo, estábamos profundamente ofendidas, porque el acto individual contra nosotras no se reconociera; y eso también importaba».

Bakira y otras protestaron en el exterior de las oficinas del Tribunal Internacional en Sarajevo, pero fue en vano. Ella responsabiliza a una mujer. «Acuso a Carla Del Ponte [entonces fiscal jefe], que quería acelerar el juicio porque el Tribunal estaba liquidando el caso».

Desde que el tribunal de La Haya cerró a finales de 2017, algunos casos se han juzgado en los tribunales de Bosnia.

«No hemos dejado de cazar a los criminales de guerra», dijo Bakira. «Es una carrera contra reloj, porque todos los días fallecen supervivientes y criminales».

No obstante, mientras en La Haya se creó un departamento especial de apoyo para las mujeres, que otorgaba subsidios para el cuidado de los niños y para que ellas pudiesen viajar, además de para ayuda psicológica, Bakira dice que localmente no hay mucha comprensión. «Nuestros políticos y fiscales no entienden lo que es», dijo. «Dicen solo: "Hola, ¿cómo está? Aquí está el baño. ¿Quiere un vaso de agua?". Este no es el tipo de apoyo que buscamos.

»Los tribunales no ayudan. Tenemos a mujeres a las que violaron cincuenta o cien veces veinte agresores distintos. En lugar de hacer una declaración con todo como en La Haya, cada mujer tiene que testificar cada vez que se juzga a uno de esos hombres y volver a pasar por todo eso. Las mujeres deberían poder contar las cosas según su preferencia.

»Diez mujeres se suicidaron y muchas se marcharon al extranjero. Tenemos a muchas en nuestra base de datos, pero no han tenido la fuerza necesaria para ir al tribunal. Aunque pienso que, si no se testifica, es como si nunca hubiese ocurrido. Esos hombres se llevaron todo lo hermoso que teníamos. No existe una varita mágica para borrar lo que pasó y acabar con este sufrimiento. Créame, cuando conseguí la primera pastilla de jabón después de la violación, me lavaba hasta sangrar.

»Pero lo mejor es ver al agresor condenado. Disfruto cuando los veo esposados, sé que no pueden hacer nada, no tienen cuchillo, ni rifle. Ahora los criminales huyen de mí y no al revés. Estaba sentada en primera fila cuando condenaron a Mladić. Discutí con un hombre que apareció con una bandera para apoyarle.

»En Bosnia, es mejor ser criminal que víctima. El Estado paga la defensa de los criminales, mientras que nosotras tenemos que abonar las costas. Y todavía no hay compensaciones para las víctimas.

»Incluso si el veredicto dice que el agresor tiene que pagar un cierto importe, suelen ponerlo todo a nombre de su familia para alegar que no tienen dinero. Y, si el caso es juzgado por un tribunal civil, la víctima tiene que revelar su identidad, algo que nadie quiere hacer.

»Solo sé de un caso en que se pagó dinero. El criminal vivía en Dinamarca y viajó a Bosnia porque su padre había fallecido. Nos enteramos y lo detuvieron en el momento en que introducía el cuerpo en la tumba. Después lo condenaron por violación de guerra. Pagó a la víctima y también pagó para no cumplir su sentencia. Le costó 43 000 euros blanquear su nombre. Ahora la ley ha cambiado y los criminales de guerra no pueden pagar para no cumplir su condena. Ahora estamos intentando cambiarlo para conseguir la compensación».

El movimiento de Bakira no recibía ayuda del Estado y dependía de las donaciones. Una de sus principales quejas era la falta de apoyo para el empoderamiento económico de aquellas mujeres. «Algunas organizaciones tienen millones, pero no hemos visto ni un céntimo. Por lo que veo, el dinero se gasta en conferencias y en alojamiento en hoteles. No nos llega a nosotras, las mujeres que enviamos el mensaje al mundo de que lo que nos ocurrió no debería pasar en ningún otro lugar».

Bakira y sus colegas corrían enormes riesgos. Había sufrido tres atentados contra su vida y habían vandalizado su casa y su coche en Visegrád. La policía, dijo, no hizo nada. «Cuando llamé a la policía para denunciar que habían disparado contra mi casa, me dijeron que eran petardos en una boda.

»Mi familia solía quejarse de que aquello era demasiado peligroso, pero, cuando vieron cómo los criminales mentían en el tribunal y negaban lo que habían hecho, me dijeron que no podía cesar mi labor.

»No tengo miedo. No entienden que, cuanto más lo hacen, más fuerza me dan. Si me matan, habrá miles de Bakiras después de mí. No pueden matarnos a todas. Alguien sobrevivirá y contará lo que ocurrió.

»Lo más importante es no dejarles ver que lograron aniquilarnos por dentro. Cuando nos robaron todas las joyas de oro, no sé cómo conseguí quedarme un anillo, y cuando mi Amila se iba a casar me lo quité y se lo regalé. Más tarde, cuando volvimos a visitar nuestro barrio, fuimos a ver a nuestros vecinos y les pedimos prestadas sus joyas. Nos pusimos en cada dedo tres o cuatro anillos para demostrar que no habían conseguido hacernos daño, ni siquiera financieramente. Los policías estaban sorprendidos: "¿Cómo ha conseguido Bakira todas esas joyas?". Lo hice durante meses como venganza».

Le pregunté qué repercusión había tenido para ella.

«Solía tener pesadillas e intenté ir a sesiones de terapia individual y de grupo, pero creo que lo he solucionado yo misma. A veces decaigo, pero generalmente sucede si me siento abandonada por nuestro sistema judicial. Y cuando voy al campo, viajo por el país y oigo a los hombres que me insultan, eso me da fuerza».

Cultivar patatas la mantuvo cuerda, añadió. «Vivo en Sarajevo, pero todos los fines de semana voy a Visegrád, donde tengo un gran huerto y cultivo patatas, zanahorias y judías. Quiero ser yo misma en mi propia tierra.

»Hoy mis hijos están vivos y me siento muy orgullosa de ser esposa, madre y abuela. Tengo cinco nietos, dos en la universidad, otra trabaja de enfermera y los dos más jóvenes están en el colegio. Intento ser una presencia alegre en sus vidas, dar a mis nietos lo que mis hijos no pudieron tener por culpa de la guerra.

»Mi nieta mayor tiene diecinueve años, la misma edad que mi hija cuando la violaron, y estoy intentado mantenerla al margen. Pero, cuando juzgaron a Mladić y salí por la televisión discutiendo con aquel hombre, volvió a casa y dijo que todo el mundo en la universidad le había dicho que era una suerte tener a una abuela tan valiente».

Aunque Bakira y su ejército de mujeres habían conseguido cazar a muchos de los violadores, había tenido menos éxito con su propio caso.

«De mis violadores, solo han condenado a Lukić», suspiró. «Según parece, al segundo lo mataron en la guerra y el tercero se esconde en Serbia.

«Pero mi principal misión es encontrar a Veljko Planincic, porque fue él quien llevó a esa gente a mi casa para violar a mi hija. He trabajado mucho en este caso».

Sacó su teléfono y abrió una página de Facebook a nombre de Planincic con fotos de este con una mujer rubia y niños soplando las velas de un pastel de cumpleaños.

«Todo el mundo sabe dónde está: Rusia. Se casó allí. Encontré fotos de lo que hizo en la guerra y se las envié a su mujer por Facebook. Espero el día de su extradición de Rusia. Solo para verle ante el tribunal, entonces podré morir».

Durante mucho tiempo, Bakira no le explicó a su hija lo que le había sucedido. «Mientras grabábamos un documental en 2015 dije, sin pensarlo, que habían violado a mi hija. Cuando volví a casa, mi marido estaba llorando. Dijo que podía contar mi relato, pero me preguntó por qué había mencionado a Amila.

»Mi hija me culpa por lo que le ocurrió», añadió. «Me repetía constantemente que, si yo no hubiese insistido en volver a Visegrád en la guerra, nunca hubiésemos pasado por eso».

Amila estaba tan estresada que a veces se desmayaba cinco veces al día. «Le hicieron pruebas médicas y dijeron que era estrés y falta de hierro», dijo Bakira. «Lo del hierro fue fácil, pero...

»Un día hicimos una terapia de grupo y mi Amila se levantó y dijo que lo que había ocurrido era culpa mía por haber regresado. Me lo escupió a la cara delante de todas aquellas mujeres.

»Intenté explicar que, en aquel momento, pensaba que era lo que debía hacer. No podía perder mi empleo. Le dije: "Tienes hijos y sabes que hay que mantenerlos". Solo entonces se dio cuenta y me perdonó».

Mientras hablábamos, sonó su teléfono. Contestó e intercambió unas palabras, claramente inquieta, y después suspiró. «Era mi marido», dijo. «Están echando el documental por televisión y ha hecho salir de casa a nuestra hija. Dice también que, si no hubiésemos vuelto, nada de esto hubiese ocurrido. Ya no hablamos de ello...» .

Lo trágico era que la limpieza étnica parecía haber funcionado. Los Acuerdos de Dayton, que pusieron fin a la guerra, habían dividido Bosnia en dos entidades: la Federación de Bosnia Herzegovina, predominantemente musulmana y croata, y la República Serbia, dominada abrumadoramente por los serbios. La idea era garantizar la paz, pero a muchos musulmanes temerosos de volver a su patria, ahora controlada por los serbios, les parecía que la división había legalizado una línea trazada con sangre.

El presidente de la República Serbia, Milorad Dodik, era un nacionalista serbio inconfeso que negaba que lo ocurrido en

Srebrenica fuese un genocidio o que las fuerzas serbias hubieran sitiado Sarajevo, y prohibía que ambos hechos se enseñasen en las escuelas. En 2016, incluso convocó un referéndum para declarar fiesta nacional el día de enero de 1992 en el que los serbios bosnios declararon la independencia, desencadenando la guerra. Ahora quería un referéndum para separarse del resto del país.

La ciudad natal de Bakira, Visegrád, se había convertido en una ciudad serbia y era parte de la República Serbia. Las calles estaban medio vacías. La población era aproximadamente la mitad de los veinticinco mil habitantes de antes del inicio del conflicto. El censo de 2013 demostraba que había solo un diez por ciento de musulmanes frente a los dos tercios de antes de la guerra y el consistorio tenía solo a un concejal musulmán. No había un monumento a las víctimas de las violaciones, pero las autoridades locales inauguraron un monumento a los voluntarios rusos proserbios durante la guerra, muchos de los cuales estaban implicados en violaciones. También dieron la orden de suprimir la palabra «genocidio» de un monumento a los caídos en el cementerio musulmán de la ciudad, tan atestado de gente.

Incluso habían vuelto a abrir el infame hotel *spa* Vilina Vlas, que fue utilizado como campo de violaciones por el violador de Bakira, Milan Lukić. Los turistas desprevenidos entraban en un vestíbulo de donde tuvieron que limpiar la sangre con aspersores de riego en 1992 y nadaban en una piscina donde se ejecutó a gente. Sin embargo, la queja más importante en Trip Advisor era que las habitaciones estaban sucias.

Lukić permaneció en la cárcel y lo transfirieron a Estonia. Su autobiografía se presentó en 2011 en una sala de la Iglesia Ortodoxa Serbia de Belgrado. Otros acusados que habían cumplido su condena en La Haya recibieron una acogida heroica en su patria a manos de políticos croatas y serbios. Vojislav Šešelj, de sesenta y tres años, líder del Partido Nacionalista Serbio de extrema derecha, se convirtió en una estrella de los programas de telerrealidad tras regresar a Serbia en 2014, después de casi doce años de cárcel por crímenes de guerra. Cuando su condena se anuló en la apelación en 2018, se jactó: «Estoy orgulloso de todos los crímenes que se me atribuyen y estoy dispuesto a repetirlos. Nunca abandonaremos la idea de una gran Serbia».

8

Así es un genocidio

Srebrenica

El *Libro de las pertenencias* estaba sobre una mesa en un pasillo. Contenía fotografías de objetos prosaicos: botones, hebillas de cinturones, relojes, una etiqueta *Made in Portugal,* un coche de juguete. Durante años, fue prácticamente la única manera de identificar los restos de quienes habían sido asesinados en la peor masacre en Europa desde la Segunda Guerra Mundial, de tan mutilados como estaban los cuerpos.

Después de la guerra, las madres y esposas de los hombres y chicos desaparecidos acudían y hojeaban el libro en silencio, una fotografía tras otra, desgarradas entre la voluntad de acabar con la incertidumbre y la súplica para no reconocer nada.

Las mujeres eran de Srebrenica, donde, el 11 de julio de 1995, soldados serbios cargaron en camiones a unos 8300 hombres y chicos musulmanes. Les dispararon y las aporrearon hasta matarlas en prados, campos de fútbol, granjas y fábricas, y los arrojaron en fosas comunes. Los escuadrones de fusilamiento mataban a tal velocidad que uno de sus miembros, que más tarde confesó en La Haya, Dražen Erdemović, pidió sentarse porque estaba muy cansado.

Me enseñaron el *Libro de las pertenencias* en el almacén blanco de un parquecito de pequeñas empresas de Tuzla, sobre el río Drina, en el centro de la República Serbia. La otra orilla del río era Serbia. Los voluntarios rusos solían ir a hacer fotos, según me explicó Resad. El trayecto en marzo de 2018 a través de las montañas desde Sarajevo había sido mágico, como conducir por Narnia, con bosques nevados y chalés de madera; pero la conversación con Bakira me había dejado inquieta y el libro era un potente recordatorio de las atrocidades que se habían cometido.

Desde el exterior, el almacén parecía anodino. Una pequeña placa junto a la puerta indicaba COMISIÓN INTERNACIONAL DE PERSONAS DESAPARECIDAS. El interior albergaba el proyecto de identificación por ADN más importante del mundo.

Me hizo entrar una mujer de pocas palabras, en vaqueros, llamada Dragana Vučetić, a la que habían apodado como la Señora de los Huesos. Me acompañó a una sala a la derecha que desprendía un extraño olor a rancio. En el interior había filas de estanterías metálicas con bolsas blancas, marcadas con un número escrito a mano. En la parte superior de las estanterías había una serie de bolsas grandes de papel marrón. En el suelo yacían en largas bandejas metálicas dos esqueletos, con huesos marrón pardo. Las bolsas blancas contenían huesos y las marrones, restos de ropa.

Dragana, antropóloga forense, tenía una visión muy realista acerca de su macabra tarea. Me explicó que los cuerpos de las víctimas de Srebrenica se enterraron al principio en fosas comunes, pero los serbios los desenterraron y los llevaron a otros lugares para impedir que los encontrasen. «Utilizaron grandes excavadoras, por lo que muchos cuerpos fueron destruidos y los huesos se esparcieron por distintos lugares. Encontramos a un individuo en quince emplazamientos distintos, en cuatro fosas comunes distintas. Únicamente en un diez por ciento de los casos encontramos cuerpos enteros».

Habían encontrado huesos en más de quinientos lugares. «Juntarlos es como un rompecabezas», dijo. «Primero los lavamos, después los coloco en posición anatómica y compruebo que todos los huesos sean coherentes en función de la edad y del tamaño. Si encontramos fragmentos de cráneo, intentamos pegarlos. Después hago un inventario del esqueleto».

Me tendió una página impresa que era casi como un álbum infantil de colorear. Solo que la imagen era de un esqueleto

Dragana Vučetić ante restos no identificados.

humano. Los huesos en blanco indicaban los «presentes»; los coloreados de rojo, los «ausentes», y los de amarillo, los «parcialmente presentes».

Observé que a los esqueletos que estaban en las bandejas les faltaban muchos huesos y que otros estaban triturados. Cinco costillas, seis dedos, una tibia…

Dragana no dejaba traslucir ninguna emoción. Otros empleados me dijeron que, cuando abrían bolsas de partes del cuerpo exhumadas recientemente, que a menudo conservaban piel y pelo, el olor era tan fuerte que vomitaban.

El Instituto se inauguró en 1997 y muchos cuerpos estaban tan descompuestos que solo se identificó a ciento cuarenta víctimas en sus cinco primeros años. Aparte de con marcas como cicatrices y dentaduras, además de la edad y el tamaño, la identificación se hacía principalmente a través del *Libro de las pertenencias*.

A veces había otras pistas: algunos huesos estaban encarnados con esquirlas de vidrio verde, que indicaban que habían sido ejecutados cerca de una fábrica de embotellamiento.

Más tarde, en 2002, empezaron a utilizar pruebas de ADN. Aquel año realizaron 501 identificaciones oficiales.

Se tomaba el ADN de los huesos más grandes, como el fémur o la tibia, en presencia del fiscal. Luego se enviaba a un laboratorio de La Haya. Los resultados tardaban dos o tres meses y después se cruzaban con muestras de sangre de las familias de los desaparecidos: ahora tenían más de setenta mil en su base de datos.

Ha sido un éxito tan notorio que se ha identificado a 6708 víctimas, más del ochenta por ciento de los desaparecidos. La mayor parte eran hombres (solo había trece o catorce mujeres) y el más joven tenía trece años. En aproximadamente la mitad de los casos era posible ver cómo habían muerto, con agujeros claramente visibles de heridas de bala o cráneos aplastados.

Las bolsas depositadas en las estanterías contenían unos ochocientos cuerpos que se habían identificado, incluyendo noventa y dos de los que no encontraron ADN correspondiente.

«El ADN es cien por cien exacto, pero el problema es que no examinamos todos los huesos y no todas las familias han donado sangre», explicó Dragana.

«Todos los años encontramos menos, porque los huesos se han deteriorado. Nos basamos en los relatos de los testigos o en imágenes de satélite para localizar los emplazamientos. La última fosa común se descubrió en 2016 y contenía cincuenta y cinco restos mutilados de dieciocho personas».

Seguían recibiendo casos: tres en los tres primeros meses de 2018. Los dos esqueletos en el suelo eran de Kozluk, una granja militar donde se ejecutó a unos quinientos hombres.

Algunos estaban enterrados de manera superficial en el bosque, donde la gente perecía intentando escapar a la Marcha de la Muerte. Solían encontrarlos personas que paseaban a sus perros. Dragana me habló de un hombre, Ramiz Nukic, al que llaman el Cazador de Huesos, que había descubierto más de doscientos cincuenta cuerpos. Paseaba a su perro en el bosque, recorría unos treinta kilómetros todos los días para buscar a su padre, a sus dos hermanos y a su tío. Al final encontró una parte de su padre, pero no encontró a los otros.

Una vez identificado el cadáver, el doctor firma la partida de defunción y la familia tiene que decidir qué hacer con los restos. La mayoría los entierra en el cementerio Potočari de Srebrenica el día 11 de julio, aniversario de la masacre.

En 2017, se enterraron sesenta y seis más. Sin embargo, algunas familias se negaron. «En este lugar hemos identificado oficialmente a cuarenta, pero las familias no quieren enterrarlos porque todavía faltan trozos», dice Dragana. «Tenemos a otras que solo entierran un hueso».

Encuentran a menudo más huesos de los ya enterrados, en cuyo caso los exhuman y los vuelven a enterrar. En 2017 exhumaron quinientos cincuenta cadáveres para añadir más huesos y para 2018 se planificaban ciento cincuenta exhumaciones.

Las pruebas forenses reunidas por el Instituto han sido críticas en algunos de los juicios de La Haya. Sus métodos de identificación se usaban en otros conflictos con muchos desaparecidos, como en Iraq y se transfirió a una parte del personal. El proyecto bosnio se estaba terminando, recibía menos financiación y se recortó la plantilla en Tuzla de veinte a ocho empleados.

Para las personas cuyos hijos o maridos seguían desaparecidos, esto era muy desesperante. «Para las familias, es importante que continuemos; no quieren que abandonemos», dijo Dragana.

«Aparte de los cuerpos que quedan por identificar, tenemos tres mil bolsas de ropa y también más de doce mil bolsitas con huesos o fragmentos tan pequeños que es imposible identificarlos».

Imagino lo que debe de ser pasar día tras día, año tras año, trazando el mapa de un genocidio humano. «Solo trabajo con los huesos», me contestó encogiéndose de hombros. «No conozco ni los nombres ni las historias».

Señaló la bandeja de metal.

Más tarde, me enteré de que era serbia.

El camino de Tuzla a Srebrenica era una mezcla extraña de casas abandonadas y otras recién construidas. Aquel valle fue el lugar adonde transportaron a los hombres y chicos en autocar para ejecutarlos o matarlos a tiros en las colinas cuando intentaban escapar. «Lo llamamos el Valle de la Muerte», dice Aida, mi intérprete de pelo violeta.

En el cementerio de Potočari, a las afueras de Srebrenica, las tumbas se levantaban y caían como olas, una interminable marea de piedras blancas en forma de aguja al otro lado de la ladera. En una tumba alguien había dejado una sola rosa blanca. Enfrente de otra, crecía un pequeño grupo de prímulas amarillas donde la nieve se había derretido.

En el otro lado de la carretera había grandes hangares blancos y se descifraban las letras «DutchBat» en la garita de entrada. Allí fue donde el batallón neerlandés de setecientos cascos azules se estacionó con la supuesta intención de proteger a la población de Srebrenica, que la ONU había declarado zona segura.

Fracasaron en su misión cuando las fuerzas del general Mladić se apoderaron de la ciudad en julio de 1995 y tampoco protegieron a los entre veinte mil y treinta mil civiles que huyeron al recinto buscando refugio. Al principio, acogieron a unos cuantos miles de ellos, pero más tarde las puertas se cerraron y al final los expulsaron a todos dejándolos a merced de los serbios, que empezaron a separarlos ante los ojos de los cascos azules neerlandeses. Es difícil no imaginarse a la gente allí, a las mujeres chillando cuando las apartaron a la izquierda, junto a los ancianos y a los niños pequeños, mientras que agrupaban a sus maridos e hijos a la derecha.

Los hangares se habían convertido en un museo de historias perturbadoras. «Arrancaron la mano de mi hijo de la mía», decía una mujer en un vídeo. «Me suplicó que vigilara su mochila mientras lo arrastraban. Nunca volvió».

Una vez que se llevaron a los hombres, se oyeron más gritos cuando los soldados serbios violaron a las jóvenes.

La doctora Branka Antic-Stauber me resultó simpática de inmediato. Tenía una sonrisa tranquilizadora y un rostro amable enmarcado por una melena oscura con mechas grises. Llevaba una organización llamada Snaga Zene, que se traduce como 'poder de las chicas'.

Me dio la bienvenida en su acogedora oficina en Tuzla y me ofreció una infusión de manzanilla y tomillo cultivados por las mujeres de Srebrenica, porque, como Bakira, ellas también habían descubierto el poder sanador de trabajar con la tierra. Bebió su infusión de una taza de Papá Noel.

En 2001, la doctora Branka trabajaba con una colega pediatra para tratar enfermedades contagiosas en los centros colectivos de Tuzla adonde llevaron a las mujeres y los niños. Les sorprendió oír que algunas de las mujeres estaban regresando a Srebrenica.

«Decidimos ir a verlo nosotras mismas», dijo. «Nunca había estado allí, pero pensaba que lo conocía por haber hablado con las mujeres. Solían mencionar los balcones y las rosas, pero, cuando llegamos, todo el lugar estaba destruido, todo era negro y gris. Vimos que salía humo de la chimenea de una de las casas destruidas. Entramos y encontramos a seis mujeres acurrucadas en un pasillo con abrigos y bufandas alrededor de una estufa. Era noviembre y hacía un frío que pelaba.

»"¿Qué hacen aquí?", les pregunté. "¿No tienen frío, no tienen miedo?".

»Una de las mujeres dijo: "No tenemos miedo porque ya no hay nada que temer. Hemos venido a buscar a nuestros hijos muertos y estamos muertas desde hace mucho tiempo. Solo nuestro cuerpo está presente y, si alguien viniese a matarlo, no supondría ninguna diferencia"».

Empezó a derramar lágrimas y sacó un pañuelo de papel. «Algo en aquella respuesta me llegó al alma como mujer, como madre, como doctora; y decidí intentar ayudar. No podíamos resolver todos los problemas que tenían, no podíamos devolverles a sus hijos o borrar lo que les había ocurrido, pero, por lo menos, podíamos hablarles e intentar construir algo nuevo; y sentí que algo en el universo nos daría fuerzas».

Desde entonces, había ido a Srebrenica cada dos semanas. A las primeras seis mujeres que habían regresado se habían unido más de trescientas, además de las familias.

«Son mujeres sencillas, casi sin instrucción, pero creo que pueden servir de ejemplo», me dijo. «Siempre hemos tenido guerras y las volveremos a tener, pero, si los que las han vivido dan un paso al frente para hablar de ello, a lo mejor aprenderemos algo.

»En veinte años, no he oído a ninguna decir que quería venganza; solo quieren respuestas y que esto no vuelva a ocurrir a nadie más».

Se devanó los sesos durante mucho tiempo, me dijo, para saber cómo ayudarlas. «El trauma de la violación siempre ha sido difícil de gestionar. Afecta la salud mental, física e íntima. Con todo, las mujeres de Srebrenica no solo tienen el trauma de lo que sufrieron (violaciones y asesinatos de seres queridos), sino que también las expulsaron de su casa, tuvieron que vivir en centros colectivos, y después sufrieron el nuevo trauma de los funerales y de los entierros todos los años conforme se iban encontrando los cuerpos.

»Ensayamos distintos enfoques, pero, después de cinco años, no había progreso; todo seguía a oscuras. Entonces me di cuenta de que las mujeres estaban intentando decirnos algo. Habían perdido a sus maridos e hijos y, sin embargo, volvían a la tierra como si la madre naturaleza las llamase. Empezamos la terapia hortícola, que lo cambió todo».

Al igual que Safina Lohani en Bangladés, la doctora Branka se dio cuenta de que para las mujeres era importante tener un poco de poder económico a fin de recuperar el control de su vida. Se le ocurrió cultivar rosas y consiguió una donación de tres mil esquejes de Holanda.

«La idea era que las mujeres las cultivasen y las vendiesen en la tienda del monumento de Potočari», dijo. «Pero no cortaban las rosas cuando crecían. Me decían que tomaban café y disfrutaban de la belleza y del aroma en sus jardines».

Al final, consiguió 35 000 plantones, para que fuesen suficientes para las granjas y para los jardines de las mujeres. Además de las tres granjas de rosas, habían diversificado la producción introduciendo la infusión que bebíamos. No solo la jardinería sirvió como terapia ocupacional, sino que proporcionó recursos para su trabajo.

Aunque el cultivo de rosas había contribuido a la curación de las mujeres, la mayoría seguía padeciendo problemas físicos. «Las mujeres que han sufrido violencias sexuales o no van nunca al ginecólogo porque temen que les pase algo, o van todo el tiempo. Algunas han desarrollado cáncer de cérvix, muchas sufren trastornos de la glándula tiroidea, porque la tiroides es el órgano más afectado por el estrés, y tienen bajos niveles de insulina que desencadenan la diabetes».

Se seguía reuniendo todos los viernes con las supervivientes. «Aunque ha transcurrido mucho tiempo, las historias siguen muy vivas. Se ponen a llorar y a temblar. Nunca dejan de sorprenderme».

La semana antes de mi visita, una mujer le había contado una historia que le había dado escalofríos. «Me dijo que estaba embarazada cuando la violaron. Varios hombres abusaron de ella ante los ojos de su hija de ocho años. Después, los violadores pidieron a la niña que les lavase el pene y los genitales de su madre. Más tarde, la mujer dio a luz prematuramente a las treinta y cuatro semanas y su bebé nació ciego. En cuanto a su hija, nunca terminó la escuela, se volvió muy promiscua y tuvo cinco hijos de tres hombres diferentes.

«Fue muy duro oírlo», dijo la doctora Branka. «Ese hombre le hizo mucho daño. La mujer podía con su trauma, pero el hijo ciego y la hija destrozada...

«No habló de su violación durante años, porque, después de lo que pasó, incendiaron su casa, no tenían donde vivir y luchó para mantener a sus hijos. Con todo lo que había ocurrido, decir que la habían violado le parecía menos importante. Muchas no cuentan su historia durante años porque les da vergüenza».

Transcurrieron veinticinco años antes de que Enesa contase su historia a alguien. Llevaba el pelo rojizo recogido en una coleta corta, tenía los ojos enrojecidos y no dejaba de lamerse los labios y de frotarse las manos. A sus cincuenta y nueve años, parecía que la vida había acabado con ella.

Vivía en Tuzla, pero era de Srebrenica y vivía entre Srebrenica y Potočari con su marido y sus dos hijos cuando estalló la guerra. «El 16 de abril de 1992, lo que me ocurrió pasó en mi casa», empezó. «Srebrenica era supuestamente una zona segura protegida por la ONU, pero ya resultaba evidente que los musulmanes tendríamos que irnos, así que estábamos todos en guardia. Todas las noches dormíamos en distintas casas, varias familias juntas. Aquella noche estaba en la tercera casa con unos amigos y los niños. Los serbios habían cortado la electricidad y el agua. Sucedió unos pocos días antes de que nos expulsasen a todos.

»Ya no era de día, sino que había empezado a oscurecer, cuando me di cuenta de que no teníamos suficiente agua. Tomé dos garrafas de cinco litros y le dije a mi amiga que iba a la fuente a buscar agua. También quería ir a nuestra casa a recoger ropa de recambio para mis hijos. Fui, pues, a buscar el agua y después entré en mi casa un momento para dejar las garrafas dentro. La puerta estaba abierta. Cuando entré en el vestíbulo, me agarraron por detrás. Alguien me puso una mano en la boca y luego apareció otro hombre con una mascarilla y me llamó *balinka,* que es un insulto para designar a una musulmana. Me exigió que le dijese dónde teníamos las joyas de oro y el dinero. Iban de uniforme. Temblaba y gritaba. Llevaba una bata rojo oscuro que se cerraba como un albornoz y, cuando dije que no había joyas de oro ni dinero, la arrancaron y me hicieron lo que quisieron por delante y por detrás. Mientras uno me violaba, el otro dijo: "Yo también quiero un poco". Estaba en el suelo cuando de repente llegó otro y sentí un dolor agudo en el pecho izquierdo y no sabía lo que era. Me desmayé. Cuando recobré el sentido, estaba en el suelo llena de sangre; me sangraban el pecho izquierdo y la mano derecha. Me había mordido la mitad del pezón. Me quité la bata, intenté limpiar la sangre del suelo y fui a mi armario a buscar ropa. Entonces, entró en la casa mi hijo de dos años, que preguntó: "Mamá, ¿qué pasa?"».

Se echó a llorar. «Estábamos haciendo obras para construir otra planta en nuestra casa y le dije que me había caído por la escalera, que no estaba terminada. Me tomó de la mano y volvimos a casa de mi amiga.

»Me puse vendas en el brazo y no le dije a nadie lo que había sucedido. Al día siguiente, nos dijeron que teníamos que marcharnos, así que el día 17 nos fuimos con más gente y llegamos a Tuzla, donde nos registramos como refugiados. Por el camino, había soldados en los puestos de control, y hombres que usaban esas mismas palabrotas detuvieron nuestra camioneta y nos pidieron dinero y joyas de oro y de plata.

»Llevaba a mis dos hijos en brazos. Estaban temblando, aterrorizados. Cuando dijimos todos que no teníamos nada, los soldados empezaron a examinarnos detenidamente. Mi hija llevaba unos pendientillos de oro que eran un regalo de mi madre y un soldado se los arrancó. Intenté calmarla cuando se puso a chillar y el hombre dijo que estábamos de suerte porque no nos había matado.

»Lo único que nos quedaba eran mantas. Durante más de un año vivimos en el polideportivo de Maidan. Mi marido permaneció en Srebrenica, encontró a otra mujer y se quedó allí cuatro años. Se las apañó para sobrevivir y se marchó a Sarajevo, donde falleció en 2002.

»Un año más tarde, fuimos a Tuzla y me di cuenta de que mi hijo no estaba bien. No crecía, y su tiroides y otras partes del cuerpo habían dejado de funcionar correctamente. Cuando cumplió los nueve años, le diagnosticaron una disfunción hormonal completa debida al estrés. Ahora le ponen inyecciones de hormonas como sustituto, camina y habla, pero es totalmente dependiente de las inyecciones y no recibo ninguna ayuda del Estado: solo cincuenta y cinco euros al mes, así que hago limpiezas en casas y oficinas, pero los medicamentos son muy caros... Ahora dicen que no tiene suficiente cobre en el cuerpo, que el hígado ha dejado casi de funcionar y los médicos discuten sobre lo que hay que hacer...».

Me miró desesperada.

«¿Y cómo está de salud?», le pregunté.

«No me lo pregunte», contestó. «Presión sanguínea, estrés, el corazón... El médico me dice que no puedo cuidar a mi hijo si no me cuido a mí misma».

Hasta el año pasado no le había dicho a nadie lo que le había sucedido.

«Tenía varias luchas paralelas», explicó. «Una era la vergüenza por lo que había pasado. También temía que si empezaba a hablar de ello volvería a suceder. Luego quise suicidarme y pensé en cortar mis partes femeninas. Después vino la enfermedad de mi hijo y me dediqué a luchar por él».

«Todas las veces que estaba a punto de contarlo, no sabía con quién hablar y entonces le pasaba algo a mi hijo: tenía un ataque. La última vez no pude encontrar todos los medicamentos que necesitaba y se cayó, con los ojos en blanco y escupiendo espuma, y mi hija y yo estábamos tan azoradas que no recordábamos el número de urgencias. Otra vez, hace unos nueve años, estaba dispuesta a hablar cuando mi hijo acabó ingresado en el hospital».

Las cosas cambiaron para ella el año anterior, cuando se trasladó y conoció a una vecina de otro piso a la que también habían violado. «Hablamos de nuestras experiencias y al final se lo conté. Había soñado varias veces con mi madre, a la que asesinaron en Srebrenica en 1993, cuando la alcanzó una granada de mortero y me seguía preguntando: "Niña, ¿qué me quieres decir?". Pienso que al final me sentía tan cansada que hablé. Mi vecina me dijo que fuese a ver a la doctora Branka.

»No me sentí mejor después de hablarlo, pero ahora estoy haciendo terapia», añadió.

La doctora Branka le acarició la mano. «Reconocer lo que sucedió es un paso crucial», dijo.

«Mis hijos no lo saben», dijo Enesa. «Le voy dando pistas a mi hija, sabe que pasa algo, pero… no sé por qué siento vergüenza.

»No volveré nunca a aquella casa. Incluso cuando voy a la ceremonia del memorial, tardo tres o cuatro meses en recuperarme. Tengo una hermana que regresó a Srebrenica, pero no puedo ir a visitarla».

Le pregunté a Enesa si había vuelto a encontrar el amor después de su marido.

«No», casi se estremeció. «No puedo imaginarlo. Tenía treinta y tres años cuando me violaron y la sangre que salió de mi cuerpo aquel día fue la última».

Branka me dijo que no era la primera vez que había oído algo así. «Tuve a una chica a la que violaron a los veintidós años y que nunca volvió a tener la menstruación. El estrés hace que las hormonas suban a niveles anormales y todo se detiene, porque la adrenalina y el cortisol que se producen bloquean las demás».

Branka sentía curiosidad por lo que los hombres conseguían con una violación de guerra y había investigado los procesos químicos en el cerebro. «¿Cómo puede una persona que no está motivada por el deseo conseguir tener una erección?», preguntó. «¿Pueden lograrlo el odio, el miedo o la venganza? La oxitocina, la hormona producida tanto por hombres como por mujeres, que es responsable de la sexualidad y de la excitación y alcanza altos niveles durante ambas (algunos la llaman la hormona del abrazo), también se produce con el miedo, así que puede que esto sea una de las explicaciones. Sin embargo, no es aceptable que los hombres elijan atacar algo que es el símbolo del amor y de la nueva vida. ¿Por qué deciden hacerlo?».

«Los hombres deberían enfrentarse al peor castigo que exista», dijo Enesa. Se sonó la nariz, miró su reloj y dijo que se iba a limpiar. Le pregunté si podía abrazarla. A algunas de las mujeres no les gusta que las toquen, pero ella me sonrió y me abrazó antes de irse.

Parecía muy frágil. Le dije a Branka que tenía miedo de que hablar del tema empeorase las cosas. «No es posible curarse de algo así para siempre», dijo, «pero ayuda hablar de ello lo antes posible y compartir el relato con alguien empático. He observado que lo que ayuda claramente a la recuperación es que los agresores reciban un castigo, porque les da a las víctimas la confirmación por parte de las autoridades de que ellas no son culpables de lo que les ocurrió y de que son inocentes.

»El problema es que solo se ha condenado a unos pocos agresores. Mi asociación ha participado en ocho casos en los que las mujeres declararon ante el tribunal, pero solo dos fueron condenados. Hubo un caso de un grupo de once hombres que entraron en casas para secuestrar a chicas y acabaron llevándose a cincuenta y seis, pero, de los once, solo tres fueron declarados culpables. Tres fueron declarados no culpables y los demás liberados por falta de pruebas. Este caso se juzgó durante tres años; las mujeres tuvieron que acudir repetidas veces al tribunal a declarar y necesitábamos prepararlas en numerosas ocasiones. Pasaron todo ese doloroso sufrimiento para conseguir justicia y solo oyeron que sus agresores fueron declarados no culpables. Después, sintieron que no tenía sentido alzar la voz y dijeron a las demás mujeres que era preferible callar.

»Les digo a las mujeres: "Si permanecéis calladas, es como si no hubiese ocurrido nada. No hay agresores. Sí, declararon no culpables a estos hombres, pero durante tres años el tribunal los señaló, el público conoce sus nombres, sus familias y amigos lo saben. ¿No creéis que la gente se hará preguntas?".

»No obstante, cuando vemos la duración de los juicios por violación y el escaso número de condenas, no podemos dejar de pensar que otra cosa está en juego: el Gobierno no se toma en serio el tema de las violaciones de guerra. Hace falta voluntad política y el reconocimiento por parte de todos los dirigentes, independientemente de su origen étnico».

El relato de Enesa me dejó sin palabras. Cuando salimos, era de noche. Me di cuenta de que no había comido desde que habíamos salido de Srebrenica después del desayuno. Le pedí a nuestro chófer que nos llevase a un centro comercial cercano. Dentro, las luces parecían demasiado brillantes, la gente demasiado ruidosa. Nos sentamos en una pizzería y, como es costumbre en Bosnia, todo el mundo fumaba, incluso Aida y el chófer.

Durante el trayecto de regreso a Sarajevo, empezaron a pelearse como un viejo matrimonio, aunque se habían conocido dos días antes. Pregunté cuál era el problema. «Dice que es un romántico y que sueña con irse a Cuba», se lamentó Aida. «Le he preguntado por qué no se va. Que no espere. No sabemos lo que la vida puede depararnos».

9

La hora de la caza

Berlín

Para muchos de nosotros, la primera vez que oímos hablar de la violación como arma de guerra fue en los años noventa, durante el conflicto en Bosnia. Las primeras noticias de los campos de violación provocaron una estupefacción colectiva. ¿Cómo podía suceder algo así en el corazón de Europa?

Sin embargo, no era algo nuevo. Un día fresco de octubre en que los árboles se vestían de amarillo bajo un cielo azul, salí del S-Bahn en la parada Treptower Park, en lo que antes era Berlín Este. Bajé las escaleras y caminé hacia el río Spree, con sus cafés turísticos y sus barcos de techo de vidrio. Seguí una serie de letreros hasta un arco de piedra gris y un sendero que lleva a una estatua de la madre Rusia de duelo. Siguiendo su mirada, caminé por una avenida de sauces llorones para salir a una plataforma, entre dos inmensas banderas de granito rojo decoradas con la hoz y el martillo.

Era difícil no quedarse sin aliento. Nadie erige monumentos como los estalinistas y el mayor memorial de guerra soviético fuera de la antigua Unión Soviética es impresionante, aunque sea por lo sumamente inesperado de su presencia. Ante mis ojos se extendía un largo jardín bordeado a ambos lados por enormes sarcófagos de piedra, cada uno esculpido con una escena de la guerra o de la liberación, uno con el rostro desencarnado de Lenin flotando sobre los soldados. En el otro extremo, en un montículo cubierto de césped, señoreaba una silueta majestuosa, perfilándose contra el pálido azul del cielo como una proclamación.

Es una estatua de bronce de un soldado soviético que pisotea una esvástica rota, con una espada en una mano y una niña alemana en la otra. Es gigantesca: mide doce metros de alto y pesa unas setenta toneladas.

Reinaba un silencio sepulcral. En el parque de Treptow descansan siete mil de los ochenta mil soldados soviéticos caídos en la primavera de 1945 durante la batalla de Berlín, la última gran ofensiva en Europa de la Segunda Guerra Mundial.

Mientras me sentaba en un banco bajo las hojas amarillentas de los árboles, pensé en todos los hijos, maridos, padres enterrados en aquel lugar y que jamás regresaron a casa, así como en las madres, esposas e hijas, que se quedaron solas. La gente estaba disfrutando del sol otoñal, corriendo, paseando a perros y cochecitos de niños. Un grupo de turistas daba un paseo en bicicleta. El parque estaba junto a una avenida muy transitada, pero el ambiente era silencioso.

Después de un rato, subí los escalones de la base de la estatua y miré el interior. Rosas rojas de tallo largo y claveles yacían dispersos en el suelo bajo el mural de un grupo de personas representadas en rojo vivo y oro como un fresco religioso. Arriba se leía una inscripción en ruso y alemán: EL PUEBLO SOVIÉTICO SALVÓ LA CIVILIZACIÓN EUROPEA DEL FASCISMO.

El coste fue casi inimaginable. Entre 1941 y 1945, treinta millones de hombres y mujeres sirvieron en el Ejército soviético, la mayor parte reclutas, por lo que parecía una derrota casi segura. Capturaron a dos millones y medio de soldados en los primeros cinco meses de la guerra y más de ocho millones murieron hacia el final.

Volví al banco y contemplé el soldado gigantesco que llevaba a la niña en brazos. Lejos de la imagen heroica que pretende transmitir, muchas mujeres alemanas llaman a este monumento la Tumba del Violador Desconocido.

Porque lo que las escenas esculpidas en la piedra no cuentan es que el Ejército Rojo agredió a cientos de miles de mujeres mientras avanzaban hacia la capital alemana. Un tercio de las mujeres berlinesas sufrió una violación, es decir cien mil mujeres, y, «por lo menos, dos millones en total en Alemania», según el historiador Antony Beevor, que lo denominó «el mayor fenómeno de violación masiva de la historia».

Conmocionado por lo que descubrió leyendo diarios íntimos, cartas de soldados y registros del régimen comunista para su libro *Berlín. La caída: 1945,* Beevor escribió: «En muchos sentidos, el destino de las mujeres y las chicas de Berlín es mucho peor que el de los soldados que se mueren de hambre y sufren en Stalingrado».

Las violaciones empezaron tan pronto como las tropas de Stalin entraron en Prusia Oriental y en Silesia en enero de 1944. Las tropas británicas, francesas, estadounidenses y canadienses también violaron a mujeres alemanas, pero la magnitud fue diferente. En muchas ciudades y pueblos «violaron a todas las mujeres de entre ocho y ochenta años », recuerda Natalya Gesse, corresponsal de guerra soviética que fue testigo del Ejército Rojo en acción. «Era un ejército de violadores».

El escritor Aleksánder Solzhenítsyn, que era entonces un joven capitán, llegó a describir el horror en su poema narrativo *Noches prusianas:*

La niña yace en el colchón, muerta.
¿Cuántos le han pasado por encima?
¿Un pelotón? ¿Una compañía tal vez?

Sin embargo, la mayoría de los soldados no decía nada. Se trataba con recelos a los que se negaban a participar en esas orgías de borrachera.

Técnicamente, la violación en el Ejército Rojo se castigaba con la muerte; en realidad, a menudo los oficiales presenciaban las violaciones en grupo o se aseguraban de que todos los soldados tuviesen su turno. ¿Era una política, un arma de guerra? «Sí y no», contesta Beevor. «Es increíblemente complejo. Ni siquiera se daba la orden de salir a violar, pero existía un ambiente de venganza y un estímulo a menudo subliminal».

Por aquel entonces, los rusos habían sufrido años de atrocidades a raíz del lanzamiento de la Operación Barbarroja, la invasión nazi de la Unión Soviética en 1941, cuyo objetivo era aniquilar al pueblo eslavo para dar espacio a los arios y garantizar más fuentes de alimentos. Se calcula que veintisiete millones de habitantes de la Unión Soviética fallecieron durante la guerra, de los cuales se hizo morir de hambre a más de tres millones en campos de presos alemanes en virtud del llamado Plan del Hambre.

Los rusos humillaron a las mujeres alemanas como una manera de tomar represalias, porque los hubieran tratado como una raza inferior. La sexualidad de las mujeres hacía de ellas la diana más fácil. Después de años de recibir propaganda antialemana, los soldados del Ejército Rojo probablemente no veían a sus víctimas como a seres humanos.

Beevor cree que pudo ser también una reacción a la humillación por parte de sus propios oficiales, lo que llama «la teoría de las repercusiones de la opresión». Corrían litros de vodka y de aguardiente para ayudar a activar la rabia. Cuando no conseguían una erección, utilizaban botellas.

«Era solo violencia pura», me dijo. «Violaban desde mujeres de ochenta, noventa años hasta niñas de siete. Todo les valía».

A menudo la violación iba acompañada de mutilaciones y asesinato. Las imágenes de los cadáveres en los noticieros nazis eran tan espeluznantes que muchas alemanas creyeron al principio que eran un montaje de la máquina de propaganda de Goebbels.

Cuando corrió el rumor de lo que estaba sucediendo, hubo olas de suicidios preventivos conforme los rusos iban acercándose, padres que mataban a sus hijos antes de suicidarse. Solo en la ciudad de Demmin del norte de Alemania, seiscientas personas se mataron en la primavera de 1945, según Florian Huber, el realizador de documentales que escribió un libro sobre los centenares de miles que se quitaron la vida.

En Berlín, los soldados bebían vodka y participaban en cacerías, en las que encendían su linterna para seleccionar a sus víctimas. Las mujeres aprendieron a esconderse por la noche «a la hora de la caza» o a rociarse el rostro con cenizas y yodo para parecer feas, como hicieron años más tarde las chicas yazidíes en el cine Galaxy. Muchos mencionaban los chillidos que se oían por las noches a través de las ventanas que habían estallado durante los bombardeos. Entre las víctimas, había mujeres judías que ya habían sufrido en los campos nazis y que habían imaginado que las tropas soviéticas las liberarían.

Las violaciones no solo se cometieron contra las alemanas, sino también contra las aliadas de los soviéticos en Hungría, Rumanía, Polonia y Yugoslavia. Cuando el comunista yugoslavo Milovan Djilas protestó, Stalin replicó: «¿No puede entender que, si un soldado ha recorrido miles de kilómetros a través del fuego, la sangre y la muerte, pueda querer divertirse o llevarse una bagatela?».

Esa «diversión» sería algo de lo que las mujeres nunca se recuperarían. Miles murieron, según los registros de los hospitales de Berlín, y el suicidio fue la causa principal. Muchas contrajeron enfermedades venéreas. Las que se quedaron embarazadas mataron a su bebé.

Incluso violaban a sus propias mujeres: rusas y ucranianas que habían traído a Alemania como trabajadoras forzosas.

Beevor recuerda que le sobrecogió el testimonio de una víctima alemana: le dijo que las mujeres que intentaban suicidarse después de una violación en grupo solo conseguían mutilarse al no saber cortarse las venas de las muñecas. Las historias eran tan horrendas que durante días se despertaba a mitad de la noche.

Sin embargo, se habló muy poco de ello después de la guerra. Ciertamente no en la Unión Soviética, donde se la llamó la Gran Guerra Patria y se acogió como héroes a los soldados que regresaron, aunque circulaba un chiste malo en 1945 sobre un tal Iván, que, después de la guerra, volvía con su mujer, que había guardado una botella de vodka para celebrarlo, y al no conseguir empalmarse, le ordenaba: «Pon un poco de resistencia».

Tampoco se habló de ello en Alemania donde los hombres que volvían a casa se asqueaban al oír los relatos de las mujeres a las que no habían sabido proteger. Una mujer alemana escribió unas memorias anónimas tituladas *Eine Frau in Berlin* [Una mujer en Berlín], en las que se describe como una rubia paliducha siempre vestida con el mismo abrigo invernal. Recuerda cómo la violó un grupo de soldados soviéticos y al final buscó a un oficial ruso para acostarse con él «como un lobo que ahuyentaría a la manada». Cuando el libro se publicó en 1953, lo criticaron ampliamente y acusaron a su autora de «mancillar el honor de las mujeres alemanas». Desapareció rápidamente de las librerías.

El presidente estadounidense Harry Truman no descubrió hasta años más tarde que el chalé junto al río donde se alojó en julio de 1945 durante la Conferencia de Potsdam con Churchill y Stalin, en la que se repartieron el mundo de la posguerra, había sido unas semanas antes escenario del horror.

Le habían dicho que aquel chalé de estuco amarillo pertenecía al jefe de la industria cinematográfica nazi, que habían enviado a Siberia. Truman escribió en su diario que: «Como en todos lados, los rusos habían desvalijado el lugar: no quedó ni una cuchara de hojalata».

Años más tarde, Truman recibió una carta del rico editor Hans-Dietrich Müller-Grote, que le dijo que, de hecho, la casa pertenecía a su padre Gustav Müller-Grote, también editor, y había sido un lugar de encuentro de escritores y artistas durante mucho tiempo.

«Al final de la guerra, mis padres todavía vivían allí», escribió. «Algunas de mis hermanas se instalaron en la casa con sus hijos, ya que las afueras parecían ofrecer más seguridad frente a los bombardeos... A principios de mayo llegaron los rusos. Diez semanas antes de que usted viniese a la casa, sus ocupantes vivían con constante miedo y temor. De día y de noche, soldados saqueadores rusos entraban y salían, violaban a mis hermanas ante los ojos de sus padres e hijos, apalizaban a mis ancianos padres...».*

La gente tardó más de medio siglo en enterarse. Cuando las memorias anónimas de la mujer de Berlín se reeditaron en 2003, un año después de las revelaciones de Antony Beevor, se convirtieron en un éxito de ventas. Su autora ya había fallecido. Otro informe desgarrador, *Warum war ich bloss ein Mädchen?* [¿Por qué tuve que ser una chica?], se publicó en 2010. Su autora era Gabi Köpp, la primera mujer en hablar públicamente de lo que había sufrido. Gabi Köpp tenía solo quince años cuando un soldado soviético la secuestró en enero de 1945 mientras huía por la nieve y soportó catorce días de infierno, en los que la violaron una y otra vez, y se atrincheraba bajo una mesa cuando oía las palabras «¿dónde está la pequeña Gabi?». Cuando por fin escapó y se reunió con su madre, esta le aconsejó que no se lo contase a nadie. Köpp explicó que tuvo dificultades para dormir durante el resto de su vida y nunca conoció el amor romántico. Falleció poco después de la publicación de su libro.†

En el Museo Ruso-Alemán de Berlín, previamente conocido como Museo de la Rendición, con su sala de la Capitulación, donde la Wehrmacht firmó su rendición a las potencias aliadas a las doce de la noche del 8 de mayo de 1945, una sala tras otra detalla las atrocidades alemanas. Sin embargo, me costó encontrar alguna referencia a las violaciones de mujeres cometidas por el Ejército Rojo. Por fin, tras preguntárselo dos veces, el guía me indicó una pequeña exposición en la sala 9 titulada *«Übergriffe»* [Abusos].

Junto a varias denuncias de violaciones escritas a mano, una ficha mecanografiada decía:

El Ejército Rojo envió informes de crímenes contra los civiles alemanes a los dirigentes políticos y militares de Moscú.

* Citado en David McCullough, *Truman* (Nueva York: Simon & Schuster, 1992).

† Entrevista a Köpp en *Der Spiegel,* 26 de febrero de 2010.

El 20 de abril de 1945, el comandante supremo de las tropas soviéticas dio la orden de ponerles fin para facilitar la lucha y la posterior ocupación.

Cuando estudié la Segunda Guerra Mundial en la escuela durante los años ochenta, mis manuales no decían nada de las violaciones masivas: parecía que hubiese sido, efectivamente, una guerra de hombres. Incluso los libros de historia mucho más recientes de mi hijo tampoco las mencionaban.

Nadie pidió perdón; nadie fue a juicio.

Ciertamente, hasta hoy es un tema tabú en Rusia. Las violaciones se rechazan como un mito, como propaganda occidental contra el Ejército Rojo o como lo que hoy podría denominarse *fake news*. Cuando salió el libro de Beevor, Grigori Karasin, entonces embajador ruso en Londres, le acusó de «mentiras, calumnia y blasfemia» y la obra se prohibió en las escuelas y facultades rusas.

En 2014, el presidente Vladímir Putin firmó una ley según la cual cualquiera que denigrase la historia de Rusia durante la Segunda Guerra Mundial podía enfrentarse a multas importantes y a una condena de cinco años de cárcel. Beevor sospecha que se han retirado de los archivos los registros que utilizó.

En la ciudad polaca de Gdansk, los archivos municipales calculan que violaron a un cuarenta por ciento de las mujeres, según la *Gazeta Wyborcza*, uno de sus principales periódicos. En 2013, Jerzy Szumczyk, un joven estudiante de Bellas Artes de Gdansk, erigió una estatua de un soldado ruso arrodillado entre las piernas de una mujer muy embarazada, agarrándole el pelo con una mano y metiéndole una pistola en la boca con la otra. Le dio el nombre de *Komm, Frau* [Ven aquí, mujer], una de las pocas frases alemanas que los soldados del Ejército Rojo conocían y que todas las mujeres alemanas temían. La estatua se retiró al cabo de pocas horas, en medio de furiosas quejas de los rusos.

Silencio, impunidad, negación: cuando miramos la historia, no es sorprendente que en todos los lugares que he cubierto, desde Afganistán a Zimbabue, las mujeres sufriesen violaciones a manos de las fuerzas del orden. ¿Cómo era posible que la violación, un crimen condenado universalmente, se ignorase y trivializase cuando se producía en tiempos de guerra?

He dicho al principio de este capítulo que la guerra de Bosnia fue la primera en la que existió una amplia cobertura mediática internacional de las violaciones masivas que se estaban produciendo. Sin embargo, cuando empecé a mirar a mi alrededor, las representaciones de este hecho abundaban. No hay más que visitar la sala 18 de la National Gallery de Londres y mirar *El rapto de las sabinas* de Peter Paul Rubens, un revoltijo de mujeres medio desnudas, con expresiones de angustia, con las faldas levantadas y los pechos desnudos, que los soldados romanos se llevaban ante los ojos de Rómulo, que dirigía la acción desde un estrado.

Representa el episodio que narra el historiador romano Tito Livio, cuando Rómulo, después de fundar Roma en el 753 a. C., se inquietó ante la falta de mujeres para asegurar el futuro de la ciudad y diseñó la treta de invitar a la vecina tribu sabina a una fiesta en honor de Neptuno para después raptar a sus mujeres.

Podríamos decir que Roma se fundó con violaciones. El mismo tema inspiró un cuadro de Nicolas Poussin que está en el Metropolitan Museum de Nueva York y una escultura de mármol de Juan de Bolonia que se exhibe al aire libre en la Loggia dei Lanzi junto a la Galería de los Uffizzi de Florencia. La escultura reúne tres cuerpos: uno de ellos es una mujer que intenta escapar de las garras de un hombre joven, que empuja a un hombre mayor debajo de él, presumiblemente su padre.

Cuando los turistas se detienen para admirar la maestría del escultor al captar la fluidez del movimiento en la piedra, ¿cuántas personas piensan en lo que representa en realidad? Por el contrario, lejos de ser una condena, en cierto sentido toda la hilera de esculturas parece celebrar la violación de mujeres.

Junto a *El rapto de las sabinas* se encuentra *La violación de Políxena,* de Pio Fedi, que muestra a un guerrero griego, que podría ser Aquiles, agarrando con el brazo izquierdo a Políxena, hija menor del rey de Troya, con el pecho descubierto. Con el brazo derecho alza su espada para apartar a la reina Hécuba, que intenta desesperadamente retener a su hija desde el suelo. A sus pies yace muerto su hijo Héctor.

Se dice que Aquiles se enamoró de Políxena cuando la vislumbró mientras buscaba agua y que ella se ofreció a ir con él a cambio de que devolviese el cadáver de su hermano Héctor. Se enteró del secreto de su talón vulnerable, lo que permitió a su hermano Paris matarle con una flecha y poner fin a la guerra. En lugar de presentarla como una heroína, la estatua muestra cuando la raptan para sacrificarla en la tumba de Aquiles.

En la misma hilera se halla el bronce triunfante de Bellini conocido como *Perseo con su espada,* en el que el héroe sostiene la cabeza cercenada de Medusa con sus bucles de serpientes silbantes por cabello, transformada por Atenea para castigarla porque Poseidón la hubiera violado.

Ovidio describió a Medusa como una joven hermosa, la única mortal de las tres hermanas conocidas como las gorgonas. Su belleza conquistó al dios del mar, que procedió a violarla en el templo sagrado de Atenea. Furiosa por la profanación de su templo, Atenea transformó a Medusa en un monstruo con la capacidad mortal de transformar en piedra a quien contemplase su rostro. Poseidón, mientras tanto, no recibió castigo alguno, dato que algunos interpretan como un ejemplo precoz de la culpabilización a la víctima.

El uso de la violación en la guerra «ha existido desde que ha habido conflictos», afirmó un informe de ONU Mujeres en 1998.

La palabra *«rape»* proviene del inglés medieval *«rapen»,* *«rappen»,* 'secuestrar', 'arrancar'. Proviene a su vez del latín *«rapere»,* que significa 'robar', 'confiscar' o 'llevarse', como si las mujeres fuesen una propiedad, que es exactamente lo que los hombres han pensado durante tantos siglos.

Heródoto relató la violación en grupo por los persas en sus guerras contra los griegos en el siglo v a. C.: «Expulsaron y secuestraron a unos cuantos fenicios cerca de las montañas y los soldados persas violaron uno tras otro a algunas mujeres hasta que fallecieron».

La Biblia también evidencia en el Antiguo Testamento que la violación era una práctica normal en sus relatos de las batallas de los israelitas. El Deuteronomio 21,10-14 afirma: «Cuando salieres a la guerra contra tus enemigos [...] y vieres entre los cautivos a alguna mujer hermosa, y la codiciares [...], después podrás llegarte a ella, y tú serás su marido».

Moisés aparece ordenando la violación de treinta y dos mil vírgenes mientras luchan contra los madianitas. En el capítulo 31 del Libro de los Números se le cita diciendo: «Ahora por este motivo matad a todos los niños varones y matad a toda mujer que haya conocido varón acostándose con él. Pero dejad con vida para vosotros a todas las muchachas que no se hayan acostado con varón».

Tampoco sucedió únicamente en la Antigüedad. Los vikingos también fueron famosos por las violaciones y el saqueo, al igual que Gengis Kan y sus mongoles, y todos los que los siguieron durante la Edad Media y épocas posteriores.

Los diarios íntimos en tiempos de guerra, las cartas a la familia y los registros militares de la guerra de Secesión dejan pocas dudas de que muchas mujeres sureñas fueron violadas, tanto blancas como negras. «He oído en casa», escribió John Williams del VII Regimiento de Tennessee en su diario en la primavera de 1863, «que los yanquis han pasado por aquí. Parece que su objetivo es violar a toda mujer negra con la que se cruzan».*

En los últimos meses de la guerra se produjo la desgraciada Marcha hacia el Mar del general William Sherman,

---

* Citado en Crystal Feimster, *Southern Horrors: Women and the Politics of Rape and Lynching* [Horrores sureños: las mujeres y la política de la violación y el linchamiento] (Londres: Harvard University Press, 2009).

que llevó a sus sesenta mil aguerridos soldados unionistas a una franja a través del sur desde una Atlanta en llamas, pasando por Georgia y las Carolinas, para finalmente capturar el puerto de Savannah y entregarlo al presidente Lincoln en diciembre de 1864, a tiempo para Navidad. En su camino, sembraron una estela de destrucción, incendiando casas para desmoralizar a los confederados. Según un periódico sureño, dejaron a su paso a «cientos de mujeres violadas y de chicas desvirgadas».*

Tal vez el primer uso de la violación como arma específica de guerra para propagar el terror se dio en la guerra civil española. El conflicto empezó en julio de 1936 después de una alianza de los partidos centrista y de izquierda, que ganaron las elecciones por un estrecho margen y asumieron el poder, tras lo que indultaron a presos políticos y animaron a los campesinos a apropiarse de la tierra.

La derecha observaba con creciente alarma los cambios en lo que era un país profundamente dividido. Tras decidir que aquello era demasiado, el general Francisco Franco, entonces jefe del Estado Mayor, sublevó a un ejército fascista en el Marruecos español que voló en aviones de mercancías alemanes sobre el estrecho de Gibraltar para derrocar el Gobierno republicano de Madrid.

La guerra pronto se consideró un campo de batalla ideológico entre la izquierda y la derecha, lo que atrajo a voluntarios de izquierdas del mundo entero a unirse a las brigadas internacionales, además de a escritores e intelectuales como Ernest Hemingway, Martha Gellhorn, John Dos Passos, George Orwell y W. H. Auden, así como a fotógrafos como Robert Capa y Gerda Taro, algunos de los cuales vivieron apasionadas aventuras amorosas con la guerra como telón de fondo.

* Citado en Matthew Carr, *Sherman's Ghosts: Soldiers, Civilians, and the American Way of War* (Nueva York: New Press, 2015).

Asesinaron a cientos de miles de españoles durante los tres años que duró la guerra. Mucho menos conocida es la magnitud de la persecución deliberada y sistemática que sufrieron las mujeres.

Los regulares marroquíes del Ejército africano de Franco actuaron como las tropas de choque de los nacionalistas. Los oficiales de Franco los animaron a cometer atrocidades contra mujeres republicanas que se dirigían a Madrid. «No solo violaciones, sino también espeluznantes evisceraciones de campesinas andaluzas y extremeñas», dijo Beevor, que escribió un libro sobre la guerra.

Violaban a las esposas, madres, hermanas e hijas de los izquierdistas ejecutados como represalia y las humillaban rapándoles el pelo u obligándolas a beber aceite de ricino, que era laxante, para que se ensuciaran en público. A veces, después de violar a mujeres, les marcaban los pechos con el yugo y las flechas, el símbolo falangista.

Tras la captura de una ciudad o un pueblo, se daban dos horas a las tropas durante las cuales podían saquear y violar.

Encerraban a las mujeres que habían participado activamente en la política en sucias cárceles masificadas donde solían violarlas. Algunas serían ejecutadas posteriormente por un pelotón de fusilamiento. Las que salían con vida tendrían problemas físicos y psicológicos para toda la vida. Habían perdido todo cuanto poseían, los hombres habían sido asesinados y muchas tuvieron que prostituirse para sobrevivir.

«La violación sistemática por las columnas de las tropas marroquíes fue parte del plan para inspirar terror», según el historiador británico Paul Preston, cuyo escalofriante libro *El holocausto español* llegó más lejos que todos los anteriores para revelar lo que había sucedido en realidad durante ese oscuro periodo.

La medida que legitimaba el abuso a mujeres como una política oficial quedaba plasmada en los discursos del general Gonzalo Queipo de Llano, el dirigente militar que gobernaba *de facto* en el sur de España. Preston apunta que sus emisiones de radio estaban «llenas de referencias sexuales» y que «describían escenas de violación con un infame deleite que animaba a sus milicianos a repetir esas escenas».*

En una emisión, Queipo de Llano declaró: «Nuestros valientes legionarios y regulares han demostrado a los rojos cobardes lo que significa ser hombres de verdad. Y de paso también a sus mujeres. Esto está totalmente justificado, porque estas comunistas y anarquistas predican el amor libre. Ahora por lo menos sabrán lo que son hombres y no milicianos maricones. No se van a librar por mucho que berreen y pataleen».

Después de que Franco muriera de viejo en 1975, lo que dio pie al regreso a la democracia, España hizo cuanto pudo para ocultar su pasado. En 1977, el Parlamento acordó el Pacto del Olvido y aprobó una ley de amnistía para garantizar que no se pudiese pedir cuentas a nadie. No hubo ni purgas, ni Comisión de la Verdad, ni una mención en los libros de historia. El general Queipo de Llano, responsable de la ejecución de 54 000 personas en Sevilla, entre las cuales se cuenta el poeta Federico García Lorca, recibió sepultura en una capilla especial de la basílica de La Macarena de Sevilla.

Poco después del inicio de la guerra civil española se produjo la violación de Nankín: las atrocidades cometidas por el Ejército Imperial japonés en un ataque que destruyó Nankín, entonces capital de China, durante la segunda guerra sinojaponesa. En la masacre, que duró seis semanas, de diciembre de 1937 a enero de 1938, las tropas japonesas fueron puerta por puerta buscando a niñas a partir de diez años y violaron a muchas. Se calcula que se cometieron entre veinte mil y ochenta mil violaciones. Asesinaron a muchas después de las violaciones y las abandonaron «en la calle con las piernas abiertas, los orificios atravesados con varas de madera, ramas y cañas», según las noticias de la época.†

---

* Paul Preston, *El holocausto español: odio y exterminio en la Guerra Civil y después* (Barcelona: Editorial Debate, 2011).

† Iris Chang, *La violación de Nanking* (Barcelona: Capitán Swing, 2016).

Las violaciones masivas de Nankín horrorizaron tanto al mundo que el emperador Hirohito se alarmó del daño que podían ocasionar a la imagen de Japón. Sin embargo, lejos de moderarse, el Ejército Imperial continuó secuestrando a miles de mujeres y chicas de China, de Corea y del Sureste Asiático durante la Segunda Guerra Mundial. Las internaban en burdeles militares en los territorios ocupados como «mujeres de consuelo», pero en la práctica eran esclavas sexuales.

Una directiva de 1938 del Departamento de la Guerra japonés abogó por una regulación del sexo en las «estaciones de consuelo» «para mantener bien alto el espíritu de las tropas, hacer cumplir la ley y el orden e impedir las violaciones y las enfermedades venéreas».

Se acorralaba a niñas de apenas doce años en las calles de todo el Sureste asiático y las raptaban o las convencían de viajar a lo que pensaban eran unidades de enfermería o empleo en fábricas, o las compraban a sus padres como criadas atadas a un contrato. Por el contrario, las enviaban a burdeles para prestar servicios sexuales a los soldados japoneses, a veces cincuenta al día, y las retuvieron durante meses o incluso años.

Se calcula que se obligó a entre cincuenta mil y doscientas mil mujeres de consuelo a servir a las tropas japonesas. Nadie sabe cuántas fueron exactamente porque los oficiales japoneses destruyeron los documentos después de la guerra. Muchas murieron asesinadas por las tropas en retirada. Numerosas mujeres fallecieron de infecciones de transmisión sexual o de complicaciones debidas al violento trato de los soldados japoneses; otras se suicidaron.

En 1993, el Tribunal Global de la ONU sobre las Violaciones de los Derechos Humanos de las Mujeres estimó que, al final de la Segunda Guerra Mundial, un noventa por ciento de las mujeres de consuelo había muerto. Las supervivientes se convirtieron en parias de la sociedad y se referían a ellas como «las sobras de los japoneses».

El silencio reinaba en Japón, puesto que los oficiales insistían en que los centros de consuelo no habían existido o que las mujeres eran prostitutas remuneradas. Aun así, poco a poco, cada vez más valientes supervivientes alzaron la voz.

Transcurrieron casi cincuenta años hasta que, en 1993, Japón reconoció oficialmente lo sucedido mediante las disculpas del primer ministro Morihiro Hosokawa. Incluso entonces, uno de sus sucesores, Shinzo Abe, le criticó; en 2015 se alcanzó por fin un acuerdo con Corea del Sur para pagar finalmente 8,8 millones de dólares en concepto de reparaciones a las mujeres supervivientes, de las cuales menos de cincuenta seguían vivas.

El tema sigue vigente: Corea del Sur pidió unas disculpas más firmes por parte de su antigua potencia colonial y las mujeres siguen reuniéndose todos los miércoles junto a una estatua en las afueras de la Embajada de Japón en Seúl para exigir disculpas y una nueva redacción de los manuales de historia.

Japón, según parece, sigue negándolo. Desde 2014, se ha prohibido a los editores de NHK, la emisora estatal japonesa, utilizar el término de «esclavas sexuales» y, en cambio, deben describirlas como «personas denominadas mujeres de consuelo en tiempos de guerra».

En octubre de 2018, la ciudad japonesa de Osaka renunció a sesenta años de hermandad con San Francisco como protesta por que se erigiese una estatua en Chinatown que representaba a mujeres de consuelo.

Por supuesto, los rusos y los japoneses no fueron los únicos soldados que cometieron violaciones durante la Segunda Guerra Mundial. Los británicos, los franceses, los estadounidenses y los canadienses también lo hicieron, pero a una escala muy inferior. En Italia, las tropas mercenarias marroquíes lucharon con las Fuerzas Francesas Libres en términos que incluían «la licencia para violar y saquear en el territorio enemigo».

También se escondieron bajo la alfombra de la historia las violaciones durante la guerra de Vietnam, que causó estragos de 1961 a 1973. Se han escrito miles de libros angustiosos sobre la debacle en la que fallecieron 58 000 estadounidenses y cuarenta veces más vietnamitas, pero apenas contienen una mención a las violaciones cometidas por los soldados estadounidenses y vietnamitas, ni las previas de los soldados franceses.

Uno de los episodios más nefastos de dicha guerra fue la matanza de My Lai, de marzo de 1968, en la que los GI estadounidenses mataron a cuatrocientos aldeanos desarmados, niños incluidos, como se ve en una serie de fotografías gráficas; pero también se perpetraron múltiples violaciones que apenas merecieron una línea en los reportajes.

Una investigación posterior sobre la masacre dirigida por el general William Peers[*] reunió testimonios detallados de veinte actos de violación contra mujeres y niñas de entre diez y cuarenta y cinco años. Muchos de los asaltos eran violaciones en grupo e implicaban tortura sexual, y ningún soldado de la infantería intentó detenerlos. Sin embargo, no se juzgó por estos crímenes.

En la vecina Camboya, los jemeres rojos asesinaron a miles de camboyanos entre 1975 y 1979. Los médicos, maestros, abogados y cualquier persona instruida eran señalados como traidores en la nueva Camboya, que el dirigente jemer rojo Pol Pot quería hacer retroceder al «año cero». Tener las manos suaves o llevar gafas era suficiente para merecer la ejecución. En menos de cuatro años, el régimen maoísta asesinó a dos millones de camboyanos, un cuarto de la población del país, muchos de ellos en lugares de ejecución masiva conocidos como «campos de la muerte». Una vez más, no se informó apenas sobre las violaciones a mujeres a las que se obligaba a casarse con extranjeros en bodas masivas sin los rituales budistas habituales y a consumar el matrimonio a punta de pistola. Más tarde, un cargo jemer rojo permanecía en el exterior de las chozas para asegurarse de que la pareja mantenía relaciones sexuales y se les ordenaba que produjeran un hijo para el partido.

En otros lugares, se conocía a las tropas turcas que participaron en la invasión y ocupación de Chipre en 1974 por sus

---

[*] La Comisión Peers finalizó en 1970 y el informe fue publicado en 1974.

violaciones masivas de mujeres y chicas. En un caso, veinticinco chicas denunciaron ante oficiales turcos que sus soldados las habían violado y fueron violadas de nuevo por dichos oficiales.

Cuando los soldados y la policía secreta de Sadam Huseín invadieron Kuwait en 1990, saquearon tiendas y hogares, incendiaron pozos de petróleo, ensuciaron con excrementos los suelos del palacio real y tacharon el nombre «Kuwait» para intentar borrar la identidad del país. Se describieron muchísimo menos las violaciones de miles de mujeres kuwaitíes y de criadas filipinas.

«La guerra les sucede a las personas, una por una», escribió Martha Gellhorn en 1959, en su libro *El rostro de la guerra,* pero sucede de muchos modos y a veces la muerte no es lo peor.

Cuanto más leía, investigaba y hablaba con mujeres, más preguntas me hacía sobre todo lo que había aprendido en la asignatura de historia.

10

Luego se hizo el silencio

Buenos Aires

En el verano de 1987, María José Lavalle Lemos tenía diez años. Estaba viendo dibujos animados de Disney en casa de una amiga en el centro turístico de playa de Mar del Plata, donde residía, cuando el juez local llegó y se la llevó a su oficina. Teresa González de Rubén, la sargenta de policía a la que conocía como su mamá la estaba esperando.

«Tu mamá tiene algo que decirte», empezó el juez Juan Ramos Padilla. «Estaba confundida y no hacía más que preguntarme por qué no me había podido quedar en casa de mi amiga y tomar helado», dijo María José. «No tenía ni idea de lo que iba a pasar».

Le dijeron que las personas a las que siempre había conocido como mamá y papá no eran sus padres. Había nacido en un centro clandestino de tortura y no en el hospital local. Sus padres biológicos se encontraban entre los desaparecidos, miles de personas secuestradas por la policía secreta tras la llegada al poder de la Junta Militar en marzo de 1976, a las que llevaron a centros de detención donde torturaron y asesinaron a la mayoría. La mujer que la había criado e inscrito como su hija había sido guardia en el centro de tortura de Banfield donde sus padres habían desaparecido.

María José pasó los tres días que prosiguieron a las revelaciones sumida en el vacío. «Lo que pensaba que era cierto se trataba de una mentira», me contó cuando nos conocimos cinco años más tarde. «Ya no sabía quién era».

239

La llevaron al hospital para hacerle un análisis de sangre y después a un hotel local mientras se estudiaban las muestras. Tres días después, por la mañana, llegaron los resultados que revelaban con un 99,88 % de exactitud que era la hija desaparecida de Mónica y Gustavo Antonio Lavalle, secuestrados en su casa de Buenos Aires, junto a su bebé de quince meses María Laura, en la madrugada del 21 de julio de 1977 y luego asesinados. Mónica estaba embarazada de ocho meses cuando la secuestraron.

La pareja tenía un taller de cuero y ambos eran miembros comprometidos del sindicato de artesanos. Mónica se había implicado en política estudiantil en la universidad donde cursaba Geología y Gustavo también militaba como activista. Eran tan populares en su comunidad que más tarde le pusieron su nombre a una calle.

Para el régimen militar, se trataban de izquierdistas subversivos, entre miles de sindicalistas, abogados y estudiantes a los que hombres enmascarados sacaban de sus casas o de las calles cuando salían de sus oficinas, de la facultad o bajaban del autobús.

Cinco días después de la desaparición de los Lavalle, una llamada anónima a los padres de Gustavo informó de que habían abandonado a María Laura y sufría malnutrición; pero no se supo nada más. Para sus familias fue como si la tierra se hubiese tragado a la pareja. Se destruyeron todos los informes sobre su destino.

Durante los siete años de dictadura militar, de 1976 a 1983, miles de hombres y mujeres argentinos «desaparecieron» en lo que se denominó la «guerra sucia»: trece mil según las fuentes oficiales, más de treinta mil según las organizaciones de derechos humanos.

Se transformaron clubes deportivos, garajes de autobús, escuelas militares, incluso un hipódromo en unos seiscientos centros de detención donde llevaban y torturaban a los secuestrados, a menudo hasta matarlos. Se depositaban los cadáveres en fosas secretas, mientras que otros muchos se cargaban en aviones para arrojarlos al río de la Plata o al océano Atlántico.

Aproximadamente el treinta por ciento de las personas secuestradas eran mujeres y algunas, como Mónica, estaban embarazadas. Se las dejaba con vida hasta que diesen a luz en habitaciones especiales de los centros de detención y luego las embarcaban en los llamados «vuelos de la muerte». Los bebés se entregaban a parejas sin hijos que no tenían idea de su origen, o, más escalofriante aun, los criaban los militares o la policía secreta que había asesinado a sus madres.

Un par de años después de la desaparición de Mónica, su madre Haydee Vallino de Lemos conoció a una mujer que también había estado en el centro de detención de Banfield. Le dijo que Mónica había dado a luz una niña.

«Sabía que Mónica estaba embarazada cuando la secuestraron y muchas veces imaginé que había tenido un niño», me explicó Haydee. «Pero no sabía qué hacer para encontrarla».

Se unió a otras madres de los desaparecidos que habían empezado a desfilar en silencio a las tres y media de la tarde todos los jueves bajo las palmeras y los jacarandas de la plaza de Mayo en Buenos Aires. Era una elección simbólica: la plaza fue bautizada en honor a la Revolución de Mayo, que dio lugar a la independencia de España, y se encontraba a los pies de la catedral, sede de la poderosa Iglesia católica, y la Casa Rosada, palacio presidencial argentino desde el que Eva Perón solía dirigirse a las muchedumbres que tanto la adoraban.

La primera marcha, el 30 de abril de 1977, empezó con solo catorce mujeres. Tenían que desfilar de dos en dos, porque era ilegal que se reuniesen tres personas; daban vueltas y más vueltas a la pirámide en el centro de la plaza. Inspiradas por la idea de ponerse pañales en la cabeza, empezaron a llevar pañuelos blancos y los bordaron con los nombres de sus hijos desaparecidos.

Al principio, nadie las escuchaba. Muchos se limitaban a pasar de largo. La policía acosaba a las Madres de Plaza de Mayo y la Junta las censuraba como «mujeres locas». Las fami-

241

lias les suplicaban que lo dejasen, ya que temían por su seguridad. Secuestraron y asesinaron a tres de las líderes del grupo junto con dos monjas francesas que las habían ayudado.

Sin embargo, el número de mujeres que desfilaban iba aumentando. Entre ellas, algunas como Haydee habían descubierto que sus hijas secuestradas habían dado a luz. Formaron un grupo aparte llamado las Abuelas.

Otra de las primeras miembros fue Estela Barnes de Carlotto, antigua directora de una escuela secundaria en La Plata, que convirtió encontrar a los niños robados la misión de su vida y en 1989 pasó a ser la presidenta de las Abuelas. Es una mujer glamurosa con una nube de cabello rubio ceniza, maquillaje impecable y ropa estilosa que se hace ella misma (su madre había sido diseñadora de moda). Fuimos a verla a su pequeña oficina repleta de muñecos de peluche y fotografías de niños como María José que habían podido localizar.

«Tenemos todas más de sesenta años y somos mayoritariamente amas de casa sin experiencia política ni militancia, pero compartimos todas el conocimiento de que nos han robado, no solo a nuestros hijos, sino también a nuestros nietos», me dijo. «Esos depredadores pensaron que éramos mujeres débiles y que nos quedaríamos en casa llorando de miedo, pero se equivocaron».

Detrás de ella, en la pared, había una fotografía en blanco y negro de su impresionante hija mayor, Laura, frente a un mar embravecido. Se parecía a Joan Baez con sus ojos negros ahumados y su larga melena.

Me contó que Laura era estudiante de Historia en la Universidad de La Plata y militante, «con una fuerte personalidad y un profundo sentido de la justicia». La secuestraron junto a su novio, Walmir Montoya, en noviembre de 1977 y la transportaron a un centro de detención clandestino en las afueras de La Plata. El centro se hallaba en una antigua estación de radio apodada La Cacha por la bruja de unos dibujos animados que secuestraba a niños pequeños.

«Éramos muy ingenuos entonces; no sabíamos que los militares estaban matando a gente», dijo Estela. Luego, en agosto de 1978, el cuerpo de Laura apareció, con el rostro machacado por un cañón de rifle y acribillado de balas. Se detuvo y bajó la mirada unos instantes. «En cierto modo, tuvimos suerte, porque la mayor parte de los padres no reciben ni un cuerpo al que puedan dar sepultura».

Había algo más que Estela desconocía. Su hija estaba embarazada de tres meses cuando la secuestraron. Dos años después de su muerte, Estela conoció a una abogada que era una de las pocas supervivientes de La Cacha. Se enteró de que Laura había dado a luz antes de su asesinato a un niño llamado Guido, al que parió esposada a una camilla. «Sabía que había estado en La Cacha, pero ignoraba qué le había pasado al bebé», dijo Estela. «Era mi nieto, había sido robado y estaba decidida a encontrarlo».

Parecía una tarea imposible. También habían asesinado al novio de Laura, Walmir. Los primeros días, la búsqueda llevó a un callejón sin salida. Las abuelas tenían que actuar en secreto. Las seguían continuamente, recibían llamadas telefónicas amenazadoras y a veces las detenían. «Parecía una misión para el agente 007», dijo Estela. «Imagínese: buscamos a niños cuyos nombres no sabemos, ni su aspecto, ni su paradero o fecha de nacimiento».

Las abuelas se basaban principalmente en alertas anónimas: llamadas o cartas de personas que informaban de una actitud sospechosa de los vecinos o de un traslado repentino. El teléfono de Estela no dejaba de sonar.

«Puede haber todo tipo de pistas», dijo Haydee. «Quizás trabajasen para el régimen y después apareciesen con un bebé sin mostrar signos de embarazo, o tienen la tez oscura mientras que el bebé es pálido, o tratan mal al niño. A menudo actúan de manera furtiva y la gente no suele apreciarlos debido a sus conexiones militares».

El valor y la dignidad de esas mujeres frente a tanto sufrimiento captaron la atención internacional y consiguieron fondos para un equipo de investigación.

Con la caída del régimen militar, tras la poco afortunada invasión de las Islas Malvinas británicas en 1982, la búsqueda resultó más fácil, a lo que también contribuyó la aparición de las pruebas de ADN unos años más tarde. El nuevo presidente civil, Raúl Alfonsín, aprobó en 1987 la creación del Banco Nacional de Datos Genéticos, que contenía muestras de sangre de todos los abuelos. Una vez se encontraba a un niño como María José, los datos podían emplearse para demostrar un vínculo con su familia legítima.

En el momento de mi primera visita en 1992, habían localizado a cincuenta de los niños, la mitad de los cuales habían sido devueltos a sus familias biológicas. Trece se quedaron con sus familias adoptivas, pero estaban en contacto con las familias biológicas; cinco casos se juzgaban en los tribunales; y siete habían muerto asesinados. Sin embargo, Estela creía que la cifra real debía de ser muy superior, teniendo en cuenta habían desaparecido treinta mil personas.

Mientras hablaba con María José y su abuela Haydee, me enteré de las dificultades de todas las personas implicadas. Para financiar la búsqueda, Haydee había tenido que vender su alianza de matrimonio y su televisor. Allanaron y saquearon su casa, con lo que, según creía, pretendían amenazarla, y no le dejaron más que sus recuerdos y una fotografía en blanco y negro arrugada de Mónica y Gustavo.

Los otros abuelos, los padres de Gustavo, se negaron a reconocer que la pareja había desaparecido. Como muchos argentinos, intentaron ignorar la represión. Peor todavía, como desaprobaban la implicación de Haydee con las Abuelas, restringieron también sus visitas a la otra hija de Mónica, María Laura, a la que estaban criando.

Cuando los padres adoptivos de María José se enteraron de que las abuelas seguían su pista, se mudaron cuatro veces. Casi no dejaban salir a María José. Aun así, todas las veces que se trasladaban había chivatazos de vecinos suspicaces. Uno de los chivatazos llegó al juez Padilla, quien descubrió que Teresa González había trabajado entre 1979 y 1978 en el centro de detención de Banfield, donde habían llevado a muchos de los desaparecidos.

Al principio, Teresa González negó que hubiese secuestrado a María José, pero, tras su detención, confesó que la niña no era de ella y que había trabajado en el centro donde había nacido. «En realidad, parecía casi aliviada, como si la hubiesen liberado de diez años de mentiras», dijo el juez Padilla. Cuando el juez se lo dijo, Haydee supo que la edad y el lugar encajaban, pero casi no se atrevía a pensar que fuese su nieta. Tuvo suerte. María José fue la segunda niña que encontraron.

El juez Padilla no estaba seguro de lo que había que hacer. «Todo era una novedad y no sabía qué era mejor para la niña», dijo. «Me parecía que para una niña era un tremendo sufrimiento descubrir de pronto que la gente a la que consideraba sus padres no lo eran. Hablé con psiquiatras y no estaba convencido. Por fin, mi hijo de doce años me dijo: "Mira, papá, la verdad es la verdad". Entonces me di cuenta de que para un niño era mejor conocer la verdad, por muy dolorosa que fuese, que vivir una mentira».

María José se mostraba silenciosa y retraída durante las sesiones de terapia con el juez y el psiquiatra. «Primero pensé que era mejor regresar con la gente que me había criado, porque tenía miedo. Siempre había estado con ellos», me dijo.

A María Laura también le costó aceptar que tenía una hermana pequeña, pero existía un parecido increíble entre ambas. Al final, las dejaron solas. Tras cuarenta minutos de silencio, el juez oyó voces, risas y, por fin, carcajadas. Las dos salieron cogidas del brazo. Habían descubierto que tenían una marca de nacimiento en forma de luna en el mismo lugar del cuerpo.

«Parecía como si siempre hubiésemos estado juntas», dijo María Laura. «En cuanto conocí a mi abuela y a mi hermana, no quise volver», dijo María José.

La confesión de González facilitó el caso. Una semana después de su descubrimiento, María José decidió vivir con su abuela, y María Laura decidió dejar a sus otros abuelos para vivir con ella.

Haydee me dijo que, a sus setenta y dos años, estaba muy contenta de vivir con sus dos nietas. Las dos habían sido criadas como hijas únicas y se peleaban mucho, pero se estaban adaptando. A través de las Abuelas tenían acceso a terapia para ayudarlas a acomodarse.

Su piso en Buenos Aires era pequeño y no podían permitirse lujos como los que María José había tenido con sus secuestradores. «Me trataban bien, pero era todo mentira», dijo.

«Es posible regalar a una nena ropa linda y juguetes, pero si le han robado su identidad, ha perdido lo más importante», dijo Haydee. «Es peor que ser una esclava; por lo menos, una esclava tiene una historia».

Años más tarde, en un juicio en 2018 a oficiales que trabajaron en el centro de detención de la brigada de San Justo, donde detuvieron a la pareja al principio, Adriana, hermana mayor del asesinado Gustavo, contó al tribunal lo traumático que había sido para todos. Durante toda su infancia, María Laura padecía pesadillas y se asustaba con «ruidos fuertes, sirenas y hombres uniformados», mientras que para María José «fue difícil incorporarse de pronto a una familia ajena donde había un espacio vacío que deberían haber ocupado sus padres».*

Para las demás abuelas, la búsqueda continuó. Aunque les fueron negadas sus exigencias de acceder a los registros de la policía, los primeros años posteriores a la dictadura militar fueron positivos. A diferencia de otros países latinoamericanos que salían de una dictadura, Argentina empezó rápidamente a pedir cuentas a quienes habían estado detrás de la guerra sucia. El Juicio a las Juntas de 1985 fue el primer gran pleito mundial por crímenes de guerra desde Núremberg y ochocientas treinta y tres personas acudieron a declarar, entre ellas Estela. El juicio finalizó con la declaración del fiscal: «¡Nunca más!».

Sin embargo, el año siguiente, temiendo otro golpe, el presidente Alfonsín declaró que el país necesitaba mirar al futuro y no al pasado y aprobó la ley del Punto Final para acabar con las investigaciones y enjuiciamientos. Esta ley fue seguida por

* «Declararon las hermanas Lavalle Lemos», *El Teclado,* 29 de agosto de 2018.

la Ley de Debida Obediencia, que garantizaba la amnistía a todos los oficiales júnior y de rango intermedio que habían cumplido órdenes. En 1990, su sucesor, el presidente Carlos Menem indultó a los condenados.

Una vez más, se ensombrecía el futuro. La organización de las Madres se dividió, escindida entre las que pensaban que deberían trabajar con el Estado y las que no. Para Estela, presidenta de las Abuelas, su única herramienta, además de su persistencia y su valentía, era la publicidad. Me dijo que esperaba que, cuando los niños que todavía vivían con sus padres de acogida se hiciesen mayores, podrían empezar a hacer preguntas sobre su pasado, tener sospechas y acudir a su oficina; pero había casos en que los niños, que las Abuelas sospechaban que habían sido robados, se negaban a ser examinados.

Ninguno de los «padres» que tuvieron que devolver a los niños quiso hablar, pero una amiga de Teresa González dijo que «quería dar a María José una oportunidad en la vida. ¿No es mejor que la salvaran y la criara en un ambiente de cierta seguridad a que la abandonaran para morir en el campo?».

Alicia Lo Giúdice, psiquiatra que trataba a algunos de los niños devueltos, me dijo: «No reconocen que robaron a los niños. Dicen que los adoptaron. Tal vez incluso se lo creen».

Los abuelos eran menos empáticos. Algunos lo veían como una especie de botín de guerra macabro, otros como una forma de lavado de cerebro, la victoria final sobre los opositores a quienes deseaban aplastar. «Es como si, tras matar a los padres, los represores quisiesen controlar el destino de los hijos», dijo Estela.

Para resumir el caso de María José, el juez Padilla comparó a la niña con «un animal doméstico que al que tratan con afecto, pero con el único objetivo de darle placer al propietario».

La idea de que los torturadores dejaron vivir a las cautivas embarazadas para que diesen a luz y después llevarse a los niños era tan siniestra que parecía algo salido de una novela distópica. En efecto, la escritora canadiense Margaret Atwood afirmó que Argentina le «proporcionó algunas de las prácticas de la vida real que incluí en *El cuento de la criada*».*

¿Cómo podía alguien hacer algo así? ¿Y qué decir de los médicos o comadronas que ayudaron en el parto y de los sacerdotes que los bautizaron, todos ellos cómplices? Sin embargo, algunos represores vieron claramente que lo que habían hecho en términos ideológicos había sido salvar a los hijos de los comunistas y entregarlos a una «familia católica adecuada» para que no tuviesen las ideas ateas izquierdistas de sus padres.

«Los padres subversivos educan a sus hijos para la subversión. Hay que impedirlo»,[†] dijo el general Ramón Juan Alberto Camps, jefe de policía de la provincia de Buenos Aires entre 1976 y 1978. Explicó que los líderes de la guerra sucia temían que los hijos de los desaparecidos crecerían odiando el ejército a causa del destino de sus padres y darían lugar a una nueva generación de subversivos.

Con el tiempo, el trabajo detectivesco de las abuelas localizó a más niños y ayudó a condenar a decenas de verdugos cuando se volvió a hablar de los casos.

Estela, sin embargo, no encontró al suyo. Su marido falleció, su pelo se cubrió de canas y su rostro de arrugas, aunque era elegante y fuerte como siempre. A los ochenta y cuatro años, en 2014, seguía insistiendo en que no abandonaría nunca. «Hay una fuerza potente que me empuja desde dentro: lo que nos empuja es el amor, el amor de nuestros hijos y nietos».

Entre las personas impresionadas por su dedicación había un estudiante de música llamado Ignacio Hurban que un día estaba ante el televisor y vio una entrevista a Estela. «Pensé: qué

---

* Prólogo a la obra de Ana Correa, *Somos Belén* (Planeta Argentina, Buenos Aires, 2019).

† Entrevista a Santiago Aroca, *Tiempo*, Madrid, 9 de noviembre de 1983.

lástima, esta mujer ha pasado toda su vida buscando a su nieto y tal vez no lo encuentre nunca».*

Sus padres eran agricultores en la pequeña ciudad rural de Olavarría, a trescientos cincuenta kilómetros de Buenos Aires, donde trabajaban para un rico propietario local, Francisco Aguilar. A veces, cuando se hizo mayor, pensaba que era extraño que no guardase ningún parecido físico con ellos y que su visión de la vida fuese muy distinta.

Ignacio estudió en un conservatorio en Buenos Aires y se convirtió en músico de *jazz;* tocaba el piano en su propio grupo. Se casó y regresó a Olavarría, donde empezó a grabar álbumes y a dirigir una escuela de música. La vida le sonreía. La pareja acababa de comprarse un coche nuevo y pensaba formar una familia. En junio de 2014, una cena para celebrar su trigésimo sexto cumpleaños lo cambió todo.

Uno de los invitados era una amiga de la hija de Aguilar, el propietario de la hacienda. Dijo a la esposa de Ignacio que este, cuando era un bebé, había aparecido de la nada en el momento álgido de la dictadura.

Para Ignacio supuso un choque enorme. Decidió buscar a su familia biológica. Fue a las Abuelas, que le organizaron una cita para un análisis de sangre y las muestras se enviaron al Banco Nacional de Datos Genéticos. En agosto de 2014, unos días más tarde, recibió los resultados. Era el nieto desaparecido de Estela.

Ignacio dijo más tarde que tenía la esperanza de que fuese ella, recordando aquella entrevista que había visto unos años antes en televisión. La pareja apareció en una rueda de prensa con idénticas sonrisas de oreja a oreja. Estela se había convertido en un tesoro nacional y era como si todo el país compartiera su alegría. «Pude abrazar a mi nieto», dijo. «No se parece a mi hija, pero su sangre me dice que es su hijo. Ha sido como si los hubiese recuperado a ambos».

* Uki Goñi, «A Grandmother's 36-Year Hunt for the Child Stolen by the Argentinian Junta» [La búsqueda de 36 años de una abuela por el niño robado por la Junta argentina], *Observer,* 7 de junio de 2015.

Ignacio Hurban cambió su nombre por el de Ignacio Montoya Carlotto y los padres que lo habían criado se enfrentaron a un procedimiento legal. Cada vez que se encuentra a un niño, el sistema judicial interviene.

«Las personas que criaron a mi nieto cometieron un delito grave, un crimen contra la humanidad», dijo Estela. «Pero existen circunstancias atenuantes porque eran campesinos sencillos que no podían tener hijos y estaban bajo el control de un terrateniente que un día les llevó un bebé y les dijo que no hicieran preguntas y que no dijeran jamás a nadie que no era su hijo».

Incluso tras haber encontrado a su nieto, Estela no se detuvo. Ignacio fue el niño desaparecido n.º 114 en ser identificado. En 2018, cuando Estela cumplió ochenta y ocho años, el número había aumentado a ciento veintinueve. «Mientras viva, seguiré buscando a los nietos desaparecidos, la verdad y la justicia», me dijo.

Las salas de incubación estaban en el piso superior. Tres salas sin ventanas, cada una con una mesa de quirófano y unos cuantos instrumentos médicos.

Mientras Argentina intenta aceptar su sombrío pasado, algunos de sus centros de tortura se han convertido en monumentos, parques memoriales o museos. A menudo, como el Garage Olimpo, la antigua terminal del autobús número 5 de Buenos Aires, estos centros parecían discordantes en medio de áreas residenciales.

El mayor y el más infame era la ESMA, la Escuela Superior de Mecánica de la Armada, donde torturaron a cinco mil personas secuestradas. Sabemos que tan solo doscientas sobrevivieron. «Es nuestro Auschwitz», me dijo un amigo argentino.

La Armada había abandonado el edificio a su pesar y en 2015 se inauguró como museo. La entrada principal conducía a un enorme edificio blanco con columnas en medio de un gran campus verde bordeado por una carretera transitada en el norte de la ciudad, cerca del aeropuerto nacional. Más allá se perfilaba el comedor de los oficiales, un edificio de cuatro pisos de color crema con persianas verde oscuro donde se habían perpetrado las torturas. Se había erigido una fachada de vidrio, impresa con los rostros en blanco y negro de las víctimas, para que no estuvieran en contacto con el edificio. Me sorprendió la juventud de todos ellos.

Fue allí donde llevaron a estudiantes, activistas, periodistas y sindicalistas, encapuchados y con los tobillos y las muñecas esposadas para que solo pudieran arrastrar los pies. Dentro se les asignaba un número y se les llevaba a los aleros, lo que se llamaba capucha, donde se les tenía estirados en el suelo en huecos como ataúdes. De vez en cuando, se llamaba a ciertos números y se los escoltaba a la planta inferior, donde los torturaban. Había poco que ver, pero muchas cosas que imaginar: las palizas, las quemaduras con cigarrillos, electrochoques con picanas para ganado a la máxima potencia (a menudo a los genitales) y la técnica de tortura del submarino.

Levantaban a los apalizados y cojos presos para que pasaran a las habitaciones de los oficiales en el primer y el segundo piso, hasta los aleros. Había algo particularmente siniestro en esos hombres que llevaban a cabo las torturas en el mismo edificio donde comían, vivían y socializaban, con presos encapuchados que circulaban por delante de su puerta mientras dormían. Se podían incluso ver huellas dactilares de sangre en una pared.

Los miércoles, se decía a algunos presos que se preparasen para los traslados. En realidad, los traslados eran los vuelos de la muerte. Los llevaban al aeropuerto para drogarlos y embarcarlos en aviones militares desde los que después los arrojaban al mar o al Río de la Plata. Algunos cadáveres eran arrastrados hasta Uruguay.

Uno de los conductores del camión encargado de cargar a la gente en aviones y explicó en un juicio que había preguntado a un oficial: «¿Adónde se los llevan?». «Van a la niebla de ninguna parte» fue la respuesta.

Sorprendentemente, mientras esto sucedía, Argentina había organizado el Mundial de fútbol de 1978, que albergó a

251

equipos y a aficionados desde Escocia hasta Suecia (Inglaterra no había conseguido calificarse), y además ganó el título. El Estadio Monumental donde se celebró la final contra Holanda se encontraba a solo un kilómetro y medio de la ESMA. El capitán de oficiales Jorge Acosta, director de la ESMA, celebró la victoria besando a mujeres a las que acababan de torturar. Según una de las supervivientes, «Acosta entró en la habitación gritando: "¡Hemos ganado, hemos ganado!"».[*]

Al menos, a diferencia de la mayor parte de los lugares que había visitado, en Argentina se hizo justicia. En una sala en la primera planta, una serie de proyecciones exhibían en las paredes los rostros y los nombres de los agresores condenados.

Las leyes de amnistía se derogaron por el Tribunal Supremo en 2005 a instancias del presidente Néstor Kirchner. Esto significó que podía reanudarse el enjuiciamiento de aquellos que llevaron a cabo la tremenda represión. Entre 2006 y 2018, se acusó a 3010 oficiales militares de crímenes contra la humanidad. Los juicios que implicaban a los de la ESMA tenían tantos autores y víctimas que se les dio el nombre de «megajuicios». El tercer megajuicio tuvo lugar entre 2012 y 2017, y fue el mayor juicio de la historia de Argentina. Se juzgó a 54 personas por crímenes contra 789 víctimas. Hasta entonces, se había condenado a 862, 530 habían fallecido y 715 seguían con el juicio. Entre los presos figuraban los pilotos de los vuelos de la muerte. En cada juicio, los padres de los desaparecidos llevaban fotografías ampliadas en blanco y negro de los hijos e hijas que habían perdido. Cuando se dictaban las sentencias, la muchedumbre aplaudía.

Entre las supervivientes de la ESMA se contaba Graciela García Romero. Con ojos marrones y pelo castaño vaporoso, vestida con vaqueros negros, botas y una chaqueta acolchada azul,

---

[*] Testimonio de Graciela Daleo en el Juicio 2 de la ESMA, caso 1270, 29 de abril de 2010.

aparentaba menos de los sesenta y pico años que sabía que tenía, su aspecto lograba transmitir energía y vulnerabilidad al mismo tiempo. En noviembre de 2018, a las tres de la tarde de un viernes, se reunió conmigo en la cafetería de mi hotel en la calle San Martín.

Antes de que empezásemos a hablar, me hizo salir. «Mira», me dijo. Dos puertas más abajo, frente al número setecientos, se detuvo ante una puerta azul junto al Teatro Payró. «Acá fue donde me secuestraron», dijo. «Eran también las tres de la tarde de un viernes.

»Era el 15 de octubre de 1976 e iba paseando con mi amiga Diana García cuando, de pronto, sentí que unos brazos me rodeaban el cuello y el cuerpo. Grité, pero nadie hizo nada. Seis o siete hombres vestidos de paisano y armados con pistolas nos agarraron y nos arrastraron hasta la calle principal, la avenida

Graciela en su juventud antes del secuestro.

Córdoba. Me metieron en un coche blanco y me llevaron a la ESMA. No volví a ver a Diana».

La miré fijamente. De todos los lugares de Buenos Aires donde la habría podido citar…, ¡qué horrible coincidencia!

Se rio de mis disculpas, volvimos a entrar y pedimos capuchinos. Me dijo que acababa de leer el libro de Nadia Murad que narra su experiencia esclava sexual yazidí. «Me di cuenta de que fue lo que nos ocurrió a nosotras», dijo. «Nosotras también éramos esclavas sexuales».

Se puso a contarme su historia. Apodada la Negrita, Graciela había militado con los Montoneros, una guerrilla urbana de izquierdas, creada en un principio para hacer regresar al antiguo presidente exiliado Juan Perón. A principios de los años setenta, cuando Perón renegó de ellos, se centraron en atacar intereses de negocios internacionales: llegaron a bombardear el Sheraton de Buenos Aires y secuestrara ejecutivos. Siguen ostentando el récord por haber conseguido el rescate más importante del mundo: sesenta millones de dólares por los hermanos Born. Cuando los militares se hicieron con el poder, los Montoneros se pasaron a la lucha armada para intentar derrocar el régimen.

Graciela se había afiliado al movimiento a través de un novio y le dieron una pistola que nunca utilizó. Tenía unos veintitantos años cuando la policía secreta la apresó y la llevó a la ESMA. Allí la embozaron y la trasladaron a la Capucha, donde era custodiada por los denominados Verdes, a causa del color de su uniforme y porque eran jóvenes estudiantes de la facultad. «Debíamos orinar y defecar en un cubo maloliente y, si conseguíamos usar el baño, siempre nos miraba uno de los Verdes, haciendo comentarios sobre nuestros cuerpos».

La llevaron al sótano, donde había varias celdas a ambos lados de un pasillo que llamaban la «Avenida de la Felicidad». Allí la interrogaron, desnudaron y abofetearon. A veces la ataban a una camilla y hacían una ejecución simulada. No era una amenaza vacía: montones de cuerpos inertes se apilaban en el suelo.

Al principio, le dijeron que quizás la enviarían a una «granja de rehabilitación en el sur». Luego se enteró de los traslados.

«Nos dimos cuenta de que, cuando se llevaban a la gente en aquellos vuelos, sus zapatos no iban con ellos. Todos los miércoles, desde muy temprano, percibíamos la tensión mientras la gente esperaba a ver si se los llevarían, qué número saldría sorteado».

Tras un par de semanas, una tarde la llevaron a una granja con otras mujeres presas. «Un grupo de oficiales navales estaba sentado a una mesa con comida decente», recordó. «Todo lo que nos daban en la ESMA era pan rancio, a veces carne podrida y mate hervido, así que aprovechamos todas para comer bien. Entonces bajó ese capitán que se llamaba a sí mismo Ariada y se puso a hablar sobre la civilización cristiana occidental, sobre Aristóteles y Platón. No abrí la boca, porque no sabía qué hacía allí. Luego pusieron discos. El hombre que se llamaba a sí mismo como Ariada preguntó a cada oficial: "¿A qué chica preferís?". Me sentía como si estuviesen jugando con nosotras».

Más tarde, descubriría que se trataba del capitán Jorge Eduardo Acosta, el oficial de los servicios secretos que dirigía la ESMA y era conocido como el Tigre. Todos los oficiales se ponían nombres de animales como Cuervo, Piraña y Puma.

Al volver a la ESMA, la trasladaron a lo que llamaban camarote, un pequeño cubículo con las ventanas cegadas, que compartía con otra presa.

Varias veces recibió la visita de un oficial ebrio llamado Antonio Pernías, conocido como la Rata. Una vez le puso un cruasán recién horneado en su cama y le pidió una mamada a cambio. «Conseguí librarme de él, pero era un aviso de lo que iba a pasar», dijo Graciela.

Un día, la llevaron junto a tres presas a reunirse con el principal asesor de Acosta, Francis Whamond, un capitán naval retirado. «¿Qué cosas de aseo quieren?», les preguntó. «No lo entendíamos. Dijo que nos teníamos que bañar y preguntó si queríamos champú, jabón o desodorante. Pensamos que se había vuelto loco, pero, en realidad, nos estaban preparando para ellos.

»Cuando nos lavamos, nos hizo bajar a las cuatro. Me llevaron a la oficina de Acosta. Había poca luz. Vestía una camiseta azul claro y tenía una torta delante de él.

»Me preguntó si quería un pedazo y le dije que sí. Tenía un hambre atroz. No dejaba de hablar. Luego dijo: "Mañana voy a sacarte de acá".

»Al día siguiente, me metió en un coche y me llevó a un departamento que utilizaban para esas cosas. El edificio estaba en la calle Olleros, una zona elegante de Belgrano. No había electricidad y se enojó porque eran muchos pisos. Repetía: "¿Por qué no hay luz?". Me aproveché de la situación y dije que no me encontraba bien. Me dijo que no le importaba y empezamos a subir tal vez ocho o diez pisos. Por fin, entramos en el departamento, que estaba casi vacío aparte de una cama de matrimonio.

»El departamento lo utilizaban oficiales navales para tener sexo y lo llamaban el Guadalcanal, el nombre de una célebre batalla de la Segunda Guerra Mundial.

»Esta fue la primera de las muchas veces que me llevaron a aquel edificio o a otro. Me dejaban todo el fin de semana encerrada, esperando a que llegase Acosta a violarme. Si intentaba resistirme, me amenazaba con ponerme en uno de los traslados».

De vuelta a la ESMA, empezó a temer las palabras «¡Número 544, abajo!».

«Todas las veces que un guardián las pronunciaba, me encogía por dentro», dijo. Le habían asignado el número 544 y significaba que se la llevarían para que uno de los oficiales la violase.

En cierto sentido, Acosta la trababa como si fuese su novia. «Traía ropa y me hacía vestirme y pintarme para llevarme a cenar a uno de los mejores restaurantes de la ciudad. Me sacó a bailar a una conocida discoteca.

»Me parecía repelente», dijo. «Tenía treinta y pico años, los ojos claros, una voz alta y un labio inferior débil y se jactaba de hablar a Jesús todas las noches».

Una noche incluso la llevó a ver a su familia. «Era tarde, estaban todos en pijama. Todo el mundo me abrazó y lloró. Acosta se sentaba a mi lado y dijo que los militares defendían el mundo occidental y el cristianismo y que estaba decidido a rescatar a jóvenes como yo y que mi familia tenía que cooperar en esta rehabilitación. Les preguntó a mis dos hermanas qué hacían. Una era abogada; la otra estudiaba filosofía en la universidad. Le preguntó por qué iba a aquella facultad de "zurdos".

»Más tarde le dijo a mi padre que tenían que trasladarse de casa y convocó a mi hermana abogada a la ESMA. Le dijo: "Es fácil entrar en este lugar, pero es difícil salir de él".

»Lo que nos hacían era perverso. Era una destrucción psicológica y biológica. Éramos esclavas que podían ser asesinadas en cualquier momento. Después de dos años en aquella situación, lo único que quería era morir en aquel camarote».

La única escapatoria era dormir. «Algunas compañeras, cuando las traían de los departamentos, recibían somníferos de la enfermera y dormían todo el día. Porque cuando abrías los ojos, volvías a ver aquella pesadilla», pero Graciela padecía insomnio.

En diciembre de 1978, fue una de las mujeres liberadas, pero era lo que llamaban «libertad vigilada»: la obligaron a trabajar en el Ministerio de Asuntos Exteriores, donde podían vigilarla, y regresaba a la ESMA por la noche. La llevaban en coche los Verdes.

Todos los miércoles, cuando asignaban a la gente a los vuelos de la muerte, esperaba oír su número. «Un grupo de oficiales de los servicios de inteligencia elegía los destinos de los que habían secuestrado, subiendo o bajando el pulgar al oír los diferentes nombres como si fuésemos gladiadores de la época romana».

Teniendo en cuenta que cada vez más mujeres eran asesinadas, incluso aquellas con las que había compartido su camarote, Gabriela le preguntó a Acosta por qué la habían salvado a ella y no a las demás. «Porque Jesús lo ordenó», le contestó.

Después de un tiempo, la llevaron a hacer trabajo de prensa con otra detenida y, luego, durante la guerra de las Malvinas, al Ministerio de Asuntos Sociales. Solo la liberaron después de todo aquello.

Me pregunté por qué no se escapó cuando trabajaba en esos sitios.

«No teníamos papeles; por lo tanto, no podíamos marcharnos», dijo. «Y temía por mi familia, por mis otras dos hermanas. Acosta lo sabía todo sobre ellas.

»Durante ese tiempo, me llevaron dos veces a ver a Acosta. La última vez me animé a decirle que no quería volver a verle. No me importaba si me mataba».

«Tené cuidado con las mujeres, Negrita», me contestó. «Pueden hacer daño».

Graciela no le había dicho que mantenía una relación homosexual. «Era evidente que habían pinchado mi teléfono».

Durante años, Graciela no dijo nada de lo que le había pasado. «Nos habían violado, pero nos acusaban de ser colaboradoras, como si yo hubiese sido la novia de Acosta. Éramos como bombas de relojería. Nadie quería relacionarse con nosotras».

«Fue el principio de treinta años de dolor», dijo.

Empezó a trabajar de fotógrafa y archivera, pero durante mucho tiempo vivió aislada. «No quería ver a ninguno de mis amigos», dijo. «Dormía con la luz prendida».

Con el tiempo, un colega le recomendó acudir a un grupo que se reunía todos los miércoles para recoger listas de personas vistas en la ESMA e intentar documentar a los desaparecidos. «Al día siguiente siempre estaba enferma», dijo.

La historia de Graciela me dejó estupefacta. Ni en Olimpo ni en la ESMA se mencionaba un tratamiento específico a las mujeres, aparte del alumbramiento. Sin embargo, tal como lo describía, violar a las presas y retenerlas en lo que se describía como «coexistencia forzosa» era lo común.

«Creo que violaron a todas las mujeres encerradas en la ESMA», dijo.

Graciela en 2018 frente a la puerta donde la secuestraron en 1976.

Mientras que la búsqueda de los desaparecidos por parte de las madres y abuelas como Estela se convirtió en un símbolo heroico de resistencia en la nueva democracia, mujeres como Graciela a las que habían obligado a acostarse con sus torturadores eran consideradas tabú.

Para tratar de entenderlo y conocer qué esfuerzos se estaban haciendo para intentar conseguir justicia, me reuní con Lorena Balardini, una socióloga que formaba parte de un equipo que estudiaba los casos de violencia sexual en la Oficina del Fiscal General, que se había creado en 2014. Anteriormente, había estado en el Centro de Estudios Legales y Sociales (CELS), en el equipo jurídico que perseguía denuncias contra la dictadura.

«La primera vez que oí hablar de violaciones en los centros de detención fue en 2007, cuando asistí al primer juicio de la ESMA», me dijo.

Aquel primer juicio fue muy breve, con un solo inculpado, el oficial guardacostas Héctor Febres, acusado de tortura masiva y de ejecuciones de las madres que acababan de dar a luz.

En la ESMA se le conocía como Gordo Selva a causa de sus métodos extremos de tortura. La noche antes de la sentencia, lo hallaron muerto en su celda a causa de un aparente envenenamiento con cianuro después de una cena con su mujer y sus hijos adultos. Corrían rumores de que lo habían matado los militares para que no hablase.

Lorena me contó cómo, durante el juicio, había visto junto a su jefa, Caroline Varsky, conocida abogada de los derechos humanos, a una mujer llamada Josefa Prada testificar sobre el tiempo que había pasado en la ESMA. «La víctima tuvo un arrebato emocional; la fiscal le preguntaba sobre compañeros presos y ella estaba intentando explicar cómo se sentía. En un momento determinado, dijo que recordaba aquel día porque fue cuando la violaron y explicó cómo se sintió por dentro.

»Estábamos todas estupefactas. Nunca habíamos oído algo parecido. Entonces el fiscal, que era una mujer, se limitó a decir: "De acuerdo", y pasó a la siguiente pregunta.

»Caroline estaba muy enojada y fue a hablar con la víctima. Decidimos que teníamos que hacer algo, porque las mujeres hablaban y los oficiales del Estado no las escuchaban. Queríamos ayudarlas para que sus voces se oyeran. Empezamos entonces a hablar con ellas. La excusa había sido que las mujeres no hablaban de ello, pero no era verdad. Cuando conversabas con ellas, lo comentaban y querían hacer algo».

De hecho, se dieron cuenta de que las mujeres habían hablado desde el principio; pero nadie las escuchaba. «En el Juicio a las Juntas en 1985, en el que se juzgó a los comandantes, hubo una víctima que dijo que la habían violado y el fiscal lo ignoró. Dijo literalmente: "No confunda el bosque con los árboles. Tenemos que centrarnos en la tortura y el asesinato"».

Aquella mujer era Elena Alfaro que había huido a París, adonde me dirigí para verla. Estaba embarazada de dos meses cuando hombres armados irrumpieron en su casa de Buenos Aires hacia las doce de la noche del 19 de abril de 1977, pocos días antes de su vigésimo quinto cumpleaños, y la arrancaron de la cama. Luis Fabbri, su pareja, con quien compartía la casa, había sido secuestrado en la calle unas horas antes. La pareja se había conocido cuando ella estudiaba Ortodoncia y él Derecho, y fueron secuestrados a causa de su activismo. Luis trabajaba en el consistorio local, donde era periodista y representante sindical.

«Saquearon la casa y me tiraron al suelo de su vehículo, me taparon los ojos y me llevaron a un lugar que denominaban la enfermería, pero eran una serie de celdas de tortura y oía los gritos y gemidos de otras mujeres a las que conocería más tarde.

»Me llevaron a otra habitación, me ataron las manos y los pies a una mesa con un marco de metal que llamaban "la parrilla", donde me torturaron con una picana, ignorando que les gritaba que estaba embarazada y que iban a matar a mi hijo.

»Mi pareja estaba en la habitación contigua y querían que lo oyese. Más tarde, lo trajeron y le habían torturado tanto que prácticamente lo habían destruido».

Estaban en un centro de detención clandestino conocido como El Vesubio, una granja en las afueras de Buenos Aires. Su nombre, Empresa El Vesubio, era una referencia a las fuerzas volcánicas que desataban contra los detenidos. Las condiciones eran horrendas. «Nos tenían encerrados en cuchas o perreras, pequeñas habitaciones con paredes de ladrillo», recordó.

Vio a su marido unas pocas veces más y, el 23 de mayo, se contó entre los dieciséis presos trasladados a una casa de Buenos Aires para su ejecución.

Para Elena, la pesadilla no hacía más que empezar. Era una mujer hermosa a la que una vez eligieron Reina del Trigo en La Pampa. Llamó la atención de Durán Sáenz, el comandante del campo. El 20 de junio, día de fiesta nacional, se la llevó a su habitación y la violó. «Me dejó en su habitación, desnuda, atada a la cama sin comida ni bebida [hasta la noche siguiente]», testificó más tarde. «Estaba embarazada de cuatro meses y era evidente. Violar a mujeres embarazadas era algo sádico… Usaban a las mujeres solo para satisfacer el placer y los pecados de los hombres, como en un ritual inhumano.

»Me convertí en la propiedad de Durán Sáenz», añadió. «Es importante utilizar las palabras adecuadas. No tuve una "relación sexual" con él. Mantener relaciones sexuales con alguien implica consentimiento».

La violación era habitual en El Vesubio, dijo. También la violó el teniente coronel Franco Luque, infame borracho y mujeriego. Los guardianes metían mano a las presas regularmente y tenían una cobaya que ponían entre las piernas de las mujeres que habían atado a palos y desnudado.

Cuando nació su hijo en noviembre de 1977, suplicó para que le permitieran quedárselo. Poco tiempo después, el comandante los liberó a los dos para que vivieran con su tía en La Plata, pero sus movimientos estaban controlados. «Me vigilaban todo el tiempo», dijo. Saénz siguió visitándola y, cuando se marchó a Estados Unidos, llegó el hermano de Saénz y la violó.

Por fin, en marzo de 1982, Elena huyó a París con su hijo. «Hice ver que nos íbamos de vacaciones a Europa. Fue muy difícil, no hablaba francés, pero no quería ir a España a causa de Franco».

Aprendió francés y estudió Investigación Médica. Se convirtió en una activista de los derechos de las mujeres. Cuando la conocí en 2018, visitaba escuelas para hablar de su experiencia.

En el juicio de 1985, testificó frente a seis jueces, describiendo su violación y la de seis mujeres. Tres de ellas también estaban encerradas en el harén de Saénz y después desaparecieron, una era una colegiala de diecisiete años. «Como mujeres, estábamos completamente a merced de cualquier fuerza u hombre que pasase por ahí», dijo. «Que te violaran era algo muy habitual allí».

Sin embargo, el presidente del tribunal, el doctor Jorge Valerga Araoz, no hizo comentario alguno. Por el contrario, le preguntó: «¿Vio a algún extranjero entre los detenidos en El Vesubio?».

Los abogados de la defensa la describieron como una mujer promiscua y traidora. La gente murmuraba que había sobrevivido porque se había acostado con militares. «Es como si hubiese arrojado una piedra contra siglos y siglos de patriarcado», me dijo. «Nadie me escuchaba. Por el contrario, lo utilizaron para denunciarme y calumniarme. Los militares ensuciaron mi nombre».

Pero no eran solo los militares. Acusó también a las Abuelas. «Quieren que solo se hable de ellas; todo esto se ha convertido en un negocio para las Abuelas».

Cuando Caroline Varsky y Lorena empezaron a recoger testimonios, pronto se dieron cuenta de que no eran casos aislados. Se enteraron de un comandante que tenía un harén de mujeres y las violaba a diario. Violaban a algunas después de la tortura, cuando apenas podían andar. Había también numerosos casos de esclavitud sexual como había ocurrido con Graciela y Elena.

Muchas mujeres no habían comparecido porque no querían que sus familias supiesen lo que había sucedido o les preocupaba sufrir rechazo como traidoras aun cuando lo que les había pasado era humillante y moralmente degradante y, si se hubiesen negado a someterse a los oficiales, las hubieran asesinado.

«No sabemos cuántas víctimas de terrorismo de Estado existen y no conocemos la cifra exacta que sufrió violencia sexual, pero hemos descubierto a decenas de víctimas en cada centro de detención», dijo Lorena. «Hemos llegado a la conclusión de que es algo que ocurrió en todo el país en centros de detención, en casas, en instalaciones militares.

»Por lo tanto, cuestionamos la visión de los años ochenta según la cual la violencia sexual era algo aislado y los hombres perdieron la cabeza porque las chicas eran muy hermosas. Por el contrario, como con el robo de bebés, esto formaba parte de un plan sistemático para destruir la humanidad de la víctima, una técnica como la tortura, pero diferente en esencia.

»Para nosotras era evidente que, si una mujer decía que había sufrido violencia sexual, la acusación debería ser esta, no solo como parte de la tortura. Luchamos mucho para que esos crímenes se considerasen independientes».

A pesar de todo, vieron que no era fácil cambiar esa actitud. Allí donde habían contado su experiencia, a veces no se creía a las víctimas de violación. Habían transcurrido tantos años que, en la mayoría de los casos, no existían pruebas físicas. A menudo, se desconocía la identidad del violador. «Esto también pasaba con la tortura y, en ese caso, el fiscal responsabilizaba al director del centro de detención o cadena de mando», dijo Lorena. «Pero con las violaciones no lo hicieron, porque dijeron que no era el comandante del centro quien tenía el deseo».

Graciela se encontraba entre las mujeres que Lorena y Caroline conocieron mientras recogían testimonios en una de las reuniones semanales sobre la ESMA. Le preguntaron si estaría dispuesta a presentar cargos contra el capitán Jorge Acosta.

Estuvo de acuerdo y testificó en 2007 y en el segundo juicio a la ESMA, que empezó en 2009. Con ochenta y seis casos, fue mucho mayor que el primero. Los grupos de derechos humanos, preocupados por la posibilidad de que los testigos y los autores fallecieran, mientras los supervivientes tenían que declarar una y otra vez, lo que los traumatizaría repetidamente, habían presionado para que se hiciese un gran juicio para demostrar el carácter sistemático de la represión.

Acosta era uno de los inculpados. El 23 de junio de 2009, acusaron a Acosta de violación. Era la primera vez que la violación de una detenida se consideraba un crimen independiente. El juez federal Sergio Torres declaró: «Los sometimientos sexuales no fueron casos aislados, sino que fueron llevados a cabo sistemáticamente, como parte de un plan clandestino de represión y exterminación».

Otro oficial de la ESMA, el capitán Raúl Scheller, conocido como el Pingüino, dijo a los investigadores que Acosta había ordenado a los hombres que se llevasen a las presas para violarlas.

Acosta no tenía remordimientos. «Las violaciones de los derechos humanos son inevitables en tiempos de guerra», dijo.

Graciela dijo al tribunal: «Todos los días, antes de venir a declarar, pensaba que con el tiempo el dolor había disminuido, pero veo que no. Volver a vivir todos esos años no disminuye la experiencia, sino que la hace todavía más terrible, grave e imperdonable».

Sin embargo, la Cámara Alta decidió que lo que le había sucedido a Graciela no era violación, sino tortura. Aunque condenaron a Acosta y a otros once miembros del escuadrón de la muerte de la ESMA a cadena perpetua en octubre de 2011, fue por asesinato y tortura, no por violación.*

Lorena estaba horrorizada. «Creo que Graciela debería estar orgullosa de lo que hizo, pero en términos legales fue un fracaso. La animamos a ir al tribunal, a presentar una denuncia y declaró muchas veces».

Durante el juicio, tantos testigos habían declarado sobre la violación y las agresiones sexuales que los argumentos concluyentes de los abogados incluían un capítulo especial sobre la violencia sexual, que Lorena compiló.

«Pedimos a la Cámara Baja que recogiese todos esos testimonios para abrir un nuevo caso sobre violencia sexual», dijo. «Fue una pesadilla, se tardaron unos cuatro años. Si soy una víctima y he testificado, es muy duro, no debería volver a hacerlo».

A pesar de la negativa del tribunal de incluir las acusaciones de violación en su caso, Graciela me dijo que estaba contenta de haber testificado. «Hablar ante los jueces marcó el principio de mi rehabilitación», dijo. «Durante tantos años la sociedad no quiso escucharnos. Además, nos habían difamado porque habíamos sobrevivido y la gente creía que la nuestra era una situación privilegiada, aun cuando no la habíamos elegido, pero ahora pudimos contar nuestra parte de la historia. La palabra que mejor describe lo que sufrimos es "terror". Si estoy viva, es por casualidad. Voy a llevar siempre este estigma, pero ver las condenas a cadena perpetua, por

---

* En julio de 2012, condenaron a Acosta a treinta años de cárcel más por el robo de bebés y, en noviembre de 2017, a otra cadena perpetua por los vuelos de la muerte. En diciembre de 2019, seguía en la cárcel.

fin, después de todo lo que nos hicieron, te permite recuperar tu vida».

Gabriela continuaba sus sesiones de terapia, pero ahora vivía una relación amorosa gratificante. Poco antes de que nos viésemos, había ido a Japón con dos supervivientes más y había conocido a las mujeres de consuelo de la Segunda Guerra Mundial. Habían intercambiado sus vivencias. «Quieren romper décadas de silencio por parte de las autoridades japonesas y conseguir un verdadero recurso judicial», dijo.

La lectura de la obra sobre las yazidíes había hecho aflorar el pasado. «Ellas estaban en un desierto en Iraq, nosotras en una de las ciudades más importantes de América Latina, pero fue lo mismo. Me secuestraron en el mismo estado de clandestinidad que a esas chicas y las familias de las chicas desaparecidas conocieron la misma angustia».

La primera condena por violencia sexual durante la dictadura argentina se dictó en 2010, unos treinta y tres años después del crimen.

El criminal de marras era un antiguo sargento del ejército del aire llamado Gregorio Rafael Molina. Había sido el responsable del centro de tortura de La Cueva, una estación de radar abandonada en una base aérea militar de Mar del Plata.

Con su voz grave y su bigote, se imaginaba que era el actor Charles Bronson y pedía que le llamasen así. Daba a su harén el nombre de «Los ángeles de Charlie», como referencia a la popular serie televisiva, pero las mujeres le apodaban el Sapo porque tenía la piel picada por la viruela.

Las acusaciones relativas a lo que había hecho a las mujeres surgieron por primera vez en el Proceso de las Juntas, antes de que se repitieran ante la Comisión de la Verdad. En ambos casos, fueron ignoradas.

Entre sus víctimas estaba Marta García Candeloro, psicóloga, secuestrada el 13 de junio de 1977 en la ciudad de Neuquén, en el oeste de Argentina, junto a su marido, el doctor Jorge Candeloro, conocido abogado laboralista.

Trasladaron a la pareja en avión a la base de Mar del Plata donde, más tarde, Marta explicó que la arrastraron por veinte o treinta escalones de hormigón hasta cruzar una puerta, después oyó el portazo de grandes puertas metálicas al cerrarse y, luego, un bullicio de gente y el eco de sus voces.

Era el gran campo subterráneo en el que reinaba Molina, que violaba a casi toda mujer que pasase por allí.

Marta recordó: «Uno de los hombres me preguntó: "Así que es usted psicóloga. Una puta como todas las loqueras. Aquí vas a aprender lo que es bueno", y se puso a darme piñas en el estómago. Allí empezó el infierno…».

En el Juicio a las Juntas, habló de la última vez que oyó la voz de su marido, quince días después del secuestro. «Siempre lo agarraban a él primero y después a mí. Esa vez hicieron lo contrario. En medio de mi interrogatorio, trajeron a mi marido, diciéndole que, si no hablaba, me matarían. Empezaron a ponerme electrochoques para que él oyese mi llanto y me gritó: "Amor mío, te quiero, nunca pensé que te harían esto". Esto les enrabió. Las últimas palabras quedaron interrumpidas porque le estaban poniendo el hilo eléctrico. Me desataron y me tiraron a mi celda. Su interrogatorio era interminable. De pronto, escuché un solo grito agudo y desgarrador. Todavía resuena en mis oídos. Nunca podré olvidarlo. Fue su último grito. Después se hizo el silencio».

Había testificado durante ocho horas, pero no había hablado de violación. «En medio del horror de los campos de concentración, la violación parecía secundaria», explicó más tarde. «Con la muerte de mi marido, con todo lo que pasó allí, todo el horror, la violación estaba desplazada».

Cuando el proceso judicial volvió a abrirse en 2007, ella y otra superviviente presentaron cargos de violación. En un primer momento, el tribunal rechazó la acusación, pero el tribunal de apelación de Mar del Plata revocó esta decisión, añadió los cargos de violación y, tres años más tarde, llegó a los tribunales.

El relato desgarrador de Marta, a la que Molina violó tres veces en 1977, hizo llorar a todo el mundo, incluidos los jueces, de los cuales uno era una mujer. En tres horas de testimonio, Marta explicó cómo Molina la fue a buscar borracho, cuando ella salía de una sesión de tortura, y le dijo: «Después de tanto dolor, voy a darte placer».

Puso su Colt 45 sobre sus pechos, mezclando la sangre de las heridas causadas por la tortura con su semen. «Fue difícil de entender y todavía más difícil de olvidar», dijo.

En junio de 2010, condenaron a Molina a cadena perpetua por varios crímenes: dos asesinatos, treinta y seis secuestros y torturas, cinco cargos de violación agravada y uno de intento de violación de dos víctimas. Murió en el hospital de la cárcel en julio de 2012. Al ser la primera sentencia en Argentina que consideraba la violación como un crimen contra la humanidad, abrió las puertas a más enjuiciamientos, pero otras muchas cámaras decidieron que no era correcto cambiar los cargos de tortura por los de violencia sexual.

En 2019, se habían dictado veintiséis sentencias sobre violencia sexual. En el cuarto megajuicio de la ESMA, que empezó en 2018 con nueve oficiales acusados de crímenes contra 936 víctimas, los fiscales pidieron que los crímenes de violencia sexual se consideraran de manera separada.

Cada vez más mujeres hablaban. «Muchas decidieron hablar en los últimos años porque se sentían seguras: antes les preocupaba o lo negaban, o sus familias las obligaban a guardar silencio», dijo Lorena. «Ahora tenemos numerosos testimonios en juicios en todo el país que mencionan los crímenes sexuales».

También los hombres dieron el paso de decir que habían abusado sexualmente de ellos.

Todavía había problemas. «Primero la propia víctima debe decir que quiere enjuiciamiento por violencia sexual y muchas no lo saben. Es absurdo. Creen que, si hablan ante un funcionario en un caso, el fiscal hará algo. Además, todavía existe la idea de que un delito sexual es algo que un agresor comete porque tiene un deseo o una necesidad sexual. El problema no era que nuestros tribunales no tuvieran los instrumentos, sino que el juez decía que había un plan sistemático de represión contra la oposición política y que la violación no formaba parte de él.

»Es importante para las propias mujeres que la violencia sexual sea reconocida», añadió. «Desde el principio, cuando oí a Josefa declarar en el juicio en 2007, estaba claro que la violación era distinta de la tortura, no se percibía de la misma manera. Las mujeres nos decían: "Me pegaron, me dolía, me sentí muy pequeña, pero cuando me violaban, me destruían: era como si hubiesen matado algo"».

Tenía otro argumento, que era algo que yo también había encontrado inquietante. «En Argentina esas víctimas eran mayoritariamente de clase media, educadas y urbanas, tenían acceso a abogados y terapeutas, eran mujeres privilegiadas que tenían trabajo y podían luchar, pero todavía no consiguen justicia, o sea que hay algo que no funciona en absoluto en el sistema.

»No es como las mujeres pobres del campo que ni siquiera tienen agua: esas mujeres pueden comprarse toda el agua embotellada en los supermercados; sin embargo, no pueden conseguir justicia. Mira a Graciela, tenía una pistola, era una activista política fuerte; un hombre la violó sistemáticamente y se lo dice al tribunal. No obstante, ¿el tribunal decidió que no había sido violada, que fue torturada? Si no podemos conseguir justicia, ¿qué esperanza queda para las mujeres en partes menos desarrolladas del mundo?».

En mi última noche en Buenos Aires, fui a la gran Torre de Correos, que había sido transformada en un enorme centro cultural. Me uní a una clase pública de tango en la planta baja. Decenas de parejas de todas las edades estaban bailando bajo un bosque de banderines coloreados que colgaba del techo. ¿Existe en el mundo un baile más apasionado? Tardé un poco en animarme a participar. Mientras miraba a las mujeres en manos de los hombres, subiendo y bajando la cabeza, con las piernas rodeando las de su pareja, parecía un retrato del machismo de ese país.

Sin embargo, en algunas de las parejas las mujeres guiaban a los hombres. Aquella tarde había participado en una mesa redonda con un impresionante grupo de mujeres periodistas. Todas hablaban de la reciente campaña para legalizar el aborto. El aborto era ilegal en Argentina, excepto en caso de violación o si la vida de la madre estaba en peligro, y se calculaba que se practicaban unos 345 000 abortos clandestinos anuales. Aquel verano, la Cámara Baja había aprobado la ley, pero el Senado la había rechazado, así que volvían a intentarlo.

Todas las semanas, un mar de mujeres se reunía en el exterior del Parlamento, y en ciudades de todo el país, exigiendo el derecho a escoger. También subrayaron el sorprendente índice de feminicidio en Argentina, donde asesinaban a una mujer cada treinta horas, algo que muchos atribuían a la amplia impunidad del país.

Todas llevaban pañuelos verdes en homenaje a las Madres y a las Abuelas de la Plaza de Mayo. Observé que algunas mujeres con las que había hablado en la clase de tango ataban pañuelos verdes a sus bolsos. Los pañuelos se habían vuelto tan simbólicos que se había creado una palabra: «pañuelización».

Las Abuelas no habían abandonado su lucha. Con ochenta y noventa años, algunas iban en silla de ruedas, otras con andador o bastón, pero, todos los jueves a las tres y media, seguían dando vueltas a la Plaza de Mayo, con pañuelos bordados y letreros con fotografías borrosas de hombres y mujeres jóvenes. En casi cuarenta y dos años, no habían faltado ni una vez a su cita semanal.

11

El apicultor de Alepo

Dohuk, norte de Iraq

Nunca pensé que la apicultura tuviese algo que ver con los derechos de las mujeres o con la heroicidad hasta que conocí a Abdullah Shrim.

Era un hombre de cuarenta y tres años, con pelo ligeramente gris, gafas de montura metálica y un traje gris arrugado. Estaba subido, como un búho, al borde de un sofá en el vestíbulo mortecino del hotel Dilshad Palace, entre una estatua llamativa de Long John Silver y un acuario incrustado de suciedad.

Abdullah Shrim y sus abejas antes de la llegada del Estado Islámico.

Nada en su atuendo o en sus gestos sugería la palabra «héroe». En realidad, era el tipo de persona en la que uno no se fija por la calle. Sin embargo, cuando fui a los campamentos del norte de Iraq a principios de 2018 para reunirme con chicas yazidíes que habían conseguido escapar de sus verdugos del Estado Islámico y les pregunté quién había organizado su rescate, una tras otra dijeron: «Shrim».

«Antes de que llegase el Estado Islámico, era apicultor y comerciante, me ocupaba de mis colmenas en Sinjar y vendía miel en Alepo», me dijo. «Las mujeres que crecen en esas regiones no tienen derechos. Cuando alguien tiene un hijo en el Próximo Oriente, hay fiestas y canciones, y la gente llega con dulces, pero si tienen una hija, no hacen nada, ella crece y se casa; no tiene ni ideas ni opiniones, solo lo que dice su familia.

»Pero mientras criaba las abejas y veía lo bien que funcionaba su sociedad con una abeja reina en el centro, me pregunté por qué nuestro mundo debería ser diferente. Empecé a investigar sobre distintos países del mundo dirigidos por mujeres. Y, cuando el Estado Islámico llegó, mató y secuestró a nuestras mujeres, decidí hacer algo».

Habían secuestrado a cincuenta y seis miembros de su familia. Sin embargo, insistía: «No me impliqué a causa de mi familia. En realidad, fue por las abejas. Destruyeron todo lo que había en Sinjar, y ahora solo tengo unas cuantas colmenas, pero, cuando estoy con las abejas, me pongo de buen humor».

La primera chica que rescató, el 27 de octubre de 2014, fue su sobrina. «Estaba retenida por un hombre en Al Raqa y me llamó. Contacté con algunos de los comerciantes con quienes solía trabajar y pregunté cómo podía liberarla.

»Me dijeron que el único modo era mediante contrabandistas de tabaco. Bajo el Estado Islámico, los cigarrillos eran *haram*, estaban prohibidos, pero la gente quería tabaco. Nosotros, yazidíes, también somos *haram* para ellos. Por lo tanto, los comerciantes me decían: "Si quieres liberarla, tienes que hacerlo con cigarrillos; pero las chicas saldrán más caras".

»No había hecho nunca antes algo semejante, no había trabajado con contrabandistas ni cruzado fronteras ilegalmente; y estaba aterrorizado».

A través de su red comercial encontró a un conductor kurdo en la zona de su sobrina que consiguió recogerla mientras su secuestrador estaba rezando y la llevó hasta la frontera. «Esto me inspiró confianza en que era posible hacerlo», dijo. Cuando le conocí, tres años y medio más tarde, había rescatado a trescientas sesenta y siete mujeres y chicas de las garras del califato.

Sorprendentemente, le favoreció que muchas de las yazidíes secuestradas hubieran conseguido conservar sus teléfonos y habían podido mantenerse en contacto con su familia. Pero, con el tiempo, todo cambió, dijo Shrim. «Los rescates se hicieron más difíciles cuando los kurdos abandonaron las zonas del Estado Islámico y tuve que utilizar a conductores árabes. También cobraban más, desde mil hasta cuarenta mil dólares.

«Para cada rescate desarrollo un plan con mi hijo, que es ingeniero», explicó. «En un caso en que ocho mujeres y niñas yazidíes estaban en una casa estrictamente vigilada, enviamos ataúdes y un coche funerario, fingiendo que dos de las niñas habían fallecido y que había que enterrarlas».

Esto casi provocó una tragedia cuando los guardianes del Estado Islámico insistieron en acompañarlos y cavar las tumbas. «Pensé que iban a enterrar vivas a las niñas», dijo. «Conseguimos hacerlas salir a todas cuando los hombres fueron a buscar sus herramientas».

La parte más difícil era hacer salir a las niñas de las casas. Si las pillaban intentando escapar, serían torturadas. A menudo, alquilaba casas seguras donde los contactos vigilaban las entradas y salidas, o lugares a donde podían trasladar a las chicas para que no pasasen por los controles cuando se diese la alerta. Incluso alquiló una panadería para repartir pan, lo que le permitía comprobar si las chicas estaban todavía en las casas.

«Intentamos muchísimas cosas», dijo. «Hicimos que las mujeres repartieran ropa a otras mujeres, ya que podían entrar en la casa y ver sus rostros sin velo».

Era un trabajo peligroso. El Estado Islámico ejecutó a cinco hombres y a una joven que trabajaban con la red en Siria tras capturarlos. Shrim recibió frecuentes amenazas. «Me enviaron una foto mía aquí en Dohuk para decirme que me podían matar donde quisieran. Una chica a la que rescaté me dijo que el Estado Islámico tenía mi foto y que iban a matarme en cuanto me viesen».

Se encogió de hombros. «Mi vida no es más importante que las lágrimas de mi sobrina o de las demás chicas a las que he liberado».

Desde que el califato empezó a tambalearse en 2017 y el Estado Islámico perdió el control de Mosul y después de Al Raqa, fue más difícil liberar a las chicas, porque trasladaron a muchas a Turquía, cuyas autoridades, según afirmaba Shrim, se estaban negando a cooperar. Se cree que vendieron a algunas a redes de prostitución europeas. Shrim creía que tal vez unas mil todavía seguían vivas, pero que muchas habían muerto.

La última chica que había rescatado era otra sobrina suya, Jitab, secuestrada cuando tenía solo nueve años. La había liberado tres días antes de que nos viésemos, en Idlib, ciudad del norte de Siria, donde la retenía el Jabhat al-Nusra, grupo islamista afiliado a Al Qaeda. «La vendieron a muchos hombres. La torturaron», dice negando con la cabeza.

Había intentado rescatarla antes con una ambulancia, pero, al volver, los detuvieron y recapturaron a Jitab. «La torturaron numerosas veces después de aquello», dijo.

Aquella vez estaba retenida cerca del hospital general de Idlib, así que le dio la orden de ir al hospital cuando su secuestrador saliese para las oraciones del viernes y de quedarse fuera con un bolso blanco. «Le dije que esperase a que se le acercase un hombre que dijese: "Soy Abdullah"».

Él y su mujer estaban esperando en un minibús en el otro lado de la frontera. Me enseñó una foto en su teléfono de todos ellos felizmente reunidos.

Shrim añoraba los días en que él y su esposa podían regresar a Sinjar y a su vida tranquila de apicultor. Durante nuestra reunión, su teléfono no dejó de sonar. Todas las veces que rescataba a alguien, las familias de las demás chicas desaparecidas le contactaban para ver si la recién llegada tenía información de primera mano sobre otras chicas. Conservaba los nombres, las fechas y las fotos de todas. «Seguiré ayudando a liberar a mujeres y niñas mientras pueda», me dijo.

Shrim no era el único yazidí que había dejado de esperar ayuda del mundo exterior y había decidido tomar las riendas. Existía una especie de red clandestina que comprendía por lo menos otros tres grupos, incluyendo a Shaker Jeffrey, el joven yazidí que fue mi intérprete en Alemania.

Otra tarde, me reuní con Jaleel al-Dakhi y su mujer, Ameena Saeed. Jaleel era abogado y Ameena había sido una de las dos diputadas yazidíes del Parlamento iraquí hasta que dejó su escaño en 2014 como protesta ante el fracaso a la hora de proteger a su pueblo.

Ambos parecían agotados: no solo tenían un bebé, sino que se quedaban despiertos hasta tarde todas las noches intentando seguir la pista de las desaparecidas. Jaleel extrajo tres teléfonos del bolsillo y los puso sobre la mesa.

«Al principio, solo recogíamos los nombres, las edades y los pueblos de las secuestradas», explicó. «Éramos un grupo de voluntarios (abogados, policías, un miembro de la familia del príncipe yazidí) y nuestro plan era documentarnos acerca de las desaparecidas, porque aquello nos parecía demasiado grande para nosotros y pensamos que algún Gobierno de algún lugar ayudaría a rescatar a esas chicas.

»Dimos la información al Gobierno iraquí, a las autoridades kurdas, a las embajadas, a los militares estadounidenses, pero nadie hizo nada. Un mes más tarde, únicamente recibimos respuesta de la oficina de Barzani, el primer ministro kurdo, que nos dijo que nos daría fondos. Por lo tanto, nos dimos cuenta de que tendríamos que hacerlo nosotros mismos».

La pareja había rescatado desde entonces a más de doscientas sesenta y cinco chicas, aunque uno de los rescates tuvo un final trágico en mayo de 2015. Estaban intentando liberar un grupo grande y tuvieron que dejar a trece chicas en una casa segura durante la noche mientras escoltaban a la primera tanda. Aun así, esta se perdió intentando caminar a oscuras hasta un puesto de control *peshmerga* y, cuando Jaleel llegó al segundo grupo, una chica se había asustado y se había ido. El Estado Islámico apresó a la chica, que les dijo dónde estaban las demás. «Solo se ha encontrado a una de ellas», dijo Jaleel. «Las demás han desaparecido o han sido asesinadas».

A pesar del peligro y de las dificultades, la pareja se negaba a tirar la toalla. Tenían dos hijas, una de ocho años y una bebé de cinco meses. «Sueño con que mis hijas tengan una educación y un futuro», dijo Jaleel. «Estas familias tienen los mismos sueños. Esas chicas no habían hecho nada malo y merecen un porvenir».

Aunque muchos consideraban héroes a rescatadores como Ameena, Jaleel y Shrim, y los comparaban con la resistencia clandestina en la guerra, otros los acusaban de aprovecharse o argumentaban que el dinero pagado ayudaba a financiar el Estado Islámico. Shrim parecía mortificado por la idea de que él pudiese aprovecharse e insistía en que nunca había pagado al Estado Islámico. En cambio, me preguntó: «Si fuese su madre o su hija y pudiese librarlas de este horror pagando diez mil dólares, ¿no lo haría?».

Una de las que debían su vida a Shrim era Turko, una mujer combativa que vivía con sus cinco hijos en una de las pocas tiendas en un tramo de tierra baldía al exterior de un asentamiento yazidí en Janke, a unos cuarenta y cinco minutos de la ciudad kurda de Dohuk.

Cuando el primer ministro iraquí Haider al-Abadi anunció en diciembre de 2017 que habían expulsado al Estado Islámico de Iraq y que la guerra había terminado, supuse que los yazidíes regresarían a su amada patria de Sinjar. Por el contrario, trescientos cincuenta mil de ellos (un ochenta por ciento de la población) permanecían todavía en asentamientos del norte de Iraq. Su vida detrás de una alambrada era deprimente, en campos enfangados con hileras de tiendas blancas tubulares que eran demasiado frías en invierno y demasiado calurosas en verano. De vez en cuando, una de las estufas salía volando y el fuego se expandía y destruía las pocas posesiones que tenían.

El asentamiento de Janke albergaba a más de dieciséis mil yazidíes. Turko me contó que prefería vivir fuera, porque el campamento con todas sus alambradas parecía una cárcel. Su tienda era sorprendentemente acogedora, tenía una cama de matrimonio, un televisor, un calentador de gas para quitar el frío y montones de colchas y cojines rosas, pero, de todos modos, era una tienda lejos de su hogar.

Se sentó en el suelo sobre un cojín, meciendo a dos adorables mellizos de cinco meses. Sus mejillas parecían manzanas enmarcadas por una cascada de cabello castaño brillante. Turko empezó su relato.

«Mi marido y mi hermano estaban trabajando en Kurdistán cuando los yihadistas del Estado Islámico llegaron a Herdan, nuestro pueblo, en agosto de 2014 y se llevaron a todas las mujeres jóvenes. Me cogieron a mí y a nuestras hijas, que entonces tenían tres, seis y ocho años, y nos fueron trasladando de un lugar a otro.

»Acabamos en Al Raqa, cautivas de un comandante saudí del Estado Islámico llamado Haider, que obligaba a las niñas a estudiar el Corán. Me forzaba a mantener relaciones sexuales con él, me hacía daño y temía que les hiciese lo mismo a mis hijas».

Intenté escapar, pero la casa estaba vigilada. «Me dijo: "Si no dejas de intentar escaparte, me llevaré a tus hijas". Electrocutaba a todas las que intentaban huir.

»El Estado Islámico cortaba cabezas y nos obligaba a verlo, incluso a las niñas. Colgaban los cadáveres decapitados durante días y pasábamos por delante al ir a la mezquita y a la vuelta.

»Una noche, cuando me violaba, le dije: "Un día estaréis todos acabados". Nos arrojó a mí y a mis hijas a una bodega sucia durante tres meses; no pudimos lavarnos y nos daban muy poca comida.

»No me preocupaba por mí; si hubiese estado sola, me hubiese suicidado», dijo llorando. «Pero estaba con mis hijas. Cuando salimos de la bodega, nos encontrábamos tan mal que nos llevaron al hospital. Teníamos el tifus».

Más tarde, al hallarse de nuevo con su secuestrador saudí, Turko pensó que no había esperanza.

«Toda aquella tortura y aquellas violaciones... Para nosotras era mejor la muerte», dijo. «Intenté matarnos a todas, nos rocié de combustible, pero una de mis hijas me detuvo».

Un tiempo después, en noviembre de 2016, el saudí se hallaba en Mosul luchando contra las fuerzas iraquíes, que habían lanzado una campaña para reconquistar la ciudad. «Me había dejado un poco de dinero para comprar comida y pagué a una mujer siria para que me dejase su documento de identidad. Me puse un nicab, como una esposa del Estado Islámico, fui a un despacho que tenía wifi y envié un mensaje de WhatsApp a mi hermano. Era muy peligroso. Si me hubieran pillado, me hubiesen quemado viva en una jaula enorme, pero estaba desesperada por mis hijas».

Su hermano llamó a Shrim y le dio el paradero de Turko e información personal como su fecha de nacimiento para demostrar que estaba viva. Shrim le dijo que pidiese a su madre que buscara dinero (32 000 dólares) para Turko y sus hijas en la oficina de los secuestros creada por el Gobierno kurdo.

Luego puso en contacto a Turko con un contrabandista árabe. Le explicó dónde estaba la casa, cerca de un avión derribado, y a qué horas salía el saudí. Un día, cuando empezó un ataque aéreo, el contrabandista le dijo que era su oportunidad para escapar.

Con todo, sus hijas no querían marcharse. «Les habían lavado el cerebro, en particular a la mayor, Rehan», me dijo Turko. «Cuando íbamos a escapar, gritaba: "¡No nos lleves con los infieles!". Estaban todas muy enfadadas y se quejaban de que no rezábamos o ayunábamos y decían que no iríamos al paraíso».

Una vez fuera de Al Raqa, Turko y las niñas tuvieron que caminar durante cuatro días, escondiéndose de vez en cuan-

Turko y sus mellizos.

do entre juncos para descansar, sin comida ni bebida, excepto cuando encontraban una cisterna. En un momento determinado, Turko tropezó y se lastimó el tobillo, por lo que el contrabandista tuvo que llevarla a cuestas. «Daba mucho miedo, pensaba todo el tiempo que nos iban a capturar», dijo.

Por fin, llegaron a un pueblo kurdo en Kobane, en el norte de Siria, y estuvieron a salvo. «Grité "¡hurra!"», rio. «Estaba superfeliz».

La mañana siguiente se despertaron al alba y se postraron para rezar como musulmanas. Una de las demás yazidíes preguntó: «¿Qué estáis haciendo? ¡Ya no estáis en el Estado Islámico!».

279

«¡Míranos!», dijo Turko. Me mostró un vídeo en su teléfono de ella y sus tres hijas cerca de la orilla de un río, todas cubiertas con un hiyab negro.

Después de dos años y medio de cautiverio, volver no había sido fácil. «Estaba muy contenta de ver a mi marido, pero no tanto por lo que había pasado, y no sabía si me aceptaría», dijo. «Ahora hace un año y todavía no puedo mirarle como antes».

Sus hijas estaban tan adoctrinadas que consideraban infieles a sus compatriotas yazidíes. «Las chicas están siempre hablando de religión y se creen musulmanas. Cuando les decía que los musulmanes cortaban manos a la gente y la decapitaban, me contestaban: "Se lo merecen". No quieren hablar con su tío o sus primos, dicen que son infieles».

Shrim sonrió amargamente cuando inquirí al respecto. «Turko me preguntó si su marido todavía rezaba; a ella también le han lavado el cerebro».

Me explicó que, cuando las mujeres vuelven, a menudo las han adoctrinado hasta tal punto que creen que el Estado Islámico gobierna el mundo. Algunas incluso intentan ponerse en contacto con sus secuestradores.

Como la mayoría de las mujeres yazidíes con las que hablé, Turko tenía miedo de volver a Sinjar. Quería irse al extranjero: «Sácanos de este país, porque el pueblo iraquí nos hizo esto», suplicaba.

Era evidente que sus problemas no acababan al escapar del Estado Islámico. Justo en el interior del asentamiento de Janke, había unos cuantos remolques donde la Fundación Free Yezidi daba clases de yoga y de arte para las mujeres, así como terapia para los traumas. La clase de yoga ya había empezado y me invitaron a participar. Dentro, un grupo de chicas se sentaba en el suelo. Enganchados a la pared había dibujos de flores y ojos, así como un esbozo a mano de cuatro chicas con hiyab encadenadas juntas. Cada miembro de la clase, incluyendo a Zainab, la instructora, era una superviviente que los yihadistas del Estado Islámico habían encerrado como esclava sexual, violado y vendido una y otra vez. Cuando Zainab les dijo que respirasen «lenta y profundamente», se retorcieron y se pusieron nerviosas.

Pensé que las perturbaba y salí de la clase. Sin embargo, Yesim Arikut-Treece, una psicóloga del trauma británica que trabajaba con ellas, explicó que una chica de la clase, Jalida, de veinte años, se había ahorcado la semana anterior.

El suicidio era habitual entre las mujeres. Muchas de las chicas estaban destrozadas físicamente por culpa de las violaciones reiteradas. Algunas no podían enfrentarse a salir a la calle. Muchos hombres se habían refugiado en la bebida y había muchos casos de violencia doméstica. Muchas familias yazidíes tenían deudas porque habían pedido prestados miles de dólares para rescatar a sus hijas. Conocí a un hombre, Abdullah, que se había gastado setenta mil dólares para recuperar a sus siete hijos.

«No podemos ir a casa», me explicó Sevvi Hassan, una mujer que llevaba un vestido blanco austero, de manga larga, que vestían muchas de las mujeres mayores yazidíes. Me dijo que tenía cuarenta y cinco años, pero aparentaba veinte más y acababa de regresar de Sinjar tras intentar volver a su casa. «No había más que escombros», dijo. «Nuestra casa no tenía ni puerta, ni tejado, ni ventanas, no había agua ni electricidad y ni un alma, solo fantasmas. Éramos una familia acomodada con huertas de granados, higueras, olivos y uvas, noventa ovejas y treinta cabras, pero todo había desaparecido».

Sinjar tampoco era un lugar seguro. Diferentes milicias se disputaban la zona. Lo peor de todo, dijo, eran los recuerdos lúgubres. Su hija mayor, Zeena, de veintiocho años y madre de cuatro hijos, estaba tan traumatizada que se roció combustible y se prendió fuego. «Seguía pensando que el Estado Islámico iba a volver para llevárselos, a ella y a sus hijos. Solo un lado de la cara le quedó indemne».

En Janke se habían producido cuatro suicidios de chicas y trece intentos de suicidio. Pari Ibrahim, la joven abogada yazidí residente en los Estados Unidos que creó la fundación Free Yezidi tras haber perdido a cuarenta miembros de su familia, me dijo que había oído que diez yazidíes se suicidaban todas las semanas.

«Quería abrir una clínica para tratar el trauma de las mujeres, pero sabía que acarrearía un estigma», dijo Pari. «En Oriente Próximo tratan a la gente de loca si tiene problemas de salud mental».

Así que abrió un centro de mujeres que sería un espacio seguro para que se reuniesen las supervivientes y garantizó la financiación de Women for Women International, la ONU y el Gobierno británico, para emplear a una psicóloga especializada en traumas. La primera especialista fue una abuela británica de Dorset llamada Ginny Dobson. En los dos primeros días, mantuvo noventa sesiones con las mujeres.

Algunas eran reacias a acudir al centro, como Zainab, la instructora de yoga pecosa y de pelo color fresa, que habían secuestrado junto con sus cinco hermanas. Fue la última en escapar y, cuando por fin se fue, las otras habían ido a Alemania. Sus padres y hermanos seguían desaparecidos. «Sentía que mi existencia no importaba al mundo», dijo; pero la convencieron de que asistiese a una ceremonia de graduación, tras la cual aceptó hacer un curso de inglés y después conoció a Ginny. Se transformó en unos meses, dijo Pari, «pasando de ser una joven que se sentaba sola en un edificio inacabado a convertirse en una mujer radiante».

Antes de mi visita, Pari me había avisado de que muchas yazidíes estaban hartas de contar su historia a los periodistas que solo querían oír hablar del horror, como halcones dándose un festín con su miseria. No encontraban sentido a hablar, porque la indignación internacional no se había traducido en una reconstrucción de su patria ni en que se hiciera justicia por lo que habían sufrido. Les había inquietado particularmente un reciente documental de la BBC donde un realizador había convencido a una de las chicas rescatadas de Janke para que lo acompañase a Mosul a buscar la casa donde había sido retenida y violada en repetidas ocasiones, y luego la llevó a encontrarse cara a cara con un preso del Estado Islámico.

«Por favor, no las describa como esclavas sexuales. Antes de todo, son seres humanos», dijo Pari.

Fue en Janke donde conocí a Naima, la chica cuyo nombre había salido en un sorteo y a la que habían vendido a doce hombres. Quería hablar porque se había defendido.

«Aquellos hombres del Estado Islámico me obligaban constantemente a acostarme con ellos y las heridas y el dolor me hicieron más fuerte», dijo. «Tenía que elegir entre morir o aceptar; pero pensé que un día sería mi turno y que se encontrarían en mi situación».

Acababa de cumplir dieciocho años y estaba en su casa de Janesor el 3 de agosto de 2014 cuando se difundió la noticia de que el Estado Islámico había llegado a Sinjar. «Todo el mundo huyó a la montaña, pero no teníamos ni comida ni agua allí y oímos que iban a cerrar el paso hacia Siria, así que decidimos escapar antes de que lo bloqueasen.

»Íbamos dos familias en dos coches, éramos veinte, todos apretujados, la familia de mi tío y mis padres, mi abuela y mis cuatro hermanas y cinco hermanos. Cuando llegamos al antiguo puesto de control americano en Dugre, dos coches bloqueaban la carretera, llenos de yihadistas del Estado Islámico vestidos de negro y armados con pistolas. "¡Dadnos las joyas de oro y vuestras chicas sin pañuelos!", exigieron.

»Nos asustamos cuando oímos los bombardeos y nos hicieron volver a los coches. Había unos treinta coches atiborrados de yazidíes como nosotros, pero estaban escoltados por miembros del Estado Islámico: dos al principio, uno en el medio y dos al final. Pensamos en escapar y volver a la montaña, pero oímos que algunos lo habían intentado y habían sido ejecutados.

»Nos detuvimos en Shiloh, donde separaron a los hombres de las mujeres. Oímos el ruido de los disparos y algunas mujeres se pusieron a chillar.

»Fui a mirar, pero los hombres estaban sentados. Luego hicieron subir a los hombres y las mujeres a coches distintos. Mi madre, mi hermano y mi hermana consiguieron escapar, al igual que mi abuela y otro hermano porque sus conductores eran yazidíes.

«Estaba con mi prima. Mi hermana pequeña Maha, que tenía seis años, lloraba y fue con mi hermano mayor. Nos llevaron a la ciudad de Sinjar. Por el camino, vimos cosas terribles: cuerpos muertos, coches en llamas. Nos llevaron a un edificio administrativo que estaba lleno de mujeres y niñas, y luego trajeron a mi hermanita. Hacia las ocho de la tarde, vino un mulá que se puso a leer el Corán y dijo que iba a hacer unas fotos y que podríamos volver a casa, pero nunca nos llevaron a casa. Pregunté: "¿Dónde están los hombres?".

»Durante los siguientes veinte días nos trasladaron de un lugar a otro y, por fin, a la cárcel de Badush, que estaba abarrotada de mujeres y chicas. Nos quitaron todas las joyas y el dinero. Casi no había comida, era horrible. Olía a sudor, vómito y sangre menstrual. Estaba enferma. Todos los días venían hombres y escogían a una chica. La primera vez que se me llevaron los hombres, me quedé helada. Antes de ese día desconocía lo que era una violación.

»Oímos que los bombardeos se acercaban, por lo que nos llevaron a otra escuela y luego a Qasr al Gharib, en Tal Afar, un antiguo pueblo chiita del que habían huido todos los habitantes y que utilizaban para la gente que se había convertido. Encontré a mis hermanos y a mi tío. Me contaron que los yihadistas del Estado Islámico habían puesto un puñal en un lado y un Corán en el otro y les habían dicho: "Si elegís el Corán, os convertís al islam y veréis a vuestra familia; si elegís el puñal, os mataremos".

»Permanecimos en aquel pueblo durante cuatro meses. Llegaban y se llevaban a las mujeres o chicas que les gustaban y a los chicos para trabajos forzosos y formación. También se llevaron a las ovejas y las cabras a Mosul para alimentar a sus hombres.

»Un día llegó un autocar y se llevó a un grupo a Mosul, al cine Galaxy, una gran sala con columnas y suelos de azulejo que se utilizaba para las bodas. En la entrada, había muchas sandalias de hombre. Era como un mercado de chicas. Nos separaron entre feas y hermosas. Nos enredamos el pelo y nos ensuciamos la cara con ceniza porque era mejor no ser hermosas.

»Una semana más tarde, unos hombres de Al Raqa vinieron a buscar a mi hermana de seis años, a nuestra prima y a mí. Cuando llegamos, me separaron de ellas y me pusieron en una casa con diez chicas de mi edad, y muchos niños, incluso un bebé, por lo que había mucho ruido. Un día un iraquí llamado Abu Ali me llevó a su casa. Estaba contenta de dejar atrás el bullicio, pero me dejó en un centro de formación del Estado Islámico repleto de chicas y mujeres.

»Llegó un mulá y me dijo que recitase la *Shahada* [el primero de los cinco pilares del islam] para demostrar que me había convertido. Empecé a recitar: "No hay más Dios que Alá y Mahoma es su profeta…", pero sacó su pistola. "Por favor, mátame", le supliqué, "porque entonces seré libre". Estaba feliz, porque pensé que sería el final de todo aquello. Pero dijo: "Como te has convertido, nadie puede hacerte daño". Me dijo que me lavase. Después llevaron a nuestro grupo a Mosul. Entonces fue cuando pusieron los papeles con nuestros nombres en el cuenco y empezó la venta».

Cuando Naima estaba con su quinto «propietario», Faisal, el fabricante de bombas, decidió defenderse.

«Un día me dijo: "Eres una puta". Le pregunté: "¿Sabes qué significa la palabra puta? ¿Piensas que hago algo que me gusta?".

»El día en que me vendió a Abu Badr, me dijo: "Prepárate y camina despacio para no caerte". Le respondí: "Cómo camino no es de tu incumbencia". Era el último día de diciembre de 2015, hacía frío y humedad y salió descalzo. Caminé hasta el coche y me volví para decirle: "Faisal, un día serás castigado por lo que has hecho". Mientras el coche arrancaba, se echó a llorar y me sentí feliz. Podía tener pistolas, pero estaba llorando él y no yo.

»Estuve con Abu Badr veinticuatro días. Me violó, claro está. Me vendieron muchas veces, pero la peor experiencia fue con ese hombre, porque me dijo que la esposa de su amigo Abu Sahib estaba enferma y que me llevaba a su casa; pero, cuando llegamos a la casa de Abu Sahib, no le pasaba nada a su mujer. Me instalaron en una habitación y aquella noche vino Abu Sahib. Le dije: "No soy tuya, soy de Abu Badr". Pertenecía a Abu Badr y era *haram* que me tocase otro hombre. Intentó forzarme, pero grité y chillé y al final llegó su esposa.

»A la mañana siguiente, me llevó a otro centro del Estado Islámico, donde me violó. Me retuvieron en aquel centro bajo vigilancia y, por la tarde, llegó Abu Badr. Le pregunté si me había vendido y me dijo que no, así que le expliqué lo que había hecho Abu Sahib.

»Abu Sahib regresó y dijo que iba a llevarme con él. Me negué, diciendo que Abu Badr no me había vendido y me puse a gritar. Me dijo que me callase, pero dije que no, quería que todo el mundo lo supiese. "Vosotros, el Estado Islámico, decís que traéis el islam, pero lo que hacéis es contrario al islam, ni siquiera obedecéis vuestras reglas y violáis incluso a mujeres embarazadas".

»Intentó forzarme, pero yo tenía un cuchillo que había conseguido en su cocina. El guarda entró y me lo quitó, luego me encerraron. Di un puñetazo a la ventana para romper el cristal e intenté cortarme las venas para suicidarme, pero volvió el guardia y se llevó el vidrio.

»Por fin, después de veinticuatro días, me volvieron a vender por diez mil doscientos dólares a Abu Haman, cuyo verdadero nombre era Ahmed Hasoum, que era otro experto en bombas y explosivos. Estuve con él durante ocho meses en Mosul, en un lugar cercano al famoso restaurante Jendul.

»Era una esclava, pero tenía un poco de control», prosiguió. «Una vez hice llorar a un emir. Una de mis amigas estaba con él. Tenía dos críos y el hombre no les llevaba comida. Los niños, cuando veían comida en la televisión, lloraban: "Mamá, queremos esto". Durante un mes no nos dieron ni té ni aceite para cocinar y durante una semana, solo pan rancio.

»Entonces llegó aquel emir, Abu Walid, y se sentó en el sofá, con todo el cuerpo espatarrado como era su costumbre y, cuando le pregunté: "¿Por qué no trae comida? El restaurante está cerca", me dijo: "porque desperdiciáis la comida". Luego me escupió. Le dije: "Imagínese que sus hijos suplicasen comida y no se la pudiese dar. Si fuese al revés, yo no le pondría en esta situación". Le dije: "Venga conmigo", le di la mano y le enseñé que el pan seco que comíamos, un pan muy duro.

»Se echó a llorar, más tarde volvió con pasteles y galletas. Me sentí feliz de haber hecho llorar a un emir. Me hacían muchas cosas malas, pero, cuando me convertía en la heroína de la situación, me sentía feliz».

Me preguntaba si su familia había intentado rescatarla recurriendo a Shrim o a uno de los otros. «No sabían dónde estaba», dijo. «Conseguí un teléfono y llamé a mi padre. Le estaba hablando en kurdo, pero, mientras le daba la dirección, el hombre me arrebató el teléfono».

En octubre de 2016, mientras estaba con Abu Haman en Mosul, las fuerzas occidentales empezaron a bombardear la ciudad para intentar arrebatársela al Estado Islámico. «Daba miedo, pero sabíamos que significaba que gente de fuera al fin intentaba actuar.

»Entonces, Haudi, uno de los amigos de Abu Haman, vino y dijo que la casa corría peligro, que podían bombardearla en cualquier momento y que tenía que irme con él. Me llevó a su casa, donde estuve diez días».

«Abu Haman ha muerto», dijo de pronto en inglés, riendo amargamente.

«Murió en el bombardeo; me alegré de que muriese, pero resultó que había hecho testamento. Decía que debían venderme por seis mil dólares y que el dinero iría a su familia.

»Así que me vendieron a Abu Ali al-Rashidi, que me llevó a su casa. Llevaba el nicab y no vi adónde íbamos. Estuve con él veinticuatro horas, me hizo lo mismo. A las diez de la mañana siguiente, me llevó a casa de su amigo Nashwan y dijo que me dejaba allí mientras se iba a luchar.

»Luego llegó Nashwan, pero sabía que no le pertenecía y me senté lejos de él. Me preguntó: "¿Abu Ali no te lo ha dicho?".

»"¿Decirme qué?", pregunté.

»Dijo: "Abu Ali te vendió por cinco mil dólares".

»Esos hombres del Estado Islámico nos intercambiaban como si fuésemos caramelos, nos vendían sin decírnoslo. Me quedé tres meses con Nashwan y ocurrió lo mismo. Falleció en el bombardeo, pero también había hecho testamento diciendo que me vendiesen y que el dinero fuese a su familia.

»Los bombardeos se hacían más intensos, pero estaba contenta de que hubiesen empezado a evacuar el Estado Islámico de la orilla izquierda del Tigris, que divide la ciudad. Estaban bombardeando los puentes, así que nos quedamos aislados en la orilla occidental».

«¿No tenías miedo?», le pregunté.

«No. Las bombas no me daban miedo, lo único que me daba miedo era que, si mi propietario moría, otro vendría a por mí. Después de la muerte de Nashwan, me vendieron a Hamad. Estuve con él doce días y me vendió a un farmacéutico. Me quedé un mes con él, hizo lo mismo.

»Los bombardeos se iban acercando. Me llevó a una familia del Estado Islámico, abarrotada de sus mujeres y chicas. Habían oído que el ejército iraquí les haría lo mismo que sus hombres nos habían hecho a las yazidíes y se asustaron. Me dijeron: "Si llega el ejército iraquí y te pregunta, di que somos todas yazidíes secuestradas por el Estado Islámico". De repente, ¡todo el mundo quería ser yazidí! Una incluso me pidió que le diera un hermano guapo si tenía alguno. Entonces me di cuenta de que las tornas estaban cambiando. Estaban asustadas y eso era bueno.

»El farmacéutico me volvió a vender por cinco mil dólares a Abdullah, cuyo nombre auténtico era Tawfiq Hattam al Hossaini, un sunita de Tal Afar. Estuve cinco meses con él, me hizo lo mismo…».

Me sorprendió que recordara todos los detalles. «Lo único que podía hacer era aprenderme los nombres de memoria, para que no se olvidase lo que hicieron», explicó. «Ahora que soy libre, lo estoy escribiendo todo en un libro en el que aparecen cada uno de estos nombres».

No pude evitar preguntarle cómo evitó quedarse embarazada durante aquellos tres años con todos esos hombres.

«Puede decir que utilizábamos un método natural, no sé si me explico». Se encogió de hombros. «El Estado Islámico tampoco quería que tuviésemos hijos. A veces daban a las chicas contraceptivos o pastillas egipcias, o utilizaban condones, aunque no conmigo.

»El Estado Islámico me obligó dos veces a ir al médico. No quería, porque estaba asustada. Me dolían mucho todos los hematomas. El médico dijo que tenía una infección del tracto urinario y una fuerte inflamación interna, que no podía tener relaciones sexuales con nadie durante diez días, pero de todos modos me violaron...

»¡Abdullah también falleció!». Volvió a reír con aquella risa hueca. Fue el último y, después de su muerte, me quedé con su hermana y su hermano. Esos seis últimos meses fueron muy difíciles, porque bombardeaban continuamente la ciudad antigua, donde nos encontrábamos. Alcanzaron la casa más de una vez y una parte de la familia resultó herida».

Un día de enero de 2017, la hermana de Abdullah le dio su teléfono a Naima y le pidió que llamase a su padre para pedir ayuda. «Me dijo que le explicase que esa gente no tenía nada que ver con el Estado Islámico. Por el contrario, le dije: "Perdóname cualquier cosa que haya hecho y, si sobrevivo, volveré".

»Era la primera vez que hablaba con alguien de mi familia en seis meses. En todo el periodo de cautiverio, después de que me separaran de mis hermanos y de mi hermana, había contactado con ellos solo cuatro veces.

»Una mañana nos trasladamos a un refugio subterráneo. Las bombas caían una tras otra y podíamos oír los tiros, los aviones de guerra, todo tipo de armas. Éramos unas sesenta personas, incluidos tres hombres mayores. Uno de ellos dijo: "El Ejército iraquí está cerca, iremos a encontrarnos con ellos". El Estado Islámico estaba preparando ropa y otras cosas y también quemaban todo aquello que los identificase como Estado Islámico: fotos, documentos de identidad, *pendrives,* todo...

»Salimos del subterráneo hacia las siete de la tarde del 3 de julio. Sufría una conmoción: no reconocía nada, no veía ninguna casa normal, todo estaba destruido y era como una montaña de polvo.

»Había bombardeos todo el tiempo, caminamos un rato y vi a unos soldados iraquíes, pero aquella zona no estaba totalmente libre del Estado Islámico y estaban demasiado ocupados peleando.

»Los soldados iraquíes nos indicaron adónde ir. Había un yihadista del Estado Islámico muerto en el suelo, con barba larga y el rostro cubierto de polvo y sangre. Tuve que saltar por encima de él. En mi fuero interno, pensaba que todavía seguía vivo y que me podía apuñalar, pero sentí que tenía que hacerlo. Fue una sensación agradable, me sentí más fuerte después de eso. Contemplar sus cadáveres se parecía a lo que nos hicieron.

»Caminamos por los escombros hasta casi las nueve de la noche; llegamos a una clínica donde se reunía la gente que había huido. Había escapado de la hermana de Abdullah, pero estaba con otra familia que tenía un niño pequeño que se echó a llorar. No sabía si eran una familia del Estado Islámico o solo gente de Mosul, pero tenía una botella de agua, tomé al bebé y le di un poco.

»Les dije que era yazidí y pidieron: "Cuando veas al ejército iraquí, diles por favor que esta familia te cuidó y que no tienen nada que ver con el Estado Islámico". Dije que de acuerdo, devolví al bebé y me fui corriendo.

»Un poco más lejos, vi a un soldado iraquí y le dije en un susurro: "Soy yazidí". Dijo: "¿De veras?". Le contesté que sí. Me preguntó mi nombre. "Soy Naima", respondí.

»Sabía que él podía pensar que solo era una esposa del Estado Islámico intentando escapar. Me hizo subir a un autocar de gente que huía de la ciudad. Antes de que saliese el autocar, un soldado iraquí se acercó y preguntó: "¿Está aquí Naima?". Me pidió los contactos de mi familia. Le di el número de teléfono de mi padre, llamó y preguntó: "¿Tiene usted una hija secuestrada por el Estado Islámico?".

»Cuando mi padre respondió que sí, le dijo: "Está a salvo con nosotros", y luego me dio el teléfono. Era la primera vez que oía la voz de mi padre en seis meses.

»El autocar iba lleno y no quedaba ningún asiento libre. El soldado iraquí le dijo a un hombre que me cediese su asiento: "Es yazidí". Entonces era más importante que ellos.

»Transportaban a la gente a un asentamiento para las familias del Estado Islámico, pero, al rato, el autocar se detuvo y me llevaron a un vehículo del ejército iraquí para ir a una comisaría de policía.

»Me hicieron subir al segundo piso, ya que conducían allí a las esposas del Estado Islámico y no querían que las viese. Los iraquíes se llevaban sus joyas de oro y sus documentos de identidad y pude oír a las mujeres gritando y chillando. Lo que nos ocurrió a nosotras les ocurrió también a ellas.

»Una mujer que vivía cerca llegó con galletas y ropa limpia para mí y me propuso que me quedase aquella noche en su casa, cerca de la comisaría de policía. Cuando nos íbamos, trajeron a más hombres del Estado Islámico que habían detenido, esposados y con los ojos vendados, y fue algo que me hizo sentir feliz.

»A las ocho de la mañana siguiente, la mujer amable me llevó al segundo piso de la comisaría de policía y me dijo que esperase junto a la puerta. Por fin, hacia las ocho y media, se abrió la puerta y allí estaba mi padre. Me abrazó y se echó a llorar. Estaba muy contenta de verlo, pero ni lloré ni reí.

»Luego la policía se llevó a mi padre a un juzgado para hacerle firmar un papel donde decía que no me mataría. Lo hacían con todas las chicas yazidíes que devolvían, pero no lo sabíamos, y se ofendió mucho. "¿Qué está diciéndome?", preguntó. "Es mi hija y no la he visto en tres años".

«Por fin, aquella tarde nos llevaron al puesto de control de Akrab, en la frontera entre Kurdistán y el Sinjar, donde uno de mis primos nos esperaba en un taxi. Llegamos hacia las seis de la mañana. Era el 6 de julio de 2017. Aquí acaba la historia».

Naima me contó todo esto en el remolque. Después me paseó por el campamento entre hileras de tiendas blancas hasta llegar a la suya, que tenía nevera y una pila de colchas, y vi que la historia no se había acabado en absoluto.

«Cuando regresé, descubrí que no podía ir a casa, sino solo a este asentamiento, y que mi familia ya no estaba completa. Es como cuando tienes un jardín verde, te vas un tiempo y cuando vuelves está todo pardo, seco y muerto.

»Vivo en esta tienda con mi madre, mi padre, dos hermanas y dos hermanos (tres de mis hermanas están casadas, así que soy la mayor de las solteras). También secuestraron a mis hermanas, incluyendo a la más pequeña, Maha, que tiene nueve años y medio, pero las rescataron de Al Raqa antes que a mí. Mi familia había pagado para rescatar del Estado Islámico a once parientes, entre los cuales se contaban mi tía y sus hijos. Ahora tenemos muchas deudas.

»A pesar de todo, tres de mis hermanos y mi tío siguen desaparecidos. No hemos tenido noticias. La noche pasada soñé con ellos y parecían estar en una situación muy mala; como si estuvieran exhaustos. A veces veo a jóvenes jugando al fútbol y pienso que es mi hermano».

Me enseñó una foto en su teléfono de sus hermanos y su tío cubiertos con imágenes de flores y una banda sonora romántica de piano. «He hecho un vídeo sobre ellos por si alguien los ha visto», dijo.

»Al principio, cuando volví, me quedaba en la tienda. No quería salir ni ver a gente. Sentía que la vida se había detenido. No quería volver a hablar con nadie de lo que me había ocurrido. Si salía, no hacía más que discutir. Cuando la gente me preguntaba: "¿Qué te hicieron?", gritaba. "¿Cómo? ¿No sabe lo que nos hicieron?".

»Pero me di cuenta de que la vida sigue, la vida no espera a que termine la guerra y vi que debía cambiar por el bien de mi familia. Los desaparecidos eran hijos de mi padre antes que mis hermanos. Alguien me llevó a la fundación Free Yezidi y me dieron un empleo para concienciar sobre la salud en el campamento, lo cual me ayudó».

Le pregunté si había vuelto a su casa en Janesor. Se quedó callada unos instantes. «Si regresase a Sinjar, lo haría con el corazón partido. He vuelto dos veces: una para recuperar el documento de identidad, y mi padre no me dejó ver nuestra casa; la segunda vez fue con mi hermana y entonces la vi. Fue muy duro: en el interior no quedaba nada en pie, todas las puertas y las ventanas estaban rotas».

Se miró las manos. «Quiero que a los hombres que me hicieron esto les pase lo peor. Quiero que mueran no de forma rápida o humana, sino despacito despacito, para que sepan lo que es hacer cosas malas a la gente».

Cerca del campamento había un montículo sobre el que se erigían tres templos cónicos yazidíes, como faldas plisadas, que representaban los rayos de sol, al que venera este pueblo, iluminando la tierra. Un grupo de mujeres con vestidos blancos largos estaban reunidas mientras el sol se ponía, viendo cómo se convertía en una bola roja hinchada que se disolvía en el horizonte por encima de las tiendas cercadas. Con las familias y las comunidades divididas entre campamentos, algunos dirigentes yazidíes temían que la comunidad, que se remonta a la antigua Mesopotamia, no pudiese ni siquiera sobrevivir.

Las mujeres rezaban por los niños desaparecidos. Como la familia de Naima, casi todas las tiendas en las que entré tenían parientes desaparecidos. Aunque hubieran recuperado a unos dos tercios de las siete mil chicas secuestradas, seguía habiendo 3154 yazidíes desaparecidos, muchos de ellos mujeres y chicas.

Cuando Occidente declaró la victoria contra el Estado Islámico después de expulsarlo de Mosul y Al Raqa en 2017, resultó que no se había hecho nada para rescatar a las chicas. La coalición dirigida por los Estados Unidos autorizó incluso un convoy de unas 3500 personas para huir de Al Raqa, compuesto por yihadistas y, tal vez, sus chicas esclavizadas. Más tarde, detrás de todas las alambradas y los muros de sacos de arena y de los puestos de control en la sede de la coalición en Bagdad, entrevisté al vicecomandante, un mayor británico llamado Felix Gedney, y le pregunté por qué. «No era nuestro plan», contestó, «pero la lucha era muy intensa y nuestras fuerzas armadas aliadas sintieron que no podían ignorar las peticiones de los líderes tribales locales, que eran muy emotivas».

Abdullah Shrim, el apicultor, me contó que él y otros rescatadores solo estaban consiguiendo liberar a tres chicas cada mes. No solo era más difícil llegar a ellas porque Turquía se negaba a cooperar, sino que algunas no querían regresar porque tendrían que abandonar a sus hijos. Una de sus sobrinas estaba en esa situación, tras haber dado a luz una niña en cautiverio. Creía que algunas de las chicas secuestradas seguían en Mosul o en campamentos con partidarios del Estado Islámico porque temían verse obligadas a abandonar a sus hijos si regresaban a casa.

La secta yazidí es estrictamente cerrada, quizás porque durante siglos se han sucedido los intentos de eliminarla. Un niño tiene que haber nacido yazidí para profesar la religión y los adultos deben casarse dentro del credo. Las mujeres no pueden salir con hombres no yazidíes y, en el pasado, cualquier contacto social con un no creyente significaba el destierro. Muchos me contaron la historia de una chica yazidí que se había enamorado de un chico musulmán unos años antes y la lapidaron.

El líder espiritual yazidí Baba Sheij había dado un paso extraordinario al proclamar que las chicas secuestradas por el Estado Islámico eran inocentes y, de hecho, más santas que las demás, y que debían acogerlas. La proclamación no aludía a los niños nacidos de los secuestradores del Estado Islámico y, por lo tanto, las familias no los aceptaban.

Esto me pareció muy duro y decidí ir a Lalish, el valle sagrado donde residía Baba Sheij y se bautiza a los yazidíes. Los creyentes rezan durante el día en esa dirección.

Hacía frío y llovía, y las colinas del valle de Shejan estaban envueltas en zarcillos de niebla. Mi guía era un joven yazidí llamado Bader y fuimos en un taxi con un ángel pavo real dorado y dos amuletos de vidrio azul que colgaban del espejo retrovisor.

Llegamos a un puesto de control al otro lado de la carretera que llevaba a un templo con tres torres blancas cónicas. No podíamos conducir más allá. Bader me dijo que me sacase los zapatos y los calcetines porque Lalish no debía ser contaminado con suciedad del exterior. Hacía frío y humedad, y parecía extraño al principio, pero la piedra era lisa y caminar sobre ella resultaba extrañamente agradable.

Atravesamos una arcada de tiendas cerradas y subimos unos escalones hasta un pequeño edificio de piedra. Una anciana corpulenta con un vestido de terciopelo violeta y un velo blanco estaba sentada en cuclillas en la puerta bajo un reloj de plástico, guardando un tarro de algo que parecía tierra.

Se llamaba Asmara y explicó que el tarro contenía «tierra sagrada» que los yazidíes envuelven en un pequeño paño y guardan en el bolsillo o la cartera para tener buena suerte. Dijo que había estado allí durante veinte años, incluso dormía allí, porque era de una familia de *pirs,* o 'pueblo sagrado'. «Solo nuestra familia puede guardar esta entrada», dijo con orgullo.

Tras ella, dentro de la sala, vi un manantial natural que borboteaba detrás de una barra de latón, pero, al no ser yazidí, no me permitieron entrar.

Oímos risas y cruzamos al otro lado de la carretera, donde un grupo de chicas se hacían *selfies,* todas llevaban largos vestidos coloridos, como si hubiesen asaltado el armario de una tienda de disfraces. Luego pasamos un arco donde me dijeron que no pisase el marco de la puerta, que pasase por encima, y llegamos a un patio con una higuera.

Un grupo de hombres estaban sentados en torno a una hoguera bajo los árboles. Era el lugar donde Baba Sheij tenía su corte. Al fondo había un enorme portal de mármol con una serpiente negra grabada que se deslizaba por la pared a la derecha. Según la leyenda yazidí, la serpiente tapó el agujero cuando el arca de Noé hacía aguas e impidió que se hundiera, por lo que consideran que las serpientes negras son sagradas y nunca las matan.

Atravesamos el portal de nuevo, con cuidado de no pisar el umbral, y entramos en una sala oscura con siete columnas, todas adornadas con nudos de seda de colores vivos. Las columnas representan los siete ángeles yazidíes a los que Dios confió el mundo después de la creación y los nudos eran para la buena suerte. Deshacer un nudo libera el deseo del anterior peregrino para que se pueda cumplir y entonces se pide un nuevo deseo atando tres veces otra cinta.

Una brisa fresca soplaba desde las escaleras que llevaban al manantial sagrado zum zum donde se bautizan los yazidíes, que creían que procedía del mismo manantial que el de La Meca. Una vez más, como no yazidí, no podía ir, así que me fui en dirección opuesta hacia la sala principal, que tenía un techo muy alto, la bóveda más elevada del templo. Dentro había un sarcófago de piedra cubierto con un paño de terciopelo verde,

Asmara y su tarro de tierra sagrada.

el sepulcro de Sheij Adi Musafir, uno de los fundadores de la fe yazidí. Sheij Adi, que falleció en el siglo XII, era supuestamente la manifestación terrenal del dirigente de los yazidíes, Melek Taus, el ángel pavo real. Los yazidíes me dijeron que creen que viene a la tierra todos los años en su día, llamado Charsema Sor, o miércoles rojo, el inicio de su año nuevo.

Bajando otras escaleras se llegaba a una sala de las cuevas de Lalish con grandes ánforas de aceite de oliva, apiladas a lo largo de los muros. Unos yazidíes se turnaban para estar de pie con la espalda contra un pilar de piedra mientras tiraban un pequeño manojo de seda por encima de sus hombros. Aparentemente, si el paño caía en la parte superior del pilar, su deseo se cumpliría.

Era frustrante intentar entender la fe yazidí. Todas las personas a las que conocí parecían darme una versión distinta de su historia. Le pregunté a Bader, pero no me ayudó mucho. «Es estúpido, todos los dirigentes son corruptos y solo sacan dinero a la gente», dijo.

Había esperado que Baba Sheij fuese capaz de explicarlo todo, pero desgraciadamente su lugar bajo el árbol se encontraba vacío. Estaba en Alemania debido a una enfermedad, me dijeron los hombres alrededor del fuego mientras me calentaba los pies mojados.

«Los niños nacidos en cautiverio son inocentes. ¿Por qué no se les permite volver?», le pregunté a Murad Ismael, el ingeniero aficionado a la poesía que fundó Yazda, el principal grupo activista para los yazidíes.

«Es un paso demasiado arriesgado», me explicó cuando nos vimos para tomar café en el indebidamente llamado Classy Hotel en Erbil.

Estaba tan afectado por la difícil situación de los niños abandonados que incluso intentó adoptar uno, ante el horror de su familia, porque no estaba casado. Cuando fue al tribunal, descubrió que el niño no era huérfano. El hombre que había dicho que era un tío se trataba de su padre. Estaba enfadado pero los dos nos preguntábamos cuán desesperada estaba la gente para entregar a sus hijos con la esperanza de que tuviesen una mejor vida.

Murad había trabajado como intérprete para las fuerzas estadounidenses en Iraq después de la invasión de 2003, lo que le permitió conseguir un visado especial para los Estados Unidos. Estaba estudiando en Houston en agosto de 2014 cuando empezó a recibir llamadas de sus aterrorizados familiares y amigos que le comunicaron la invasión del Estado Islámico.

Envió correos electrónicos a cada miembro del Congreso y periodista al que podía contactar con fotografías de niños yazidíes desesperados, así como vídeos de personas enterradas en la cumbre de la montaña.

Él y un grupo de yazidíes que también habían trabajado para el Ejército de los Estados Unidos volaron a Washington para protestar en el exterior de la Casa Blanca, pero los desalojaron para dejar espacio a los palestinos. Se quedaron en Washington, durmiendo seis en una habitación en un motel mugriento de Maryland, y por fin pudieron reunirse con la Oficina del Departamento de Estado de la Libertad Religiosa Internacional. Allí contaron las terribles historias de familias asesinadas por el Estado Islámico y de gente muerta de hambre en la montaña que hicieron llorar a Doug Padgett, un antiguo oficial naval de un metro noventa.

Ismael no esperaba demasiado. «Somos una pequeña minoría que vive con otra minoría en medio de ninguna parte», se encogió de hombros. Sin embargo, él y sus amigos yazidíes tenían una ventaja. Al haber trabajado con los militares estadounidenses, sabían cómo funcionaban sus mentes y presentaron un plan con tres puntos: los Estados Unidos debían dejar caer comida y agua en la montaña y después ayudar a una milicia yazidí que se había formado en el Sinjar. Por último, los estadounidenses convencerían al Gobierno iraquí de hacer un seguimiento del número creciente de yazidíes secuestrados por el Estado Islámico.

Ismael, que tenía un máster en Geofísica, elaboró mapas de Sinjar en los que indicó los campos y las torres de agua, y pegó octágonos rojos para marcar las posiciones del Estado Islámico y números para los yazidíes que huían.

El grupo no cabía de alegría cuando consiguió convencer al presidente Obama de que autorizase la ayuda y los combates aéreos en el Sinjar, además de denunciar públicamente lo que estaba ocurriendo a los yazidíes como un «acto potencial de genocidio».

A esto siguió una gran desilusión cuando los estadounidenses ignoraron el resto de su plan y no hicieron nada para impedir la masacre de los habitantes del pueblo de Kocho, a pesar de sus advertencias cada vez más desesperadas. Ismael incluso amenazó con prenderse fuego delante de la Casa Blanca, pero fue en vano.

Cuando se les acabó el dinero, los yazidíes regresaron a Houston y formaron Yazda. Toda aquella experiencia, dijo, le hizo sentir que no servía de nada confiar en la humanidad.

Al final, los alemanes acogieron a mil cien mujeres, Canadá a unas setecientas y Australia a unas trescientas. El presidente francés Emmanuel Macron había prometido acoger a cien familias. Reino Unido y Estados Unidos no habían acogido a ninguna mujer yazidí, algo que a Ismael le costaba entender.

«Todo el mundo habla de las supervivientes y hubo mucha cobertura mediática, pero en realidad no se les prestaba ayuda», dijo. «Teníamos a una mujer enferma de tuberculosis y no conseguimos los setecientos dólares que necesitaba para su cirugía».

Sinjar seguía en ruinas y parecía que nadie estaba preparado para reconstruir la ciudad. «Permanecer en los campamentos significa destruir el tejido de la comunidad», dijo Ismael. «Mi principal temor es que nos encontremos en la misma situación que los campos de refugiados palestinos que existirán siempre y donde la gente lleva una existencia de pésima calidad».

Esto no era todo. Para su frustración, no se había juzgado a ningún autor de los delitos y no se había exhumado ninguna de las fosas comunes. «Hemos grabado más de mil cuatrocientos testimonios cortos de mujeres y más de trescientas declaraciones largas», dijo. «Tenemos listas de nombres de los militantes y bases de datos del Estado Islámico por si alguien las quisiese».

Mientras tanto, miles de secuestradores del Estado Islámico estaban todavía sueltos según Jaleel, el abogado convertido en rescatador. «Liberé a una chica de quince años, Rana, que habían vendido y revendido trece veces. Fue a Mosul para conseguir su documento de identidad y vio al último hombre que la había retenido caminando por la calle. Gritó, pero él se tapó la cara y salió corriendo».

Ameena y él habían intentado seguir la pista a los agresores. Una de las chicas que habían rescatado aquel mes de enero tenía veinte años y se llamaba Bushra. La habían vendido varias veces y su último secuestrador fue un hombre de setenta años en Deir Azzour.

Una vez que regresó y estuvo a salvo, Jaleel creó un perfil falso en Facebook para contactar con el hombre, ofreciéndole ayuda para recuperarla. Bushra grabó un mensaje de voz y se lo envió, diciendo que, si la iba a buscar, volvería con él.

El hombre picó. Jaleel me enseñó un vídeo de un anciano con barba gris llorando en un olivo y diciendo: «Por favor, vuelve, ¡te echo de menos!»

«Hemos conseguido atrapar a muchos miembros del Estado Islámico de esta manera», dijo.

Pero Ameena había empezado a preguntarse si aquello tenía sentido. «No me siento optimista respecto a nuestras posibilidades de conseguir justicia», dijo. «Nuestro Gobierno no nos apoya, el Gobierno iraquí no ayuda, muchos dirigentes del Estado Islámico pagan una cantidad y quedan libres. Se han encontrado setenta y tres fosas comunes de yazidíes y nadie las investiga o las protege.

12

Los juicios de Nínive

Nínive

Érase una vez, hace más de dos milenios, un monarca llamado Asurbanipal, el hombre más poderoso de la tierra, que se
proclamó a sí mismo «rey del mundo» y vivía en un «palacio
sin rivales», que, según se dice, tenía setenta y nueve habitaciones. Por aquel entonces, en el siglo VII a. C., Nínive era la
mayor ciudad del mundo, rodeada por imponentes muros con
quince puertas, cada una de ellas flanqueada por toros alados.
Albergaba palacios decorados con enormes relieves de piedra,
templos, jardines irrigados por una red de canales y acueduc-
tos, un parque de caza y una biblioteca real de más de treinta
mil tablillas cuneiformes de arcilla.

Aunque la capital del Imperio asirio fuera en su día una de
las ciudades más grandes y antiguas del mundo, actualmente
se la conoce mejor porque en la Biblia se la describe como la
cuna de la maldad y del libertinaje, a la que Dios envió a Jonás
para avisar a su pueblo de que se arrepintiese de sus pecados o
se enfrentase a la aniquilación.

Al ver el letrero de Nínive desde Mosul, en la orilla oriental
del Tigris, me resultó difícil contener un escalofrío. Iraq está
lleno de nombres del mundo antiguo: Babilonia, el Jardín del
Edén y Ur, lugar de nacimiento de Abraham, pero la realidad
actual es a veces decepcionante. No quedaba rastro de los Jardines Colgantes de Babilonia, mientras que el pequeño árbol
muerto cerca del lugar donde el Tigris confluye con el Éufra-

tes, en las afueras de Basora, no era en absoluto como había imaginado el Árbol del Conocimiento.

Todo cuanto quedaba de Nínive era un alto banco rectangular de arena como las murallas de un gran fuerte, un montículo y una puerta reconstruida. Dentro había una planicie con excavaciones y unas cuantas columnas rotas. Se conservaba mucho más en el Museo Británico.

Por una vez, la destrucción no era obra del Estado Islámico. Nínive fue saqueada por los babilonios, los persas y los medos, que prendieron fuego a la ciudad hasta los cimientos y derribaron el imperio. Cuando el Estado Islámico avanzó con buldóceres y dinamita en 2014, quedaba poca cosa, pero un vídeo muestra a yihadistas destruyendo la Puerta de Adad, que habían reconstruido junto a una parte del muro de fortificación. También dinamitaron la mezquita de Nabi Yunus, considerada el lugar donde enterraron a Jonás.

Los asirios también fueron un pueblo brutal: construyeron pirámides con los cráneos de sus enemigos, evisceraban a los presos y les cortaban regularmente narices y orejas. Conmemoraron su barbarie en la literatura y el arte, al igual que el Estado Islámico más tarde difundiría sus propios horrores en las redes sociales.

Algunas de las tablillas excavadas a principios del siglo xx fueron grabadas con un código de leyes que comprendía una cifra sorprendente de artículos sobre las relaciones sexuales. «Si una mujer en una pelea daña el testículo de un hombre, se le cortará un dedo», rezaba una. Si se dañaban los dos testículos, se le arrancarían los ojos. También existía una pena de muerte por violación.

En marzo de 2018, me dirigí a Mosul para presenciar la actuación de la justicia, no para contemplar la destrucción de antigüedades. Me acompañaba mi asistente kurdo, Halan, en el Toyota blanco que había bautizado con el nombre de Monica Lewinsky. Ante mi sorpresa, me explicó que todos los modelos de coche en Iraq tienen apodos,. No me pudo explicar por qué habían elegido a Lewinsky. ¿Tal vez el modelo del coche era de la época del escándalo?

Nuestro destino era una ciudad cercana de aspecto desolado, Tel Keppe, dominada por una iglesia de ladrillos de terracota que acaban de reconstruir. La iglesia era caldea, construida por católicos asirios, un recordatorio de que el área fue la cuna de una de las comunidades cristianas más antiguas del mundo. En julio de 2014, los cristianos de Mosul huyeron a aquella iglesia después de que los yihadistas del Estado Islámico tomaran la ciudad. Les dieron un plazo de veinticuatro horas para convertirse o pagar un impuesto de protección, pero, más tarde, el Estado Islámico regresó y la destruyó.

Cerca de la iglesia había un complejo amurallado con guardias y gente que se paseaba por el exterior. Dentro, presos vestidos con monos naranjas al estilo de Guantánamo aguardaban en fila en los pasillos, de cara a la pared. Este modesto escenario era el lugar donde se celebraban los juicios contra los miembros del Estado Islámico responsables de los tres años del reinado de la barbarie en una tercera parte del país.

Me condujeron a una habitación con un policía en la puerta en la que tres jueces con togas negras y puños blancos presidían un banco alto sobre el que se apilaban carpetas amarillas. Detrás de ellos se alzaban una bandera de Iraq y un letrero impreso con las balanzas de la justicia. En una mesa debajo de los jueces y un poco a la derecha, estaban sentados el fiscal público y dos mujeres que tomaban apuntes, mientras en el otro lado se encontraba el abogado de la defensa, vestido con una toga negra ribeteada de verde. El único público éramos Halan, mi intérprete y yo.

En el banquillo de los acusados se sentaba un preso delgado con la cabeza rapada y un mono sucio. Se llamaba Omar Abdul Qadar y resultó ser periodista.

El fiscal jefe leyó el caso. «Fue detenido el 4 de julio de 2017 en el barrio Noor de Mosul y arguyó no haber formado parte del Estado Islámico, aunque estaba haciendo propaganda para ellos».

«Repito que no me uní al Estado Islámico ni combatía para el Estado Islámico», dijo el preso. «Trabajaba en la agencia de prensa

NUESTROS CUERPOS SUS BATALLAS

Zahoor antes de la llegada del Estado Islámico; después de la caída de Mosul se hicieron con la agencia y le pusieron el nombre de Bayan. Escribía los testimonios de la gente. Cobraba ciento veinticinco mil dinares mensuales. Era como un asesor externo».

«¿Está diciendo que el Estado Islámico es como una empresa con asesores externos y empleados?», preguntó el juez. «Sí», contestó el hombre. «Pero tenía un arma del Estado Islámico y hacía propaganda para ellos». «Lo hice porque me obligaron», insistió el periodista.

El juez continuó leyendo la declaración. «Recibía noticias de la agencia de noticias Bayan y presentaba las noticias en su canal. El Estado Islámico me dio un arma y ayudé a instalar tres televisores en la calle para difundir su propaganda y repartir unos CD y *pendrives*...

Se detuvo y miró al preso por encima de sus gafas. «Fue con su hermano Bashir a la mezquita. ¿Recitó el *bayat* [la promesa de lealtad]?».

«Había miles de personas en la mezquita para la oración del viernes», contestó el preso. «Todo el mundo recitaba el *bayat*. Soy inocente de todas las acusaciones».

El juez no se dejó impresionar. «Omar, le acuso de unirse al Estado Islámico en Mosul en 2014, de recitar el *bayat* y de ayudarles a difundir sus publicaciones y distribuir su propaganda».

«No es verdad», repitió el periodista.

El fiscal general se levantó y leyó una hoja de papel.

«Declaró en su confesión inicial que había ingresado en el Estado Islámico con su hermano en la orilla este de Mosul y que recitó el *bayat* y supervisó la distribución de propaganda. Como fiscal general, pensamos que sus confesiones iniciales son más fiables que lo que dice ahora y que debe ser condenado a la pena de muerte».

El abogado de la defensa se levantó. «Todas estas confesiones se hicieron bajo tortura, por lo que le ruego que lo reconsidere e indulte a mi cliente», dijo antes de sentarse.

El juez hizo salir a todos para considerar el veredicto. Omar, el periodista, estaba apoyado contra la pared esperando su destino, moviendo las manos con nerviosismo. Tras unos minutos, se abrió la puerta y nos ordenaron volver a entrar.

El juez le miró. «Ingresó en el Estado Islámico, lo que puede implicar la pena de muerte por ahorcamiento, pero lo hemos rebajado a cadena perpetua teniendo en cuenta que no luchó. Su caso será ahora derivado a Bagdad. ¿Tiene algo que añadir?».

«Tengo un máster de una escuela de negocios», dijo el periodista. «Podía tener un salario de clase media, pero me obligaron a trabajar para el Estado Islámico por 125 000 dinares. ¿Cree que lo hubiese hecho por voluntad propia?».

Su defensa parecía extraña. «No se trata de su título», dijo el juez. «Le estoy juzgando en función de las pruebas y de su confesión».

«Si voy a la cárcel, no tendré acceso a abogados», protestó el acusado.

El policía lo esposó y se lo llevó. Todo había terminado en menos de media hora. El abogado de la defensa me dijo que el Estado le había asignado aquel caso y que no había tenido acceso a ninguna de las pruebas.

A las once y veinte compareció el siguiente preso. Esta vez era un hombre joven de veinticuatro años llamado Harith, detenido en el campo de Haj Ali en mayo de 2017. Estaba acusado de haber trabajado como guardia en un puesto militar del Estado Islámico y firmó una confesión en la que admitía haber ingresado en el Estado Islámico en septiembre de 2014, tras lo que había recitado el *bayat*, recibido una pistola y trabajado en el puesto de control, además de informado sobre mujeres que no exhibían un buen comportamiento y a las que castigarían más tarde.

«No es verdad», insistió retorciéndose las manos en la espalda. «Juro por Dios que no he trabajado para el Estado Islámico».

Siguió un tira y afloja similar al del primer caso. El abogado de la defensa volvió a cuestionar la confesión, que había sido obtenida bajo tortura. El juez se cansó pronto y lo hizo salir.

Volvieron a llamarlo a las once cuarenta y ocho. «Podríamos haberle condenado a la pena de muerte por haberse unido al Estado Islámico, pero, por su edad, hemos rebajado la pena a quince años de cárcel».

«Juro que soy inocente», protestó.

El juez no se conmovió. «Dictamos esta sentencia en función de lo que vemos», afirmó encogiéndose de hombros.

No pude entender muy bien por qué el periodista obtuvo una sentencia más dura que el guardia y me pregunté si esta aparente falta de severidad tenía que ver conmigo. Algunos grupos de defensa de los derechos humanos me habían dicho que se condenaba a muerte a la mayor parte de los acusados.

Los jueces cerraron tres casos en tres horas. Parecía el trabajo en una línea de montaje. No era demasiado sorprendente. El tribunal de Nínive trabajaba solo de las diez de la mañana a las dos de la tarde, cuatro días por semana y era uno de los dos tribunales para los presos del Estado Islámico (el otro estaba en Bagdad). Había miles de casos. Las victorias en el campo de batalla contra el grupo terrorista habían dado lugar a las detenciones no solo de los yihadistas, sino también de sus familias y de funcionarios de bajo rango como conductores y cocineros.

Human Rights Watch calculaba que las autoridades iraquíes habían encarcelado a veinte mil sospechosos de pertenecer al Estado Islámico, de los cuales mil trescientos cincuenta eran mujeres y niños extranjeros. Muchos procedían de Turquía, del Golfo, de Asia Central y Túnez, pero otros eran de países occidentales como Gran Bretaña y Francia, que se habían negado a readmitir a sus ciudadanos.

El juez principal Jamal Daoud Sinjari me dijo al principio que no estaba autorizado a conceder entrevistas. Sin embargo, después del segundo caso, me llamó para decirme que podía contestar algunas preguntas.

Explicó que aquel era un día tranquilo. Algunos podía enfrentarse a ocho casos. Hasta la fecha, había juzgado a cuatrocientos ochenta presos, de los que un tercio habían sido condenados a la pena de muerte, según me dijo; pero todavía le quedaban mil presos, además de treinta mil órdenes de arresto. Juzgaban a todos por el mismo cargo (el terrorismo), que bajo la ley antiterrorista iraquí incluía la pena de muerte para cualquiera «que comete, incita, planea, financia o ayuda en actos de terrorismo».

Esto ponía el listón tan bajo que significaba que podrían condenar fácilmente a los conductores o esposas de los yihadistas. El *New York Times* publicó un reportaje sobre el tribunal de Bagdad en el que habían juzgado, acusado y condenado a catorce mujeres casadas con miembros del Estado Islámico a la pena de muerte en solo dos horas.[*]

El juez Sinjari dijo que en su tribunal solo había juzgado a una mujer hasta el momento y que la había condenado a la horca. «Había estado implicada desde 2005, instó a todos sus hermanos a unirse y mató a un oficial de policía de un disparo en la cabeza.

«Confesó», añadió. «Muchos confiesan. Precisamente ayer, un hombre de veinte años confesó haber matado a veinte personas, por grupos de cinco, disparándoles en la cabeza por la espalda».

Le pregunté acerca de la afirmación del abogado que decía que las confesiones se habían obtenido mediante tortura, sobre lo que se había escrito ampliamente.

«Los jueces no tenemos interés en acusar a alguien si es inocente», contestó. «Y no dependemos solo de confesiones; hay también documentos del Estado Islámico y testigos».

Le pregunté cómo podían dictar sentencias con tanta rapidez.

---

[*] Margaret Coker y Falih Hassan, «A 10-Minute Trial, a Death Sentence: Iraqi Justice for Estado Islámico Suspects» [Un juicio de diez minutos, una condena a muerte: la justicia iraquí para los sospechosos del Estado Islámico], *New York Times,* 17 de abril de 2018.

«Buscamos detalles que demuestren cuál es la versión verídica y, por nuestra experiencia, sabemos cuándo alguien dice la verdad», contestó.

Después de quince años de derramamiento de sangre y de terrorismo en los que habían muerto unos cien mil iraquíes, tal vez no era sorprendente que nadie abogara por la indulgencia o por un procedimiento legal adecuado. El primer ministro iraquí Haider al-Abadi recibió un amplio apoyo de la sociedad cuando habló de acelerar el ritmo de los juicios.

Parecía un trabajo peligroso, puesto que todo el mundo me decía que Mosul estaba todavía a rebosar de miembros del Estado Islámico y que habían asesinado a más de ciento sesenta jueces e investigadores en ataques terroristas en Iraq desde la invasión estadounidense. Le pregunté si los jueces gozaban de una protección especial.

El juez Sinjari miró al cielo y sonrió. «Tenemos guardias mientras trabajamos, pero no en casa», dijo. «Tengo tres guardias de seguridad, pero vivo en Kurdistán; por lo tanto, ¿cómo me los podría llevar conmigo? No hemos recibido amenazas directas, pero otros sí».

Me intrigaba su apellido: resultó que era de Sinjar, pero no yazidí. Le pregunté si alguno de los presos que había juzgado había tenido esclavas sexuales yazidíes.

«Por supuesto», contestó. «Hemos juzgado a varios que tenían esclavas sexuales y otro que se metió en una pelea por una. Otros han dicho que su emir tenía esclavas sexuales».

¿Por qué no acusó a esos hombres de violación o secuestro?

Se quedó estupefacto. «Si dos personas se pelean en la calle, es un problema, pero, cuando estos terroristas ingresan en el Estado Islámico, matan, violan, decapitan, todo esto se considera terrorismo. Conlleva la pena de muerte y no es necesario preocuparse por la violación».

Intenté explicar que era importante para las mujeres víctimas de violación, esclavizadas y vendidas.

«Si un civil viola a una chica yazidí, es una violación», contestó, «pero si alguien ingresa en el Estado Islámico y viola a una chica yazidí, es terrorismo, porque también ha matado a gente y ha combatido contra las fuerzas iraquíes».

Volví a intentarlo subrayando que, si no se incluye la violación en los cargos, es como si no tuviese consecuencias. Sin embargo, las mujeres tienen que vivir con eso durante el resto de sus vidas.

Se puso a ordenar sus papeles. «¿Por qué están los occidentales tan obsesionados con los yazidíes?», preguntó. «No son solo los yazidíes. Es mejor preguntar lo que sucedió a todos los iraquíes, porque ocurrieron muchas más cosas de las que la gente no se enteró: aniquilaron a los árabes y los cristianos de Sinjar igual que a los yazidíes. Destruyeron un ochenta por ciento de Sinjar. En mi caso, ¡una familia yazidí se ha quedado con mi casa!».

La entrevista había terminado. Dio su golpe de mazo e hicieron entrar a otro preso. Esta vez era un hombre mayor, que conseguía aparentar distinción incluso con su mono sucio y sus chanclas de color lila. A diferencia de los demás, este hombre tenía público: hombres vestidos con largas túnicas y turbantes de cuadros rojos y blancos ocuparon los bancos. También tenía su propio abogado.

El anciano se llamaba Sheij Rashid Khan y era el jefe tribal del pueblo de al-Mowali.

«Usted ingresó en el Estado Islámico en 2015», empezó el juez. «Tenemos un vídeo donde recita el *bayat* y da un discurso, y también tenemos una confesión de tres páginas».

El jeque negó con la cabeza, pero, en lugar de hablar, llamaron a un testigo. Uno de los hombres con turbante fue al estrado y prestó juramento. Su historia era incoherente y confusa. Para empezar, no estaba segura de si aquel hombre estaba allí para la defensa o para la acusación.

«Es de mi tribu», contó el testigo. «En el verano de 2015, llegaron a nuestro pueblo yihadistas armados y nos dijeron que rezásemos todos en la gran mezquita y que recitásemos el *bayat*. La gente se negó y los yihadistas dijeron que no los habían acogido como debían. Agarraron al detenido por la mano porque era el jeque, fueron a su *diwan* [casa de huéspedes] y lo grabaron en vídeo».

Compareció otro testigo. «Estaba cuidando de mis ovejas en los campos la primera vez que llegó el Estado Islámico y puso su bandera en nuestra mezquita. Algunos lugareños la sustituyeron por la bandera iraquí y escribieron eslóganes contrarios al Estado Islámico. Diez días más tarde, estaba otra vez con mis ovejas cuando el Estado Islámico regresó, golpeó y mató a algunos habitantes del pueblo. Convocaron a todo el mundo en la mezquita con las manos arriba y nos hicieron recitar el *bayat*. Luego pidieron al jeque que les diese la mano. Nos rodeaban: ¿qué podíamos hacer? Fueron entonces al *diwan* del jeque, se sentaron y colgaron una bandera del Estado Islámico en la pared y luego le dieron al jeque una declaración y grabaron un vídeo mientras él la leía».

En total, comparecieron seis testigos; todos parecían parientas y todas sus declaraciones eran contradictorias. Uno decía que el Estado Islámico había reunido a más de cien aldeanos y que los había torturado durante cinco días. Sin embargo, todos estaban de acuerdo en afirmar que el jeque no tenía nada que ver con el Estado Islámico y que se vio obligado a recitar el *bayat*.

Por fin, el juez suspendió la sesión.

«Le acuso de haberse unido al Estado Islámico por su propia voluntad. ¿Es verdad?», preguntó. «No, no tuve elección», dijo el preso.

Nos hicieron salir. El jeque estaba de cara a la pared y no dejaba de rezar. Todos sus testigos hablaban con el abogado. Yo no tenía claro cómo acabaría aquello, aunque el juez mostraba claramente más deferencia que con los acusados anteriores.

Después de diez minutos, se abrió la puerta y nos hicieron entrar. El juez anunció que habían declarado inocente al preso y que sería liberado inmediatamente. El jeque alzó las manos al cielo y se echó a llorar.

Los jueces se pusieron a recoger sus cosas. Eran casi las dos de la tarde. Cuando salí del edificio del Tribunal, el jeque estaba con sus partidarios. Se había puesto ropa limpia y un turbante. Había aparecido una enorme caja de dulces y me ofreció algunos. Le pregunté sobre sus siete meses de encarcelamiento. Nos invitaron a su pueblo, donde dijeron que habría celebraciones y «muchos tiros», pero Halan dijo que no sería prudente acudir.

En cambio, almorzamos en Mosul, atravesando las ruinas de la ciudad antigua, de donde seguían extrayendo cadáveres. Habían transcurrido nueve meses desde el final de la batalla que derrocó el Estado Islámico, pero la ciudad antigua, habitada desde el siglo VII, seguía pareciendo el escenario de un bombardeo apocalíptico. Por todas partes había escaleras que no llevaban a ninguna parte, edificios caídos en forma de acordeón, bloques de hormigón volcados y algún cadáver calcinado. Olía a putrefacción, pero la gente se mostraba reacia a mover los cadáveres por miedo a las posibles trampas. La ONU había puesto letreros que advertían de los AEI (artefactos explosivos improvisados). Alguien había escrito «Que le jodan al Estado Islámico» en grandes letras negras en lo que quedaba de la mezquita Al Nuri, donde al-Baghdadi, el jefe del grupo, vestido de negro, con su turbante y luciendo un Rolex, había proclamado su califato.

Tomamos café en una cafetería frente a la Universidad de Mosul, que estaba también en ruinas porque había sido una base del Estado Islámico y había sido bombardeada por la coalición dirigida por Estados Unidos e incendiada por los yihadistas en su retirada. Su biblioteca, que albergaba un millón de libros, se consideraba una de las mejores de Oriente Próximo, pero había quedado reducida a una cáscara carbonizada.

El propietario de la cafetería nos dijo que iba a haber una recogida de libros, así que cruzamos la carretera. Al acercarnos, me sorprendió oír que tocaban el violín y reconocí la melodía: era el tema musical de la película *El último mohicano*.

El violinista que tocaba entre las ruinas era Mohammad Ahmad, estudiante de Derecho de veintinueve años que me dijo que, bajo el Estado Islámico, había tocado silenciando el sonido con una pinza de la ropa de madera y con el aire acondicionado puesto. «Si el Estado Islámico me hubiese oído, me habrían matado», contó.

Una vez, registraron su casa y enterró los dos violines en el jardín. «A mi padre se le olvidó y se puso a regar las plantas; destruyó uno», me contó riendo.

Aunque no encontraron nada, le arrestaron de todos modos y lo tuvieron preso durante un mes, durante el que le pegaron y lo obligaron a arrodillarse mientras le amenazaban con dispararle. «Era como vivir en el infierno», dijo. «Ahora toco en todos los lugares que fueron destruidos con la esperanza de que la gente me oiga y sienta que la vida ha vuelto a empezar, independientemente de lo que hayan sufrido».

Había algo que quería ver antes de marcharme de Mosul. Muchas de las chicas yazidíes con quienes había hablado mencionaron que las retenían en el mercado de esclavos del cine Galaxy.

Mohammad, el violinista, pensaba que el Galaxy estaba cerca del bosque Al Ghabat, en la orilla oriental del Tigris, que, antes de la ocupación del Estado Islámico, había sido una zona popular para ir de pícnic. Así que nos subimos a Monica Lewinsky y nos fuimos para allá. Parecía que la vida había regresado: algunas familias paseaban, el aire olía al aroma afrutado de los narguiles y de los restaurantes que freían la carpa roja local por la que Mosul era famoso. No estaba segura de que me apeteciese comer pescado después de haber visto los cadáveres putrefactos en la ciudad antigua.

Recorrimos la orilla, pero nadie parecía saber dónde estaba el Galaxy. La gente nos dirigía a un extraño barco pirata de fibra de vidrio que era un club nocturno y que claramente no era el lugar que las chicas habían descrito. Al cabo de un rato, recurrimos a Google.

A cierta distancia de la orilla del río, había un hotel grande en forma de pirámide que había sido un casino y que el Esta-

Mohammad Ahmad tocando el violín.

do Islámico había convertido en hotel para sus mandos, por lo que lo apodaron hotel Shariaton. En el otro lado de la carretera, había un campo de escombros pulverizados. Un guardián nos confirmó que era todo lo que había quedado del Galaxy después de un ataque aéreo. Caminé entre las ruinas. Lo que fuera que lo hubiese golpeado no había dejado nada en pie. Todo estaba aplastado, excepto los azulejos del suelo. Algunos de los escombros tenían pintura azul. Tan solo los trocitos de tela demostraban que una vez hubo mujeres en aquel lugar. El aire parecía pesado e inmóvil. ¿Cómo sería estar allí como mercancía humana cuando llegaban los yihadistas del Estado Islámico, levantando su pañuelo para verles la cara y palpándoles los pechos, rechazando a esta porque tenía la tez demasiado oscura o estaba demasiado «usada», tomando a la otra porque era joven y hermosa?

Recordé las palabras de Zainab, la instructora de yoga en el remolque de Janke que habían retenido en el Galaxy. «Creo que el mundo ya lo ha olvidado», me dijo. «Pero cuéntaselo si crees que van a escuchar».

Al escuchar relatos tan sobrecogedores, una pregunta me revoloteaba insistentemente en la cabeza. ¿Qué placer podían conseguir los hombres abusando de las mujeres de esta manera?

«No hay nada sexual en la violación», insistió el doctor Mukwege, premio Nobel de la Paz, cuyo hospital en el Congo había tratado a unas 55 000 víctimas. En su libro de 1975 sobre la violación, Susan Brownmiller también descartaba la idea de que tuviese algo que ver con el deseo o con la satisfacción de la libido masculina; la describía por el contrario como una afirmación de poder. «[La violación] no es más que un proceso consciente de intimidación por el que todos los hombres mantienen a todas las mujeres en un estado de terror», escribió.

¿Están los hombres mentalmente programados para hacer daño a las mujeres? Y, si es así, ¿cómo hemos engendrado las madres a esas personas? Es una pregunta que se hizo la escritora feminista Eve Ensler y que intentó contestar en su libro *La disculpa,* donde asume la voz de su padre, Arthur, que abusó de ella desde los cinco años. Ensler imagina que su padre le dice: «Durante todo ese tiempo, te hice sentir que eras tú quien había hecho algo sumamente malo».

Existe, claro está, una diferencia entre los perpetradores de la violencia sexual en tiempos de guerra y los que cometen actos de violencia sexual en tiempos de paz. Inger Skjelsbæk, psicóloga del Instituto de Investigación para la Paz de Oslo, ha llevado a cabo una amplia investigación en este campo y apunta que «el escenario de la guerra representa una ruptura extrema con las normas y los valores que guían la coexistencia pacífica entre las personas, como ilustra el propio hecho de que el asesinato es permisible bajo algunas condiciones en la guerra».

«Sin embargo», prosigue, «existe una clara distinción entre matar y cometer actos de violencia sexual en la guerra: matar puede legitimarse bajo determinadas condiciones, mientras que la violencia sexual, no. Con todo, es posible considerar la violencia sexual en tiempos de guerra como una parte del repertorio de acciones que parecen permisibles a causa de las circunstancias extraordinarias de la guerra y porque ese comportamiento no conlleva consecuencias, castigo o condena por parte de los mandos militares».

Desvelar las atroces violaciones soviéticas en Berlín en 1945 llevó al historiador Antony Beevor a preguntarse si existía un lado oscuro de la sexualidad masculina que podía manifestarse demasiado fácilmente en la guerra cuando no existen coacciones sociales y disciplinarias. ¿Son todos los hombres violadores intrínsecos cuando se desinhiben en el caos de la guerra? «¿Hasta qué punto hombres armados y sin miedo a la justicia o al castigo actúan igual en esas circunstancias?», reflexiona ante mi pregunta. «No lo sabemos».

Beevor subraya que la doctrina feminista que afirma que la violación está relacionada meramente con la violencia y el poder es imperfecta, porque define el crimen solo desde el punto de vista de la víctima. «No consigue demostrar el abanico de instintos y motivos masculinos: vengarse del enemigo, deseo de humillar al enemigo, necesidad de borrar las humillaciones propias infligidas por sus superiores y, claro está, puro oportunismo sexual porque tiene un arma en las manos y puede escoger a su víctima».

En efecto, muchos creen que la violación es inevitable durante la guerra, tanto si se debe al oportunismo o está motivada por la determinación de humillar al enemigo y la embriaguez del triunfo. Después de todo, las guerras muestran un alto nivel de testosterona, de hombres jóvenes que prueban su valía y afirman su masculinidad. Los cuarteles del ejército han tenido siempre mala reputación por su lenguaje misógino, los términos peyorativos para designar a las mujeres y las *pin-ups* de *Playboy*.

Sin embargo, ¿por qué entonces había niveles de incidencia tan distintos entre los diferentes ejércitos durante la Segunda Guerra Mundial? Los soldados británicos «son, con mucha diferencia, los que menos violaron», según Beevor, que cree que puede deberse en parte a la cultura militar más que al «bromuro en el té» que se cita a menudo.

Subraya, además, que existe la zona gris de la prostitución en tiempos de guerra, mujeres a las que el hambre y la desesperación fuerzan a tener relaciones sexuales. A veces se describía a los soldados estadounidenses como «rusos con el pantalón bien planchado», que no necesitaban violar para tener relaciones sexuales porque podían repartir grandes cantidades de cigarrillos, los cuales constituían una divisa valiosa.

Y no ocurre en todas las guerras. Por ejemplo, ha habido pocas denuncias de violencia sexual en el conflicto entre Israel y Palestina. Elisabeth Jean Wood, profesora de Ciencias Políticas en Yale, cree que la violación no es inevitable en tiempos de guerra. Llevó a cabo un estudio de las guerras civiles en veinte países africanos entre 2000 y 2009 y descubrió que no se denunció a un cincuenta y nueve por ciento de los 177 actores armados por haber cometido violaciones u otro tipo de violencia sexual.[*]

Por consiguiente, ¿por qué algunos grupos armados cometen violaciones masivas en tiempos de guerra y otros no? Dara Kay Cohen, profesora de política pública en la Universidad de Harvard, realizó un estudio de caso de la guerra civil de Sierra Leona, donde la violación era habitual, y planteó una teoría a la que llama «socialización del combatiente».[†]

Al señalar que la violación en grupo es mucho más habitual durante la guerra que en tiempos de paz, argumentaba que los grupos armados utilizan la violación en tiempos de guerra como una herramienta de socialización. «Los grupos de

---

[*] E. J. Wood, «Armed Groups and Sexual Violence: When Is Wartime Rape Rare?» [Grupos armados y violencia sexual: ¿cuándo es poco frecuente la violación en tiempos de guerra?], *Politics & Society* 37, 2009.

[†] Dara Kay Cohen, «Explaining Rape during Civil War» [Explicar la violación durante la Guerra Civil], *American Political Science Review*, Harvard University, agosto de 2013.

combatientes que reclutan a nuevos miembros mediante medios coercitivos, como el secuestro o el reclutamiento forzado, deben crear una fuerza de combate cohesionada a partir de un grupo de desconocidos, de los cuales muchos se han visto obligados a unirse tras sufrir abusos... La violación (en particular, la violación de grupo) permite a los grupos con combatientes que son reclutas forzosos crear vínculos de lealtad y estima a partir de unas condiciones iniciales de temor y desconfianza».

Presumiblemente, hay otros factores como, por ejemplo, cuánto tiempo llevan los hombres fuera de su casa y las actitudes hacia la mujer en su país. Los peores eran países con altos índices de violencia doméstica o donde la violación marital no se consideraba un delito. A menudo, tenían pocas mujeres parlamentarias y en otros cargos de poder. ¿O qué fue primero, el huevo o la gallina?

Aunque en algunos de los conflictos que examino en este libro se animó o incluso se obligó a los combatientes a violar, estaba claro en muchos casos que los agresores podían elegir. Inger Skjelsbæk se preguntó: «¿Qué mensaje transmite una persona cuando comete una violación en lugar de amputar un miembro, por ejemplo?».

Curiosamente, mientras que el movimiento #MeToo puso el foco sobre los agresores, cuando la gente considera la violación en tiempos de guerra, tiende a centrarse en las víctimas. Sin embargo, limitarse a escuchar a las víctimas no ha conseguido prácticamente nada en lo referente a poner fin a la violencia sexual, lo cual sugiere que podría ser útil entender a los agresores.

«He estado trabajando sobre la violencia sexual durante muchos años», me dijo Eve Ensler. «Me pregunto dónde están los hombres. La violación no concierne solo a las mujeres, no nos violamos solas. Es una cuestión masculina».

Inger Skjelsbæk me contó que, cuando empezó a investigar sobre la violencia sexual en los años noventa, pasó un año intentando entrevistarse con hombres condenados por violación durante la guerra de Bosnia. De los veinte con los que contactó, recibió solo dos respuestas. «Uno me contactó a través de su abogado y dijo que podíamos vernos si le pagaba mucho dinero. El otro dijo que podía ir a visitarle a Alemania solo si no hablábamos de las violaciones».

En vez de eso, estudió las sentencias judiciales y los relatos de los agresores y de sus abogados. «Me sorprendió descubrir que concebían la violación como algo normal que ocurre en una guerra», dijo. «Algunos de los agresores se expresaban como si hubieran sido galantes al cometer aquellas violaciones, porque no habían matado a las mujeres. En la mente de aquellos agresores, el sexo se interpretaba como algo no violento».

Algunos incluso hablaban de la violación como si formase parte de las relaciones amorosas en la guerra. En un caso, hubo una larga discusión sobre si las chicas estaban enamoradas de sus violadores, porque una de ellas había dibujado un corazón en una postal.

Parecía que la única manera de contestar a la pregunta era hablar con los propios agresores. Así que, unos meses más tarde, regresé a Erbil, donde muchos yihadistas del Estado Islámico estaban detenidos desde la caída de Mosul y donde los servicios de inteligencia kurdos habían acordado concederme permiso para acceder a ellos.

Una mañana de lunes gris y lluviosa, antes de Navidad, abandoné mi hotel y pasé por un número sorprendente de árboles de Navidad y Papás Noel hinchables porque me alojaba en el barrio cristiano en torno a la catedral de San José, la sede de la Iglesia caldea. Muchos de los cristianos de Mosul y de la llanura de Nínive que habían huido de la masacre del Estado Islámico habían llegado allí y muchos más abandonaron el país. Se calcula que, bajo Sadam, la comunidad cristiana de Iraq quedó reducida de 1,2 millones a 300 000 miembros.

Circulamos por la 60 Metre Road (los kurdos tienen poca imaginación para bautizar sus calles, también existían la 30

Metre Road, la 40 Metre Road, la 90 Metre y la 120 Metre) y llegamos a un largo muro de color crema y un puesto de control bajo el mando de los *peshmergas*. Dentro, en una antigua fábrica de tabaco, estaba la cárcel dirigida por los Asayish, el servicio de inteligencia kurdo, donde cumplían condena 1502 hombres acusados de pertenecer al Estado Islámico después de la caída del califato. Mayoritariamente eran iraquíes. De estos 1502, habían transferido 277 a los tribunales de Nínive y 576 a los de Bagdad, dejando a 649 *in situ*.

Un general en sudadera y pantalón caqui que no me dio su nombre me hizo entrar en una sala de conferencias con una larga mesa de caoba brillante y sillas negras de cuero, provista de botellas de agua y desinfectante para las manos. Las paredes estaban empapeladas con un papel satinado de color crema y había una gran pantalla plana de televisión, además de una nevera con puertas de vidrio repletas de botellas de Coca-Cola. Se unió a nosotros un hombre de tez pálida con una mata de pelo negro y una expresión inquisitiva. Llevaba una camisa blanca y una corbata roja debajo de un impermeable negro y largo. Me lo presentaron como el capitán y, presumiblemente, era un agente de los servicios de inteligencia.

«Comience con delicadeza y a lo mejor le dirán algo», me recomendó el general. No parecía el momento ideal para decirle que llevaba treinta años ejerciendo mi profesión.

El primer preso que trajeron era un individuo de piel amarillenta con una sudadera gris y una chaqueta marrón, con orejas prominentes y manos callosas como las de un obrero. Cuando se sentó frente a mi intérprete y yo, sus ojos miraban en distintas direcciones, como una lagartija. Se llamaba Salahadin, nos dijo, tenía treinta y siete años y era de Shirkat, ciudad conocida por su apoyo al Estado Islámico. Allí trabajaba en la granja familiar, cultivando tomates, algodón y melones.

Con su voz plana, describió una vida de miseria y contó que Sadam lo había detenido cuando era niño junto con toda su familia. Ahorcaron a su padre y cinco tíos en 1988, cuando él tenía solo seis años, durante la campaña militar de Anfal,

321

en la que destruyeron miles de pueblos kurdos y el régimen baazista masacró a los hombres en edad militar.

Sadam Huseín fue derrocado en 2003 durante la invasión dirigida por los Estados Unidos. Salahadin me dijo: «Me alegró mucho que se fuese». Más tarde, recibió una pensión del Estado como compensación por lo que habían sufrido. «Vivíamos bien entonces, los amigos se ayudaban, e íbamos a hacer pícnics en Tikrit, Bagdad y Kirkuk».

No obstante, al cabo de un año, cuando el nuevo Gobierno chiita empezó a eliminar a los sunitas, que habían gobernado durante tanto tiempo, su hermano mayor se hizo muy religioso. «Tenía un amigo con quien siempre hablaba de religión. Le lavaron el cerebro. Entró en AQI [Al Qaeda en Iraq] y llegó a ser comandante».

Más tarde, después de la muerte del líder del grupo, Abu Musab al-Zarqawi, en un ataque aéreo estadounidense en 2006, el movimiento se hizo clandestino para resurgir como Estado Islámico. El hermano de Salahadin pasó a ser conocido con el nombre de comandante Abu Anas.

«Yo no era un fanático», afirmó Salahadin. «Ni siquiera tenía la costumbre de rezar, pero no se lo podía decir a mi hermano, porque le tenía miedo. Si decías algo, se enfadaba mucho».

Una media sonrisa recorrió el rostro del capitán.

Su hermano menor también se unió al Estado Islámico.

«En su caso, lo hizo por dinero», dijo. El 15 de octubre de 2016, sobre las siete, mientras desayunaba en el jardín, se oyó un fuerte ruido y el humo se extendió por todas partes. El ataque aéreo había alcanzado de pleno la casa de al lado. Corrió a ver lo que había ocurrido.

«Estaba destruida», dijo. «Todos los vecinos acudieron para ayudar a sacar a los supervivientes».

Se arrastró entre los derribos para encontrar a su madre, su mujer y su hijo de cuatro años, además de a cuatro de los hijos de su hermano. Los únicos supervivientes fueron su hija, su cuñada y su sobrina.

«Después de aquello, me uní al Estado Islámico porque estaba muy enfadado», dijo. «Fui a Mosul Oeste, recité el *bayat*, el juramento de lealtad, y me colocaron de guardia de seguridad en el hospital Al Salam».

El Estado Islámico estaba entonces en su apogeo: controlaba 34 000 kilómetros cuadrados del país y diez millones de personas, ganaba dinero con el contrabando de petróleo y de reliquias culturales y también mediante la imposición de impuestos. A Salahadin le proporcionaron un AK-47 y participó en operaciones. «Me pagaban doscientos mil dinares mensuales», dijo.

En aquel momento, le pregunté por las chicas yazidíes. Sus ojos parpadearon un poco más. «Estaban con los miembros importantes del Estado Islámico», dijo, «no con los combatientes ordinarios como yo. Mi hermano tenía a una, pero yo no.

»Era difícil conseguir una chica yazidí, porque siempre lloraban y había que pagar. Las vendían por diez mil o veinte mil dólares. Mi hermano compró una por cuatro mil dólares. Tenía un certificado de propiedad.

»Se llamaba Suzanne. Tenía trece o catorce años, era hermosa y muy joven. Tenía dos hermanas pequeñas e intenté comprarlas, pero no tenía suficiente dinero».

Le pregunté si los animaban a tener mujeres yazidíes. «Sí», me contestó. «Nos dijeron que el tomar a esclavas o *sabaya* era parte de la *sharía*. Había un hombre llamado Nafar que las vendía desde su casa. A veces me quedaba allí y él tenía cuatro o cinco chicas. No me acosté con ellas, porque las trataba como personas».

Parecía saber muchas cosas sobre el tema.

«Cuando asesinaron a mi hermano en abril de 2017, tuve que ocuparme de su mujer y de la chica. Estaban en la ciudad antigua con mi hija. Cuidé de Suzanne como si fuese la hija de mi hermano. No estaba bien tener a esa chica yazidí».

Salahadin estuvo en Mosul hasta el final, porque el hospital fue uno de los últimos que resistieron. «El hospital Al Salam era una gran operación. Primero, repelimos las fuerzas iraquíes, pero se sucedieron los ataques aéreos y nos quedamos atrapados en las casas de los médicos, rodeados. La mujer de mi hermano me llamó y me dijo que el ejército iraquí se había llevado a Suzanne».

La batalla por Mosul duró nueve meses, más que la batalla de Stalingrado, con bombardeos intensivos de los aviones estadounidenses, británicos y demás aliados, y combates callejeros en las avenidas estrechas. La ciudad antigua cayó por fin a principios de julio de 2017, el principio del fin del califato.

«Escapé y crucé el río [Tigris] nadando del oeste al este y luego intenté llegar a Erbil con mi mujer y mi hija, pero me arrestaron el 1 de agosto de 2017», dijo Salahadin. «Me retuvieron una noche los *peshmergas* y desde entonces estoy aquí esperando mi juicio».

Todo esto era confuso, porque antes había dicho que su esposa había fallecido en un ataque aéreo.

«Me casé con otra mujer en 2016 y ella se quedó en Mosul oeste con la mujer de mi hermano y la chica yazidí», explicó.

Era una de sus numerosas contradicciones. Suponía que hacer hablar a hombres musulmanes sobre la violación de mujeres ante una periodista occidental no iba a ser fácil, particularmente cuando eran miembros del Estado Islámico pendientes de juicio.

Le pregunté qué pensaba del Estado Islámico. «El Estado Islámico estaba haciendo cosas malas», me contestó. «Asesinaban a gente sin motivo alguno. Si las mujeres no iban completamente cubiertas con el velo en la cabeza y llevaban guantes, las castigaban».

¿Qué opinaba de esto?

«Era algo bueno, porque somos musulmanes».

¿Qué pensaba de mujeres como yo, que se pasean solas, con la cabeza descubierta?

«Me parece asqueroso», dijo. «El Estado Islámico hacía cosas malas, pero también cosas buenas. Una de ellas era cuidar de las mujeres. Y mantenían el control para que la gente no robase.

»La razón por la cual derrotaron al Estado Islámico fue porque todos los comandantes tenían mujeres yazidíes y ya no querían combatir. Al principio, pasaban una noche con la yazidí y cuatro días con su mujer, pero al final estaban cinco días con la yazidí».

«¿Está seguro de que no tenía una?», volví a preguntarle.

No me miró. Sus ojos giraron de un lado a otro. «Juro por Dios que no tuve a una chica yazidí. Los yazidíes son seres humanos como nosotros», insistió. «Estaba intentando comprar a las hermanas de Suzanne porque eran muy jóvenes...».

«¿Cómo se sentiría si comprasen y vendiesen a su hija de este modo?».

«No me gustaría que tratasen a mi hija como a las chicas yazidíes», contestó. «¿Sabe que veneran a los pavos reales?», añadió. «Le hice preguntas a Suzanne sobre su religión. Le dije: "Sé que creéis en un pavo real". Le pregunté qué religión era mejor, su religión o el islam, y contestó: "El islam"».

Le pregunté sobre las condiciones en la cárcel, pero el general intervino. «No se autorizan este tipo de preguntas», dijo.

Un reciente informe de Human Rights Watch sobre el centro de detención de menores en Erbil había descrito cómo los Asayish utilizaban descargas eléctricas, golpes con tubos de plástico y cables eléctricos para arrancar confesiones. Si les hacían esto a los chicos, ¿qué estarían haciendo a los hombres? Human Rights Watch me dijo que no les habían permitido acceder a la prisión de adultos.

El siguiente preso al que hicieron entrar era más joven y parecía aterrorizado. Llevaba una sudadera con cremallera con la palabra «TEA». Se llamaba Abdul Rahman, tenía veinticuatro años y era de Mosul. Dijo que se unió al Estado Islámico la primera vez que llegaron a la ciudad, en 2014. «Lo hice por el dinero», admitió encogiéndose de hombros. «Pagaban 120 000 dinares mensuales, estaba casado y trabajaba como agricultor cultivando melones en un pueblo llamado Shora, a unos cuarenta kilómetros al sur de la ciudad, y la vida era dura porque el diésel para el generador era muy caro».

Al igual que el primer preso, Abdul Rahman dijo que era guardia de seguridad. El capitán de los servicios de inteligencia volvió a sonreír irónicamente y recordé que, en los tribunales de Nínive, el juez me había dicho que todo el mundo afirmaba haber sido chófer o guardia de seguridad.

Trabajaba en una ciudad llamada Mushraq, que tenía una estación meteorológica que el Estado Islámico estableció como base para su cuartel general. «No era yihadista, sino solo un guardia de seguridad que trabajaba tres días por semana», dijo. «Nunca recité el *bayat* y no me gustaban algunas cosas que hacían, como pegar a la gente porque su barba no era lo suficientemente larga.

»Un día estaba fumando y me cogieron para darme una paliza, pero mi primo era comandante de seguridad y respondió por mí. Luego hubo un ataque aéreo sobre la ciudad y abandoné mi puesto porque tenía miedo. El Estado Islámico me pilló y me rapó la cabeza, después me largué».

Le pregunté sobre las chicas yazidíes.

«Uno de mis primos era un emir, comandante del Estado Islámico, y mi hermano mayor estaba también en el Estado Islámico, en Qayyarah. Tenía una chica yazidí que había comprado en Mosul por dos mil dólares. Pasaba un mes con ella y después volvía otro mes, pero más tarde la vendió.

»Mi hermano también compró a una llamada Medea. Era muy joven, tenía solo nueve o diez años y vivía con nosotros, pero mi madre y mi padre no estaban contentos y echaron a mi hermano de casa. Mi padre le dijo que no trajese a esas niñas tan jóvenes, que no estaba bien.

»No se acostaba con Medea porque era muy joven, pero ella solía jugar con sus hijos. La compró para hacerse cargo de ella.

«Funcionaba como un negocio. Llevaron chicas a Qayyarah; lloraban porque eran muy jóvenes».

Pensé que podría sacarle algo más si le hacía preguntas más generales sobre lo que pensaba de la violación. Se encogió de hombros. «El Estado Islámico hacía propaganda: decían que traían a chicas para convertirlas y que nuestro deber era llevárnoslas, pero yo no estaba convencido», dijo.

¿Cómo había acabado en la cárcel? «Cuando dejé el Estado Islámico, me fui a Shimal, en el norte de Iraq, entre Kirkuk y Erbil, para intentar encontrar un empleo, pero, en octubre, en un puesto de control, encontraron mi nombre en el sistema, me detuvieron y me trajeron aquí. Les dije que no había luchado, que solo era un guardia de seguridad. No sé qué me pasará. Espero que no me envíen a Bagdad».

El general asintió satisfecho. «Todos quieren quedarse aquí porque esto es como un hotel de cinco estrellas comparado con la zona iraquí, donde solo ejecutan a la gente», dijo.

En Kurdistán no existe la pena de muerte.

El tercer preso se desplazaba con muletas porque le faltaban las dos piernas. Llevaba un polo negro y un pantalón marrón, y parecía distinto de los demás. Me miraba con una expresión abierta y agradable a pesar de sus espantosas heridas. Su nombre era Issa Hasim Saleh y dijo que tenía veintidós o veintitrés años, y que era de Mosul.

«Vivíamos en la parte oeste, cerca de la ciudad antigua, y mi padre trabajaba en el zoco vendiendo arroz y alimentos secos», dijo. «Antes de que llegase el Estado Islámico, yo era estudiante. De día trabajaba de carpintero y reparaba generadores, e iba a la escuela por la tarde. Intentaba terminar para poder ir a la universidad y tener un buen empleo como ingeniero, por ejemplo.

»La primera vez que llegó el Estado Islámico, todo el mundo se unió a ellos, no solo yo. La gente se puso a aplaudirlos porque estaba harta de cómo nos trataba el Gobierno chiita. La situación antes era muy mala: secuestros, matanzas. El ejército iraquí llamaba a la puerta y pedía dinero y, si no se lo dabas, te mataban o te metían en la cárcel. Si necesitábamos ir por carretera a otro barrio, el ejército iraquí o la policía nos acosaba y nos exigía dinero, así que estábamos enfadados y teníamos que defendernos.

»Un día, cuando tenía dieciséis o diecisiete años, estaba discutiendo con un individuo que no conocía. Resultó ser un lugarteniente del Ejército y me cogió para darme una paliza sin motivo, no solo a mí, éramos miles».

Le pregunté cómo se comparaban aquellos años con la época de Sadam Huseín.

«No recuerdo muy bien la época de Sadam, porque tenía siete años cuando se marchó, pero he oído decir que era bueno para los sunitas, porque era fuerte y controlaba a los chiitas y, si alguien hacía algo malo, lo mandaba ahorcar.

»Cuando el Estado Islámico llegó a Mosul por primera vez, no eran tantos, tal vez doscientos, pero todo el mundo empezó a seguirlos porque estaban hartos, pasaron a ser miles y el ejército iraquí huyó. Mi familia no estaba contenta. Sabían que algo pasaría, pero yo estaba tan enfadado que me uní al Estado Islámico.

»Fui a la mezquita e hice el juramento del *bayat* en julio de 2014. Luego trabajé como guardia de seguridad en urgencias en el hospital. Ganaba doscientos mil dinares mensuales, el Estado Islámico lo controlaba todo, pero el sueldo bajó a cien mil porque no tenían dinero.

»El Estado Islámico estaba ayudando mucho a la gente. Abrieron la carretera para que pudiésemos ir a los demás barrios, pusieron luces en los puentes y mejoraron muchas cosas. Lo único malo es que no trataban muy bien a las mujeres y las obligaban a llevar el hiyab. Si el Estado Islámico no hubiese utilizado tanto la religión y no hubiese puesto a la gente en su contra, creo que se habrían quedado para siempre».

Le pregunté sobre las yazidíes.

«Solo vi a chicas yazidíes en teléfonos móviles; mis amigos del hospital solían enseñarme fotos. Mi amigo tenía una *sabaya* que intentaba vender por seis mil dólares, tendría dieciocho o diecinueve años. Nos decían que podíamos comprar a una yazidí y tratarla como una esclava. Mi amigo me preguntó:

"¿Por qué no te compras una?". Pero me habían criado de otra manera, mi familia me enseñó que había que cuidar del vecino. Esto no estaba hecho para mí, no me gustaba, somos árabes y no podemos comprar y vender mujeres. Les decía siempre a las chicas que volviesen con su familia, pero me contestaban que se querían quedar».

«¿Qué chicas?» le pregunté. Antes había dicho que solo las había visto en el teléfono. «Las que conocí», contestó encogiéndose de hombros.

«Me casé tres meses después de la llegada del Estado Islámico y tengo una hija de tres años».

«¿Dónde están su mujer y su hija?», le pregunté.

De repente, se entristeció.

«Están en un campamento, gracias a Dios», contestó.

Le pregunté qué le había pasado en las piernas.

«Estaba en la ambulancia y hubo un ataque aéreo en Mosul, e intentamos sacar a los heridos de los escombros, y, mientras lo hacíamos, oímos un gran estruendo: hubo otro ataque aéreo. Recuperé la consciencia en el hospital; mis piernas habían explotado, una por encima de la rodilla y la otra por debajo.

»Quince días más tarde, intenté escaparme para irme a Siria y a Turquía en un coche con mi madre, mi padre, mi mujer y mi hija, pero los estadounidenses nos arrestaron. Era el 19 de noviembre de 2016. Nos trajeron aquí a mi padre, al conductor y a mí. Mi padre está todavía aquí, pero no era miembro del Estado Islámico».

Como los demás presos, todavía esperaban que juzgaran sus casos.

«Ahora lamento haberme unido al Estado Islámico», añadió.

Mis entrevistas cara a cara con miembros del Estado Islámico no habían aclarado gran cosa, aparte de lograr que me diera cuenta de lo complicado que iba a ser para esas comunidades trabajar juntas y lo lejos que estábamos de que los yazidíes consiguieran alguna forma de justicia.

Más tarde, discutí lo que había visto con Pari Ibrahim, la joven yazidí licenciada en derecho residente en Estados Unidos, que creó la fundación Free Yezidi para ayudar a las mujeres que están en los campamentos.

«El problema es que condenan a cada agresor iraquí por terrorismo global», dijo. «Sé que es la manera más fácil de obtener condenas, pero para una chica yazidí no es aceptable; las yazidíes quieren justicia por el crimen que cometieron contra ellas y no está sucediendo. Es una vergüenza. Querríamos verlos condenados por violación de guerra».

El problema no existe solo en Iraq, añadió. «Numerosos yihadistas extranjeros han violado a las chicas yazidíes. Fui a hablar con autoridades en Francia, Alemania, España y el Reino Unido y todas me dijeron: "Pari, esta persona viajó a Siria y, por lo tanto, pueden condenarla por terrorismo". No entienden que, si un hombre ha violado a una chica yazidí, queremos que se le condene por ello y que vaya a la cárcel. Tenemos que mostrar al mundo que esta gente no puede salirse con la suya».

Pude percibir desesperación en su voz. «Reino Unido está a la vanguardia de la lucha para acabar con las violaciones en tiempos de guerra; sin embargo, ¿no pueden hacer presión en este caso?», me preguntó. «Parece que no podemos conseguir condenas, solo cumbres. Se habla, se habla, se habla, pero no se actúa».

Al igual que los yazidíes tomaron las riendas del rescate de sus mujeres y chicas, Pari creía que tenían que liderar de nuevo la lucha para conseguir justicia. Junto con otras había empezado a recopilar una base de datos de fotos con la esperanza de identificar a los autores de violaciones y acusarlos, y además estaban trabajando con Amal Clooney y un fiscal alemán. Se hacía todo muy discretamente porque las mujeres tenían miedo.

«Sabemos que la justicia no llegará antes de uno o dos años», dijo encogiéndose de hombros. «Es un camino muy largo.

»Una vez, llevamos a unas yazidíes a Nueva York para que se reuniesen con las ruandesas, que fueron las primeras en conseguir una condena. Se abrazaron y lloraron. Las yazidíes se sintieron aliviadas al ver que un día se consiguió justicia».

No le comenté que las ruandesas me habían dicho que para ellas el encuentro con las yazidíes había tenido el efecto opuesto: habían salido deprimidas al ver que, a pesar de todos sus esfuerzos y de su valentía, las violaciones seguían produciéndose.

13

El doctor Milagro y la Ciudad de la Alegría

Bukavu, República Democrática del Congo

«Las luchas que presencié fueron violentas y crueles y, en general, prevalecían los hombres malos», escribió Don McCullin, el conocido fotógrafo de guerra, describiendo una visita al Congo en 1964 entre el caos posterior al asesinato del líder independentista Patrice Lulumba, en el que colaboró la CIA. Sus potentes imágenes en blanco y negro mostraban a jóvenes soldados apuntando sus pistolas contra la cabeza de combatientes por la libertad todavía más jóvenes que ellos, antes de su ejecución.

Estas fotos se exhibieron en 2019 en una exposición en la Tate Britain Gallery de Londres, poco antes de mi viaje a la República Democrática del Congo, y no parecía que las cosas hubiesen mejorado demasiado desde entonces.

La representante especial de la ONU sobre la Violencia Sexual lo había denominado «La capital mundial de las violaciones» en 2010. Las cifras escapaban a la comprensión: mil mujeres violadas todos los días, más de una mujer de cada tres en el este del Congo, setenta en una hora... Creo que de manera inconsciente estaba retrasando mi visita.

Tardé meses en conseguir el visado y, cuando lo estamparon por fin en mi pasaporte, tenía colores vivos y un relieve plateado, lo cual no auguraba nada bueno. Según mi experiencia, cuanto más impresionante es el visado, peor es la situación del país.

Unas horas después de reservar mi vuelo, mi buzón de entrada empezó a llenarse con mensajes SOS de la agencia de viajes, informándome de la epidemia de sarampión, así como de la viruela del mono, de la fiebre chikunguña y otras enfermedades de las que no había oído hablar. Y, por supuesto, el ébola, con un brote tan grande que ostenta el segundo puesto a nivel mundial. Las agencias de ayuda humanitaria con las que contacté me enviaban alertas sobre la violencia permanente en el este del país, adonde me dirigía, que había dado lugar a seis millones de personas desplazadas, la cifra más alta de África.

Cruzar la frontera desde la disciplinada Ruanda para internarme en la cacofonía de Goma no hizo sino intensificar aquella impresión. Las calles estaban destrozadas y llenas de gente, con chicos que transportaban cargas pesadas en bicicletas y escúteres de madera llamados *chukudus*. Un hombre ofrecía zapatos sueltos, me dijo que, si exponía el par, la gente se los robaría. La carne colgada de ganchos al sol emitía un aroma agrio. Una gran parte de la ciudad se encontraba bajo una capa de algo que parecían caramelos negros fundidos: era la lava de una erupción volcánica de 2002, que había cubierto un tercio de la ciudad. Incluso el lago Kivu, que resplandecía hermoso a lo lejos, era un «lago explosivo», lleno de metano y de dióxido de carbono disuelto, que también podía erupcionar.

Sin embargo, mientras atravesábamos el lago en el ferry *Kivu Queen* desde Goma, el paisaje era impresionante. Dentro de la cabina, se proyectaba a todo volumen un vídeo en francés con subtítulos en chino, no obstante, la pequeña cubierta exterior daba a las aguas azules y transparentes como un espejo y a colinas verdes ondulantes, sobre las que circunvolaba un cernícalo oscuro.

Cuando el sol se hundió en el horizonte, el cielo se volvió de color albaricoque y después naranja vivo como si un pintor lo hubiese coloreado con pinceladas frenéticas. Se perfilaban sencillas barcas de pesca de madera con sus redes para sardinas, su larga proa y su popa arqueada como alas de gaviotas, el canto de los hombres flotaba en la brisa.

Me dirigía a Bukavu, en la orilla suroeste del lago, para visitar al doctor Milagro, el hombre que había tratado a más víctimas de violación que nadie en el mundo.

La carretera al hospital de Panzi estaba atestada de gente, cabras, coches, jóvenes que vendían chicle y tarjetas de prepago, mujeres cargadas con pirámides de fruta sobre su cabeza, incluso congregaciones reunidas para rezar: las dos últimas décadas de la guerra en el este del Congo habían visto a centenares de miles de personas abandonar el campo para vivir en la ciudad.

Desde el exterior, el hospital no tenía nada especial. La entrada conducía a dos cuadrángulos de ladrillo rojo con patios cubiertos de césped; los senderos estaban repletos de mujeres con vestidos coloridos esperando que las hicieran pasar por una serie de puertas que llevaban a la consulta de un médico o al laboratorio.

Justo detrás, una pequeña reja daba a un camino hacia un edificio de dos pisos de color crema: el hospital de mujeres. Dentro, a ambos lados del vestíbulo, había grandes salas con hileras de camas para mujeres y chicas.

Todas habían sufrido prolapsos pélvicos u otros daños al dar a luz, o habían sido víctimas de una violencia sexual tan extrema que sus genitales estaban desgarrados y habían sufrido fístulas (agujeros en el músculo del esfínter hasta la vejiga o el recto que provocaban incontinencia urinaria, fecal o ambas).

En sus veinte años de existencia, el hospital había tratado a más de 55 000 víctimas de violación.

Todos los días acudían entre cinco y siete. El doctor Patrick Kubuya, director del hospital de mujeres, me dijo que actualmente tenía a doscientas cincuenta pacientes víctimas de violencia sexual, y a veces hasta trescientas. El año anterior, había tratado a 3093 mujeres, la mitad de las cuales había sufrido una violación.

Detrás del edificio había una terraza cubierta de gran tamaño atiborrada de mujeres sentadas frente a las mesas, muchas

335

con la cabeza entre las manos, mirando el suelo. Se oían llantos desde algún lugar.

Una pancarta ancha puesta del revés contra la pared felicitaba a su fundador, el doctor Denis Mukwege, galardonado con el Premio Nobel de la Paz unos meses antes, hombre al que llaman el doctor Milagro y que había tratado a más víctimas de violación que nadie en el mundo.

Había visto al doctor Mukwege un par de veces en Europa y habíamos compartido un curry etíope en Ginebra, donde llevaba a supervivientes de distintos conflictos e intentaba fomentar la acción de la comunidad internacional. Pensé que aquel hombre alto, modesto y de rostro amable era una de las personas más increíbles que había conocido.

En su inglés con acento francés, me había contado que, cuando fundó el hospital en 1999, lo hizo para hacer frente a los terribles índices congoleños de mortalidad materna, unos de los más altos del mundo, e incluso actualmente siete de cada mil mujeres fallecen en el parto.

«Mi intención era luchar contra la mortalidad materna», me explicó. «En Francia, donde terminé mis estudios de medicina y mi formación de ginecólogo, nunca vi a una mujer morir en el parto, pero en el Congo era algo tan habitual que las mujeres pronunciaban sus últimas voluntades cuando iban a dar a luz, porque no sabían si iban a sobrevivir.

»Me parecía terrible imaginar que, en el mismo mundo, con toda su tecnología y sus progresos, una mujer pueda pensar: "Estoy embarazada, tal vez esto sea el final de mi vida". Prevenir la mortalidad materna no es difícil, se trata de voluntad política: ¿dónde queremos gastar el dinero?».

Después de licenciarse en la Universidad de Angers en 1983 y volver a su lugar natal de Bukavu, donde su padre era pastor pentecostal, se trasladó a Lemera, un área remota del sur, para trabajar de ginecólogo en el hospital. Allí empezó a construir pequeños centros para que las mujeres dieran a luz y escuelas para formar a comadronas. Al cabo de unos años, redujeron considerablemente la mortalidad materna.

«Estaba muy satisfecho con los resultados», dijo. «Pero en 1994 aparecieron los soldados y en 1996 estalló la guerra».

A raíz del genocidio de Ruanda, centenares de miles de hutus habían cruzado la frontera occidental para huir hacia los bosques de lo que entonces era el Zaire. Entre ellos había muchos de los interahamwe o genocidas. Tomaron el control de los grandes campamentos de refugiados que habían surgido en torno a Goma y Bukavu. El Ejército ruandés, dirigido por los tutsis del general Paul Kagame, que tras poner fin al genocidio se había hecho con el poder, pronto empezó a perseguirlos. Estos combates secundarios entre los hutus y los tutsis de Ruanda desencadenaron la primera guerra del Congo de 1996–1997 y las fuerzas bien entrenadas de Kagame apoyaron los grupos rebeldes de Laurent-Désiré Kabila para derrocar al déspota Mobutu Sese Seko, cuyo nombre y sombrero de piel de leopardo eran desde hacía tiempo sinónimos de corrupción.

Kabila denominó lo ocurrido como la «hora de la cosecha». Había empezado a luchar contra Mobutu en los años sesenta, encabezando una revolución marxista en el este del Congo. Incluso el Che Guevara viajó con cientos de cubanos para prender la chispa de la revolución. Azotado por la malaria y la disentería, Guevara había tirado la toalla y llegado a burlarse de Kabila en las páginas de su diario diciendo que «no había pisado el frente desde hacía siglos» y que prefería pasar el tiempo «en los mejores hoteles emitiendo comunicados y bebiendo *whisky* en compañía de mujeres hermosas».

Después de aquel fracaso, Kabila se había dedicado al contrabando de oro y madera y gestionaba un burdel y un bar en Tanzania. Seguramente hubiese sido una nota a pie de página en la historia si el presidente ruandés Kagame y el presidente ugandés Yoweri Museweni no lo hubieran elegido líder de la rebelión.

El ejército de Mobutu se desintegró rápidamente y las fuerzas rebeldes entraron en el país desde el este. En la noche del 6 de octubre de 1996, atacaron el hospital de Lemera. El doctor Mukwege consiguió evacuar a algunos pacientes, pero los soldados cortaron la carretera después de que la atravesara y no pudo volver a buscar a los demás. Asesinaron a treinta y tres pacientes en su cama, además de a una parte del personal.

«Eso me hizo sufrir durante mucho tiempo», me contó. «Cuando por fin me recuperé, volví a mi casa de Bukavu, donde me encontré de nuevo con el mismo problema de mujeres que fallecían sin motivo en el parto.

»Pensé que, para ayudar a las mujeres, no necesitaba una gran infraestructura, solo unas cuantas cajas de instrumentos, dos o tres salas pequeñas y una sala de partos donde poder practicar una cesárea en caso de necesidad y donde las madres se pudiesen quedar durante un breve periodo de tiempo después de dar a luz. Podía salvar vidas haciendo pequeñas cosas, porque tenía los conocimientos».

No obstante, en 1998, estalló la segunda guerra cuando los partidarios de Kabila de Ruanda y Uganda se cansaron de un presidente cada vez más corpulento y dictatorial. Esta guerra fue más sangrienta e implicó a nueve países, ya que Kabila sobornó a otros dirigentes para que le enviasen tropas: las de Zimbabue (a cambio de minas de diamantes que a su vez ayudaron a apuntalar el régimen de Mugabe) y las de Angola (para el petróleo marítimo). Fue el conflicto mundial más letal desde la Segunda Guerra Mundial y se convirtió en la «Guerra Mundial de África». Ruanda, Uganda y Burundi se aliaron contra la República Democrática del Congo, Zimbabue, Angola, Namibia, Chad y Sudán. Se calcula que cinco millones de personas perdieron la vida y millones tuvieron que desplazarse de sus hogares. Sin embargo, apenas si recuerdo que se hablase de ello en Occidente.

Para el doctor Mukwege supuso un desastre. Destrozaron sus salas y saquearon sus equipos, por lo que en junio de 1999 empezó a tratar a las mujeres embarazadas en tiendas. «Así fue cómo empezó Panzi», dijo.

Sin embargo, la primera paciente no acudió para dar a luz. «Era una mujer a la que varios hombres habían violado a unos quinientos metros. Después de violarla, le dispararon en la vagina», recordó. «Estaba tan estupefacto que pensé que aquello debía de ser un incidente aislado perpetrado por un hombre drogado que no sabía lo que estaba haciendo».

Durante los tres meses siguientes, cuarenta y cinco mujeres más aparecieron con la misma historia. Una tras otra, le explicaron que estaban en casa con sus familias cuando aparecieron hombres armados y mataron a los maridos y después violaron a las mujeres. «Clavaban bayonetas en sus genitales o palos con combustible a los que prendían fuego», dijo. «Algunas fueron violadas por cinco o más hombres hasta que perdieron el conocimiento. Todo ello ante los ojos de sus hijos. Me di cuenta entonces de que esas milicias estaban utilizando la violación como un arma de guerra».

Las violaciones eran perpetradas por las milicias aliadas de distintos grupos étnicos y diferentes bandos de la guerra. También luchaban por el control de minerales preciosos como el oro, el coltán o el cobalto, que Mukwege cree han sido la «maldición» de las mujeres del Congo en lugar de enriquecer el país.

Cada grupo parecía tener su tortura distintiva y las violaciones eran tan violentas que a menudo las víctimas tenían fístulas o perforaciones en la vejiga o el recto.

«No es algo sexual, es una manera de destruir al otro, de arrancar a la víctima su concepción como ser humano y demostrar que no existe, que no es nadie», dijo. «Es una estrategia deliberada: violar a una mujer delante de su marido para humillarle, para que se vaya y la vergüenza recaiga en la víctima y sea imposible vivir con la realidad. La primera reacción es abandonar el lugar y se destruye totalmente la comunidad. He visto pueblos enteros abandonados.

»Quieren que la gente se sienta impotente y destruir el tejido social. He visto un caso en el que violaron a la mujer de un pastor frente a toda la congregación y todo el mundo huyó. Porque, si Dios no protege a la esposa de un pastor, ¿qué iba a pasar con ellos?

»La violación como arma de guerra puede desplazar a todo un grupo demográfico y tener el mismo efecto que un arma convencional, pero a un coste muy inferior».

El doctor Mukwege estaba tan desesperado con lo que presenciaba que en 2001 contactó con la organización Human Rights Watch. Enviaron un equipo a Panzi y el año siguiente publicaron un informe impactante que detallaba la epidemia de violencia sexual en el Congo oriental empleada por las milicias y los militares.*

«Pensé que marcaría un antes y un después y que la comunidad internacional diría que aquello no podía continuar, pero desde entonces sigo esperando», dijo. «Veinte años después, sigo tratando a víctimas de violencia sexual».

El presidente Kabila estaba sentado en su palacio de mármol de Kinshasa en enero de 2001 cuando uno de sus guardias adolescentes entró, sacó su pistola y le mató a tiros. Fue sustituido por su hijo de veintinueve años, Joseph, comandante del Ejército congoleño, y la guerra terminó oficialmente en 2003; pero la violencia y la violación habían continuado.

«No termina nunca», dijo el doctor Mukwege. «Ya hemos tratado a 55 000 mujeres, y esto es solo la punta del iceberg, muchas están muriendo en pueblos sin ir al hospital, porque les da vergüenza, están estigmatizadas y temerosas de que las excomulguen si la gente se entera. Ciertamente, tengo la impresión de que estamos retrocediendo».

Tras atravesar la puerta del hospital de Panzi, entendí enseguida lo que quería decir. Me abrió uno de los cirujanos del equipo del doctor Mukwege, el doctor Désiré Alumetti, un hombre con una sonrisa luminosa y una gorra roja de béisbol en la que se leía en un estampado blanco: EL DR. MUKWEGE ES MI HÉROE. Dentro había una sala infantil, decorada primorosamente con grandes fotos de Mickey Mouse, la Pantera Rosa y Pluto. En una camilla de exploración estaba sentada una niña pequeña con un vestido roto naranja y amarillo, cortas coletas horizontales y ojos como platos. Se llamaba Violette, tenía cuatro años y la habían violado.

---

* Human Rights Watch, *The War Within the War* [La guerra dentro de la guerra], 2002.

A su lado estaba Atosha, su angustiada madre. Habían viajado desde Kindu, en la provincia de Maniema, más de 560 kilómetros hacia el oeste.

En voz baja, Atosha contó lo que había ocurrido. «Fui al campo del bosque para sembrar arroz y dejé a Violette jugando en casa», empezó. «Cuando volví, no estaba en el recinto. Luego la vi llorando y sangrando, con su ropa en la mano. Me asusté y le pregunté si se había caído».

»Me dijo: "No, ha venido un hombre, me ha llevado a la letrina detrás de la escuela, me ha tapado la boca con la mano y me ha hecho daño".

»No vimos a nadie, pero fuimos a verlo y había sangre en el retrete. Lavamos a la niña y la llevamos a la clínica. El doctor le dio medicamentos, pero no teníamos dinero para pagarlos y nos la llevamos a casa. Entonces fue cuando noté el mal olor. Nos dimos cuenta de que se estaba haciendo caca.

»No sabía qué hacer, pero en nuestro pueblo hay una vieja madre llamada Kapinga, una curandera, que se enteró de lo que había pasado y me dijo que le enseñase a Violette. Cuando la vio, me dijo que la llevase a Panzi inmediatamente. Ni siquiera tuvimos tiempo de ir a casa y cambiarnos de ropa. Volamos a Goma. Era la primera vez que viajábamos en avión. Después fuimos en barco.

»Desde que llegamos la semana pasada, los médicos la bañan en agua con sal para intentar curar la herida y ha visto a una psicóloga».

Era evidente que Atosha estaba conmocionada. «Me ha roto el corazón», dijo. «Me siento tan mal. Tiene solo cuatro años y ya no es virgen. Me siento culpable porque la dejé, pero tenía que ir al bosque y ganar dinero para comprar comida».

Asentí con la cabeza. En los pocos días que había pasado en el Congo oriental, había observado que las mujeres realizaban todas las tareas, entre las que se incluían ir a los campos o transportar enormes sacos de carbón.

Le pregunté por qué alguien haría algo parecido.

«No lo sé», contestó. «A lo mejor, es brujería. Hay hombres que creen que violar a bebés les da poderes especiales».

¿Qué creía que le iba a pasar al violador?

«No podemos hacer nada, porque no sabemos quién lo hizo», contestó encogiéndose de hombros. «Violette solo dijo que era un hombre mayor. Si lo supiésemos, la gente del pueblo le mataría. ¿Cómo se puede hacer algo así a una niña de cuatro años?».

La pequeña Violette puso la cabeza y los brazos en el regazo de su madre, como si intentase refugiarse del mundo.

El doctor Alumetti explicó que habían violado a la niña por su pequeño ano tan brutalmente que el pene del hombre le había perforado el recto, por lo que tenía pérdidas fecales. Había previsto operarla al día siguiente para intentar repararlo.

Todavía intentaba asimilar aquella situación cuando el doctor hizo entrar a otra paciente. Anazo, una joven madre, estaba dando el pecho a su bebé Chantal, de solo siete meses.

Al principio, me sentí confusa y pensé que la madre era la víctima. Sin embargo, Anazo apartó delicadamente al bebé, que tenía una mata de rizos, y la estiró para que la examinasen. El bebé se echó a llorar inmediatamente. No había visto nunca un terror tan agudo en los ojos de un bebé.

«Llora cada vez que la aparto de mis brazos», dijo Anazo.

Puso a Chantal en su regazo y le levantó la ropa. Contuve un grito cuando vi la herida en carne viva alrededor del ano del bebé.

También habían venido de lejos, recorriendo unos doscientos sesenta kilómetros, desde el pueblo de Kaloli en Shabunda, una región remota de Sur-Kivu donde se había encontrado oro, lo que había traído la miseria y no la prosperidad a los aldeanos, dada la llegada de las milicias.

«Iba a trabajar al campo y dejé al bebé con mi hermana menor cuando llegaron los rebeldes a mi pueblo», explicó. «Empezaron a disparar y a robar cosas y mi hermana huyó dejando al bebé. Fue a buscarme al campo».

Los hombres eran miembros de Raia Mutomboki, una de las milicias o *mai-mai* más temidas de las muchas que asolaban la región. Según un reciente informe de la ONU, eran responsables de la muerte de centenares de civiles y de violaciones masivas.* Los combatientes secuestraban a mujeres y niñas que encerraban en una bodega como esclavas sexuales y, antes de violarlas, les gritaban «*¡Tchai! ¡Tchai!*», 'es la hora del té'. Bailaban alrededor de su líder, Masudi Kokodikoko, que elegía a las mujeres que prefería, generalmente las más jóvenes, y las violaba, hasta nueve seguidas, antes de pasárselas a sus combatientes.

«Todo el mundo teme a esos hombres», me dijo Anazo. «Corrí hasta mi casa, pero ya la habían asaltado. Se habían llevado el saco de arroz, toda mi ropa y la del bebé. Encontré a mi hija llorando sobre la cama, la cogí y salí corriendo.

»Pero la niña no dejaba de llorar. Intenté darle el pecho, pero no quería comer. No sabía qué pasaba. Entonces le quité la ropa y vi heridas alrededor del ano y rojeces por todas partes. La llevé al centro médico. El doctor me dijo sin rodeos que la habían violado, puesto que el tejido anal estaba totalmente desgarrado.

»Cuando lo oí, todo mi cuerpo se puso a temblar. Me sentí como si hubiese perdido el control, ni siquiera sabía dónde estaba. En nuestra zona, los rebeldes venían para arrestar a gente, destruían casas y saqueaban cosas, pero era la primera vez que escuchaba algo así.

»Cuando el doctor intentó examinar a la niña, vio que la pared anal y la vagina se tocaban: el pene la había perforado. Dijo que no podían dejar al bebé así, hizo lo que pudo y me envió aquí. Tengo también a una hija de tres años y la he dejado con mi marido. El viaje ha sido largo y me ha costado doscientos dólares que he tenido que pedir prestados.

»Al llegar, no teníamos nada que ponernos ni nada para el bebé, porque la milicia había robado toda nuestra ropa. La esposa del médico me dio algunas cosas».

Cuando acabó la exploración, se puso otra vez a Chantal en el pecho. «Mire, solo se puede sentar de un lado», dijo.

---

* Informe del Grupo de Expertos al Consejo de Seguridad de la ONU, diciembre de 2018 (informe final publicado el 7 de junio de 2019).

«Espero que el que ha hecho esto pasé muchos años en la cárcel».

Le dije al doctor Alumetti que me costaba imaginar a un hombre adulto penetrando a un bebé tan pequeño con su pene.

«A veces, lo hacen para expulsar a la población de la región y poder explotar los minerales», me dijo. «Otras veces, piensan que les da un poder que les hace invencibles».

Le pregunté cómo iban a tratar a la pequeña Chantal. «Le hemos puesto una inyección contra la hepatitis B y la hemos bañado en agua antiséptica para la infección y después la operaremos».

Dibujó un esquema en mi cuaderno para explicarme cómo se había desgarrado el esfínter anal. El doctor Mukwege clasificaba el daño en cinco categorías: la peor era la quinta, en la que había que reparar los tractos genital, urinario y digestivo y tenía que practicarse una laparoscopia para limpiar la cavidad abdominal.

Chantal sería el bebé más pequeño que doctor Alumetti hubiese operado. Anteriormente, había tratado a una niña de diecisiete meses, pero dijo que el hospital había recibido a una de solo cuatro.

«Para nosotros no es fácil ver este tipo de casos y tratar a ese tipo de pacientes», dijo. «Pero es un gran placer trabajar con el doctor Milagro. No he conocido a nadie como él. Todos los días me digo: "Si puedo ser como este hombre, me ganaré el respeto de mi familia, mi comunidad, mi país"».

Al volver a los módulos de ladrillos repletos de mujeres, un hombre abrió una reja y me hizo bajar por un pasillo hasta una recepción con estanterías llenas de carpetas. En la pared había una pizarra blanca en la que habían escrito en verde «*La Pensée de la Semaine*», 'la reflexión de la semana'.

Hoy, gracias a las nuevas tecnologías y a la comunicación, nadie puede decir que no lo sabía. Cerrar los ojos ante este drama es ser cómplice. No solo los agresores son responsables de estos crímenes, también los que optan por poner la otra mejilla.

Detrás de la recepción había una oficina espaciosa donde el hombre al que apodaban doctor Milagro daba clase a un grupo de jóvenes doctores en torno a una larga mesa. Formaban parte de la red Panzi, que estaba intentando crear en toda la República Democrática del Congo, además de en otros países africanos que habían sufrido una importante ola de violaciones como Guinea-Conakry, Burkina Faso y la República Centroafricana.

El doctor Mukwege tenía los ojos irritados. Eran las dos de la tarde y aquel día ya había practicado cuatro operaciones, dos a víctimas de violaciones. Como siempre, había empezado el día a las siete de la mañana, dirigiendo una oración para su personal (como su padre, es pastor pentecostal) y probablemente iba a trabajar hasta las once de la noche. La semana siguiente viajaba a Europa y a Estados Unidos para intentar una vez más alertar al mundo sobre los horrores que tenían lugar en su país.

Se desplomó pesadamente en el sofá a mi lado y me dijo que estaba deprimido. «El lunes, después de explorar al bebé, tuve que pensar cómo reparar sus heridas desde el punto de vista médico, porque un desgarramiento del ano es más complicado que el desgarramiento vaginal. Y, francamente, pensé «es demasiado, no puedo continuar». Ya estamos tratando a mujeres que ya habíamos curado y a las que vuelven a violar o ¿son generaciones de mujeres de la misma familia? En los últimos cinco años, ingresamos cada vez más bebés. ¿Cómo pueden suceder estas cosas sin que hagamos algo? Llevo años gritando para que esto pare, pero la gente se limita a negarlo».

La primera vez que le llevaron a un bebé violado fue en 2014. «Tenía solo dieciocho meses y no lo entendía, el intestino le salía por la vagina, sangraba profusamente y se estaba muriendo. Conseguimos salvarla, pero para mí fue muy traumático. Todas las enfermeras sollozaban. Era la primera vez que las vi llorar mientras trataban a un paciente.

»Rezamos en silencio. "Dios mío, dinos que lo que estamos viendo no es verdad, que es una pesadilla". No lo era; se trataba de la nueva realidad.

»Si analizamos el número de pacientes que acuden al hospital, parece que se mantiene estable, pero el problema grave es que el número de niños está aumentando. Hace diez años, el tres por ciento de nuestros pacientes tenía menos de diez años. El año pasado, fue un seis por ciento; y está en aumento. Hacerle esto a bebés de siete meses o cuatro años no es humano. Cuando permitimos que haya impunidad, autorizamos cosas que ni siquiera los animales hacen.

»Puedo operar y reparar día tras día, pero esta no es la solución. Todos esos niños y bebés quedan destruidos, su futuro está totalmente destruido...».

La convicción de que el problema no puede resolverse en la mesa del quirófano, ha llevado al doctor Mukwege a adoptar un enfoque holístico, generalmente denominado «modelo Panzi».

Las víctimas de violación que ingresan a las setenta y dos horas de la agresión reciben un kit para protegerse contra el embarazo, el VIH y las enfermedades de transmisión sexual. Si llegan más tarde, tratan sus infecciones y, si la prueba del VIH da positivo, se les administran fármacos. Tan solo los casos más graves llegan al hospital y la mayoría requiere cirugía.

Cuando le vi paseándose por el recinto hospitalario durante los días siguientes, me di cuenta de que Panzi ofrecía mucho más que tratamiento médico.

El doctor Mukwege me explicó: «Hemos descubierto que el tratamiento médico no era suficiente para las víctimas a causa del trauma. Por tanto, creamos un equipo de psicólogos para apoyarlas y empezamos a utilizar el arte y la terapia musical. Con todo, incluso cuando se recuperaban mentalmente, observamos que mandarlas a sus pueblos no era una solución, ya que la mayoría sufría discriminación y rechazo por parte de su familia y comunidad. Enviarlas a casa era enviarlas a la calle.

»Por consiguiente, el tercer pilar es el apoyo socioeconómico. Si son más jóvenes, les pagamos la matrícula para que vayan a la escuela y concedemos apoyo económico. Si están embarazadas, tenemos un refugio, la Maison Dorcas, donde las cuidamos.

»A las mujeres adultas les ofrecemos un curso de alfabetización y les enseñamos distintas destrezas como artesanía, costura y agricultura para que puedan ser independientes. Les enseñamos a constituir fondos mutuos y les damos semillas y microcréditos para que tengan pequeñas empresas, porque para ellas es un modo no solo de tener ingresos, sino de ser fuertes y de luchar por sus propios derechos».

Había también un centro para bebés nacidos de una violación, porque solían rechazarlos.

El cuarto y último pilar era el asesoramiento jurídico. «Vemos que una vez que hemos ayudado a las mujeres a ser autosuficientes, vuelven y nos dicen: "Quiero justicia", de modo que tenemos abogados que pueden ayudarlas a presentar la denuncia».

Me dijo que todo esto formaba parte del proceso de curación y era una de las claves para cambiar la situación. «No es algo que se logre en un día: pueden pasar seis meses o incluso cinco años antes de que una mujer diga que está dispuesta a hablar. Requiere tiempo, pero la única forma de cambiar la sociedad es acabar con la impunidad. Porque lo que protege a los agresores, incluso en Europa, es el silencio.

»Tenemos que ayudar a las mujeres a entender que lo que sufrieron no es normal y que, si empiezan a hablar, no solo se ayudan a sí mismas, sino a toda su comunidad. Incluso esos hombres tienen familias y, cuando las mujeres denuncian públicamente lo que les hicieron, muchos temen por su posición en la sociedad y sus propias familias.

»Mientras permitamos que el tabú recaiga en la víctima en lugar de en el agresor, nada cambiará. En cambio, cuando el agresor empiece a pensar: "¿Cuál será la reacción de mi esposa, de mis vecinos, de mi jefe? Esto va a afectar mi posición en la comunidad, podría perder mi empleo e ir a juicio", se lo pensará dos veces».

»Implantar todo este sistema no fue fácil», me dijo. «Muchos profesionales del hospital no creían que formase parte de la asistencia sanitaria y se mostraban reacios».

También era peligroso porque el doctor Mukwege hablaba a menudo de la complicidad del Gobierno, ya que los militares congoleños cometen una gran parte de las violaciones. «He recibido muchas amenazas», dijo encogiéndose de hombros.

En 2011, lo invitaron a hablar en la Asamblea General de la ONU en Nueva York a cargo de Margot Wallström, la primera representante especial de la ONU sobre Violencia Sexual, y la persona que había descrito la República Democrática del Congo como «la capital mundial de la violación». Sin embargo, a su llegada, el ministro de sanidad congoleño le convocó en su hotel. «Me dijo que tenía que elegir: o irme a casa, o quedarme y leer el discurso, en cuyo caso me responsabilizaba de lo que me pasase a mí o a mi familia. Mi familia estaba en el Congo y yo estaba en Nueva York, por lo tanto, era una clara amenaza. Decidí cancelar».

El año siguiente, en septiembre de 2012, lo invitaron de nuevo a dirigirse a la Asamblea, esta vez quien pidió su presencia fue el entonces ministro británico de Asuntos Exteriores, William Hague, que fue el primer ministro de un país importante en ocuparse de la problemática de la violencia sexual. Esta vez, Mukwege aceptó. Hizo una crítica abierta al Gobierno de Kabila.

Cuando regresó a su país en octubre, le esperaban cinco hombres armados con pistolas y AK-47. «Habían tomado a mis hijas como rehenes y empezaron a disparar. Pensé que iba a morir. Asesinaron a mi guardaespaldas, que había estado conmigo más de veinticinco años, ante los ojos de mis hijas y no sé cómo me salvé.

»No les hicieron nada a mis hijas, no las violaron, pero esperaron angustiadas, pensando que podía suceder algo, lo cual fue aterrador».

Después de escapar por los pelos, la familia abandonó el país y se fue a Bélgica, pero, al cabo de dos meses, las mujeres del Congo empezaron a escribirle, pidiéndole que regresase. «Un día me enteré de que estaban vendiendo plátanos y tomates para pagarme el billete de avión, así que tuve que regresar».

En cierto modo, el hospital se había convertido en su cárcel, porque, desde el ataque, había vivido allí con un camión de soldados de MONUSCO, la misión de fuerzas de paz de la ONU, que le protegían. «Estamos siempre en peligro. No puedo moverme sin guardaespaldas». Aun así, dijo, había tiroteos a menudo. «Disparan cerca del hospital o de mi casa».

Asesinaron a uno de sus colegas, el doctor Gilda, de un disparo en 2015 mientras trabajaba en el hospital Kasenga. «Fue un golpe demoledor para mí», dijo.

Sus cinco hijos eran adultos y, aunque los añoraba, estaba contento de que no estuviesen en el país porque temía que se volviese al horror de finales de los años noventa. «Actualmente, no estamos en una situación de guerra, pero tampoco vivimos en paz», dijo.

Su hijo estaba estudiando para ser ginecólogo y, aunque esperaba que siguiese sus pasos en Panzi, se sentía dividido. «¿Cómo puedo pedirle que vuelva si tiene hijos pequeños y yo vivo en una cárcel?»

El viernes 5 de octubre de 2018, el doctor Mukwege empezó a operar a las siete y media de la mañana, como solía hacer. Estaba haciendo su segunda intervención cuando oyó gritos de sus pacientes y colegas.

En un principio, pensó que había sucedido algo terrible, pero, cuando salió con su bata quirúrgica, todo el mundo le abrazó. Le habían concedido el Premio Nobel de la Paz, junto a Nadia Murad, la joven activista yazidí, por su trabajo que destacaba el uso de la violencia sexual como un arma de guerra.

¿Eso tenía que significar que la comunidad internacional se estaba tomando en serio el tema?

Se encogió de hombros. «Tal vez el Nobel sea un honor, pero no luchamos para conseguir honores, sino para poner fin a lo que está ocurriendo a las niñas y bebés del Congo».

Le pregunté por qué el Congo era tan nefasto para las mujeres. «Es una buena pregunta», contestó. En Goma me sorprendió que eran las mujeres las que iban a los campos todos los días o a buscar leña y agua, aunque corrían un riesgo importante de secuestro y violación. Un belga con quien hablé y que había vivido allí durante más de veinte años me dijo que pensaba que el problema real era la cultura patriarcal e hizo hincapié en sus altos niveles de violencia doméstica.

Para el doctor Mukwege, la violencia era demasiado extrema y metódica para que aquella fuese la explicación. «Normalmente, las mujeres a las que recibimos las han violado tres o cuatro hombres, no solo uno, a veces ante los ojos de sus maridos e hijos. Y las han torturado introduciéndoles un trozo de madera en sus genitales, con lo que su aparato genital queda destruido del todo. Es algo que se hace sistemáticamente y no tiene nada que ver con el sexo».

Hacía remontar la violencia a la llegada de genocidas de Ruanda y a las guerras posteriores, pero cree que obedece sobre todo al control de los recursos.

En su discurso de aceptación en Oslo, en diciembre de 2018, empezó: «Mi nombre es doctor Mukwege. Vengo de uno de los países más ricos del planeta. Sin embargo, los habitantes de mi país están entre los más pobres del mundo.

»Saquean mi país sin descanso con la complicidad de las personas que afirman ser nuestros dirigentes. El pueblo congoleño ha sido humillado, maltratado y masacrado durante más de dos décadas a la vista de la comunidad internacional».

El país, creado por el rey belga Leopoldo II en 1825 como su feudo personal, había sufrido una serie interminable de saqueos a manos de sus dirigentes a causa de su oro, sus diamantes, su cobre y su estaño, a menudo con la connivencia de multinacionales mineras; pero en los últimos años otros minerales se habían vuelto más importantes: los que son esenciales para la revolución tecnológica. La República Democrática del Congo suministra dos tercios del cobalto necesario para las baterías de coches eléctricos, teléfonos móviles y ordenadores portátiles, además del coltán (columbio-tantalita), del que se extrae el tántalo necesario para los condensadores. Marcas tan conocidos como Microsoft, Apple e IBM dependían de los minerales del país y probablemente todos los hogares occidentales alberguen uno de esos productos.

Esto sacaba de quicio al doctor Mukwege. «Siento que el Congo forma parte de la comunidad humana y que los bebés congoleños son también humanos, y me sorprende que todo el mundo utilice los recursos naturales del Congo, pero que muy pocos piensen que la manera en la que se trata a nuestras mujeres y niños es una vergüenza para la humanidad.

»Occidente necesita estos minerales para sus teléfonos, ordenadores portátiles y coches eléctricos. Yo tengo un teléfono móvil. Pero comprar los minerales que surgen de este conflicto no es aceptable. Se tendría que hacer de forma limpia. Y dejar que esto dure durante veinte años… El mundo no puede decir que no existió posibilidad de detenerlo».

El problema, dijo, se encontraba en las altas esferas. «Lo que sé es que la violación no puede utilizarse como arma de guerra sin que puedan pedirse responsabilidades. No debemos solo acusar a los autores de las violaciones, sino preguntarles quién les ordenó violar.

«En nuestra región, hemos padecido veinte años de asesinatos, saqueo, destrucción y los autores siguen dirigiendo el país, el Ejército, la Policía y los servicios de inteligencia. Cuando se acepta esto, se acepta a gente que ha perdido la capacidad de raciocinio y creo que la mayoría de ellos son dementes».

En su discurso del premio Nobel habló de un informe que, según dijo, estaba «criando moho en el cajón de una oficina de Nueva York», sobre la llegada de las milicias titulado *Mapping Report,* una investigación de la ONU sobre los crímenes de guerra en el Congo. Explicó que describían no menos de 617 crímenes de guerra con los nombres de las víctimas, las fechas y los lugares, pero no indicaba el nombre de los agresores.

«El *Mapping Report* es un informe de la ONU, por lo tanto, ¿por qué está guardado en un armario?», me dijo. «Sabemos que las personas que cometieron esos crímenes están todavía dirigiendo el país».

Le dije que su discurso del Nobel era uno de los más potentes que había oído nunca.

»Todo el mundo aplaudió, pero no sucedió nada», dijo con tristeza. «Necesitamos que el Consejo de Seguridad de la ONU diga que no, que la guerra en el Congo es inaceptable y que hay que actuar.

»Necesitamos un mecanismo internacional que lleve a todos los criminales ante los tribunales para iniciar una investigación. Sabemos que los que dirigen el país son los que están cometiendo esos crímenes, por lo tanto, es imposible pedirles a ellos que lleven a cabo la investigación».

El 30 de diciembre de 2018, unas semanas después del discurso del Nobel y unos meses antes de mi viaje, se celebraron por fin las elecciones presidenciales tras dos años de retraso. La última vez que nos vimos, el doctor Mukwege temía que no se celebrasen, porque estaba convencido de que Joseph Kabila no tenía la intención de abandonar el poder.

Rio con mordacidad cuando le pregunté por las elecciones. «Fui a votar al colegio electoral en la escuela local. Abrió a las siete y media de la mañana, pero la máquina no llegó hasta las cinco de la tarde para que votasen más de treinta mil personas, así que la mayor parte de nosotros no tuvo la opción».

Al principio, fue una sorpresa que se declarase vencedor a un candidato de la oposición, Félix Tshisekedi. Más tarde, se supo que él y Kabila habían hecho un trato antes de las elecciones. Para los observadores de las elecciones de la Iglesia católica, el auténtico vencedor fue otro líder de la oposición: Martin Fayulu.[*]

Las reacciones en Occidente fueron escasas. Aparentemente, los Gobiernos creían que un cambio era mejor que nada,

---

[*]3. Tom Wilson, David Blood y David Pilling, «Congo Voting Data Reveal Huge Fraud in Poll to Replace Kabila» [Los datos electorales del Congo revelan un enorme fraude para sustituir a Kabila], *Financial Times,* 15 de enero de 2019.

incluso si Kabila permanecía en la residencia presidencial y su Frente Común para el Congo conseguía una victoria aplastante en el Parlamento.

«Kabila es ahora más fuerte que antes», dijo el doctor Mukwege, sacudiendo la cabeza. «Ahora controla no solo a los militares, los servicios de inteligencia y la Policía, sino también el Senado, el Parlamento, el Gobierno local y los gobernadores, todo el poder está entre sus manos».

Después que la República Democrática del Congo recibiera el título de capital mundial de la violación en 2010, el presidente nombró a una asesora especial sobre la violencia sexual, Jeanne Mabunda, y prometió tolerancia cero. Desde entonces, Kabila había reivindicado que su país «se consideraba un ejemplo» de cómo luchar contra la violencia sexual. En 2016, Mabunda viajó a Bukavu y afirmó que el número de violaciones había disminuido un cincuenta por ciento en dos años desde su nombramiento.

«No es más que publicidad», me dijo el doctor Mukwege. «En realidad no ha cambiado nada. Sigo tratando a bebés, ¿cómo podría decir que ha habido un cambio?».

Había poco afecto entre el Gobierno de Kabila y el doctor Mukwege. En 2015, el Gobierno remitió de repente a Panzi una factura de seiscientos mil dólares por impuestos atrasados, a pesar de que los hospitales de la República Democrática del Congo gozan supuestamente de una exención fiscal. Al final, se retiró la factura ante la indignación general.

La primera vez que solicité mi visado con una carta de invitación del hospital de Panzi, me dijeron que consiguiese una carta de otro lugar si quería que me lo aprobasen.

Incluso le habían acusado de untar ungüento de mercurocromo rojo a los niños para simular heridas ante los periodistas.

Aunque se había llevado ante la justicia a algunos comandantes, el pesimismo del doctor Mukwege era compartido por Daniele Perissi, jurista italiano con quien hablé más tarde y que había estado en Bukavu cuatro años dirigiendo la Oficina en Congo de TRIAL International, una ONG con sede en Ginebra fundada por un grupo de abogados y víctimas para luchar contra la impunidad en el mundo entero.

«No quiero parecer demasiado pesimista, pero, aunque el Estado ha tomado algunas medidas como dejar de reclutar a niños soldados para las fuerzas armadas, desgraciadamente no ha ocurrido lo mismo con las violaciones. Todo el mundo sigue violando».

Me dijo que incluso los jueces y los magistrados que trabajaban en los casos estaban implicados. «El que veamos a maestros, abogados y jueces cometiendo estos crímenes demuestra que la cultura de la impunidad está tan arraigada en la sociedad que no solo trivializa las agresiones, sino que también envía el mensaje de que es normal que las personas que ocupan cargos de poder hagan esto.

»Tuvimos el caso de un juez que de día presidía un tribunal móvil que juzgaba los crímenes de violencia sexual y por la noche abusaba de la hija de dieciséis años de sus huéspedes».

La impresión de dar un paso adelante y dos atrás se reforzó con el caso en el Tribunal Penal Internacional de Jean-Pierre Bemba, un señor de la guerra congoleño y exvicepresidente de Kabila, antes de que presentara su propia candidatura en las elecciones de 2006 y se enfrentara a él.

En 2008, detuvieron a Bemba en Bruselas con una orden de arresto del TPI y se le acusó de ocho cargos de crímenes de guerra y de crímenes contra la humanidad cometidos por combatientes bajo su mando durante el conflicto de 2002–2003 en la República Centroafricana, cuando envió a mil soldados para apoyar a su entonces presidente.

En marzo de 2016, el TPI declaró a Bemba culpable de asesinatos, violaciones y saqueos de civiles cometidos por sus hombres. Fue una sentencia histórica, la primera sentencia del TPI por violencia sexual y la primera vez que se declaró culpable a un comandante por las acciones de sus tropas.

Sin embargo, dos años más tarde, en junio de 2018, revocaron la sentencia e indultaron a Bemba, dejándolo en libertad para regresar a la República Democrática del Congo y participar en las elecciones.

«Esto es justo lo contrario al mensaje que necesitamos transmitir», dijo Perissi. «La gente en la República Democrática del Congo tiene la impresión de que, si incluso el TPI actúa de esa manera, ¿qué esperanza queda?».

Mukwege estaba horrorizado. «Alguien hizo esas cosas. Las mujeres de la República Centroafricana han luchado durante diez años. Si se le indulta, hay que enjuiciar a otra persona por lo que sucedió. Si no se hace, para las víctimas significa que nunca habrá justicia ni reparaciones. ¿Cómo pueden las víctimas reconstruir sus vidas si perciben que su sufrimiento ha sido aceptado por la comunidad?

»Las mujeres tienen la impresión de que no solo sus propias comunidades las culpan de las violaciones, sino que la comunidad internacional las está acusando de mentir. Por lo tanto, se las acusa una segunda vez».

Le expliqué que había asistido a juicios de los miembros del Estado Islámico y que había oído la frustración de las mujeres yazidíes porque lo que les había sucedido no figuraba en los cargos de la acusación.

Asintió. «He hablado con mujeres en Corea, Colombia, Bosnia, Iraq... y todas dicen: "Cuando me violaron, me mataron. Solo se condena a gente por haber matado, pero lo que nos sucedió es peor, porque queda una persona viva, pero con el sentimiento de que no existe, de que por dentro ya está muerta".

»Esto me hace pensar que necesitamos otra palabra para designar la violación, porque creo que, para los hombres, la violación es solo una relación sexual que la víctima se niega a aceptar, casi como si fuese algo normal».

Me pregunté cómo podía soportar enfrentarse día tras día, año tras año, a la más abyecta maldad del ser humano.

«Las mujeres son mis terapeutas», contestó. Siguió explicándome: «La primera vez, veía diez casos, después cuarenta, cien, mil, diez mil mujeres... ¿Cree que era fácil? Pensé que no era posible. No podía dormir, empecé a tener pesadillas. Me preguntaba dónde estaban mis hijas y me ponía a temblar, preguntándome qué les podía pasar. Incluso pensé en irme al extranjero.

»Pero, en toda mi vida, cada vez que me he sentido perdido, Dios me ha abierto una pequeña puerta para permitirme continuar».

La puerta en aquella ocasión fue una visita de Eve Ensler, autora, actriz y activista norteamericana más conocida por su rompedora obra *Los monólogos de la vagina,* que se estrenó en Broadway en 1996 y se representó en el mundo entero. Utilizaba la recaudación y la publicidad para crear su movimiento Día V, con el fin de recaudar fondos y acabar con la violencia contra mujeres y chicas.

Se habían conocido en un acto de la ONU en Nueva York y el doctor la invitó a ir a la República Democrática del Congo para visitar el hospital. «Recuerdo muy bien ese día. Era un sábado de 2007. Eve había llegado al hospital y preguntó a las mujeres sobre sus vidas y ellas se pusieron a bailar, cada mujer al estilo de su pueblo. Fue increíble. Vi que todo no estaba perdido y que no debía tirar la toalla, porque, si esas mujeres podían expresar su fuerza interior a pesar de todo lo que habían sufrido, tenía que luchar con ellas. Por primera vez, después del baile, volví a mi casa y dormí como un angelito.

»Por lo tanto, ahora, todas las veces que pienso que esto es insoportable, recuerdo a esas mujeres bailando. Sufro, pero ellas sufren más que yo, y aman, transforman el odio en amor, y es algo que me ayuda de verdad».

Lo mismo había ocurrido aquella semana, me dijo. «Cuando estaba desesperado con los bebés, vino una mujer a la que habíamos tratado y ayudado hacía tiempo, y trajo a su hija, que acababa de graduarse, y dijo que le habían ocurrido todas esas cosas terribles, pero que tenía a una hija que se había graduado. Estaba muy contenta y orgullosa, tenía tanta dignidad que me contagió y pensé que no todo estaba perdido, todavía teníamos esperanza y superaríamos todos los males».

Ensler también se emocionó. «El doctor Mukwege me dejó con la boca abierta», me dijo. «No podía creer que existiese en algún lugar del planeta un hombre como él, que dedicaba su vida a poner fin a la violencia sexual en un lugar así».

No podía sacarme a los niños de la cabeza. La mañana siguiente me acerqué al hospital. Violette, la niña de cuatro años, estaba sentada esperando la operación, con los ojos más abiertos que nunca.

Un poco más lejos, tras un campo polvoriento donde unos hombres daban patadas a una pelota de fútbol, giramos por una pista enfangada donde unas mujeres vendían sacos de carbón y había un campo improvisado de chicos harapientos con los ojos rojos, que resultaron ser antiguos niños soldados. Al final del camino, llegamos a dos grandes puertas pintadas con las insólitas palabras «Ciudad de la Alegría».

Dos mujeres que trabajaban de guardias me tomaron el bolso y me dejaron solo el teléfono y mi cuaderno antes de permitirme entrar.

Detrás de los muros, había jardines verdes exuberantes llenos de flores, árboles y pájaros cantando. Una joven sonriente, con una agradable figura regordeta, ataviada con un traje verde lima, me hizo entrar en una oficina. La puerta se abrió revelando una explosión de colores, flores, arcoíris, fotos, corazones, cuencos con caramelos y frases motivadoras. Mis ojos se desplazaban en todas las direcciones. «Si el Congo es el peor lugar para ser mujer, la Ciudad de la Alegría es el mejor», rezaba una.

Presidiendo todo aquello, como un ave fabulosa del paraíso, había una silueta alta y llamativa, con un cárdigan estilo Missoni en azul, rojo y oro, con un pantalón negro y sandalias negras de tacón con tiras, pendientes con perlas rojas, ojos resplandecientes y una masa de rizos de cobre.

Era Christine Schuler Deschryver, madre, abuela, directora y fundadora de la Ciudad de la Alegría, vicepresidenta de la Fundación Panzi y mejor amiga del doctor Mukwege. Se rio de mis ojos desorbitados. «Me gusta el color, la vida no es en blanco y negro», dijo. «¡El doctor M. dice que mi despacho es exactamente como yo!».

Al lado de su escritorio, un pequeño letrero proclamaba «V de victoria, de vagina, del Día de San Valentín».

«Aquí en la Ciudad de la Alegría hablamos todo el día de vaginas», explicó. «Llego y las chicas me preguntan: "Christine, ¿cómo está hoy tu vagina?". Contesto: "Madre mía, ¡está de mal humor!"».

Era también el eslogan de Día V, la organización de Eve Ensler. El centro debía su inicio (y sus sesenta mil dólares anuales para los gastos de funcionamiento) a la misma visita a Panzi que realizó Ensler en 2007, de la que había hablado el doctor Mukwege. «Sabe, en general, cuando la gente famosa viene a visitarnos, como los Clinton, promete mucho y no pasa nada», dijo Christine. «Le dije a Angelina Jolie: "Las famosas venís aquí y después no hacéis nada", pero Eve fue diferente. Cuando vino, tenía cáncer y pesaba treinta kilos, estaba en los huesos. Les preguntó a las mujeres congoleñas qué querían. Contestaron que querían poder, que querían ser líderes. Por aquel entonces, estábamos empezando a construir el centro y las mujeres supervivientes vinieron y se pusieron a bailar y bailar. Muchas venían del hospital y al acabar había sangre en el suelo. Se lo enseñé a Eve y dijo: "Se me ocurre algo. Esas mujeres estaban enfermas, pero han bailado. ¿Por qué no hacemos que bailen mil millones de mujeres?".

»Las mujeres habían pedido una casa que les permitiera ser independientes, así que construimos un centro y ellas escogieron el nombre».

Le pedí que me hablase de la Ciudad de la Alegría. Se rio otra vez. «No sé cómo describirla: es más que un lugar, más que un centro», me contestó. «Vayamos a verla».

Atravesamos los jardines, pasando delante de un guardia fuertemente armado vestido de negro, incongruente en aquel escenario pacífico, y un bosquecillo de naranjos que ella y el doctor Mukwege habían plantado seis años antes. Más allá, había árboles de mangos, aguacateros y un huerto de plantas aromáticas. Era un sorprendente refugio del caos exterior; había incluso una choza para la meditación. También pasamos por jaulas de conejos y un gallinero del que salía una chica con un cesto de huevos frescos.

Una hilera de placas solares suministraba la electricidad. «No recibimos nada del Gobierno», dijo Christine encogiéndose de hombros, «ni electricidad ni agua, así que tenemos estas placas y un generador».

«Construir el centro fue una pesadilla total», me había dicho Ensler. «No solo carecíamos de carretera, electricidad y agua; yo tenía un cáncer de etapa 3-4 y estuve a punto de morir. Debo mi vida a las mujeres del Congo, porque sabía que no podía morir, pues había prometido abrir el centro».

Llegamos a una terraza donde un grupo de chicas tejía y cosía. En cuanto vieron a Christine, se levantaron de un salto y empezaron a bailar y cantar. «Mamá está por aquí, vamos a saludarla y bailemos para ella», cantaron agitando sus bordados y riendo. Era tan contagioso que salté para unirme a ellas.

Entendí por qué el centro se llamaba la Ciudad de la Alegría. Sin embargo, todas aquellas mujeres eran supervivientes de violaciones, tenían entre dieciocho y treinta años y llevaban allí menos de dos meses. Christine me explicó que había adaptado el programa intensivo de seis meses a las necesidades individuales, pero dedicaban casi la mitad del tiempo a la terapia, utilizando el arte, la música, la meditación y el yoga. También se daban clases de autodefensa y *fitness* y se las enseñaba a cuidar de sí mismas, a peinarse y a maquillarse.

La higiene era también importante. Detrás de una verja cerrada vimos las viviendas: nueve casas, con tres habitaciones cada una y diez camas con mosquitera, así como un cuarto de baño. Cada una tenía que elegir a alguien para que fuera su mentora y mantener su casa limpia y ordenada. «Esas chicas nunca han tenido duchas ni electricidad, ni se han lavado los dientes con un cepillo ni han dormido en un colchón», dijo Christine. «Una chica no quiso quedarse por culpa de la ducha: dijo que el agua salía del techo y no del río, y pensó que eran los espíritus».

Un elemento clave de su estancia en la Ciudad de la Alegría era aprender a contar sus historias. Era algo que me intrigaba, porque estaba siempre preocupada por la retraumatización de las supervivientes cuando se les pedía que narrasen aquellos espantosos acontecimientos.

«Se trata de respetar y de que ellas sean las dueñas de sus historias», me explicó Christine. «Después de un mes, cuando empiezan a hablar, Dios mío..., la metamorfosis es enorme después de seis meses. Transformamos el dolor en poder y damos a las víctimas fuerza para que sean líderes en sus comunidades».

Christine era la hija de un belga blanco acomodado y de una mujer pobre, negra y congoleña, por lo que sabía lo que era el prejuicio. «Mis padres pertenecían a mundos completamente distintos: él era de una familia rica, mi madre era una cultivadora de té en la propiedad de los padres de él. Su amor estaba prohibido. La familia de mi padre cortó la relación con ellos y yo sufría viendo sufrir a mi madre.

»Creo que nací activista. Pasé toda mi vida ayudando a los demás. Iba a una escuela belga que solo tenía unos pocos estudiantes negros y me peleaba como un chico para protegerlos».

Su padre, Adrien, era ecologista. Fundó un parque natural llamado Kahuzi Biega, cerca de la orilla occidental del lago Kivu, cerca de Bukavu, como uno de los últimos refugios para una raza rara de gorilas de la planicie. Me dio la impresión de que no había mucho afecto entre padre e hija. «Por supuesto, los gorilas son más importantes que la gente», dijo encogiéndose de hombros.

Conoció por primera vez a víctimas de violencia sexual cuando trabajaba como coordinadora en el Congo oriental para GTZ, la agencia alemana para el desarrollo. «Una de las organizaciones que fundamos fue la FNUAP [el Fondo de la ONU para la Población] y el dinero se utilizó para contar las vaginas desgarradas», dijo.

Conoció al doctor Mukwege en 1994, antes de que él abriese Panzi, y empezó a ayudarle. «Las necesidades eran inmensas y no interesaban a nadie. No olvidaré jamás el olor de los cuerpos en descomposición, las mujeres caminando como fantasmas… Enterraba a los bebés y escuchaba los relatos, así que absorbí todo lo malo».

Mukwege era un visitante habitual de la Ciudad de la Alegría, donde daba clase a las chicas sobre temas inesperados. Christine me explicó: «Cuando hablamos con las chicas, la mayoría no ha tenido un orgasmo, no saben lo que es. Para ellas, el sexo va de satisfacer a los hombres, pero las chicas congoleñas me ven como una blanca, puesto que soy la primera persona de piel más clara a la que han conocido, y no les puedo hablar de temas culturales profundos. Se lo dije al doctor M. y vino. Hemos sido buenos amigos durante veinticinco años, pero aquel día no lo reconocí. Les dijo que incluso los hombres tenían accidentes por la noche… ¡Estaba hablándoles de masturbación! Les preguntó a las chicas qué sentían de noche y una de ellas dijo que eran como gallinas cagando y que no sabían qué hacer, eran los espíritus que se apoderaban de ellas. Les dijo: "No, es normal, es como un orgasmo". No me lo podía creer. Es pastor, un hombre conservador, y está aquí hablando de masturbación y de orgasmos».

Mil doscientas noventa y cuatro mujeres habían seguido el curso en los ocho años desde la inauguración de la Ciudad de la Alegría en 2011. Al marcharse, cada una recibía un teléfono con un número personal para seguir en contacto. Trece habían muerto y habían perdido la pista a doce. Que ellas supieran, solo habían vuelto a violar a una.

«Cuando se gradúan, se sienten muy orgullosas», dijo Christine. «Regresan a la comunidad y comparten con las demás lo que han aprendido, trabajan con ONG locales o crean la suya propia. Una es directora de una escuela; otra, Evelyn, es jefa de todo un pueblo; una en Kivu del Norte hace compost y enseña cómo proteger el medio ambiente. No podemos proteger a las mujeres sin proteger la madre naturaleza».

Christine acababa de comprar una granja de ciento veinte hectáreas donde criaban cerdos, ovejas y conejos. Tenían balsas de peces y producían soja, arroz y verdura. «No tenemos máquinas y en tres años, con doscientas trabajadoras, hemos producido más de setenta toneladas de arroz. Decíamos que transformamos el dolor en poder. Ahora es el momento de hacer algo distinto con el dolor y empezar a plantar; el proceso de curación ligado a la naturaleza. Cuando voy a la granja y explico por qué las abejas son importantes, las chicas piensan que estoy loca. Luego, les explico el motivo, y dicen: "¡Oh, Dios mío!, ¡la naturaleza es mágica!"».

La granja también suministraba productos alimenticios al centro: el objetivo final de Christine era que fuese autosuficiente. Me llevó a una gran sala donde las mujeres se sentaban alrededor de mesas largas, charlando mientras saboreaban en sus cuencos ñame y alubias. Al verlas, nadie hubiese podido imaginar lo que habían sufrido.

Detrás de un tabique de madera, al fondo de la sala, había una habitación donde dos chicas veían dormir a una bebé. La madre, Naomi, tenía solo catorce años. «Tuvo su primer bebé a los once, después de una violación, pero su familia mató al niño», me explicó Christine. «Acabó en Maison Dorcas, pero agarraba su almohada y la sostenía como si fuera un bebé y, cuando la enviaron a la escuela, los demás niños la insultaban con palabras que significaban que "estaba vacía"; le pidió a un niño que se acostase con ella y volvió a quedarse embarazada. Maison Dorcas quería echarla, la acogí y pronto volverá a la escuela».

Naomi había bautizado a su bebé con el nombre de Christine. «¡Me encantan los niños!», dijo Christine. A los cincuenta y cinco años, tenía dos nietos, pero sus nietos y sus propios hijos vivían en Bélgica. Su marido, Carlos Schuler, gestionaba una casa de huéspedes y una buena parte de sus ingresos la destinaban a ayudar a los niños fruto de violaciones.

La otra niña pequeña que estaba en la habitación tenía nueve años. «Fue el resultado de una violación y su madre no la quería», dijo Christine. «Necesita amor. Todas lo necesitan.

Estoy convencida de que es posible cambiar el mundo solo con el amor.

»En la cocina tenemos a otra trabajadora a la que violaron muchas veces y se quedó embarazada, rechazó a su bebé e intentó matarlo. La volvieron a enviar a Panzi para que le dieran apoyo psicológico. La vimos desnuda por la calle, lanzando piedras, luego vino y dijo: "Quiero ver a Mamá Christine". El personal me dijo que era peligrosa y que no la recibiese, pero la acogí. Hizo el curso de seis meses y, después del quinto, se volvió loca, porque no se quería marchar. Entonces dije: "Dadle trabajo". Lleva trabajando aquí cuatro años, se ha comprado una casa, cuida de su hijo y está muy bien.

»Se trata de darle valor a la mujer. Las abrazo, se curan y la gente dice que tengo unas manos mágicas, pero es solo amor. Les pregunto quién se acuerda de los abrazos de su madre, pero ninguna lo hace».

Todo este amor le hizo pagar un alto precio a Christine. «Después de diez años era demasiado», dijo. «Me sentía muy culpable. Vivía en esta bonita casa mientras seguían sucediendo todas esas atrocidades. Dejé de comer, solo tomaba vitaminas y café, y desarrollé anorexia. Era como una zombi con ojeras oscuras y estaba tan débil que no me sostenía en pie. Era como si mi cuerpo hubiera dejado de pertenecerme. Sufría ansiedad y ataques de pánico. Me agobiaba ver a todos esos soldados y después a los niños.

»Me dije: "Christine, ya basta, es demasiado". En otoño de 2015, le dije al personal que me iba para una formación y me marché dos meses a Bélgica. Sin embargo, después de tres días, volví a recordar mis experiencias anteriores. Cada vez que cerraba los ojos, veía a la pequeña Christine, desnuda en la calle, gritando para que la ayudasen sin que nadie acudiera. Al final, alguien me envió a ver a un viejo profesor de Bruselas que me ayudó. Ahora utilizo algunas de las cosas que me ayudaron entonces».

Estaba preocupada por su amigo, el doctor Mukwege. «Podría trabajar en cualquier parte del mundo, pero, como ama a su país, ha arriesgado su vida y es un preso que vive en el

NUESTROS CUERPOS SUS BATALLAS

hospital. Aun así, tiene sesenta y cuatro años y creo que ya es hora de que se cuide».

Ella también había recibido muchas amenazas, lo que explicaba la seguridad en torno al centro, en particular desde que hizo un documental en 2010 titulado *Blood in the Mobile* [Sangre en el móvil] con el director danés Frank Poulsen. «Queríamos demostrar que saqueaban los minerales y afirmar que es un problema internacional en el que están implicados muchos países», dijo. «Si hiciésemos un mapa de todas las violaciones, veríamos que ocurren principalmente cerca de las minas. Es una guerra económica para aterrorizar a la población.

»Mis hermanos son pilotos y les pedí que me llevasen a la selva, a los lugares donde extraen el coltán para los teléfonos móviles. No olvidaré nunca a una mujer de ochenta y seis años que me preguntó: "¿Qué buscaban violándome, con mis pechos caídos y mi cuerpo flaco?".

»Dime si esto es sexual. Si tienes una necesidad sexual, ¿por qué no vas y violas a una adulta? No violarías el cuerpo enjuto de una mujer de ochenta y seis años o el de un bebé pequeño. O ¿por qué hacerlo en público, abrir la vagina, poner gasolina y prender fuego ante los ojos de todo el pueblo para que la gente se marche? Incluso conocí a una chica joven a la que habían obligado a comerse a su propio hijo. No tenía a dónde ir. Es un arma de destrucción masiva.

»Con un poco de buena voluntad, la comunidad internacional podría poner fin a esta guerra; pero no hay voluntad, porque a todo el mundo le interesa que la República Democrática del Congo sea un caos para que las multinacionales puedan seguir saqueando coltán, oro, etc. Desgraciadamente, tenemos la mayor parte del cobalto necesario para los coches eléctricos. Cuando me enteré, pensé: "¡Oh, no, Dios mío!".*

»Al final, el pueblo congoleño no obtiene ningún beneficio. Este país nunca les ha pertenecido, están acostumbrados

---

* Más del sesenta por ciento del cobalto mundial es extraído de las minas de la República Democrática del Congo, según la Encuesta Geológica de Estados Unidos de 2018.

a ser utilizados. Uganda vende una gran parte de nuestro oro. Incluso el café procedente de Kivu del Norte se comercializa como café ruandés en un bonito envase.

»Las mujeres congoleñas sufren muchísimo. Me dicen: "Muy bien, si nos violan, muy bien, vamos al río y nos lavamos, c'est fini, no hablamos de ello", pero cuando las queman por dentro y les destrozan los genitales... Ahora mismo no se limitan a violar a las mujeres, sino que les cortan la vagina».

Hizo un gesto señalando a su asistente. «Mire a Jane. El doctor M. la ha operado doce veces, pero no puede curarla. Sufre mucho. Por fuera hay una hermosa casa, pero dentro está totalmente destrozada. Cuando creo que tengo un problema, pienso en Jane y dejo de quejarme».

Con un vestido verde lima fluorescente, con hombreras y puños bordados y pendientes con cuentas rojas y amarillas, Jane Mukunizwa es casi tan llamativa como su jefa, aunque ella es baja mientras que Christine es alta, y además camina lentamente, casi con cautela.

«Tenía catorce años la primera vez que los *interahamwe* me violaron», empezó. «Sucedió en 2004 y estaba en casa de mi tío, en Shabunda, con mi familia, cuando, sobre las doce de la noche, alguien llamó a la puerta; pero no eran golpes normales. Los rebeldes derribaron la puerta y nos ataron las manos con guita. Nos llevaron a toda la familia al bosque, saquearon la casa y, luego, nos ordenaron que lo lleváramos todo en la cabeza. Después de un tiempo, liberaron a mi abuela, pero nos retuvieron a mi tío y a las adolescentes. Nos hicieron caminar todo el día. Si decíamos que estábamos cansadas, nos mataban».

Empezó a bajar la voz y a hablar más despacio. «Un día, mataron a mi tío ante mis ojos. Lo decapitaron, le cortaron los genitales y abandonaron el cadáver.

»Nos ataban a los árboles con los brazos extendidos como si estuviésemos crucificados. Era como si ya hubiéramos muerto y sufríamos porque no nos alimentaban. A veces cocinaban, pero no nos daban nada. Comían plátanos y solo nos daban las pieles.

»Si alguien nos quería violar, venía y nos tomaba como quería. No sé cuántas veces me violaron, volvían una y otra vez, más de tres veces al día, y no era solo uno, sino que a veces era un tipo y después, otro».

Cerró los ojos un instante y prosiguió. «Estuvimos allí dos semanas hasta que llegó el ejército a rescatarnos en un tiroteo. Nos llevaron a Panzi y estaba tan mal que no podía reconocer dónde me encontraba. Todos mis órganos internos estaban dañados. Después de la primera operación, volví a mi pueblo, pero me volvieron a violar y el doctor Mukwege decidió que no podía regresar. Tenía razón, porque, si sabes que hay una serpiente en el bosque, no vuelves a poner los pies allí».

Fuera, en el jardín, empezó a caer un aguacero tropical y los pájaros estaban armando un gran escándalo, como si intentasen que se los escuchara.

«Me han operado doce veces hasta ahora; la última, el año pasado. Tengo dolores todo el tiempo, pero intento adaptarme y resistir. El doctor Mukwege hizo cuanto pudo. Si estoy aquí ahora, hablando con usted, es porque él hizo todo lo posible.

»Cuando vio lo difícil que era mi caso, me presentó a Christine y ella me trajo a la Ciudad de la Alegría. Venir aquí cambió mi vida. Me hizo sentir independiente. No había ido nunca a la escuela, pero aquí he aprendido a leer y a escribir para hacer trabajos técnicos y ganarme la vida. Pero, ante todo, la Ciudad de la Alegría me ha enseñado a ser amada y a amar a los demás. Christine es una madre cariñosa. Su valentía y la forma en la que intenta transmitir su empatía a todas me animaron mucho. Jamás había experimentado el amor como aquí.

»He pasado siete años aquí y soy maestra y comparto mi historia con otras para ayudarlas a abrirse. Con mi sueldo me compré una vivienda detrás del centro y también he adoptado a cuatro niños nacidos de violaciones».

«¿Piensa que las mujeres que han sufrido estas atrocidades pueden llegar a recuperarse?», le pregunté.

«Creo que una puede reconstruirse, pero solo *pole pole*», contestó utilizando la expresión suajili que significa 'paso a paso'. Nos abrazamos. «Quiero pedirle algo: cuando regrese», dijo con los ojos clavados en los míos, «quiero que diga a su gente lo que ha visto. Algunos de nuestros políticos dicen que aquí no hay violencia sexual, pero no es verdad, todavía hay chicas que son violadas todos los días, chicas de distintas regiones, que comparten la misma historia. Por favor, sea nuestra voz, porque no podemos hacernos escuchar en su país. Cuando oigo a nuestro Gobierno decir que aquí no hay violencia sexual, es como si pisoteasen nuestras heridas. No es solo la violación, es lo que deja después: infecciones, órganos dañados, trauma... Míreme: no puedo tener hijos y, si me quiero casar, nadie querrá tomarme como esposa por el daño que he sufrido.

»Aprendí mucho como consecuencia de lo que me ha pasado y ahora estoy intentando aprender francés para un día poder contar al mundo todo esto.

»En este país, asesinan a las mujeres y las tratan como animales. Gracias al doctor M. y a Christine, hoy no siento vergüenza y puedo pasearme por la comunidad. Antes, todo el mundo nos señalaba con el dedo y decía que éramos mujeres violadas. Ahora puedo ir a cualquier parte e, incluso si la gente dice que me violaron, no me importa, porque entiendo que no fue culpa mía».

14

Mamá no cerró bien la puerta...

Kavumu, República Democrática del Congo

Los habitantes de Kavumu estaban enfadados. Estaban enfadados porque los habíamos hecho esperar bajo un sol de justicia en un pequeño patio al lado de un gallinero de polluelos chillones, ya que no calculamos bien cuánto tiempo tardaríamos en recorrer treinta kilómetros por la carretera destrozada desde Bukavu (aparte de un tramo de autopista construida por los chinos). Estaban enfadados porque vivían en chozas de tablones, tejado de chapa y suelo de tierra, no tenían ni agua ni electricidad y, en un buen día, podían ganar uno o dos dólares mientras sus dirigentes llevaban vidas repletas de lujos. (El presidente Kabila tenía una propiedad bajando la carretera). Sobre todo, estaban enfadados por lo que les había ocurrido a sus hijas.

Entré en el patio donde decenas de padres se apretujaban en bancos y todo el mundo se puso a hablar a la vez. Dos mujeres estaban dando el pecho a sus bebés y tres hombres se apiñaban bajo un parasol azul. La luz del sol era cegadora. Por fin, una mujer con un vestido amarillo plátano se adelantó y se presentó. Era Nsimiri Kachura Aimerante, presidenta del pueblo. Mandó callar a todos y ordenó que levantasen la mano si querían hablar.

El primero en contar su historia fue Amani Tchinegeremig, un campesino de subsistencia viudo, padre de una hija de nueve años. «No tenemos casas hermosas», dijo. «Vivimos en

369

chozas sencillas como esta, divididas en dos para los padres y los niños, pero a veces, cuando nos despertamos, descubrimos que falta una de nuestras hijas. Fui el primero a quien le sucedió esto.

»Me puse a buscarla por todas partes. Estaba llamando a la puerta de la casa de un vecino cuando vi un cuerpo en la maleza, en el suelo, cubierto de sangre. El agresor había intentado meterle ropa en la boca para que no llorase. La habían destruido del todo. Tenía tan solo tres años.

»La llevé a la clínica y la trasladaron al hospital de Panzi, donde la operaron. Ahora físicamente está bien, salvo por el dolor en el útero, pero está siempre alterada, teme a la gente y no le gusta estar en la calle. Ni siquiera puede salir sola, especialmente a oscuras.

»Pensamos que era un caso aislado, pero más tarde otras niñas empezaron a desaparecer. Pronto hubo diez, veinte casos.

»Los hombres entraban en las casas por la noche y secuestraban a nuestras hijas. Al principio, era difícil saber que era una violación, porque muchas de las niñas eran bebés que no sabían hablar. Encontramos cuerpos de bebés violados con los genitales destrozados».

La gente empezó a murmurar en señal de asentimiento. Se paseaba una gallina blanca, picoteando cerca de mis pies. Me goteaba el sudor en la cara. Quería oír el relato de las madres, pero intervino un hombre con camisa rosa bajo un parasol azul. Su nombre era Eric Safari Zamu Heri y quería decirme quién estaba detrás de todo aquello.

«Hay un grupo de gente llamado Jeshi ya Yesu [Ejército de Jesús], son como una secta, pero con armas, que está al servicio de un político local llamado Frédéric Batumike y hacen lo que quieren. En 2012, asesinaron al jefe de nuestro pueblo».

Batumike, según me enteré más tarde, era un parlamentario provincial que tenía nueve hijos y a quien habían apodado Diez Litros por su escasa estatura. Diez litros era el tamaño de los bidones que se utilizaban para ir a buscar agua. Era también pastor y celebraba misas en su casa y en una red de iglesias que había creado. Había reclutado a un curandero que dijo a sus milicias que, si violaban a bebés y a niñas pequeñas, conseguirían una protección sobrenatural y las balas no les dañarían y, si mezclaban sangre de virgen con hierbas, se volverían invisibles.

«Enviaba a sus hombres a distintas casas para que secuestrasen y violasen a niñas pequeñas», prosiguió Eric.

Una de esas casas era la de Consolata Shitwanguli, una señora de mediana edad que me hacía pensar en un rayo de sol con su pañuelo naranja por encima de una camiseta amarilla, pero sus ojos exhibían una tristeza clara. Su hija Neema tenía solo seis años cuando la secuestraron.

«Era un domingo por la noche», dijo. «Neema se fue a dormir con sus hermanos y su hermana hacia las nueve de la noche. Luego oí a gente que pasaba por allí y a mi hija llorando, y vi que la puerta delantera estaba abierta. Me asusté y les dije a mis demás hijos que buscasen a su hermanita. Llamamos a los vecinos y fuimos a los campos. La encontramos de pie y temblando, con el pelo lleno de polvo. Le preguntamos qué había ocurrido. Dijo que le dolía allí abajo. Vi que le habían hecho daño en la vagina. Desperté a mis vecinos y se la llevaron al centro médico. El doctor dijo que no podía tratarla y la envió a Panzi, donde el doctor Mukwege la operó. Estuvo ingresada tres meses. Me rompió el corazón, pero no podía hacer nada».

Después de esto, las mujeres de Kavumu dejaron de dormir y permanecían despiertas vigilando sus puertas porque eran tan pobres que no podían permitirse comprar candados. Algunas instalaron escuadras de madera por donde introducían una barra por la noche, pero al levantarse la encontraban en el suelo.

Me pregunté dónde estaban los maridos. Algunos habían ido a Shabunda a buscar oro, dijo Nsimiri, la jefa del pueblo del vestido amarillo. «Pero si presta atención, verá que las mujeres dicen que los hombres entraron con las artimañas de la brujería».

Una de las víctimas más pequeñas era la hija de Furata Rugenge, una joven con un bebé atado a su espalda como un bebé nativo americano.

«Estaba en casa, mi marido se encontraba fuera y empezó a llover; vino un hombre pidiendo resguardarse de la lluvia. Llevaba una bolsa negra con un kilo de arroz que me pidió que le comprase, pero le dije que no tenía dinero. Tengo cuatro hijos y me preguntó: "¿Todos estos niños son suyos?", entonces tomó en brazos a mi bebé Alliance que estaba durmiendo y dijo: "Es preciosa".

«Le dije: "Ya es de noche, ¿por qué no se va a su casa?", pero me dio el arroz y me pidió que lo cocinase. No teníamos comida, así que hice fuego y empecé a cocinar, y entonces me di cuenta de que el hombre se había marchado. A medianoche, estaba dando de mamar a la bebé, la coloqué en el suelo y rompió a llorar. Me di cuenta de que había pasado algo. Cuando la levanté, vi que estaba llena de sangre y de polvo. Me eché a llorar y a gritar, y vinieron los vecinos. Fueron a casa del hombre y le vieron abrir la puerta, estaba todo cubierto de barro. Le hicieron desvestirse y descubrieron que tenía el pene cubierto de sangre. Le preguntaron: "¿De dónde viene esto?", y dijo: "Mi mujer tiene la regla", pero ella contestó: "No es verdad"».

Alliance fue la primera bebé que trató el doctor Mukwege; me había hablado de ella. «Recibí la llamada, como es habitual, y envié enseguida una ambulancia», dijo. «Volví dos horas más tarde con una niña de dieciocho meses que sangraba profusamente. Cuando llegué al quirófano, las enfermeras sollozaban. La vejiga, los genitales y el recto de la bebé habían sido gravemente dañados por la penetración de un adulto.

»Luego llegó otra bebé; después, otra más. Había literalmente decenas de niñas violadas».

Una de ellas era Ushindi, de siete años. Su madre, Nyata Mwakavuha, con un vestido azul y blanco y un pañuelo naranja, me contó: «Era de noche y estábamos durmiendo», dijo. «Ushindi estaba en la cama con sus hermanos y hermanas. Unos forasteros forzaron la puerta, se la llevaron y la violaron en el exterior. Después la trajeron y la dejaron en el salón. Cuando se fueron, gritó y me dijo que quería ir al baño. Entré y vi que temblaba y que estaba llena de sangre. Entonces, también lloré y los vecinos lo oyeron. La llevaron al centro médico y nos dijeron que teníamos que ir a Panzi. Me sentí como si nos hubiesen echado un maleficio en la casa, algo cuyo sabor podía percibir en la boca».

George Kuzma supervisaba a todos los niños que llegaban a Panzi. Era un investigador de la policía francesa con veinte años de experiencia en terrorismo. Estaba trabajando en el hospital para Physicians for Human Rights, formando a médicos en la recogida de pruebas forenses.

«Hice una cartografía forense y vi la prevalencia de casos en Kavumu. Fui con el doctor Alumetti para descubrir qué estaba pasando y recogimos muchos datos, pero el Gobierno no hizo nada».

Al final, el doctor Mukwege decidió viajar al pueblo. «Quería preguntar a los hombres por qué no protegían a sus bebés, a sus hijas y a sus esposas». Para mi sorpresa, los aldeanos conocían al sospechoso. Todo el mundo le temía, porque era miembro del Parlamento regional. Sus milicias aterrorizaban al pueblo».

En total, violaron a cuarenta y ocho niñas entre junio de 2013 y 2016. La más joven tenía dieciocho meses y la mayor once años. Después de violarlas, los hombres recogían la sangre de los hímenes desgarrados, creyendo que les protegería en la batalla. Dos niñas estaban tan gravemente heridas que fallecieron antes de llegar a Panzi.

El fiscal local se negó a abrir una investigación seria. Se le conocía como Monsieur Cent Dollars porque, cuando alguien presentaba una denuncia, exigía cien dólares. En algunos casos, cuando los padres acudían a la policía, los detenían y les exigían cien dólares a cambio de su libertad.

Kavumu parecía un ejemplo vivo de cómo el presidente Kabila, al igual que anteriores dirigentes, había hundido el Estado, llenándose los bolsillos sin dar nada a cambio. Lejos de protegerla, la única interacción del Estado con la comunidad era aprovecharse de la gente como parásitos. Aquella misma mañana, de camino hacia allá, la guardia de tráfico con chalecos de color naranja había detenido nuestro coche sin motivo alguno y exigió papeles inexistentes a mi conductor de taxi por cuya ausencia hay que pagar «multas». Estaba acostumbrado. «Todos los días la toman con alguien», me dijo.

Kuzma y el hospital de Panzi elaboraron un expediente que presentaron a las fuerzas de la paz de la ONU y al Gobierno. «Fue recibido con un silencio ensordecedor», dijo el doctor Mukwege.

«Intenté implicar a la señora Kabunda», a quien Kabila había nombrado asesora especial en la lucha contra la violencia sexual, pero fue en vano», dijo Kuzma, padre de tres hijas. «Durante tres años, estuvimos muy solos. Muchas veces pedí apoyo a la ONU, pero nos dijeron que no existía crimen contra la humanidad. El TPI se burlaba de nosotros. Fue muy frustrante.

»Fue el caso más difícil en el que he trabajado en África: más de cuarenta chicas jóvenes violadas sin ninguna respuesta por parte del Gobierno. Luego el miedo y la magia. Me recordaba a *El aprendiz de brujo*.

»No sabemos cómo entraban en las casas para secuestrar a las bebés. Se rumoreó que drogaban a las madres, aunque no había pruebas biológicas; algunos también decían que los padres habían entregado a sus hijas por dinero».

Los padres vivían en la más desesperante pobreza y no podían pagar a abogados, pero la Fundación Panzi los ayudó y los animó a presentar una demanda junto a las organizaciones internacionales Physicians for Human Rights y TRIAL International.

«De los treinta o cuarenta crímenes masivos en los que he trabajado durante cuatro años en la República Democrática del Congo, este era el más chocante y emblemático», dijo Daniele Perissi, el joven jurista italiano que había llegado a Bukavu para dirigir la oficina de TRIAL en 2014, cuando llegaron los primeros casos.

«Refleja muchos de los problemas a los que se enfrenta la República Democrática del Congo, pero también, desde el punto de vista humano, el hecho de que las víctimas fuesen tan jóvenes y vayan a sufrir las consecuencias toda su vida: algunas no podrán dar a luz y, en una cultura en la que se considera que las mujeres sirven para tener hijos, significa que sufrirán ostracismo».

Lo primero que hizo Perissi fue intentar coordinar a los abogados que trabajaban para distintas víctimas y formar un grupo de ocho personas que compartían lo que sabían.

En el pueblo se produjo un distanciamiento entre las familias de las secuestradas y el resto, que no quería implicarse y temía las represalias. Incluso había división dentro de las familias afectadas.

Perissi no estaba sorprendido. «En general, es difícil hacer que las familias de las víctimas de violencia sexual en la República Democrática del Congo acudan a la justicia, por el estigma cultural y social, y la creencia general de que el sistema judicial no funciona, lo cual a grandes rasgos es cierto. Aun así, fue particularmente duro, porque había muchas capas, no solo el estigma cultural, sino la vulnerabilidad que sentían. Batumike era parlamentario, pero en realidad se le podría definir mejor como el señor de la guerra local, porque era de allí, tenía a la policía en el bolsillo y hacía todo lo que se le antojaba».

Ese temor se intensificó cuando abatieron a Evariste Kasali, activista local por los derechos humanos, en su casa de Kavumu. Había investigado las violaciones para una ONG llamada Organisation Populaire pour la Paix.

Sin embargo, el mayor obstáculo era el fiscal. «No tenía interés en intentar resolver o presentar los casos, en parte a causa de la corrupción endémica y porque temía a Batumike», dijo Perissi. «El resultado final era que no hacía nada».

Los abogados decidieron que la mejor opción sería que el caso pasase a un fiscal militar, ya que se consideraba que eran menos corruptos y además se encontraban en Bukavu y, por lo tanto, fuera del ámbito de influencia de Batumike.

«La única manera de librarnos de él era afirmar que teníamos pruebas *prima facie* que sugerían que se podía tratar de un crimen contra la humanidad y para esto la única autoridad competente era un tribunal militar».

Por lo tanto, a principios de 2016, un fiscal militar asumió el caso y la policía consiguió más recursos para visitar las iglesias de la secta e investigar. Mientras tanto, algunos padres desesperados se reunieron y pidieron dinero prestado para enviar a un curandero brujo de Goma junto con objetos desechados que habían encontrado tirados en los lugares donde habían violado a las niñas, entre los que había una jeringa y un pañuelo. Creen que este fue el punto de inflexión. «Neutralizó el poder mágico de tal modo que uno de ellos traicionó a los otros, lo cual dio lugar a su detención», dijo uno.

Ya fuera gracias a la magia negra o a la policía, en junio de 2016 arrestaron a Batumike junto con setenta miembros de su milicia. Sin embargo, no sucedió nada. Los aldeanos estaban tan hartos que prendieron fuego a la comisaría de policía local.

Una de las dificultades era reunir pruebas: los padres no sabían gran cosa y las víctimas eran demasiado jóvenes o estaban demasiado traumatizadas para proporcionar buena información. El equipo también temía hacerles revivir su trauma.

Kuzma organizó entrevistas en vídeo con las niñas en diciembre de 2016 y trabajó con la doctora Muriel Volpellier, una médica clínica francesa, que era la jefa del centro Haven del hospital St Mary's de Londres. Había asesorado sobre la recogida forense de pruebas en varias zonas de conflicto y había pasado seis meses en Panzi en 2014.

«Mejorar su capacidad forense fue un desafío», dijo. «En el Haven, donde trabajo, nos llegan tal vez una o dos víctimas diarias y la exploración forense de una víctima tarda entre cuatro y cinco horas, pero si llegan treinta o cuarenta al día con solo dos médicos, es muy distinto.

»A menudo no hay electricidad para mantener las muestras congeladas, ni luz, de modo que los médicos deben utilizar linternas para las exploraciones y a veces no tienen agua. Mientras más sabemos del ADN, más conscientes somos de la posibilidad de la contaminación cruzada. Todo tiene que estar muy limpio».

Si la doctora llamaba a la policía, le decían que no podían acudir porque no tenían gasolina.

El grupo recurrió también a Jacqueline Fall, una psicóloga infantil senegalesa que trabajaba en París, para que llevase a cabo las entrevistas. Se grababan en vídeo para que la policía pudiese mirar las discusiones desde una sala adjunta sin que la viesen y pedir explicaciones a través de auriculares para no ser intrusiva y minimizar el trauma.

Transportaban a las niñas y sus padres a una casa con tentempiés y flores para hacerla más acogedora. Primero, la doctora Volpellier llevaba a cabo las exploraciones físicas junto con el doctor Alumetti, que había operado a muchas de ellas. Vieron a treinta y seis de las cuarenta y dos niñas, y todas menos dos aceptaron la exploración.

«Muchas decían que les habían robado el útero; y pudimos tranquilizarlas», dijo Volpellier. «Eran muy estoicas y no revelaban mucho, aunque a veces «su mirada se perdía en la distancia. Habían perdido la fe en la capacidad de los adultos para protegerlas. Una víctima que tenía cinco años en la época de la agresión no dejaba de repetir: "Me secuestraron porque mi mamá no cerró bien la puerta"».

Seguía siendo un misterio cómo los hombres habían entrado en las pequeñas casas para llevarse a las niñas. Volpellier había oído hablar de un polvo de una flor local llamada «trompeta de los ángeles», que, según se decía, contenía escopolamina, que podía «zombificar» a las víctimas. No era la primera vez que lo había oído. «En Francia, en la Edad Media, la gente echaba estos polvos a los viandantes por la calle, quedaban bajo el efecto de la sustancia y les robaban». Contactó con colegas para intentar encontrar una manera de hacer un ensayo biológico, pero fue en vano.

Un problema era que, a causa de su corta edad, la brutalidad del crimen y el hecho de que este ocurrió en la oscuridad, tan solo una de las niñas pudo identificar a su agresor. En el momento no se habían reunido pruebas y, en algunos casos, habían transcurrido tres años.

Sin embargo, gracias a detalles minúsculos como la altura, el idioma y la vestimenta de los agresores, pudieron establecer algunas conexiones importantes. Varias niñas mencionaron que sus violadores llevaban camisetas rojas. El grupo de Batumike se autodenominaba Ejército Rojo.

Por fin, en septiembre de 2017, a partir de los vídeos, en parte, el fiscal militar acusó a dieciocho imputados por «actos de violación que constituyen crímenes contra la humanidad».

Los vídeos se utilizaron más tarde en audiencias a puerta cerrada del tribunal para que las víctimas no tuviesen que declarar.

Daniele Perissi de TRIAL no pensaba que los padres tuviesen que testificar. Una de las primeras madres llamadas a declarar se desmayó y fue trasladada al hospital. Los jueces se dieron cuenta de que incluso para ellas era demasiado traumático.

Al final, dieciocho padres declararon en el tribunal de Bukavu, además de seis o siete testigos, con los rostros cubiertos y las identidades protegidas mediante distorsión de voz, excepto la jefa del pueblo. «Me negué y dije que era como si estuviésemos avergonzados», me explicó.

Nyata fue una de las que declaró. «Decidí que hablaría para que pudiesen enviar a aquella gente a la cárcel y no hicieran daño a más niñas», dijo.

Por fin, el 13 de diciembre de 2017, se emitió el veredicto. Condenaron a Batumike y diez de sus milicianos a cadena perpetua por asesinato y violación categorizados como crímenes contra la humanidad. En el pueblo hubo cantos y bailes, incluso entre aquellos que se habían opuesto a denunciar los casos.

Parecía una victoria histórica no solo para los aldeanos, sino para todos los que luchaban contra la violencia sexual en la República Democrática del Congo.

«Esta condena transmitía el mensaje de que es posible conseguir justicia incluso en la República Democrática del Congo y con una figura de la autoridad como oponente», dijo Perissi.

Los hombres apelaron, pero el 26 de julio de 2018 se mantuvieron su condena. El doctor Mukwege se sintió aliviado: cuando, en junio, el Tribunal Penal Internacional indultó a Jean-Pierre Bemba sintió pánico. Pensaba que aquello sería interpretado como un signo de que los tribunales congoleños podían revocar el veredicto de Kavumu.

Sin embargo, el caso había vuelto al Tribunal, esta vez al Tribunal Supremo de Kinshasa, por un problema técnico.

Además, el Tribunal no había atribuido responsabilidad alguna al Gobierno, a pesar de los argumentos de los abogados, que apelaron que el Estado había fracasado a la hora de proteger a las niñas durante tres años y no hubo reparaciones por su parte.

Los lugareños estaban desconcertados. «La comunidad decidió trabajar con la justicia gubernamental, pero, a pesar de que señalamos a los culpables y fueron condenados, no hemos llegado a saber todavía qué pasó con ellos», dijo Amani, el hombre que había hablado en primer lugar. «¿Están en la cárcel? No lo sabemos. Ni siquiera sabemos qué piensa el Gobierno congoleño, no han dicho nada. Se violó a niñas muy pequeñas, ¿eso está bien?».

«Todavía nos sentimos inseguros», se quejó Nsimiri, la presidenta. «Desde la detención del Ejército de Jesús en 2016, no ha habido violaciones, pero nosotros, los padres, nos hemos convertido en sus enemigos; somos sus objetivos y recibimos amenazas, tal vez de los hijos de aquella gente. Queremos que el Gobierno proteja a todas las familias y también que nos compense».

Aunque los condenados recibieron la orden de pagar reparaciones del orden de cinco mil dólares por familia (y de quince mil dólares a las que perdieron a sus hijas), la medida se paralizó durante la revisión del caso.

Aun así, «será una ardua batalla», advirtió Perissi. «Las víctimas deberán identificar las propiedades de Batumike, solicitar su confiscación al tribunal y recibir el dinero. Será un auténtico desafío».

Cuando hablé del caso con Christine Schuler, de la Ciudad de la Alegría, me dijo que la compensación era clave. «Sin reparaciones no podemos tener paz», dijo. «No hace falta que sea dinero: también valdría construir una escuela, un hospital o un lugar para la formación de las mujeres».

No obstante, cuando una ONG concedió algo de dinero al pueblo para construir casas, esta cantidad desapareció.

Cinco de las familias afectadas habían abandonado el pueblo y no solo por temor a las represalias. Todos los padres con quienes hablé creían que sus hijas estaban mancilladas. El doctor Mukwege me contó que los efectos a largo plazo sobre la sexualidad y la fertilidad de las niñas no se conocerían hasta que alcanzasen la pubertad, pero los lugareños se refieren a ellas como «nuestras hijas destruidas».

En la Ciudad de la Alegría, Christine Schuler me había contado una historia escalofriante. Un día, el doctor Mukwege había llevado a diez de las niñas de Kavumu a su oficina, que, por lo que vi, estaba llena de mariposas y de cachivaches de colores. Él la llamaba la cueva de Alí Babá. «Una de las crías tomó una muñeca de plástico de la estantería y preguntó si se la podía quedar. Le dije que me la había regalado una niña en América afirmando que me protegería. Le di otra cosa y volví a colocar la muñeca en su sitio. Entonces la niña le dijo a la muñeca: "No te sientes así, que te van a violar". La niña tenía cuatro años. El doctor Mukwege y yo nos miramos».

Consolata, la señora que parecía un rayo de sol, me dijo: «Estuve muy contenta cuando condenaron a esta gente y espero que se queden para siempre en la cárcel, pero desde ese día mi hija está siempre enferma y se queja de que le duele el vientre. No creo que vaya a tener un buen futuro, porque todo el mundo sabe lo que le pasó».

Nyata estuvo de acuerdo. «Mi hija se queja siempre de dolor de cabeza y de dolor de espalda. Un día, una compañera de clase se burló de ella y le preguntó: "¿Te violaron?", y se desmayó. Temo que tendrá problemas en el futuro. Querría irme a algún lugar donde nadie lo sepa para que tenga una buena vida, pero no soy más que una madre pobre».

Mientras los aldeanos iban narrando los ataques contra sus bebés y su frustración ante la ausencia de acción del Estado o de compensación, su cólera iba aumentando. El graznido de los polluelos subió de volumen y en el patio sofocante sentí que la ira se iba solidificando a mi alrededor, como si se estuviese formando una tormenta.

Félix, el activista local que me había llevado al pueblo, me dijo que pensaba que nos teníamos que ir. «Esa gente no cree en el sistema judicial», me murmuró apremiándome. «La semana pasada quemaron a alguien vivo. Era un ladrón y le apalizaron. Lo llevaron al centro médico, pero la gente se negó a que le curaran, lo arrastraron a la calle principal y le prendieron fuego».

Era hora de marcharnos. Me abrí paso hacia la salida del patio, les di las gracias y caminé rápidamente por la pista de tierra, evitando el pequeño arroyo de aguas residuales mientras ascendía hasta la carretera principal y subía al coche.

Nos dirigíamos al pueblo siguiente, Katana, donde había oído decir a una mujer local que trabajaba en la Ciudad de la Alegría que, durante la noche, habían secuestrado y violado a más niñas. Esta vez, dijo, les estaban cortando la vagina con cuchillos.

Justo la semana anterior, habían secuestrado por la noche a una bebé de dieciocho meses y una niña de cuatro años. Panzi había tratado a cuatro niñas violadas y a una la habían asesinado.

«Nunca en mi vida he visto un horror semejante», me dijo Félix. «Las niñas llegan al pueblo en un estado sumamente crítico. Como miles de civiles, estamos abandonados en nuestro territorio a la merced de milicianos que matan, violan y saquean por razones desconocidas. A nuestro Gobierno no le importa».

No era la primera vez que estas cosas pasaban en Katana, según Daniele Perissi de TRIAL. Había hecho presión junto con la misión de la ONU y las autoridades locales para conseguir patrullas para la zona. «Queremos asegurarnos de que el Estado no cometa los mismos errores que en Kavumu».

Esta vez los aldeanos habían decidido encargarse ellos mismos del asunto. Félix me enseñó una serie de fotos en su teléfono. Representaban a muchedumbres de gente enfadada que sostenían dos palos con algo encima. Las amplió. Eran cabezas. Cabezas de hombres jóvenes.

«Son los dos hermanos que todo el mundo creía responsables de las violaciones. Los decapitaron».

Mi traductor, Sylvain, parecía nervioso, al igual que Rodha, la psicóloga que me había ayudado con las entrevistas. Más adelante, se había hundido del todo la carretera, que ya estaba antes en pésimo estado. «El chófer dice que, si continuamos, tal vez no podamos volver».

Dimos media vuelta. Durante el regreso, seguí pensando en las palabras de Nyata, la madre de Kavumu que había sido valiente y había ido a declarar. «Me sorprende que se siga violando a las niñas», me dijo. «Pensábamos que habíamos logrado marcar un cambio».

15

Las Lolas: hasta el último aliento

Manila

Nubes cargadas de tormenta retumbaban en el cielo mientras empujaba la verja metálica negra de una pequeña casa en un barrio residencial del norte de Manila. Dentro, se paseaba un gato extraviado de color naranja, arqueando su cola como un signo de interrogación y dos pequeñas ancianas se abrazaron al verse.

Las Lolas Narcisa y Estelita siguen luchando
por obtener justicia a sus ochenta y tantos años.

Hablaron de su salud, de sus nietos y bisnietos, del viaje a Ciudad Quezón con el infame tránsito de la capital: nada extraordinario.

Sin embargo, estaban allí porque compartían un vínculo terrible. Cuando eran niñas tan pequeñas que no habían empezado a menstruar, los soldados japoneses que habían ocupado su país las violaron repetidamente.

En la pared detrás de ellas, un montaje fotográfico mostraba a filas y filas de mujeres mayores, algunas con expresiones severas, otras amables, otras miraban directamente, otras desviaban sus ojos atormentados.

Todas ellas eran mujeres de consuelo retenidas como esclavas sexuales por el Ejército Imperial japonés durante la Segunda Guerra Mundial en uno de los mayores sistemas de violencia sexual y de tráfico de mujeres de la historia que contó con autorización legal.

«Mujeres de consuelo» es un concepto que no les gusta. Prefieren el de «Lolas», un nombre afectuoso en tagalo, el idioma local, para designar a las abuelas.

Las que están en la pared son «las difuntas». Fallecieron sin conseguir justicia, ni disculpas, ni compensación, ni siquiera un reconocimiento del terrible mal que se les hizo. Los libros de historia de su país no las mencionan.

Entre ellas estaba Lola Prescilla que, después de su cautiverio, no pudo volver a dormir una noche entera, y se ponía a bordar murales de flores y casas mientras sus hijos dormían. Y Antoñita, que solía pasar el rato en el fuerte español derruido entre los restos de la antigua ciudad amurallada para enseñar a los turistas las mazmorras donde los japoneses ejecutaron a su marido antes de esclavizarla a ella.

De las que dieron el paso al frente, solo quedaban nueve; la mayoría no podía salir de la cama, padecían sordera o estaban aquejadas de demencia. Lola Narcisa y Lola Estelita se cuentan entre las últimas supervivientes que siguen en pie y ambas saben que muy probablemente morirán sin conseguir justicia.

Un total de 174 mujeres de consuelo supervivientes dieron el paso,
pero desde entonces la mayoría han fallecido.

Lola Narcisa Claveria, a la que todo el mundo llama Lola
Isang, tenía solo doce años cuando los soldados japoneses fueron a por ella en 1942.

Todo en ella era impecable, desde su vestido negro estampado con hojas blancas, con las sandalias blancas y negras a juego, hasta su pelo corto gris peinado por detrás de las orejas, sus aritos de oro y el anillo de oro en el anular.

Cuando lloraba, derramaba lágrimas nítidas y silenciosas, y se secaba los ojos con una toallita blanca impecable que sacaba de su bolso bordado con flores.

La tortura que estaba describiendo ocurrió hace más de setenta y cinco años. Sin embargo, hasta hoy, si oye gritos, se queda paralizada, pensando que llegan los soldados japoneses.

«Es una pesadilla interminable», dijo.

Los acontecimientos que dieron lugar a su pesadilla empezaron en el otro lado del Pacífico, el 7 de diciembre de 1941, con el ataque sorpresa de Japón a la base naval estadounidense de Pearl Harbor, uno de los fracasos de los servicios de inteligencia más sorprendentes de la historia. Un día más tarde, Japón comenzó la invasión de Filipinas. El archipiélago de siete mil islas había sido la primera colonia de los Estados Unidos. Se la arrebataron a España en 1898 y la convirtieron en territorio estadounidense junto a Guam y Puerto Rico a cambio de una compensación de veinte millones de dólares. Manila se había transformado en una ciudad de Little America con una gran afición por el baloncesto.

El general Douglas MacArthur, comandante militar estadounidense, que vivía en su ático del Hotel Manila con vistas a la bahía, no estaba preparado para lo que se le venía encima. Cuando los bombarderos japoneses atacaron, encontraron el escaso número de aviones de combate americanos, bajo el mando de MacArthur, bien alineados en tierra y los destruyeron. MacArthur tuvo que huir con sus fuerzas a la península de Bataán y a la pequeña isla de Corregidor desde donde, en marzo de 1942, escapó en una lancha torpedera a Australia con su familia, después de una de las peores derrotas de Estados Unidos, aunque el Pentágono la describiría como una huida heroica.

El año siguiente, los soldados japoneses llegaron al lugar de nacimiento de Narcisa: Balintog, al norte de Manila. Según me dijo, era un pueblo agrícola pacífico donde los aldeanos cultivaban arroz, maíz y verduras, y pescaban en el río. Su padre era el teniente del barrio.

«Los japoneses atravesaron el pueblo y encontraron una casa vacía. Sospecharon que era una base de las guerrillas y exigieron saber dónde estaban los residentes. Cuando se lo preguntaron a los vecinos, dijeron que no lo sabían y les dieron la dirección de mi padre.

»Entonces fue cuando los soldados llegaron a nuestra casa. Llevaban uniformes de camuflaje y aquellas gorras de las que sobresalían telas por detrás. Tenían bayonetas de rifle, cuerdas y porteadores filipinos, y estaban enfadados. Le dijeron a mi padre: "Usted es el jefe del pueblo y debe saber dónde está esa gente".

»Mi padre les dijo que tal vez se habían ido al río a pescar o a los campos. Los japoneses le dieron una hora para encontrarlos. Después de una hora, los soldados volvieron y mi padre les dijo que no había encontrado a esas personas. Le preguntaron cuántos hijos tenía. Dijo ocho: cinco niñas y tres niños. Nos hicieron poner en fila; pero, cuando contaron, allí estábamos solo siete, porque una de mis hermanas trabajaba en Manila y vivía en casa de nuestra tía».

Mientras hablaba, Narcisa daba vueltas a su anillo.

«Los japoneses se fueron enfadando más y más», prosiguió. «Dijeron: "Estás mintiendo, ¡solo hay siete! A lo mejor uno de tus hijos y el propietario de esa casa no están aquí porque son guerrilleros"».

Sacó la toallita blanca y empezó a enjugarse las lágrimas.

«Siguieron insistiendo y mi padre no hacía más que repetir que no sabía nada. Entonces le ataron las manos a la espalda y le bajaron a la planta baja (estábamos en el segundo piso). Le ataron a un poste y empezaron a torturarle, despellejándole con las bayonetas como si estuviesen desollando a un carabao, un búfalo de agua. Suplicó que se apiadasen de él. Les suplicamos que parasen.

»De pronto, me cogieron y me tiraron tan fuerte que se me rompió el brazo izquierdo y me quedó entumecido. Oí entonces a mi madre desde el segundo piso que les pedía que parasen, subí corriendo y vi cómo uno de los soldados japoneses la violaba.

»Estaba muy guapa, con un kimono y una falda larga que este hombre le había subido. Se estaba ensañando con ella y yo no pude hacer nada. Mi hermano y mi hermana intentaron apartarlo, pero los soldados los arrojaron a la cocina y los apuñalaron con bayonetas.

»Mi padre seguía pidiendo a los japoneses que parasen y bajé corriendo con mis dos hermanas mayores. Los soldados nos mandaron ir a su cuartel en el ayuntamiento, que estaba a un kilómetro aproximadamente. Lo último que oí fue a mi

NUESTROS CUERPOS SUS BATALLAS

padre gritando. Subimos una colina y, cuando miramos hacia atrás, nuestra casa ya estaba ardiendo».

Sacudió la cabeza y más lágrimas cayeron lentamente por sus mejillas.

«Cuando llegamos al cuartel, hicieron entrar directamente a mis hermanas Emeteria y Osmena, pero a mí me llevaron a otra casa porque tenía el brazo hinchado, me dolía y temblaba de fiebre. Allí un colaborador filipino reunió hierbas medicinales y hojas para hacer una cataplasma y ponérmela en el brazo.

»Me quedé allí un par de semanas. Cuando me llevaron a la fortaleza, un soldado japonés llamado Tarasaki me ordenó que me bañase. Le dije que no tenía ropa limpia para cambiarme, pero se enfadó y gritó: "¡Hueles mal!". Me dio un pantalón con cordón y un uniforme. Después de bañarme, me metió en una habitación y allí fue donde me violó.

»Luego me llevó a la misma fortaleza que a mis hermanas. Emeteria miraba al exterior con mucha fijeza y me di cuenta de que pasaba algo malo, pero no nos permitieron hablar. Se había escapado otra mujer y, si hablábamos, nos daban latigazos. Osmena había desaparecido y no la volvimos a ver.

»Dormíamos en el suelo de cemento con mantas. Nos violaban casi todas las noches, a veces dos o tres soldados, y delante de las demás.

»De día, nos hacían cocinar, lavarles la ropa e ir a buscar agua. También, como había escasez de alimentos, los japoneses pidieron a los colaboradores que buscasen lugares donde hubiese comida para trasladarnos. Teníamos que andar descalzas y el suelo estaba tan caliente que nos salían ampollas muy dolorosas en los pies y acabábamos arrastrándonos de rodillas.

»En uno de esos paseos, conseguí hablar con Emeteria y le pregunté qué había ocurrido. Me dijo: "Menos mal que no te trajeron aquí directamente, porque me violaron varias veces y nos quemaron con cigarrillos y con las pieles calientes de patatas dulces asadas". Hasta ahora nadie sabe qué le pasó a mi otra hermana».

Era cada vez más difícil oír su voz desde que la lluvia había empezado a golpear el tejado, una tormenta tropical que se marchó tan rápido como había llegado.

«Si hubiese tenido una oportunidad de escapar, incluso la más mínima, lo hubiese hecho, porque aquello era muy duro. Todos los días rezaba para que no llegase la noche y el sol no se pusiese, porque era cuando los japoneses nos violaban.

»Un día, los estadounidenses empezaron a bombardear la fortaleza. Salí corriendo con mi hermana, literalmente nos iba la vida en ello. Dejamos de correr cuanto estábamos a cuatro o cinco kilómetros de allí. Apenas si podíamos andar y caímos de rodillas.

»Un anciano y su hijo pasaron con su carro, tirado por un carabao, y nos hicieron subir. Cuando llegamos al barrio, vimos todas las casas incendiadas y nos enteramos de que habían quemado vivos a mis padres, mi hermano y mi hermana».

Al final, las dos chicas encontraron a dos de sus hermanos que sobrevivieron a la guerra, pero esto no fue el final de su tortura.

«Después de la guerra, mi hermana y yo estábamos traumatizadas. Estuvimos a punto de enloquecer. Teníamos miedo de los hombres, siempre pensábamos que eran soldados japoneses. Mi hermana estaba peor que yo. Y nos preguntábamos quién querría casarse con mujeres que habían sido violadas por centenares de japoneses. Algunas personas nos insultaban llamándonos *tira ng hapones,* lo que significa 'usadas por los japoneses'.

»Conocí a mi marido, Anazito, a través de mi hermano. Sus hermanas también habían sido secuestradas por los japoneses y nunca volvieron, así que sabía lo que significaba y me ayudaba mucho. Me dijo: "No te juzgo porque sé lo que pasó". Me costaba tener relaciones íntimas. No me forzaba».

Al final tuvo seis hijos, pero no alcanzó la paz. «Sabía que, si seguía ocultándolo, tendría siempre un nudo en el pecho», dijo.

Se calcula que, durante la Segunda Guerra Mundial, los soldados japoneses forzaron a unas doscientas mil chicas y mujeres asiáticas a la esclavitud sexual. La mayoría eran surcoreanas, pero también de otros países ocupados por Japón como China, Malasia, Birmania, lo que es ahora Indonesia y Filipinas, y un número inferior eran mujeres de origen europeo.

Era un sistema oficial creado, irónicamente, para mitigar la indignación internacional ante las violaciones masivas de mujeres y chicas chinas en 1937 por el Ejército Imperial japonés durante su ataque a Nankín en la segunda guerra sino-japonesa.

El emperador Hirohito y su Departamento de Guerra respondieron creando una serie de lugares que denominaron «estaciones de consuelo» para regular el sexo. Las mujeres jóvenes, que pensaban que eran reclutadas como enfermeras, empleadas de lavanderías o personal de restaurantes, acabaron internadas en burdeles militares en los territorios ocupados y retenidas como esclavas sexuales. Otras, como Narcisa, fueron simplemente secuestradas en la calle.

Sin embargo, después de la guerra, se hizo el silencio en Japón, ya que los responsables insistieron en que las estaciones de consuelo nunca habían existido o que las mujeres eran prostitutas que recibían un sueldo.

No podía ocultarse para siempre porque, poco a poco, se multiplico el número de supervivientes valientes que dieron su testimonio. Con todo, aunque se supo lo que ocurrió en Corea del Sur, en Filipinas permaneció oculto, aun cuando casi cada ciudad importante y cuartel había tenido una «estación de consuelo». Durante décadas nadie habló de ello.

Un día, en 1992, Narcisa escuchaba la radio mientras cocinaba. Una mujer llamada Rosa Henson salió en antena. Contó que, con quince años, había sido capturada por los japoneses, que la retuvieron y violaron durante nueve meses, a veces hasta por treinta hombres en una noche. «Estaba estirada con las rodillas levantadas y los pies en la colchoneta como si estuviese dando a luz», dijo. «Me sentía como una cerda. Ahora cuento mi historia para que se sientan humillados».

Rosa fue la primera superviviente en darse a conocer y Narcisa no podía dar crédito a lo que estaba oyendo. «Rezaba mientras pensaba cómo podía contar mi historia. Así que cuando oí que Rosa hacía un llamamiento para que todas las mujeres violadas tomaran la palabra, tardé un poco, pero al final me di cuenta de que era lo mejor».

Sin embargo, había un problema grave. Narcisa no les había dicho nunca a sus hijos lo que le había ocurrido.

«Mi marido y yo habíamos decidido no decírselo a los niños cuando estaban en la escuela; solo les contamos que estuvimos en la cárcel durante la guerra. Decíamos: "Tendríais que sentiros agradecidos por tener padres hasta cuando hay problemas entre nosotros. Los nuestros fueron asesinados".

»Los niños lo descubrieron cuando me vieron dando una entrevista por televisión. Al volver a casa, una de mis hijas me dijo: "Me avergüenza lo que has contado. No nos habías dicho que te violaron. ¿Cómo puedo seguir viendo a mis amigos después de lo que has dicho? Nos has hecho pasar vergüenza". Durante mucho tiempo dejaron de hablarme.

»Era muy doloroso, porque ya me consideraba una víctima de los soldados japoneses. No me esperaba que mis hijos me hiciesen aquello. Así que fui víctima por partida doble: de los japoneses y de mi familia».

Más tarde, su marido les contó lo que había ocurrido, con estas palabras: «No acuséis a vuestra madre, no tuvo elección», y les explicó que no se lo habían dicho antes porque eran demasiado jóvenes.

«Tardaron un tiempo en entenderlo y aceptarlo», dijo. «Ahora apoyan que reivindique justicia y son muy activos. Me han prometido: "Si no conseguimos justicia mientras estés viva, continuaremos la lucha".

»Voy a manifestaciones siempre que puedo, porque me sigue enfureciendo tanto lo que esos japoneses nos hicieron a mí y a mi familia que, si hoy los viese, los mataría. En aquel momento, no podía hacer nada, me sentía muy indefensa».

Con el tiempo, unas doscientas mujeres dieron el paso al frente. En 1994, se creó una organización para ayudarlas llamada Lila Pilipina, que abrió un refugio para que las Lolas se reuniesen. Algunas vivían allí, pero desde entonces han fallecido.

Fue allí donde nos vimos. En un póster en la pared negra había dos listas de cinco exigencias a los Gobiernos japonés y filipino. Narcisa y yo las leímos juntas. De los japoneses querían que publicasen la información sobre las estaciones de consuelo contenida en sus archivos de guerra; que reconociesen lo que les había sucedido a ellas, incluso en los manuales escolares; una compensación, y disculpas formales a las mujeres. De su propio Gobierno querían que lo que les había ocurrido fuese oficialmente reconocido como un crimen de guerra, una investigación oficial, la inclusión en los libros de historia, la erección de memoriales históricos en todo el país para que la nueva generación supiese cómo habían sufrido las mujeres, y apoyo material. No se había dado respuesta a ninguna de las exigencias, según me dijo Narcisa.

«Lo que es incluso más doloroso que el silencio japonés es que ninguno de nuestros presidentes, nadie del Gobierno, nos ha escuchado, desde la época del presidente Ramos [que ostentó el cargo de 1992 a 1998], cuando las mujeres empezaron a tomar la palabra] hasta ahora, no ha habido ninguno, aunque no hemos dejado de suplicarles.

»Cada vez que sale elegido un nuevo presidente, la primera cosa que hacemos las Lolas es ir al palacio de Malacañán y presentar una petición para que nuestro caso sea una prioridad. Si tan solo un presidente nos hubiese escuchado y hubiese dicho al Gobierno japonés que tenía una obligación para con nosotras y que debía reconocer lo que se había hecho, lo hubiésemos considerado justicia, pero nos han ignorado, ni siquiera nos han mostrado piedad».

Comparó la situación con Corea del Sur, cuyo Gobierno había apoyado a sus mujeres, ayudando a garantizar disculpas y una compensación.

Incluso allí transcurrieron casi cincuenta años, hasta 1993, antes de que Japón reconociese oficialmente lo que había ocurrido con las disculpas del primer ministro Morihiro Hosokawa. Más tarde, uno de sus sucesores, Shinzo Abe, le criticó y hasta 2015 no se alcanzó por fin un acuerdo con Corea del Sur para pagar un billón de yenes (unos 8,3 millones de dólares) como reparación a las mujeres supervivientes, que por aquel entonces eran menos de cincuenta.

Allí también se había tardado mucho en romper el silencio. Antes de mi viaje a Manila, el Consejo coreano para las mujeres víctimas de esclavitud sexual militar por parte de Japón me había enviado testimonios en vídeo de algunas de las mujeres de consuelo supervivientes. Una de ellas era Kim Bok-dong, que entonces tenía noventa y dos años y padecía cáncer. Era una mujer menuda de pelo gris recogido en un moño impecable. Me contó que procedía de una familia pobre y que, cuando tenía catorce años y hubiese debido estar en la escuela, dos soldados japoneses llegaron a su casa y le ordenaron ir a trabajar a Japón en una fábrica que hacía uniformes para los soldados. «Mi madre dijo que era demasiado joven», explicó, «pero respondieron que, si me negaba, me tratarían como una traidora. Fui, pero ese lugar no era una fábrica».

Por el contrario, cuando desembarcó, se encontró en la provincia china de Cantón, donde la metieron en un edificio con unas treinta chicas y la forzaron a convertirse en esclava sexual. La primera vez fue tan violenta que la sábana acabó cubierta de sangre. «Una chica joven no puede luchar contra hombres adultos», dijo. A las demás mujeres de consuelo y a ella las violaban durante horas, día tras día, tantas veces que perdían la cuenta. Lo peor eran los domingos, cuando las agredían desde las nueve de la mañana hasta las cinco de la tarde. Los soldados se ponían en fila, uno tras otro, y, si uno tardaba mucho, aporreaban la puerta. Hacia las cinco de la tarde, las chicas no podían aguantarse de pie y los médicos les ponían inyecciones para que siguieran.

Kim dijo que ella y otras dos chicas decidieron un día que «era mejor morirse» e intentaron suicidarse bebiendo un alcohol fuerte, que compraron utilizando el dinero que su madre les había dado para comida.

Acabaron en el hospital donde les hicieron un lavado de estómago antes de devolverlas a las casas de consuelo. Fue trasladada de Cantón a Hong Kong y a Singapur, donde los japoneses la vistieron a ella y a otras chicas de enfermeras militares para ocultar lo que les habían hecho. Por fin, cuando cumplió veintiún años, un año después del final de la guerra y de la independencia de Corea, la enviaron de vuelta a su familia. Sus padres no tenían ni idea de lo que había soportado durante aquellos ocho años y ella nunca se lo dijo hasta que, por fin, le contó a su madre por qué se negaba a casarse, pese a sus súplicas. «No quería arruinar la vida a un hombre inocente», dijo. Su madre sufrió un ataque cardíaco debido a la angustia y murió.

Kim llegó a dirigir un restaurante de éxito y se casó, pero nunca le dijo a su marido lo que había sufrido y nunca tuvieron hijos. Creía que se debía al daño que le habían hecho al torturarla. Después de la muerte de su marido, empezó a alzar la voz. En 1992, tenía unos sesenta años.

Sola, Kim se trasladó a una casa llamada Casa del Compartir con otras antiguas mujeres de consuelo y se refugió en la pintura. Una de sus primeras obras se titulaba *El día en que secuestraron a una chica de catorce años*. Empezó a participar en las manifestaciones semanales de los miércoles ante la Embajada japonesa en Seúl, tuvo que enfrentarse a frecuentes insultos y creó el Butterfly Fund para ayudar a víctimas del mundo entero con la recaudación de sus cuadros y las reparaciones cuando por fin las recibieron.

Sin embargo, Kim seguía esperando unas disculpas formales por parte de Japón. A veces, se arrepentía de haber contado su historia. «Si nadie lo supiese, podría vivir tranquila», me dijo. «Pero no me moriré hasta que consigamos que Japón se arrepienta de su pasado y restaure nuestra dignidad».

En Filipinas no hubo disculpas. Los dos países se habían convertido en estrechos aliados y Japón era su primera fuente de inversiones y de ayuda extranjeras. Japón era también importante por la ayuda militar para contrarrestar la expansión china en el mar de la China Meridional, una vía marítima estratégica por la que pasan todos los años billones de dólares en comercio y que tiene ricos bancos de pesca, en particular las disputadas islas Spratly que, según se cree, contienen amplias reservas de petróleo y gas natural.

Durante mi estancia en Manila, hubo protestas cuando el asesor de seguridad nacional reveló que se habían detectado 113 barcos de pesca chinos en Pag-asa, la segunda isla más importante del archipiélago de Spratly. Acusó a Pekín de acoso por enviar repetidamente sus buques de guerra y barcos de investigación a la zona.

«Sé que el Gobierno japonés está poniendo dinero en los bolsillos de nuestro Gobierno, pero ¿no pueden ni siquiera mostrarnos compasión?», se preguntaba Narcisa.

Esperaban todavía menos del presidente Rodrigo Duterte que, desde su llegada al poder en 2016, se había ganado el apodo de Misógino Mayor. Era un hombre que había silbado de forma grosera a una periodista en una conferencia de prensa televisada para todo el país, llamado «putas» a las mujeres en un acto que reconocía a policías y oficiales del Ejército destacadas, además de jactarse de haber asaltado sexualmente a una criada cuando era estudiante y bromear sobre la violación.

Esto no era todo. En diciembre de 2017, se erigió una estatua de bronce de dos metros de altura de una chica con los ojos vendados con un ramo de flores en su regazo en el frente marino de Roxas Boulevard para honrar a las mujeres de consuelo. No obstante, apenas cuatro meses más tarde, la estatua desapareció un viernes por la noche después de la visita al presidente Duterte del ministro del Interior japonés, Seiko Noda, que le dijo: «Es lamentable que aparezca de pronto una estatua como esta».[*]

Una declaración del Departamento de Obras Públicas y Autopistas del 29 de abril de 2018 anunció que se había retirado la estatua «para permitir la rehabilitación de Roxas Baywalk

---

[*] ABS-CBN News, 10 de enero de 2018.

Area», añadiendo que se estaban instalando tuberías y construyendo el «drenaje lateral» en la zona.

Cuando le preguntaron por la desaparición de la estatua, Duterte dijo a los periodistas que él no tenía nada que ver. «¿De quién fue la iniciativa?», preguntó. «De veras, no lo sé. Ni siquiera sabía que existiese, pero ha provocado algo malo, sabe… la política del Gobierno no consiste en provocar antagonismo con otras naciones».[*]

El escultor estaba tan asustado que se había escondido.

«Si viese a la persona que retiró la estatua, le pegaría», dijo Lola Narcisa. «Sé que no quieren que la gente vea lo que nos ocurrió y lo esconden bajo la alfombra».

Esto no fue todo. A principios de año se retiró otra estatua, esta vez de una propiedad privada. Robaron un bronce de una mujer joven con los puños sobre su regazo de un refugio católico de la Virgen María para ancianos y personas sin techo de San Pedro, en Laguna.

El único reconocimiento tangible que pude encontrar de lo que había sucedido a estas mujeres fue una plaquita en el sotobosque de un parque junto al puente de Intramuros a Chinatown. Tenía grabadas las palabras: EN MEMORIA DE LAS VÍCTIMAS DE LA ESCLAVITUD SEXUAL MILITAR DURANTE LA SEGUNDA GUERRA MUNDIAL.

Lola Narcisa dijo que no iba a tirar la toalla. «Hasta mi último aliento, gritaré al mundo entero lo que nos hicieron», dijo. «Todavía siento dolor. Si tan solo el Gobierno japonés pudiese reconocer y admitir lo que nos hicieron… El dolor no desaparecerá, pero ayudará a aliviarlo. Rezo todos los días para ver justicia antes de morir, es todo lo que pido».

Sacudió la cabeza. Sabía que la reacción japonesa a las estatuas sugería que estaban endureciendo su posición. En Japón seguían todavía vigentes leyes sobre la violación de hace un siglo que requieren que los fiscales prueben violencia o intimidación, dificultando las condenas si las víctimas no «se defendieron».

_____

[*] *The Inquirer*, 29 de abril de 2018.

En 2017, Japón también consiguió bloquear una petición internacional a la UNESCO para incluir los objetos y documentos relativos a las mujeres de consuelo en su Registro Memoria del Mundo, argumentando que era el primer contribuyente mundial a la organización.

Había transcurrido tanto tiempo desde lo ocurrido que me preguntaba si, a sus ochenta y siete años, Narcisa no sentiría a veces que sería mejor vivir el resto de sus días en paz en lugar de ir a escuelas y manifestaciones a hablar de sus sufrimientos.

«A veces también me pregunto por qué tengo que narrar mi historia una y otra vez», contestó. «Porque, cuando lo hago, recuerdo el dolor, recuerdo lo que les pasó a mis padres y a mis hermanos, y cuando oigo en las noticias que están violando a mujeres, me enfado mucho. ¿Por qué siguen pasando estas cosas a las yazidíes y a otras?

»Hasta que consigamos justicia, seguirá pasando. Según mi parecer, la gente que hace esas cosas no debería estar en la cárcel, deberían condenarlos a muerte. Y no son solo los agresores los que deben rendir cuentas, sino también los Gobiernos que hacen la vista gorda.

«Es imposible olvidar lo que sufrimos. ¿Cómo podemos olvidarlo? Por eso, no abandono. Mi voz es todo lo que tengo y la utilizaré hasta que me muera».

Lola Estelita Dy habló conteniendo mucho más la emoción, pero sus palabras no fueron menos poderosas. Le costaba oír, no solo por su edad avanzada, sino porque un japonés le golpeó la cabeza contra una mesa durante su cautiverio.

Con su camisa abrochada hasta el cuello, su pantalón ajustado y sus gafas de montura metálica, tenía aspecto masculino, como el marimacho que solía ser, según sus palabras, aunque su pantalón era violeta y había lentejuelas en las olas verdes de su camisa estampada.

Para mi sorpresa, me saludó en inglés. Me dijo que había aprendido un poco, cuando viajó a Nueva York para publicitar su caso ante la ONU, algo que no había imaginado nunca.

Al igual que Narcisa, creció en una zona rural, en una ciudad llamada Talisay en la isla Negros, con sus padres, dos hermanas y dos hermanos. «Vivíamos bien», dijo. «Mi padre y mis hermanos eran peones agrícolas en la plantación de azúcar local. Teníamos también una vaca y un búfalo de agua. Mi madre tenía una tienda de comestibles dentro de la plantación. Yo iba al colegio».

Cuando llegaron los japoneses en 1942, las cosas cambiaron radicalmente. Se hicieron con la fábrica de azúcar y la utilizaron como cuartel. Todo el mundo perdió su empleo y la escuela cerró. Entonces tenía doce años.

«La gente tenía miedo de los japoneses y huimos», dijo. «Cuidaba de diecisiete gallinas y todos los días ponían muchos huevos, tal vez siete o diez, que vendía a los japoneses».

Durante los siguientes dos años, trabajó como obrera en una cantera de piedra en una base aérea japonesa cercana. «Mi trabajo consistía en reunir piedras del lecho de un río seco y apilarlas para que se pudiesen utilizar para pavimentar las carreteras. Trabajábamos ocho horas diarias y nos pagaban dos latas de arroz. Todos los días, un camión nos recogía para llevarnos a trabajar y para la vuelta. No nos retenían a punta de pistola, pero no podíamos hacer otra cosa si queríamos sobrevivir.

»Un día, en 1944, oímos el zumbido de un avión, pero solo vimos humo. Al día siguiente lo volvimos a ver, descubrimos la estrella en el ala y supimos que estaban llegando los estadounidenses. Dejaban caer octavillas que nos decían que no trabajásemos más porque iban a empezar a bombardear. Mi padre me dijo que dejase el trabajo y volví a criar gallinas, a cultivar verdura y a hacer pasteles de arroz para venderlos en el mercado.

»El mercado estaba en la plaza junto a la iglesia y un día vinieron los japoneses con un camión hasta la bandera de gente y dijeron que estaban acorralando a sospechosos de ser guerrilleros y espías. Intenté huir y encontrar un escondite, pero me vieron. Un soldado japonés me agarró por el pelo, me cruzó los brazos y me arrastró hasta el camión. Había otras mujeres en el camión, pero nos vigilaba un soldado con una bayoneta y no podíamos hablar.

»Desde arriba vi que hacían ponerse en fila a los hombres que habían capturado junto al pozo de la plaza, los iban decapitando con la bayoneta uno a uno y los arrojaban al pozo. Mataban de un disparo a cualquiera que intentaba escapar.

»Cuando los hubieron matado a todos, mandaron a los mirones que volviesen a su casa, pero a nosotras las mujeres nos llevaron al cuartel que estaba en la fábrica de azúcar, a un kilómetro de allí. Cuando llegamos, nos hicieron yacer en el suelo. Me llevaron a un edificio con una serie de habitaciones. Entró un soldado japonés que empezó a besarme y después me violó. La primera vez, estaba muerta de miedo; después, apareció otro soldado y me di cuenta de que tenía que defenderme. Lo hice, pero se enfadó y me golpeó la cabeza contra la mesa, y perdí el conocimiento.

»Aquella noche, una mujer filipina que trabajaba con los japoneses fue a verme y me dijo que, si quería vivir, era mejor que les dejase hacer lo que quisiesen. Era colaboradora, pero fue amable conmigo.

»La plantación era muy grande y había varias casas donde tenían encerradas a las mujeres, pero no vi a las demás.

»Dos o tres soldados me violaban todos los días. Cerraba los ojos y rezaba para que terminasen pronto. No recuerdo cuánto duró, tal vez tres meses.

»Por fin, los japoneses empezaron a inquietarse y la mayoría se retiró a las montañas. Una mañana me desperté con un gran barullo: la gente gritaba que habían llegado los americanos. En cuanto pude huir, corrí a casa de mis padres.

»Le dije a mi madre lo que me había ocurrido, pero no a mi padre, y nuestros vecinos no lo sabían. Volví un año a la escuela, pero veía en la mirada de la gente lo que pensaban de mí y sabía que siempre dirían que los japoneses me habían violado, así que en 1945 decidí irme a Manila, donde nadie me conocía.

»Fue difícil al principio, pero luego conseguí un trabajo de niñera de tres niños en casa de una mujer que era gerente de los jabones Palmolive. Después fui vendedora en una zapatería. Conocí a mi marido mientras trabajaba allí y tuvimos cinco hijos, pero para mí era difícil mantener relaciones sexuales y al final nos separamos. Nunca le conté a mi marido lo que me había ocurrido: murió sin saberlo».

En 1992, Lola hacía la colada con la radio encendida cuando oyó a Rosa Henson contando su historia y exhortando a las otras a salir a la calle y narrar sus vivencias en un centro de documentación.

«También la vi por televisión. Al principio, pensé que era vergonzoso dar el paso y que debería haberse callado, pero seguí dándole vueltas y, al final, decidí que Rosa tenía razón, por lo que fui a la oficina del Grupo de Trabajo sobre las Mujeres de Consuelo Filipinas que habían creado las organizaciones de mujeres para hacer campaña por la justicia y que después se convirtió en Lila Pilipina.

»Fui sola y conté mi historia. Conocí a otras Lolas, pero decidí no hablar en público. Me ofrecieron terapia, que me ayudó, pero todos los días de mi vida, si no estoy ocupada, recuerdo lo que ocurrió. Por esto, tengo la manía compulsiva de hacer cosas hasta que estoy tan cansada que me duermo. Si veo una película con una escena de violación, no puedo mirarla.

»No me atrevía a decírselo a mis hijos. Sentía vergüenza. Otras mujeres que habían alzado la voz antes que yo habían sufrido rechazo por parte de sus hijos y no podía tolerar que me sucediese lo mismo. Al final, pensé que, cuantas más fuéramos, más se diluiría el peligro; y empecé a participar en las manifestaciones semanales frente a la Embajada de Japón, donde había muchas Lolas, y un día mi hija vio mi cara en la fotografía de un periódico.

»Les expliqué que en aquel momento los japoneses eran los amos y que no pude hacer nada. Mis hijos sufrieron una conmoción, pero lo aceptaron. Ahora se han unido a la lucha y confío en que continuarán cuando yo falte. Igual que mis nietos.

»Es importante recibir disculpas para que no queden dudas de lo que nos hicieron los japoneses. ¿Por qué deberían seguir negándolo? Mientras Japón no admita públicamente que fue un crimen y no defina lo que hicieron como un crimen de guerra, para mí no habrá solución. El crimen debería ser reconocido históricamente.

»Hay que poner fin a las guerras, porque tengo miedo de que lo que me pasó pueda ocurrirles a mis hijas y a mis nietas.

»Todavía tengo esperanza de que se pueda conseguir un poco de justicia, pero estoy muy desanimada con Duterte, que es una marioneta de Shinzo Abe, con quien estoy muy indignada, porque es un ladrón que actúa de manera encubierta».

Se refería a la retirada de la estatua. «Formaba parte de la comisión para la estatua», dijo. «Fui yo quien puso una guirnalda de flores en la falda de la chica. Vi que en Corea del Sur la gente ponía flores en la estatua frente a la Embajada de Japón cuando se manifestaban todos los miércoles: lo que llamamos una cadena de amor, flores rosas.

»Somos pequeñas, pero mientras los actores del Estado no asuman el liderazgo y los Gobiernos no hagan nada, es muy difícil conseguir justicia».

Sin embargo, me dijo que algunos ciudadanos japoneses se habían dirigido a ella para pedirle perdón en nombre de su Gobierno. A finales de julio de 2019, unos días antes de que nos viésemos, se había celebrado una convención en Manila. «Asistían ciudadanos individuales japoneses y venían a verme; incluso se ofrecieron a inclinarse ante mí en una ceremonia de purificación, pero dije que no tenía sentido, porque debería ser su primer ministro quien lo hiciese».

En los campos de violación se obligaba a las chicas a inclinarse todas las mañanas en dirección al emperador.

Por el mismo motivo, no quiso aceptar el dinero que le ofreció el Fondo Asiático para las Mujeres en el año 2000. «Era privado, no era gubernamental, así que no eran reparaciones y no lo quise», dijo. «No era mucho», añadió, «veinte mil yenes [unos ciento veinticinco euros]».

Antes de que me marchase, tenía algo más que decir. «Me entristece cuando la gente se refiere a mí como una mujer de consuelo. Quiero que me conozcan por mi nombre. El significado que conlleva esa expresión es que eres una mala mujer. Por este motivo, nos denominamos Lolas».

Almorzamos todas juntas, arroz hervido y un pescado entero, junto a una mujer más joven, de tal vez unos sesenta años, que había venido a ayudar a preparar la comida. Se llamaba Nenita, pero era conocida como Nitz, y me dijo que había crecido sabiendo que a su madre, Crisanto Estalonio, le pasaba algo raro.

«A veces era muy amable. Otras veces era muy estricta y no quería que saliésemos con otras chicas», dijo. «Si veía un avión, oía pasos o barullo, se escondía debajo de una mesa o una cama. A veces se desmayaba y no sabíamos por qué».

Lo descubrieron cuando se unió a Lila Pilipina. «Tenía diecinueve años cuando llegaron los japoneses y ya estaba casada, pero los japoneses decapitaron a su marido, tomaron su sangre y se la bebieron. Se desmayó y cuando recobró el conocimiento, estaba en el cuartel. Allí la retuvieron durante tres meses y fue violada por muchísimos hombres…».

Falleció en el año 2000. Nitz me dijo que la solidaridad de las demás mujeres había disminuido su sentimiento de vergüenza, pero que nunca conoció la paz. «Quiero justicia para mi madre porque, como familia, también fuimos víctimas», dijo. «Su lucha es también nuestra lucha».

»La reivindicación de las Lolas ha pasado a la generación siguiente», dijo Joan May Salvador, que dirige Gabriela, la alianza de organizaciones de mujeres en Filipinas, y que fue mi intérprete. «Las Lolas fueron las primeras en decir que la violación se utiliza de forma sistemática para subyugar a las mujeres y demostrar el poder de los hombres.

«La mayor parte de los lugares donde ocurrieron las violaciones han sido destruidos y no existen monumentos conmemorativos, así que solo tenemos a las Lolas. Todavía estamos intentando encontrar a más para poder aprender de ellas mientras estén vivas».

Aquella lucha era más importante que nunca, ya que la violencia sexual estaba aumentando tanto bajo la presidencia de Duterte que se violaba a una mujer cada hora. «Si la persona más poderosa del país hace bromas sobre la violencia contra las mujeres, la gente piensa que está bien», dijo.

Me contó cómo el año anterior, cuando el presidente Duterte se dirigía a un grupo de antiguos rebeldes del Nuevo Ejército del Pueblo, una rebelión comunista de largo calado en zonas rurales, había dicho públicamente a los soldados que disparasen a las mujeres en los genitales. «Si no tienen vagina, serán inútiles», dijo.

No es sorprendente que, en ese ambiente, las mujeres pensasen que era inútil intentar conseguir justicia. «Tenemos un teléfono de ayuda para las víctimas de violencia sexual y todos los días recibimos entre nueve y doce llamadas de mujeres», dijo Joan. «Pero cuando preguntamos si quieren presentar una denuncia, dicen que prefieren seguir adelante con su vida.

»Incluso denunciar a la policía es difícil, porque sabemos que nos ignorarán y se acusará a las víctimas. Lo primero que preguntarán es qué hacíamos a aquella hora, qué ropa llevábamos».

«Y si la mujer ha sido violada por un militar o un policía del Estado, mejor olvidarlo. En Gabriela, hemos tenido casos de mujeres, mayoritariamente menores, violadas por fuerzas militares del Estado, pero cuando denuncian los casos tardan años en llegar a los tribunales. Los jefes militares dicen que van a relevar a la persona responsable, pero luego descubrimos que la acaban de trasladar.

»Alguien tiene que alzar la voz y decir que esto no está bien o no parará nunca».

Las Lolas Narcisa y Estelita asintieron.

Más tarde, vi a esas mujeres mayores, llenas de dignidad, cogidas del brazo para despedirse de mí y me pregunté cómo debía de ser vivir toda la vida con una carga como aquella. Fue la última parada de mi viaje. Allí fue donde empezó la lucha por la justicia. Y aunque sea tan triste que estas últimas Lolas supervivientes vayan a fallecer sin justicia, su fuerza y su determinación son una inspiración para todos nosotros.

Epílogo

Devolvamos su canto al ruiseñor

En una resplandeciente tarde de julio en Stratford-upon-Avon, mientras los cisnes se deslizaban solemnemente por el río bajo un cielo azul, me senté en el oscuro auditorio de la Royal Shakespeare Company para ver *Tito Andrónico,* la obra más sangrienta del Bardo. Esta producción, dirigida por una mujer, Blanche McIntyre, no le escatimaba nada al público. Asesinatos, decapitaciones y canibalismo se nos presentaban en auténtico gore tecnicolor. En el primer acto, el general romano protagonista sacrifica a su propio hijo. Sin embargo, la escena más perturbadora es la violación de su querida hija Lavinia a manos de Chirón y Demetrios, hijos de la reina de los godos, Tamora, cuyas fuerzas acaban de ser derrotadas por los romanos. Capturan a Tamora entre los «botines de guerra» y, para vengarse, sus hijos no solo violan a Lavinia, sino que le cortan la lengua y las manos, dejándole muñones sangrientos.

Antes habría admirado la actuación, la escenificación tensa y la poesía del diálogo, pero hoy lo encuentro insoportable. Ahora los rostros de todas las mujeres violadas a las que he conocido inundan mi mente. Quizás sus lenguas permanezcan intactas, pero demasiado a menudo carecían de voz, sus palabras caían como hojas en un bosque donde no había nadie que las oyese.

A Marco, el tío de Lavinia, se le ocurre esparcir sal sobre la mesa y, con un palillo entre sus dientes, Lavinia dibuja la palabra *«stuprum»* ('violación' en latín), seguida de los nombres de sus agresores.

Se cree que Shakespeare se inspiró de la historia de Filomela del poeta romano Ovidio. Filomela era una princesa ateniense a la que violó su cuñado Tereo, rey de Tracia, quien luego le cortó la lengua para impedirle hablar. Filomela teje su historia en un tapiz que envía a su hermana Procne, instándola a matar al hijo que ha tenido de Tereo y a dárselo de comer al rey en un pastel. Las hermanas huyen y los dioses las transforman en pájaros: Procne en una golondrina y Filomela en un ruiseñor, un pájaro cuya hembra no canta.

«Estas miserias son más que lo que se puede soportar», le dice Marco a su hermano Tito Andrónico, lamentándose.

En muchos sentidos, este libro ha sido un viaje por las peores depravaciones del hombre y les agradezco que me hayan aguantado hasta el final, porque sé que no ha sido una lectura fácil. No obstante, espero que también haya revelado a heroínas inesperadas y que les haya hecho entender por qué hay que hacer mucho más para acabar con este azote de la humanidad.

Mi libro está lejos de ser exhaustivo. Desgraciadamente, hay violaciones de guerra en tantos países (desde la República Centroafricana hasta Colombia, desde Guatemala hasta Sudán del Sur) que, si los hubiese cubierto todos, mi tapiz sería interminable.

La Oficina de la ONU para la Representante Especial sobre Violencia Sexual en los Conflictos enumera diecinueve países en su informe de 2018 y cita doce fuerzas militares y policiales nacionales y treinta nueve actores no estatales. Esta lista no pretendía abarcar la totalidad de los casos, sino recoger los lugares de los que se disponía de información fiable.

Por mi parte, me he centrado en lugares donde había hecho reportajes periodísticos y, en particular, donde la violencia sexual se utilizó como arma de guerra dirigida contra una comunidad específica y planificada desde arriba. Aunque, por supuesto, no se necesita una estrategia oficial para que existan violaciones desenfrenadas en guerras donde reina la impunidad. Y, además de la violación, hemos visto cómo los militares y los milicianos han utilizado la esclavitud sexual, el matrimonio y el embarazo forzosos, además del robo de bebés de los rivales y la esterilización forzosa de comunidades que se desean eliminar por motivos religiosos, étnicos o políticos. A menudo los niños fruto de una violación padecen el rechazo de sus comunidades por algo que sucedió antes de su nacimiento.

Los últimos años han visto también revelaciones horrendas sobre los abusos sexuales cometidos por fuerzas pacificadoras y cooperantes, las personas responsables de proteger a los más vulnerables.

La violación tampoco se ejerce exclusivamente sobre mujeres o chicas. Pocas veces se discute la violación masculina, porque es un secreto todavía más oscuro, en particular en Oriente Próximo y en África, donde subsiste el mito común de que los supervivientes eran homosexuales o terminarían por serlo.

Sin embargo, un estudio de 2010 en las regiones orientales de la República Democrática del Congo demostró que casi una cuarta parte (23,6 %) de los hombres de territorios afectados por los conflictos habían sufrido violencia sexual. Se calculaba que la cifra era de 760 000 hombres. Además del Congo, he visto ejemplos en Bosnia, Afganistán, Chad y los centros de detención de migrantes en Libia, y he oído historias horrorosas en los campamentos de refugiados sobre las cárceles de Siria e Iraq.

Uno de los primeros testimonios, que ha sido cuestionado, aparece en *Los siete pilares de la sabiduría,* de T. H. Lawrence, que narra su heroico papel en la revuelta árabe contra el Imperio otomano durante la Primera Guerra Mundial. Describe gráficamente su captura a manos del gobernador turco en la ciudad siria de Daraa en noviembre de 1917. Un grupo de soldados le dio una paliza y lo violó, por lo que a los veintiocho años perdió «la ciudadela de mi integridad», como dijo.

Casi un siglo más tarde, en noviembre de 2016, fui a Siria, a una guerra destacada por su extrema brutalidad, donde sus ciudades se habían convertido en campos de batalla. El este de

Alepo llevaba sitiado por las fuerzas del presidente Al-Assad la mayor parte del año. Paseé por las calles del lugar antaño conocido como ciudad antigua, pasando por el abandonado Baron Hotel, donde se había alojado Lawrence (y Agatha Christie). Encontré una ciudad fantasma, bombardeada, con gatos vagabundeando entre cenizas grises. Se parecía a la imagen que tenía del fin del mundo. En cada carretera, se había apilado metal torcido, hierro corrugado, bloques de hormigón y muebles para formar barricadas improvisadas para protegerse contra los francotiradores. Me sobresalté al ver cuatro maniquíes desnudos de pie en un escaparate, como fantasmas en medio de los escombros. Cerca había una jaula de filigrana donde probablemente los pájaros solían cantar hace tiempo. Ahora el único sonido eran los disparos periódicos de la artillería en las calles más allá de la ciudadela, en el montículo donde se dice que Abraham ordeñaba sus vacas. Más de cinco millones de sirios habían tenido que huir del país; más de quinientos mil habían fallecido.

Tres niños* vagabundos aparecieron frente a mí con un cubo para buscar agua y se esfumaron asustados. En aquella etapa del conflicto, los que se habían quedado allí estaban tan desesperados que vivían de tortitas de harina frita y cualquier verdura que pudiesen encontrar. El régimen de Assad estaba a punto de lanzar su asalto final y, unos días más tarde, enviaría autocares para intentar persuadir a los civiles que no se habían marchado de que lo hicieran. Muchos preferirían arriesgarse al fragor de la batalla que al encarcelamiento.

Los grupos de derechos humanos calculan que hasta un noventa por ciento de los presos masculinos sufre violencia sexual en las cárceles sirias. Un informe de 2015 de la ACNUR titulado *We Keep it in Our Heart* [Lo guardamos en el corazón]

* Kirsten Johnson *et al.*, «Association of Sexual Violence and Human Rights Violations with Physical and Mental Health in Territories of the Eastern Democratic Republic of the Congo» [Asociación de la Violencia Sexual y de las Violaciones de los Derechos Humanos del Este de la República Democrática del Congo], *Journal of the American Medical Association*, vol. 304, n.º 5 (2010), pp. 553–62.

se basó en entrevistas a refugiados y detallaba algunos de los horrores de las cárceles de Assad, en particular la violencia sexual contra hombres y chicos de hasta diez años, obligados a tener relaciones sexuales con miembros de su familia, torturados con descargas eléctricas en el pene y con violaciones anales con objetos como palos, botellas de Coca-Cola y mangueras.

«Detuvieron a uno de mis tíos en Siria», explicó un hombre joven llamado Ahmed en un campamento de Jordania. «Unos meses más tarde lo liberaron; nos dijo (se vino abajo, se echó a llorar delante de nosotros) que no había un lugar de su cuerpo donde no le hubiesen torturado con un taladro eléctrico. Le habían violado, le habían metido el taladro en el ano. Ataron su pene con un hilo delgado de nilón, que le dejaron durante tres días hasta que casi explotó. Tras su liberación, dejó de comer y se hizo alcohólico. Falleció de insuficiencia renal».

Cuando conocí a las supervivientes, intenté descubrir qué estrategias servían para ayudarlas y cuáles no. Por lo que me contaron, era obvio que nadie supera realmente una ordalía de este tipo. Cuando era joven, la baronesa Arminka Helic huyó de la guerra de Bosnia al Reino Unido, donde llegó a ser asesora de política exterior y miembro de la Cámara de los Lores. Comparaba el tema con «un ataque con armas químicas, en el que existen daños inmediatos y daños a largo plazo. Las supervivientes no se recuperan, sus maridos no olvidan, acosan a sus hijos, viven en el mismo lugar y ven a sus violadores en la cafetería».

Encontrar maneras para que las supervivientes puedan aceptar la vida supone un desafío. Ahora, cuando miro las rosas, pienso en las mujeres violadas de Srebrenica, que no las querían cortar porque su aroma les recordaba tiempos más felices. Bakira, cazadora de criminales de guerra, encontraba un refugio en su huerto. Aparte de la jardinería, las actividades creativas como el arte y la música en espacios seguros que reúnen a las mujeres parecen ser beneficiosos, al igual que la práctica del yoga.

Evidentemente, hace falta mucho más apoyo para las víctimas, porque lo que les sucedió las acompañará toda la vida. Además de la asistencia médica y del apoyo psicológico, necesitan ayuda económica para mantenerse y reconstruir su autoestima, en particular porque las supervivientes sufren a menudo el abandono de sus maridos y familias y, en algunos casos, como en el de las chicas nigerianas secuestradas por Boko Haram, sus comunidades las condenan al ostracismo. En el caos de la República Democrática del Congo, el hospital de Panzi y la Ciudad de la Alegría son un modelo de lo que se puede hacer para curar heridas, ofrecer terapia y formación, dar asesoramiento jurídico y un refugio seguro.

Sobre todo, en todas las zonas de guerra donde he estado, he oído el mismo grito: tiene que haber justicia y se debe poner fin a la impunidad.

Amal Clooney, la abogada de derechos humanos que representa a Nadia Murad, afirmó ante el Consejo de Seguridad de la ONU que, a pesar de todo lo que la joven yazidí había sufrido a manos de doce hombres, a pesar de todas las amenazas que seguía recibiendo, solo había hablado de un temor: «que, cuando todo esto acabe, los hombres del Estado Islámico se limiten a afeitarse la barba y vuelvan a su vida; que no haya justicia».*

Tal vez las valientes mujeres de la aletargada ciudad de Taba, en Ruanda no tuvieran mucha instrucción y vivieran en chozas de barro sin electricidad ni agua corriente, pero, al alzar sus voces, abrieron el camino al enjuiciamiento del alcalde Akayesu.

Parecía que esa sentencia iba a significar un cambio radical. Sin embargo, sucedió hace más de veinte años y, para nuestra gran decepción, ha habido pocos enjuiciamientos exitosos desde entonces. Muchos de los casos posteriores en Ruanda y Bosnia acabaron en indultos, a menudo por carencia de prue-

* Discurso para el debate del Consejo de Seguridad de la ONU sobre Mujeres, Paz y Seguridad, Nueva York, 23 de abril de 2019.

bas o por falta de credibilidad, debida a incoherencias en las declaraciones de las víctimas. Tan solo Akayesu ha sido condenado por violación genocida y han condenado solo a un puñado de hombres de crimen contra la humanidad. No se acusó a ninguno de cometer una violación, sino de supervisar a otros que lo hicieron.

No ha habido hasta ahora ni un solo enjuiciamiento por el secuestro de las chicas yazidíes ni exhumación de las fosas comunes de los miembros de las familias que fueron asesinados. Amal Clooney señala que, si setenta y nueve Estados pueden formar una coalición global para luchar contra el Estado Islámico en el campo de batalla, ¿por qué crear un tribunal?

Tampoco se ha enjuiciado a los yihadistas de Boko Haram que secuestraron a las chicas de Nigeria. En el Consejo de Seguridad de la ONU, China bloqueó los intentos de llevar a los militares birmanos a la justicia por la masacre de los rohinyás.

El Tribunal Penal Internacional (TPI) se creó en el año 2000 en medio de una gran pompa y mucha esperanza, pero solo ha condenado a una persona por violencia personal y esta condena acabó por ser revocada. Jean-Pierre Bemba, antiguo vicepresidente de la República Democrática del Congo y líder de la milicia, fue condenado en marzo de 2016 por permitir «violaciones, tortura, asesinato y saqueo» bajo su mando: fue la primera vez que se condenó a alguien por responsabilidad de mando. Sin embargo, en junio de 2018, dos años más tarde del celebrado veredicto, se revocó la condena y liberaron a Bemba, que pudo volver a su país para presentarse a las elecciones.

«La impunidad sigue siendo la norma y la rendición de cuentas la excepción», dice Pramila Patten, la representante especial de la ONU sobre la Violencia Sexual, que abandonó una carrera brillante en el derecho empresarial en su país (la isla Mauricio) para luchar por las mujeres.

Patricia Sellers, asesora especial del Tribunal Penal Internacional, que comparó la sentencia de Akayesu con la del juicio Brown contra el Consejo de Educación, argumenta que este es el inicio de un proceso. Transcurrió mucho tiempo después del primer juicio para que los niños negros de los Estados del Sur pudiesen asistir a escuelas raciales mixtas.

«La sentencia Brown se dictó en 1954, pero no puso fin a la segregación escolar en los Estados Unidos al año siguiente o ni siquiera durante los diez años posteriores», dijo. «Se necesitó la Ley de 1964 sobre los Derechos Civiles y la Ley de 1968 sobre la Igualdad en el Acceso a la Vivienda y, de hecho, todavía tenemos litigios abiertos. Por lo tanto, fueron grandes pilares e importantes pasos, pero no cambiaron el comportamiento de la gente que cometió crímenes de discriminación».

Subraya que la sentencia del caso Akayesu se considera actualmente un pilar legal fundamental y que se estudia en las universidades. Se ha utilizado en casos en América Latina y en África.

Un problema es que el Tribunal Penal Internacional puede solo juzgar casos de países signatarios. Ni Nigeria, ni Iraq ni Birmania son signatarios. Sin embargo, algunos abogados encuentran alternativas innovadoras. Por ejemplo, recurrir a la jurisdicción universal, la noción de que los crímenes internacionales no conocen fronteras y que los Estados tienen la responsabilidad de perseguir a los agresores en su territorio, independientemente del lugar donde se ha cometido dicho crimen.

Actualmente, Amal Clooney ha llevado a la justicia en Múnich a un miembro iraquí del Estado Islámico y a su esposa alemana, que formaba parte de la policía de moralidad, por el asesinato de una niña yazidí de cinco años a la que habían esclavizado junto a su madre. Apalizaron repetidamente a la niña y después la encadenaron al aire libre bajo el calor hasta que murió. Es el primer caso internacional contra el Estado Islámico por crímenes de guerra contra los yazidíes.

En diciembre de 2019, fui al Palacio de la Paz de La Haya, sede del Tribunal Internacional de Justicia (TIJ), para asistir a una confrontación fascinante.

Gambia, pequeño país de África Occidental, había llevado a Birmania a juicio por el genocidio contra los rohinyás y, para sorpresa general, Aung San Suu Kyi decidió defender personalmente a los generales, aquellos que la habían encarcelado durante quince años.

Era la primera vez que un Estado era enjuiciado por otro que no había sido directamente afectado por los hechos. «¿Por qué no Gambia?», dijo Abubacarr Tambadou, fiscal general de Gambia, cuando se lo pregunté. «Esto es una mancha en la conciencia del mundo. No es necesario ser una potencia militar para defender los derechos humanos».

El fiscal general gambiano explicó que le había abrumado lo que había visto cuando visitó los campamentos de los rohinyás en Bangladés y añadió que su país acababa de salir de veintidós años de dictadura brutal que, según dijo, «nos enseñó que debíamos utilizar nuestra voz moral para condenar la opresión de los demás, allí donde ocurra, para que no sufran nuestro dolor y nuestro destino».

Gambia se había dirigido al Tribunal Penal Internacional, el tribunal principal de la ONU, como garante de la Convención para la Prevención del Genocidio, que la ONU había adoptado setenta y un años antes, en diciembre de 1948, entre gritos de «nunca más», después del Holocausto.

La audiencia se desarrolló durante tres días en la gran sala del Palacio de Justicia, una estancia imponente cubierta de paneles de madera, con cuatro ventanales gigantes de cristal, un largo banco de diecisiete jueces con togas negras y un público de diplomáticos en trajes de diario. No podía estar más lejos de los campamentos enfangados de Bangladés, donde más de setenta mil rohingyás permanecían refugiados en tiendas improvisadas de plástico y bambú.

Toda la atención se concentraba en una frágil silueta en el banco de la izquierda, vestida con una chaqueta negra y una larga falda estampada. Con el pelo recogido hacia atrás con flores rosas y amarillas, elegante como siempre, Aung San Suu Kyi se sentaba imperterrita mientras los abogados de Gambia, bajo la dirección del consejero de la reina británica Philippe Sands, narraban historia tras historia, cada una peor que la anterior: una mujer embarazada de ocho meses pisoteada por las botas de soldados birmanos, colgada por las muñecas a un bananero y violada nueve veces que perdió a su bebé; una mujer obligada a contemplar cómo mataban a su bebé de una paliza.

Desde mi posición, solo podía ver las flores. Cuando la entrevistaron para el programa de *Desert Island Discs* de BBC Radio 4 en 2012, había elegido rosas, cuyo color cambiaba todos los días.

¿Qué podía estar pensando aquella mujer anteriormente considerada un símbolo mundial de los derechos humanos y que ahora parecía echar por la borda su reputación internacional en aras de la política interior y de las siguientes elecciones? No la traicionó ni un ápice de emoción.

Una gran parte del caso se centró en la horrible violencia sexual y los abogados citaron la sentencia a Akayesu, en la que los jueces describieron la violación como «una de las peores maneras» de causar daño, porque daba lugar a la «destrucción del espíritu, de la voluntad de vivir y de la vida misma».

Cada equipo eligió a un juez y no fue casualidad que el equipo gambiano eligiese a Navi Pillay, la abogada surafricana cuyo perceptivo interrogatorio en el Tribunal de Ruanda condujo a aquella sentencia judicial y a la primera definición de violación en la legislación internacional. «Este caso no es solo importante para los rohinyás y para hacer que su difícil situación merezca la atención mundial, sino también por cómo podría emplease en el futuro», subrayó Philippe Sands.

La otra opción que queda para la reparación legal son los tribunales nacionales, pero a menudo carecen de infraestructuras, de jueces formados y de fiscales; tienen poca capacidad de investigación policial y hay una falta de voluntad política, en particular cuando las personas enjuiciadas pertenecen a las fuerzas gubernamentales. Los tribunales son lugares intimidantes y a menudo no ofrecen protección para las víctimas, puede suceder que los jueces, de hecho, las estigmaticen igual que el resto de la sociedad.

En un caso, en el Tribunal de Ruanda de 2001, en que una víctima llamada «TA» declaró que la violaron dieciséis veces, los abogados de la defensa le preguntaron cómo había podido ser violada si «no se había lavado y olía mal».* Se dijo entonces que los jueces «estallaron de risa». Le hicieron varias veces las mismas preguntas hasta que, el decimocuarto día que subió al estrado, se quejó: «Desde que llegué, me han hecho esta pregunta más de cien veces».

Cuando regresó a su casa, todos sabían que había declarado. Tras haber perdido a toda su familia en el genocidio, atacaron su casa y su novio la dejó. «Hoy no aceptaría declarar y revivir el trauma una vez más».[†]

A menudo, las mujeres que declaran ante los tribunales acaban teniendo que contar su historia una y otra vez, a pesar del riesgo de sufrir un nuevo trauma. La baronesa Helic me dijo que había oído de mujeres rohinyás en los campamentos que habían tenido que contar veinte veces lo que habían sufrido.

Pero la increíble valentía de un número de víctimas, fiscales y jueces había dado como resultados algunos progresos a escala nacional en los últimos años. En Guatemala, un grupo de once mujeres mayas valientes, conocidas como «las abuelas de Sepur Zarco», consiguieron una primicia legal en 2016 cuando su testimonio dio lugar a la condena de un oficial militar retirado y de un antiguo líder paramilitar por haberlas esclavizado sexualmente (además de cuatro más que habían fallecido desde entonces) durante la guerra civil guatemalteca, que duró treinta y seis años.

Más de doscientas mil personas murieron en aquella guerra, centenares de pueblos fueron borrados del mapa y violaron a más de cien mil mujeres, principalmente mayas, en un

* El fiscal contra Pauline Nyiramusho, transcripción del juicio del TPIR, 6 de noviembre de 2001.

† Binaifer Nowrojee, *Your Justice Is Too Slow': Will the ICTR Fail Rwanda's Rape Victims?* [Vuestra justicia es demasiado lenta: ¿Fallará el TPIR a las víctimas de violaciones de Ruanda?], Instituto de Investigación de las Naciones Unidas para el Desarrollo Social, publicación ocasional, 10 de noviembre de 2005.

intento de exterminar la población. Sin embargo, después del final de la guerra en 1996, la violencia sexual no se incluyó en la agenda de las negociaciones de paz entre el Gobierno y las guerrillas. Los negociadores se negaron a reconocerlo y un representante del Programa Nacional de Indemnidad, destinado a compensar a las víctimas de guerra, dijo que no creía que hubiese sucedido.

Esas mujeres procedentes de un pequeño pueblo rural de un valle en el noreste de Guatemala tuvieron que romper el silencio. Explicaron cómo los militares guatemaltecos habían instalado una base cerca de allí y habían ido a buscar primero a los hombres para llevárselos por haberse atrevido a afirmar su derecho sobre la tierra, durante el festival anual de Santa Rosa de Lima. Luego volvieron a por las mujeres.

Durante seis años, de 1982 a 1988, fueron retenidas por los soldados como esclavas, obligadas a trabajar de criadas y violadas sistemáticamente, a veces hasta por seis hombres a la vez. Una de ellas explicó que la habían violado hasta «prácticamente quedarse sin vida». A otra la violaron delante de su hijo de cuatro años.

Durante los años posteriores sufrieron desprecio y las llamaron «las mujeres de los soldados». Sus maridos no habían regresado y todavía hoy buscan sus restos.

Al final, asistidas por una organización de mujeres que las reunió en un espacio seguro para la creación artística, empezaron a narrar sus historias. Recibieron el apoyo de la implacable fiscal Claudia Paz y Paz, que podía parecer dulce y diminuta, pero que no temía enfrentarse a la impunidad cuando se convirtió en la primera fiscal general del país en 2010. Inspirada por la fotografía de Bobby Kennedy que tenía en su despacho, atacó a todos, desde los antiguos jefes criminales hasta el antiguo dictador Efraín Ríos Montt, a quien acusó de genocida en 2012. Lo condenaron el año siguiente, aunque se revocó la sentencia cuando sustituyeron a Paz y Paz.

Las abuelas de Sepur fueron al tribunal y declararon con valentía en veintidós audiencias, a pesar de los insultos de los grupos promilitares que las denunciaron como mentirosas y prostitutas. En febrero de 2016, después de treinta años de oprobio, consiguieron justicia. «Os creemos… No fue culpa vuestra», declaró el tribunal. «El Ejército os aterrorizó para destruir vuestra comunidad».

Cuando se pronunció la sentencia, que condenaba al lugarteniente coronel Reyes Girón a ciento veinte años de cárcel y a Heriberto Valdez Asij a doscientos cuarenta años, las mujeres se quitaron los chales bordados de colores con los que se habían cubierto durante el juicio y sonrieron.

Era la primera vez que alguien había comparecido ante la justicia por violencia sexual en tiempos de guerra, la primera vez en el mundo en que la esclavitud sexual ejercida durante un conflicto armado se enjuiciaba en el país donde se habían producido dichos crímenes.

La jueza guatemalteca Iris Yassmin Barrios Aguilar, presidenta del llamado Tribunal de Alto Riesgo, que hace honor a su nombre, había sobrevivido a amenazas e intentos de asesinato, entre los que se incluyó el lanzamiento de granadas contra su casa e intentos de desacreditarla, que dieron lugar a su suspensión durante un año.

«La violación es un instrumento o un arma de guerra», declaró. «Es una manera de atacar al país: ya sea matando o secuestrando a la víctima, puesto que se considera a las mujeres un objetivo militar».

No solo se encarceló a los autores de los crímenes, sino que la jueza Aguilar ordenó reparaciones del Gobierno mediante la creación de un centro de salud gratuito en Sepur Zarco, mejoras en la escuela primaria y la construcción de una escuela secundaria. Además de la concesión de becas para mujeres, chicas y toda la comunidad.

Otras supervivientes en América Latina han encontrado su voz. En Perú, donde casi trescientas mil mujeres fueron víctimas de esterilización forzosa durante el gobierno del presidente Alberto Fujimori en los años noventa y otras de violación a manos de ambos bandos durante la guerra de 1984–1995 entre los soldados gubernamentales y los rebeldes de Sendero Luminoso. Recientemente, se ha creado una innovadora plataforma de historia oral llamada Quipu. Le han dado el nombre de las cuerdas anudadas utilizadas por los incas para transmitir mensajes complejos. Las mujeres pueden grabar sus historias en un servicio de mensajería gratuito y subirlas a una página web como nudos de colores, creando un tapiz visual.

En Colombia, se han juzgado miles de casos en tribunales especiales creados en el marco de una negociación de paz entre el Gobierno y el grupo guerrillero izquierdista Fuerzas Armadas Revolucionarias de Colombia (FARC) para poner fin a los cincuenta y dos años de guerra civil en los que 260 000 personas perdieron la vida. Ambos bandos del conflicto cometieron violencia sexual generalizada. Los paramilitares alineados con el Estado, como las Autodefensas Unidas de Colombia (AUC), utilizaron las violaciones como un arma de guerra y para controlar el territorio y la sociedad, como hicieron las FARC, que obligaban a las mujeres embarazadas a abortar para no perjudicar el esfuerzo de guerra.

Solo entre 1985 y 2016, más de quince mil personas fueron víctimas de violencia sexual en el conflicto, según el Centro Nacional de la Memoria Histórica. El Tribunal de la Paz establecido para permitir a las supervivientes su comparecencia en el tribunal acordó tratar este tema y se llevaron dos mil casos documentados al tribunal en agosto de 2018.

En Argentina, como hemos visto, los tribunales que investigaban la tortura y los asesinatos de la llamada guerra sucia también han empezado recientemente a tratar los actos de violencia sexual que se cometieron bajo el Gobierno de los generales entre 1974 y 1983.

En África se ha hecho todavía más historia. En mayo de 2016, poco después del veredicto histórico a favor de las abuelas guatemaltecas, la increíble valentía de una mujer pobre y analfabeta de un pequeño país de África central, Chad, dio lugar a la primera condena de un jefe de Estado por violación. Hissène Habré, que gobernó Chad en los años ochenta, era un hombre tan vil que se lo conocía como el Pinochet de África. Cuarenta mil personas fueron asesinadas durante los ocho años de su gobierno y violaron y torturaron a muchas más a manos de la Dirección de la Documentación y de la Seguridad (DDS), la ampliamente temida policía secreta. Una gran parte de dicha tortura tuvo lugar en una infame cárcel subterránea conocida como «La Piscine», una piscina abandonada. Entre los métodos utilizados se contaba el horrendo *supplice des baguettes,* una técnica en la que se colocaban dos palos atravesados por un trozo de cuerda alrededor de la cabeza de la víctima y, luego, se hacían girar, apretando lentamente la cuerda hasta que las víctimas tenían la sensación de que les iba a estallar el cerebro. En algunos casos, el propio Habré había ejercido el suplicio.

Cuando al fin cesaron a Hissène Habré en 1990, se otorgó a sí mismo un cheque por valor de ciento cincuenta millones de dólares, es decir, todo el dinero del Tesoro, y huyó al país vecino, Senegal, para vivir rodeado de lujos.

Lo detuvieron en el año 2000 y más tarde lo llevaron a juicio en Senegal en 2013, tras una larga campaña protagonizada por sus víctimas y una valiente abogada llamada Jacqueline Moudeina, que sobrevivió por los pelos a un ataque con granada después de realizar las primeras denuncias contra él.

Las Cámaras Extraordinarias Africanas, creadas *ad hoc,* constituyeron el primer juicio de un jefe de Estado en el tribunal de otro país.

Al principio, no existían cargos de violación además de los de asesinato y tortura. La situación cambió después de la dramática declaración de Jadidja Zidane, que le acusó de convocarla al palacio presidencial, donde la violó cuatro veces.

Narró cómo, día tras día, en los años ochenta, la llevaban a la oficina de Habré en el palacio. Estaba allí, sentado en su escritorio, fumando y mirando cómo sus agentes la torturaban, echándole agua con una manguera por la garganta o electrocu-tándola. A veces la torturaba y la violaba él mismo.*

No podía hacer nada. La madre y el hermano de Jadidja formaban parte de las personas asesinadas en el reinado de te-rror de Habré.

Jadidja arriesgó su vida para declarar en el juicio que se emitió en Chad porque Habré la denunció como «prostituta ninfómana».

Tras oírla, el tribunal utilizó el precedente de Akayesu para añadir la violación a los demás cargos. Condenaron a Habré por crímenes contra la humanidad, tortura y violación, y lo sentenciaron a cadena perpetua en mayo de 2016. Fue un mo-mento extraordinario. Escondió el rostro detrás de las gafas de sol y un turbante blanco. «Abajo la *Françafrique*»,† murmuró.

Una vez más, dio la impresión de que el veredicto signifi-caba un enorme progreso, pero el precio había sido muy alto para Jadidja. Vivía sola, ya que su marido la abandonó por lo sucedido, y siguió sufriendo ataques de desconocidos que la insultaban y la llamaban puta.

Un año después, en abril de 2017, el juicio de apelación confirmó todos los cargos contra Habré excepto uno. Se man-tuvieron todas las condenas por la violencia sexual masiva co-metida por sus fuerzas de seguridad, pero indultaron a Habré de la violación de Jadidja. El tribunal de apelación subrayó que el indulto era un tema procesal y que no cuestionaba la credi-bilidad de Jadidja. Decía que los nuevos hechos que había pre-sentado en su declaración habían llegado demasiado tarde para ser incluidos y que no podían servir de base para una condena.

Jadidja Zidane insistió en que, de todos modos, estaba sa-tisfecha de haber declarado. «Tuve la oportunidad de contar al mundo entero lo que me hizo», dijo.

«Está muy contenta de haberlo hecho», dijo su abogado

* Ruth Maclean, «I Told My Story Face to Face with Habré» [Conté mi historia cara a cara con Habré], *Guardian*, 18 de septiembre de 2016.

† Término creado a partir de las palabras *France* y *Afrique,* utilizado para designar la relación neocolonial entre Francia y sus antiguas colonias africanas. *(N. de la T.)*

Reed Brody de Human Rights Watch. «Fue muy útil. Para ella lo más importante era que la gente lo supiese».

Probablemente no sea una coincidencia que las juezas de la condena de Habré, y también las de Guatemala, Akayesu y la primera condena bosnia por violación, hayan sido mujeres o que el estrado de los jueces comprendiese a tres mujeres cuando condenaron a Jean-Paul Bemba.

«Quien interpreta la ley es como mínimo tan importante como quien hace la ley», dice Navi Pillay, la jueza que planteó la pregunta vital en el caso Akayesu. «Cuando se ha producido una condena por violación o violencia sexual, invariablemente había una mujer en el estrado».

Me explicó cómo le había afectado escuchar el testimonio de las mujeres de Taba. «Las palabras de JJ me hicieron volver a examinar la percepción de la ley sobre la experiencia de las mujeres víctimas de violencia sexual en conflictos», dijo. «Me parecía que la práctica tradicional del derecho no prestaba atención suficiente al silencio de las mujeres».

En Europa ciertas cosas que han permanecido ocultas durante mucho tiempo comienzan a salir a la luz gracias a otra jueza. Nunca se había escuchado a las mujeres violadas, obligadas a abortar y a quienes robaron los bebés en la España de Franco porque la Ley de Amnistía, votada en España en 1977, garantizaba inmunidad. Sin embargo, desde el año 2000, las familias han tomado las riendas, excavando fosas comunes, y en octubre de 2019 lograron que el Tribunal Supremo sentenciase la exhumación de los restos de Franco de su mausoleo en el Valle de los Caídos. Existía también una campaña para exhumar los restos de su brazo ejecutor y partidario de la violación en Sevilla, el general Queipo de Llano, de su lugar privilegiado en la basílica de la Macarena. Mientras tanto, las víctimas supervivientes de la tortura se han unido para exigir justicia, hablando en los ayuntamientos de todo el país para recoger firmas. Podrían tener al fin su gran día en los tribunales después de que una extraordinaria jueza argentina, María Servini de Cubria, de ochenta y un años, abriese una investigación utilizando el principio de la jurisdicción universal para investigar los abusos de los derechos humanos.

Del mismo modo que la presencia de mujeres en el estrado de los jueces se traduce en un mayor número de condenas a los agresores, los estudios revelan que hay menos violaciones si aumenta la cifra de mujeres en los ejércitos. El conflicto palestino-israelí suele citarse como ejemplo de una guerra que demuestra que la violencia sexual no es inevitable siempre que las fuerzas estén bien disciplinadas. Todos los hombres y mujeres israelíes deben hacer el servicio militar a los dieciocho años y las mujeres constituyen cerca de un tercio del Ejército.

La oficina de Pramila Patten está haciendo presión para que haya más mujeres entre los cascos azules (actualmente, constituyen solo un dos por ciento) y los mediadores (solo el diecinueve por ciento), con el objetivo de que lo que sucede a las mujeres en la guerra deje de ser una reflexión *a posteriori*.

Melanne Verveer, directora ejecutiva del Institute for Women, Peace and Security de la Universidad de Georgetown, lamenta que «las mujeres están ampliamente infrarrepresentadas en las negociaciones formales de paz, donde constituyen tan solo un dos por ciento de los mediadores, un cinco por ciento de los testigos y signatarios, y un ocho por ciento de los negociadores. Dicho de otro modo, cuando los beligerantes se sientan para negociar el fin de una guerra, sigue silenciándose mayoritariamente a las mujeres».[*]

No es fácil, la baronesa Helic recuerda cómo en 2014 acompañó al entonces secretario británico de Asuntos Exteriores, William Hague, a Ginebra para las discusiones internacionales sobre el fin de la guerra en Siria. Había insistido en que participasen mujeres. «Cuando entramos en la sala, éramos cincuenta hombres y yo. Hague dijo: "Les dije que quería a

[*] Melanne Verveer, Anjali Dayal, «Women are the Key to Peace» [Las mujeres son la clave para la paz], *Foreign Policy*, 8 de noviembre de 2018.

mujeres negociadoras". Entonces, y no es una broma, hicimos un trayecto en coche de unos veinte minutos a un hotel mucho menos lujoso, donde, en un subterráneo oscuro, había un grupo de mujeres».

En gran parte como resultado de la presión ejercida por Helic, y gracias a una improbable alianza con una estrella de Hollywood, el Reino Unido se ha situado en la vanguardia al incluir este tema en la agenda internacional.

«Se lo debemos a una película», dice Helic entre risas. «En un periódico bosnio leí que Angelina Jolie estaba rodando allí una película sobre la violación y pensé: "¿Qué sabe de mi país esta mujer de Hollywood?". ¡La odié durante varios meses! Cuando por fin vi *En tierra de sangre y miel,* no me lo podía creer: nadie había descrito la vida y el dolor de la guerra de aquella manera».

Helic era una mujer con una gran capacidad de persuasión: consiguió que su jefe, William Hague, y el primer ministro, David Cameron, viesen la película.

Hague había ido a Darfur en Sudán occidental cuando era secretario de asuntos exteriores del gabinete en la sombra en 2006. Le habían horrorizado las historias de las mujeres que conoció en los campamentos de los refugiados de guerra. «Mi primer contacto con la violencia sexual en tiempos de conflicto sucedió cuando conocí a las mujeres del campamento, que tenían que salir a buscar leña pese a que podían violarlas los milicianos, apoyados por el Gobierno, cuyo objetivo era asegurarse de que no intentarían volver a su casa jamás. Luego fui a Bosnia con Arminka y conocí a personas que me dijeron que veían a sus agresores pasear por la calle y que nunca se había hecho justicia a pesar de la resolución del conflicto».

Como biógrafo de William Wilberforce, el parlamentario conservador que consiguió que el Reino Unido aboliese la esclavitud en 1807, Hague sabía lo que podían hacer los políticos cuando los miembros de la sociedad se unían en torno a un problema. «Una de las lecciones fue: solo se consigue el objetivo cuando se cambia el comportamiento de los que se hallan al final de la cadena. La gente siempre encuentra un modo de hacer algo ilegal, hasta que se vuelve inaceptable».

La clave era encontrar la manera de que la gente reflexionase sobre el tema. Arminka Helic sugirió invitar a Jolie a presentar la película en el Foreign Office y discutir la cuestión. Los responsables se mofaron de la posibilidad de que Helic lograra organizar algo así, pero consiguió dar caza a la actriz que contestó con un mensaje, preguntando qué pensaban hacer para luchar contra la violación en la guerra.

«Era una buena pregunta», dijo Helic. «Por lo tanto, sugerimos formar una fuerza de reacción rápida llamada Equipo de Expertos [que estaba formada por médicos, abogados, policías y expertos forenses] que se desplegaría para reunir pruebas allí donde hubiese denuncias de violencia sexual en tiempos de guerra, ya que no había ningún organismo responsable».

Angelina Jolie aceptó venir a dar un discurso y, en 2012, se creó un equipo especial dentro del Ministerio de Asuntos Exteriores para la prevención de la violencia sexual en los conflictos (PVSI, por sus siglas en inglés). En junio de 2014, el dúo improbable del hombre austero y calvo del Yorkshire y la glamurosa estrella de Hollywood coorganizó en Londres una cumbre internacional de cuatro días para exigir el final de la violencia sexual en los conflictos y atrajo a mil setecientos delegados, supervivientes, celebridades y representantes de cien gobiernos, además de obtener una amplia cobertura mediática.

«No es algo muy habitual, un ministro de Asuntos Exteriores y una actriz de Hollywood, pero necesitábamos algo poco habitual para atraer la atención mundial», dijo Hague. «Angelina, con su perfil internacional, y yo como ministro de Asuntos Exteriores. Lo único que faltaba era que un país importante defendiese la causa.

»Resultó que podíamos hacer mucho: por ejemplo, el Reino Unido detenta la presidencia del Consejo de Seguridad de la ONU cada quince meses, algo que utilicé para elaborar la agenda. Más tarde, lanzamos una declaración ante la Asamblea

General de la ONU con la que conseguimos que 155 países firmasen para prevenir la violencia sexual en los conflictos».

William Hague lo planteó también en cada negociación bilateral. «Para los demás ministros de Asuntos Exteriores, fue una sorpresa enterarse de que el británico iba a plantear el tema de la violencia sexual en sus reuniones, por lo que tuvieron que apresurarse para conseguir informes sobre el tema.

»Muchas personas lo aparcan en la mente como si se tratase de un asunto femenino y lo que los hombres hacen con los asuntos femeninos es asumir que las mujeres se encargarán de gestionarlos. La gente me preguntaba: "Usted es un hombre, ¿por qué se implica?".

»Mi respuesta era que, si tenemos en cuenta que los hombres cometen estos crímenes casi exclusivamente, ¿cómo pueden resolverse sin el liderazgo de los hombres? Si somos el noventa y nueve por ciento del problema, tenemos que ser un cincuenta por ciento de la solución.

»Otros decían que era una causa noble, pero que la violación es tan antigua como la humanidad y ha existido en todas las guerras, y la implicación era: ¿por qué preocuparse? Les contestaba que desgraciadamente se trataba de uno de los mayores crímenes masivos de los siglos XX y XXI. Si cabe, estaba empeorando. Las violaciones en zonas de conflicto como arma de guerra se utilizaban sistemática y deliberadamente contra las poblaciones civiles.

»Pienso que todos los ministerios de Asuntos Exteriores deberían tener una unidad PSVI: es una parte fundamental de la paz y la seguridad, pero solo los británicos disponen de un grupo de personas dedicadas a reunirse y trabajar sobre el tema a tiempo completo. De otro modo, se desvanece por el camino y la gente piensa que no tiene solución».

Cuando dejó el ministerio en 2014, sus sucesores de Exteriores estaban menos comprometidos. El departamento del PSVI pasó de una plantilla de treinta y cuatro personas a tres, y el presupuesto se redujo de quince millones de libras en 2014 a dos millones en 2019.

«Es frustrante, porque no se ha convertido en un elemento habitual de los esfuerzos diplomáticos británicos al nivel e intensidad para los que lo habíamos desarrollado», dijo Hague.

Un informe publicado en enero de 2020 por la Comisión Independiente para el Impacto de la Ayuda afirmaba que la iniciativa no había cumplido su misión y estaba «en peligro de abandonar a los supervivientes». Apuntaba que la cumbre internacional había costado cinco veces el presupuesto del Reino Unido para luchar contra las violaciones en las zonas de guerra.

William Hague tenía la esperanza de que Hillary Clinton saliese elegida en 2016 como primera presidenta de Estados Unidos, porque compartía su pasión. Por el contrario, Estados Unidos eligió a Donald Trump, a quien veinte mujeres habían acusado de agresión sexual y acoso.

«En los últimos años parece que hemos retrocedido», dijo Hague. «Todos los conflictos recientes siguen conllevando violencia sexual a gran escala, así que no hemos resuelto el problema ni de lejos».

Arminka Helic y otra colega, Chloe Dalton, dejaron el Foreign Office y crearon una organización sin ánimo de lucro con Angelina Jolie. Sin desanimarse por la pérdida de interés de los gobernantes, se dirigieron a los generales y fueron recibidas con un entusiasmo inesperado.

El general Nick Carter, el jefe del Estado Mayor de la defensa del Reino Unido, tiene en su comedor un cuadro pequeño pero sobrecogedor titulado *The Boy in Green*. Representa a un joven afgano con una gorra de oración bordada y una chaqueta de camuflaje demasiado grande, además de lo que Carter describe como «esa mirada perdida, no hay duda de que ha sido víctima de abusos durante toda su vida».

Los soldados británicos que sirvieron en Afganistán tenían que luchar contra la predilección de algunos de sus socios afganos, sobre todo en la Policía, por aquello que se conoce con el eufemismo de «chicos del té». «Existe una tensión entre la voluntad de conseguir objetivos tácticos a corto plazo, que es garantizar la seguridad de la población y que los afganos tienen que conseguir con nuestro apoyo, y el objetivo a largo plazo, que es que adopten un comportamiento que desafíe la cultura de la impunidad», dijo Carter.

Carter cree que enfrentarse a la violencia sexual (masculina o femenina) es una parte importante del papel de los militares y que requiere un «cambio cultural fundamental».

«Nuestros enemigos utilizan el abuso a las mujeres como un arma contra los hombres y contra las mujeres. Es eficaz porque transmite sumisión y brutalidad, y también, de la manera increíblemente cínica que se utilizó en Bosnia, se trata de una limpieza étnica a largo plazo, que socava la identidad nacional, lo cual es profundamente repulsivo y horriblemente sistemático».

Aunque el general Carter sirvió en Bosnia y Kosovo en los años noventa, conflictos más recientes le convencieron de la necesidad de actuar.

«Una de las grandes lecciones que hemos aprendido de las campañas de los últimos quince o veinte años, en particular en Iraq y Afganistán, es que, si intentamos aportar estabilidad a esos países, no hemos de preocuparnos del enemigo sino de la población en general.

»Para tratar con la población, es absolutamente fundamental encargarse de los aspectos masculinos y femeninos, lo cual significa proteger a las mujeres, que suelen ser mucho más vulnerables que los hombres. Luego, si consideramos el impacto que el campo de batalla tiene sobre las mujeres, nos adentramos rápidamente en la violencia sexual en el combate, porque es un arma sistemática, y, para aportar la estabilidad y la seguridad que se intenta conseguir en esos países problemáticos, es necesario suprimir la capacidad de la gente de utilizar cualquier tipo de armas, pero particularmente esta.

»Es difícil abordar este problema, porque las fuerzas armadas en general suelen tener hombres al mando y una cultura masculina; y esas cosas no se cambian en poco tiempo».

Por este motivo, una de sus prioridades en su cargo anterior de jefe del Ejército entre 2014 y 2018 fue aumentar el número de empleadas, con la idea de pasar del diez por ciento al veinticinco por ciento.

«Es uno de los motivos por los cuales me inclinaba por abrir todos los cargos del Ejército a las mujeres, en particular en roles de combate cuerpo a cuerpo en el terreno, para poder mirar a la gente a los ojos y decir que en el Ejército británico no se excluye a las mujeres en ningún aspecto», dijo.

En otoño de 2018, el Ejército británico inició un curso de dos semanas en su Academia de Defensa en Shrivenham y formó a doscientos asesores especiales para ayudar a luchar contra la violencia sexual en los conflictos, en particular entre las tropas de las naciones a las que forman. Se introdujo también la identificación y la respuesta a la violencia sexual en el conflicto en la formación previa al despliegue y en las pruebas militares anuales, además de enviar al terreno una cifra mayor de equipos especializados en prestar ayuda a mujeres.

Fui testigo de esta estrategia en directo en enero de 2019, cuando acudí a Sudán del Sur, la nación más joven del mundo, que se escindió de Sudán en 2011, solo para sumirse en una guerra civil brutal, avivada por las rivalidades relacionadas con el petróleo y la etnicidad. Unas cuatrocientas mil personas fallecieron y millones fueron desplazadas, mientras que los diversos acuerdos de paz fracasaban.

Viajé a la norteña ciudad de Bentiu donde, durante diez días seguidos, unas semanas antes, unos milicianos armados habían secuestrado 123 mujeres en las carreteras mientras recorrían treinta kilómetros hasta un punto de reparto de ayuda humanitaria. Arrastraban a las mujeres al bosque para violarlas, a menudo repetidas veces.

En un campamento cercano de personas desplazadas se hallaba un grupo de soldados británicos conocidos como los Ingenieros de Bentiu, con una comandante, la mayor Alanda Scott. «Las víctimas eran mujeres entre ocho y ochenta años, de la edad de una nieta a la de una abuela, incluso mujeres embarazadas, dijo. «Es horrible. Nadie debería haberles hecho esto».

No obstante, veía una solución. Las mujeres tenían que ir tan lejos a recoger alimentos porque la carretera era intransitable para los camiones. Por ese motivo, eran objetivos fáciles. Alanda Scott podía remediarlo.

Envió a treinta de sus ingenieros de campo a limpiar la carretera, protegidos por los Guardias Granaderos y guardianes de la paz mongoles. Trabajando sin parar bajo temperaturas asfixiantes, consiguieron en cinco días eliminar la vegetación, ensanchar la carretera y aplanar la superficie de barro.

Fue algo sencillo (excepto cuando cavaron para desalojar un nido de abejas asesinas, ya que un soldado recibió ciento cincuenta picaduras), pero eficaz, y cambió la vida de las mujeres locales.

Para poner fin a la impunidad de los violadores, es preciso poner fin al silencio. Shakespeare describe a Lavinia «intentando esconderse como hace el ciervo», porque es el más personal de los delitos y no es fácil hablar de ello. La violación es el crimen menos denunciado y todavía menos la violación en tiempos de conflicto.

A veces el problema es el temor a las represalias, pero principalmente se debe al estigma, que puede ser tan traumático como el hecho en sí, tanto que muchas mujeres se suicidan. Como dice Pramila Patten: «La violación es el único crimen en el cual la sociedad tiene más probabilidades de estigmatizar a la víctima que de castigar al agresor».

El 19 de junio de 2018, asistí en Ginebra a una reunión organizada por el doctor Mukwege para celebrar el Día Internacional para la Eliminación de la Violencia Sexual en los Conflictos.

Ocho mujeres de tres continentes estaban se sentaban nerviosas en el estrado de un auditorio subterráneo en la sede de la ONU. El doctor Mukwege las había reunido como parte de la Red Global de las Supervivientes que había creado y que hasta ahora cuenta con supervivientes de catorce países.

La reunión se inauguró con la intervención de Meehang Yoon, del Consejo coreano para las mujeres secuestradas por Japón para la esclavitud sexual. Presentó testimonios en vídeo de algunas de las últimas supervivientes de las mujeres de consuelo, entre los que se hallaba el que ya había visto de Kim Bok-dong, que tenía entonces noventa y dos años, padecía cáncer y estaba demasiado débil para viajar.

«Gracias a su tenacidad y valentía, estamos hoy aquí», dijo Guillaumette Tsongo, del Congo. «Abrieron el camino para que las supervivientes pudiesen vencer la vergüenza y conseguir justicia».

Entre las supervivientes reunidas aquel día había una mujer joven de Kosovo, llamada Vasfije Krasniqi-Goodman. A los dieciséis años, en abril de 1999, fue secuestrada en su pueblo por un policía serbio que la violó a punta de navaja antes de pasársela a un colega. «Le supliqué que me matase, pero dijo que no, que de aquel modo sufriría más», contó.

«Me habéis hecho daño», dijo más tarde en una sobrecogedora carta abierta a sus violadores que grabó en vídeo y publicó en YouTube.

»Tenía dieciséis años, era una niña y tenía toda la vida por delante. Me robasteis mi juventud sin pestañear».

Se calcula que violaron a veinte mil mujeres de Kosovo durante la guerra, pero Vasfije, que se había ido a vivir a Canadá, fue la primera en contarlo. Dijo que había podido hablar únicamente porque ya no estaba en su país.

Ninguna superviviente había recibido disculpas o reconocimiento por parte del Gobierno serbio, al que acusan de las atrocidades. En un debate en el parlamento kosovar sobre las personas elegibles para recibir pensiones de guerra y la necesidad de incluir a las víctimas de violencia sexual, los políticos dijeron que deberían someterse a pruebas ginecológicas.

Los violadores de Vasfije fueron imputados en el Oficina del Fiscal en Pristina en 2012 y, un año más tarde, ella declaró ante el tribunal. Al principio, indultaron a los dos hombres en abril de 2014 por un «tecnicismo», pero un mes después un tribunal de apelación los declaró culpables. «Fue el día más feliz de mi vida, después del día del nacimiento de mis hijas», dijo Vasfije. «Fue una victoria, me liberó del sufrimiento».

Sin embargo, más tarde, el Tribunal Supremo anuló el veredicto. En su vídeo, Vasfije insistía: «He hablado durante ocho horas ante tribunales extranjeros y ha sido en vano, pero no abandonaré. No quiero que le ocurra lo mismo a mi hija o a la hija de otra mujer.

»Aquel hombre tenía razón cuando me dijo que sufriría más. Todos los días recuerdo lo que ocurrió. Mi madre murió con el corazón roto por lo que me había sucedido».

Acabó haciendo un llamamiento. «Nosotras, las veinte mil, deberíamos unirnos, dar el paso, contar nuestra historia, encontrar a esos criminales: nuestro país debería castigarlos».

Aunque no se ha dictado todavía ninguna condena, su campaña ha contribuido a aumentar la concienciación. En junio de 2015, se inauguró en Pristina el primer memorial por el sacrificio de las mujeres de la guerra de Kosovo. *Heroinat* ('heroínas' en albano) es una escultura impresionante del rostro de una mujer formado por veinte mil pines que representan a cada una de las víctimas.

En el estadio de fútbol vecino, una instalación artística también impresionante se inauguró unas semanas más tarde. Se titulaba *Thinking of you*. Cinco mil vestidos donados por las supervivientes se colgaron en cuerdas de tender en el foso, todos bien lavados. La autora era la artista Alketa Xhafa Mripa, que había dejado Kosovo para instalarse en Londres en 1997, justo antes de la guerra, para estudiar Bellas Artes en la Universidad Central Saint Martins. «Quería presentar este tema íntimo, oculto, del que nadie quiere hablar en un espacio público y en el mundo de los hombres para mostrar que no hay vergüenza ni estigma», me dijo.

Por fin, en febrero de 2018 se produjo una victoria histórica y el Estado aceptó pagar a las mujeres una pensión de doscientos treinta euros mensuales, equivalentes a lo que habían pagado durante quince años a los veteranos de guerra varones.

Sin embargo, solo se aprobaron ciento noventa en el primer año, porque el proceso era largo y pocas dieron el paso, ya que no querían que la gente supiese lo que les había sucedido. Muchas de las víctimas ni siquiera se lo habían contado a su familia más cercana.

En octubre de 2019, una segunda superviviente, Shyhrete Tahiri-Sylejmani, interpuso una demanda penal ante la Oficina del Fiscal para los Crímenes de Guerra en Kosovo.

En la reunión de Ginebra, Vasfije y las demás supervivientes hablaron de la fuerza que les daba reunirse con otras víctimas y estar juntas. El doctor Mukwege planeaba utilizar una parte de su premio Nobel de la paz para crear un fondo mundial para las supervivientes. «El sufrimiento es el mismo, tanto si se trata de mujeres de Colombia o de la República Centroafricana, del Congo o de Iraq», dijo. Quería crear también centros de excelencia mundiales donde la gente recibiese formación, y se ayudase a las mujeres que han sufrido a transformar su dolor en poder.

Le pregunté: «¿Las mujeres se pueden recuperar?».

«He hablado con tantas mujeres... y la respuesta es que no pueden», contestó. «Cuando una mujer decide dar el paso, no es para decir que se ha recuperado, sino para ser una agente del cambio. Es para decir: "Me ocurrió a mí, pero no debería ocurrirle a mis hijas o a otras"».

Es fácil desesperarse porque con cada paso adelante se da uno hacia atrás. Unos meses después de aquella apasionante reunión en Ginebra, *The Japan Times,* el periódico en inglés más antiguo del país, pareció ceder ante los que reescriben la historia de la nación en tiempos de guerra. Al parecer, actúan incitados por una sentencia del Tribunal Supremo de Corea del Sur que ordena a Mitsubishi compensar a diez trabajadores forzosos en tiempos de guerra, lo cual enfureció al Gobierno japonés, el periódico anunció en noviembre de 2018 que anteriormente había utilizado términos «que podrían haber sido erróneos» y que, por lo tanto, alteraría su definición de las mujeres de consuelo. En una nota del editor, el periódico apuntaba que anteriormente había descrito a las víctimas como a «mujeres obligadas a suministrar sexo a las tropas japonesas antes de la Segunda Guerra Mundial y durante esta»; pero añadía: «Como las experiencias de las mujeres de consuelo en diferentes regiones en guerra variaban mucho, a partir de ahora nos referiremos a las "mujeres de consuelo" como "mujeres que trabajaron en burdeles en tiempo de guerra", incluidas las que lo hicieron contra su voluntad, para prestar servicios sexuales a los soldados japoneses».

Esto no fue todo. La revocación de la sentencia del caso Bemba en junio de 2018 a causa de un tecnicismo envió una señal alarmante que podía poner en riesgo las futuras condenas.

Christine Chinkin, profesora de derecho y directora fundadora del recientemente creado Centre for Women, Peace and Security en la London School of Economics, donde Angelina Jolie es profesora visitante, dijo que lo que se había conseguido en Guatemala y en otros lugares era impresionante, pero avisó: «Son solo un puñado de casos. En comparación con el nivel de violencia sexual en tiempos de conflicto, incluso cuando hay éxitos, su número es diminuto. La gran mayoría de los casos no se lleva a los tribunales».

Tal vez no sea sorprendente, añadió. «Piensen en el índice escandaloso de condenas por violación en el Reino Unido, donde solo entre el nueve y el diez por ciento de los casos de violación que llegan a los tribunales reciben una condena».

En efecto, en 2018, más mujeres que nunca dieron el paso para denunciar las violaciones a la policía (57 882), sin embargo, el número de condenas alcanzó su mínimo histórico: un mero 3,3 %.*

Una investigación de la Law Society, el colegio de abogados de Inglaterra y Gales, evidenció que, entre 2016 y 2018, los

---

* Servicio de los enjuiciamientos de la Corona, *Violence Against Women* [La violencia contra las mujeres], 2018-2019.

fiscales en los casos de violaciones recibieron una tasa objetivo de condenas del sesenta por ciento, disuadiéndolos de tratar casos que consideraban más débiles.*

Todavía tenemos un largo camino por recorrer en Occidente. Para nuestra sorpresa, demasiado a menudo vemos que los hombres tienden a pensar que «ella se lo había buscado».

Hubo un escándalo entre las mujeres portuguesas en septiembre de 2017, cuando dos hombres, un camarero de un club nocturno y un guardia de seguridad, quedaron en libertad después de violar en los aseos del club a una mujer de veintiséis años que había perdido el conocimiento a causa del alcohol. Ambos hombres fueron condenados a cuatro años de cárcel, pero el tribunal anuló la sentencia recurrida sobre la base de «circunstancias atenuantes» de «flirteo mutuo» y de «abuso de alcohol». Uno de los jueces decisivos era el presidente del Colegio de Jueces.

En 2018, las mujeres salieron a las calles de España después del llamado caso de La Manada, en el que indultaron a cinco hombres por la violación en grupo a una chica de dieciocho años durante la fiesta anual de los Sanfermines de Pamplona. Los hombres pertenecían a un grupo de WhatsApp llamado La Manada, en el que presumían de sus hazañas sexuales. Un comentario mencionaba la necesidad de llevar cuerdas y drogas específicas para violar «porque, cuando lleguemos, querremos violar a todo lo que se nos ponga por delante». Los hombres grabaron en vídeo a su víctima a la que violaron nueve veces (oral, analmente y por la vagina) y la dejaron allí, después de robarle el teléfono móvil. Por algún motivo, los jueces sentenciaron que no se trataba de una violación, sino del delito mucho más leve de abuso sexual.

En noviembre de 2018, se produjo un caso similar en Irlanda, donde indultaron a un hombre por la violación de una chica de diecisiete años en una callejuela de la ciudad de Cork

* Melanie Newman, «"Perverse Incentive" Contributed to Slump in Rape Charges»[El «incentivo perverso» contribuyó al desplome de las acusaciones de violación], *Law Society Gazette,* 13 de noviembre de 2019.

después de que el abogado de la defensa dijera al tribunal: «Hay que ver cómo iba vestida. Llevaba un tanga con encaje por delante».

El movimiento #MeToo, que sorprendió al mundo en otoño de 2017, fue, por supuesto, un paso decisivo en la dirección adecuada. Sin embargo, como señaló Eve Ensler: «Las mujeres parecen encontrar su voz en un momento en el que muchos dirigentes misóginos están llegando al poder». Uno de ellos es Jair Bolsonaro, elegido presidente de Brasil en 2018, que, unos años antes, dijo a una política en la sala del Congreso que «era demasiado fea para que la violasen».

Trump resultó elegido a pesar de la publicación de lo que se conoce como el vídeo «Agárralas por el coño», en el cual se jactaba de agredir sexualmente a mujeres. Sin embargo, Trump consiguió el cincuenta y tres por ciento del voto femenino blanco.

Poco amigo de la ONU, el Gobierno de Trump retiró toda su ayuda al Tribunal Penal Internacional. A finales de 2018, su asesor de Seguridad Nacional por aquel entonces, John Bolton, declaró: «A todos los efectos, el TPI está muerto para nosotros».

En Estados Unidos, durante la primavera de 2019 hubo una ola de campañas dirigidas por los Estados para introducir los límites al aborto más restrictivos desde hacía décadas. Alabama aprobó la ley del aborto más extrema de la historia estadounidense para prohibir el aborto en todas las etapas del embarazo, sin excepciones en casos de violación o de incesto. Aunque estas leyes se bloquearon, al menos provisionalmente, gracias a los tribunales federales, Ohio introdujo un proyecto de ley en noviembre que creaba un nuevo crimen llamado «asesinato por aborto», en el que se recogía que las personas que se someten a un aborto o que practican abortos pueden ser castigadas con condenas a cadena perpetua.

Esto no solo afectaba a las mujeres de Estados Unidos. La oposición al aborto del Gobierno Trump obligó a diluir el lenguaje utilizado en una resolución de las Naciones Unidas en abril de 2019, que condenaba la violencia sexual en tiempos de conflictos. Estados Unidos se oponía con vehemencia a cualquier referencia a la asistencia médica reproductiva para las víctimas. Insistían en eliminar la frase que afirmaba que la ONU, «reconociendo la importancia de proporcionar asistencia temprana a las supervivientes de la violencia sexual, insta a las entidades de las Naciones Unidas y a los donantes a prestar servicios sanitarios no discriminatorios y globales, incluyendo la salud sexual y reproductiva, apoyo psicosocial, jurídico y de subsistencia».

Francia, Reino Unido y Bélgica expresaron su pesar. François Delattre, embajador francés ante la ONU, lo describió como «ir en contra de veinticinco años de victorias para los derechos de las mujeres en situaciones de conflictos armados».[*]

La concesión del premio Nobel de la Paz a Nadia Murad y al doctor Mukwege a finales de 2018 por su trabajo contra la violencia sexual en tiempos de conflictos envió un potente mensaje al mundo entero: los cuerpos de las mujeres ya no podían ser considerados campos de batalla.

Igual que el movimiento #MeToo ha potenciado que las mujeres del mundo entero den un paso al frente para denunciar el acoso sexual, hay mucha más concienciación sobre la violación en tiempos de guerra. Ambas están obviamente vinculadas entre sí. No es coincidencia que, en países como Guatemala, donde había existido impunidad para la violación en tiempos de guerra durante mucho tiempo, encontramos los índices más altos de violencia doméstica, con setecientas muertes anuales.

De forma similar, en Sierra Leona, donde la violación fue tan desenfrenada durante los diez años de guerra civil, hay tanta violencia sexual, en gran parte contra menores, que en

---

[*] Liz Ford, «UN Waters Down Rape Resolution to Appease US Hardline Abortion Stance» [La ONU diluye la resolución sobre la violación para apaciguar la impasible posición estadounidense sobre el aborto], *Guardian*, 23 de abril de 2019.

febrero de 2019 su Gobierno declaró que se trataba de una urgencia nacional. De los 8505 casos denunciados el año pasado, únicamente veintiséis llegaron a los tribunales. En un caso, un hombre de cincuenta y seis años que había violado a una niña de seis años fue condenado por el tribunal de Freetown a solo un año de cárcel.

Christine Schuler, en la Ciudad de la Alegría de la República Democrática del Congo, dijo que le preocupaba que tantos niños hubiesen sido testigos de violaciones y pensasen que violar era algo normal.

Sin embargo, a pesar de que hemos presenciado la enorme cantidad de daño prolongado que causa la violencia sexual en tiempos de guerra, existe todavía una tendencia a pensar que es menos importante que el asesinato. «La gente piensa que la guerra da permiso para matar y que violar a mujeres no es nada», dice la jueza Pillay.

«No ha habido trayectoria de desarrollo desde Akayesu», añade. «Hizo historia del derecho, pero no ha ayudado mucho a las mujeres en situaciones de conflicto».

La abogada surafricana admite que es frustrante, pero añade, encogiéndose de hombros: «Bueno, ya sabe que aprendimos a ser muy pacientes con el *apartheid*. Cada paso cuenta». «Por supuesto, estamos decepcionadas», asiente Patricia Sellers. «La guerra no se ha declarado ilegal y sigue planteándose la cuestión de la impunidad. A pesar de todo, las cosas han cambiado. Por ejemplo, una de las diferencias es que, cuando hablamos de las yazidíes, nadie se atrevería a no mencionar la violencia sexual».

Uno de los retos, aparte de superar el estigma para que las mujeres puedan alzar la voz, es la importancia de la recogida de pruebas, algo que no es fácil en esos casos.

«Si no se tienen pruebas contundentes, no se tiene un caso», dice Danaé van der Straten Ponthoz, una abogada internacional que ayudó a redactar un protocolo sobre las mejores prácticas para documentar e investigar la violencia sexual en tiempo de conflicto, que fue lanzado en 2014 por el Foreign

Office británico y que, desde entonces, se ha traducido a un número importante de idiomas.

Sin un organismo internacional oficial, a veces hay demasiada gente que hace declaraciones y cada vez que las supervivientes cuentan su historia, la declaración cambia, facilitando a los abogados de la defensa impugnarlas ante un tribunal. Es irónico que sea así en el caso de Nadia Murad.

En una oficina sin nombre de una capital europea se encuentra una caja fuerte cerrada, vigilada por cámaras de seguridad, que alberga estanterías con cajas de cartón numeradas, doscientas sesenta y cinco en total. Su contenido es escalofriante: más de un millón de documentos recogidos en Siria e Iraq, a menudo corriendo un gran riesgo, algunos de ellos firmados por el presidente Assad.

Dichos documentos forman parte de un proyecto secreto elaborado por investigadores de crímenes de guerra para reunir pruebas contra Assad, preparados para el potencial enjuiciamiento por crímenes de guerra, frente a la frustración causada por la lentitud extrema de los tribunales internacionales.

En 2018, el grupo de investigadores empezó también a reunir pruebas contra el Estado Islámico y los secuestros de mujeres yazidíes como esclavas sexuales. Al igual que el régimen de Assad, la organización terrorista documentó muchas de sus actividades y las pruebas escritas evidencian que el tráfico de esclavos era un sistema dirigido desde arriba y del que las mujeres hicieron un seguimiento.

Los expedientes militares de los yihadistas documentan cuántas *sabayas* o esclavas tenía cada uno, mientras que los registros del Tribunal revelan el comercio entre ellos. Los investigadores han identificado a centenares de propietarios de esclavos y a unos cincuenta traficantes de esclavos que organizaron el sistema y gestionaban los mercados, además de a los jueces de la *Shariat* que presidían las ventas.

La posesión de esclavas llegó a su apogeo: el líder del Estado Islámico Abu Bakr al-Baghdadi tenía esclavas a las que violaba repetidamente, incluyendo a una cooperante estadounidense de veintiséis años, Kayla Mueller, que fue secuestrada en Alepo y retenida junto a dos yazidíes por un miembro del Ejército islámico, Abu Sayyaf, y su mujer Umm Sayyaf. Por desgracia, Mueller fue asesinada en 2015 durante una incursión de las Fuerzas Especiales de los Estados Unidos destinada a rescatarla.

Estos archivos macabros incluyen también artículos de la revista mensual del grupo Dabiq. Uno de octubre de 2014 se titula «The Renewal of Slavery Before the Hour» [La renovación de la esclavitud antes de la hora]. Describe la esclavitud sexual como «un aspecto firmemente establecido de la *sharía* y explica que deben tratar a las yazidíes como *mushrikin* o adoradoras del diablo.

Se han digitalizado todos los documentos y, en la «sala de la violencia sexual», una de las investigadoras abre uno en la pantalla para enseñármelo. Se trata de un certificado de propiedad con dos imprentas digitales (del vendedor y del comprador), con la fecha y el lugar donde se efectuó la compra (Mosul) y el precio (mil quinientos dólares en metálico). El documento está firmado por un juez y un testigo.

Es igual que si se vendiese un coche. Los únicos detalles para describir el producto son: «20 años, ojos verde avellana, delgada y baja, altura un metro treinta centímetros».

«Es horrible, parece como si fuesen ganado», dice la investigadora.

«Somos investigadores de crímenes de guerra y estamos acostumbrados a cosas impactantes, pero estos documentos son horrendos, porque se refieren a la propiedad de seres humanos».

No creo que acabe nunca este viaje. Es posible que la violación en tiempos de guerra nunca se erradique del todo, pero debemos dejar de marginarla y pensar que es una consecuencia de la guerra que ha existido desde tiempos inmemoriales. Como dice Angelina Jolie: «Es un crimen de guerra que puede evitarse y al que debemos enfrentarnos con la misma determinación que al uso de las bombas racimo y de las armas químicas». Tenemos que esforzarnos más para asegurarnos de que los agresores no salgan impunes. Esto exige voluntad política y presión de la sociedad.

Podemos empezar escuchando las voces de las mujeres. Las mujeres que me contaron sus historias lo hicieron para que ya no pudiésemos decir que no lo sabíamos. Nunca olvidaré a Rojian, la chica yazidí de dieciséis años que conocí en Alemania, con la palabra «Hope» en letras brillantes en su móvil, cuando se esforzaba por decirme cómo se sentía mientras oía a su gordo secuestrador violar en la habitación de al lado a una niña de diez años que lloraba llamando a su madre. «Es difícil de contar, pero todavía es más duro que la gente no lo sepa».

Tal vez, cuando leemos este libro al amparo de nuestros hogares, este problema puede parecer lejano, pero muchas de esas mujeres pensaban que no les podría ocurrir jamás algo así. No se trata de un problema local, sino global, como dijo una de las mujeres del Congo. Es como un incendio que empieza en un bosque y sigue ardiendo. Mientras guardemos silencio, somos cómplices, porque decimos que es aceptable.

Nunca he dejado de experimentar una gran lección de humildad ante las mujeres a las que he conocido y me han contagiado su impresión de que las más afortunadas eran las que estaban en sus tumbas. Para mí, son tan heroínas de guerra como los combatientes y deberían recibir reconocimiento como tales.

Las cosas están cambiando. «La historia militar es lo que se escribió en el pasado, exclusivamente por hombres y acerca de hombres, pero ahora hemos empezado a escribir la verdadera historia de la guerra que, naturalmente, incluye las experiencias de mujeres y niños», dijo Antony Beevor. «Siempre me ha impactado que los mejores diarios de guerra estuviesen escritos por mujeres».

Mientras tanto, cada vez que paso por delante de un memorial de guerra, me pregunto por qué no están los nombres de las mujeres.

La Haya, diciembre de 2019

Agradecimientos

He escrito este libro porque me enfurecía presenciar el aumento de la brutalidad contra las mujeres en los conflictos donde trabajaba como periodista. Quería saber por qué ocurría y por qué nadie hacía nada.

Mi reportaje sobre las yazidíes y las chicas secuestradas por Boko Haram empezó con artículos para *The Sunday Times Magazine* y nunca podré agradecerles lo suficiente su apoyo a mi brillante redactora Eleanor Mills y a su adjunta Krissi Murison. Nunca tuvieron miedo de abordar temas difíciles ¡y supieron motivarme de vez en cuando con un almuerzo!

Lo que se había convertido en una obsesión personal empezó a cobrar forma de libro gracias a la motivación que me brindaron mis amigas Bettany Hughes y Aminatta Forna durante una cena en el marco espectacular de Traquair, la casa habitada más antigua de Escocia, durante el festival Beyond Borders.

Como siempre, doy las gracias a mi maravilloso agente David Godwin, que creyó en el proyecto y lo acompañó por todo el mundo, además de a su colega Lisette Verhagen, a mi excepcional editora Arabella Pike y a su fantástico equipo de HarperCollins. Gracias en particular a Julian Humphries por el sobrecogedor diseño de la cubierta y a Katherine Patrick por correr la voz.

Este libro no hubiese sido posible sin que tantas mujeres increíbles aceptasen compartir sus historias. Les estoy infinitamente agradecida por haberme hablado de las experiencias más dolorosas y duras que una persona pueda padecer.

Creo firmemente que romper el silencio es la primera etapa hacia el cambio. No obstante, son las historias más difíciles de contar. Hablamos sin prisa, respetando sus preferencias y, siempre que fue posible, en espacios seguros y en presencia de psiquiatras. Se grabó todo y transcribimos sus relatos con sus propias palabras. En algunos casos, se cambiaron los nombres; en otros, las mujeres querían que se mencionasen los suyos.

Algunas de estas mujeres son activistas que tuvieron la valentía de narrar sus historias, muchas veces con la esperanza de cambiar las cosas, aunque no es nada fácil que se te conozca principalmente por haber sufrido una de las peores experiencias de tu vida.

Este libro hubiese podido ser muy lúgubre, pero espero que, como yo, descubráis la fuerza y el heroísmo de muchas mujeres inspiradoras.

Una observación sobre el lenguaje: en general, utilizo la expresión «supervivientes» para subrayar la resiliencia de estas mujeres, como corresponde después de las situaciones que han superado, en lugar de «víctima», que tiene una connotación más desesperada y que algunos consideran una injuria. Tras haber conocido a todas esas mujeres, la última palabra que utilizaría para definirlas sería «pasivas». Sin embargo, aunque no quería definir su identidad como víctimas, no se puede negar que son víctimas de una brutalidad y una injusticia impensables. Creo, pues, que el término es válido. En algunos idiomas, como en español, la palabra «superviviente» se refiere a la persona que sobrevive a una catástrofe natural. Las mujeres colombianas y argentinas a las que conocí me explicaron que para ellas no tenía sentido que las definiese como supervivientes. Por lo tanto, he utilizado ambos términos en función del contexto. Del mismo modo, las yazidíes me dijeron que no se oponían a que se describiera que las retuvieron como esclavas sexuales, mientras esto no designase su identidad.

Muchísimas personas me ayudaron en mi camino. Empezando por las yazidíes, desearía dar las gracias al doctor Jabat Kedir por haberme puesto en contacto con las yazidíes en Alemania; al doctor Michael Blume por haber permitido mi visita y a Shaker Jeffrey por traducir.

Anne Norona, una enfermera del NHS de Penzance que pone inyecciones de bótox para recaudar fondos, fue una gran compañera de viaje tanto en Alemania como en Iraq.

En el campamento de Janke, quiero dar las gracias a Pari Ibrahim y a Silav Ibrahim de la fundación Free Yezidi, a los psicólogos del trauma Ginny Dobson y Yesim Arikut-Treece, y al adorable Jairi por su interpretación. Shilan Dosky me prestó una ayuda inestimable en Kurdistán.

En Nigeria, gracias a la campaña *Bring Back Our Girls,* al abogado Mustapha y a las ONG locales que trabajan en los campamentos de personas desplazadas y que prefieren permanecer en el anonimato.

En los campamentos de los rohinyás, doy las gracias a Save the Children y a mis intérpretes Reza y Sonali. El doctor Azeem Ibrahim fue una gran caja de resonancia cuando regresé a Londres.

En Bangladés, estoy muy agradecida a Aziz Zaeed, que me ayudó a organizar las reuniones con las *birangonas* y fue mi intérprete, y a Safina Lohani y Mofidul Hoque.

Agradezco a James Hill y a Remembering Srebrenica que organizaran mi visita a Bosnia y a mis fabulosos guías Resad Trbonja y Aida, además de al personal de Medica Zenit.

En Ruanda, doy las gracias a Samuel Munderere del Survivors Fund (Surf), a Felix Manzi y a mi amiga Michele Mitchell, cuya película *The Uncondemned* sobre la lucha por la justicia es imprescindible. Su alijo de vino californiano y su adorable hermano Matt proporcionaron un leve alivio en los momentos sombríos.

En Argentina, quiero dar las gracias a Lorena Balardini y a Miriam Lewin, además de al personal de la ESMA.

Mi visita a la República Democrática del Congo, al hospital de Panzi y a la Ciudad de la Alegría no hubiesen sido posibles sin la ayuda de Elizabeth Blackney, Esther Dingemans, Apolline Pierson y Crispin Kashale. Mi agradecimiento también a Rodha, psiquiatra e intérprete, a Daniele Perissi y al personal de TRIAL International, a Simon O' Connell, director ejecutivo de Mercy Corps y a su asistente Amy Fairbairn, además de a Jean-Philippe Marcoux en Goma, que fue una fuente de conocimientos sobre las milicias del este del Congo.

En Filipinas, gracias a Sharon Cabusao-Silva de Lila Pilipina por haber organizado mis reuniones, a Joan Salvador de Gabriela y Oscar Atadero, que fue mi intérprete.

Muchos otros expertos en este campo fueron sumamente útiles y generosos con su tiempo. Mil gracias a Antony Beevor, Eve Ensler, la baronesa Arminka Helic, lord William Hague, Peter Frankopan y Leslie Thomas.

Los fotógrafos con quienes trabajé en algunas de mis misiones hicieron la labor mucho más agradable. Tomaron fotografías magníficas, algunas de las cuales figuran en el libro. Georgios Makkas, en Leros y en Alemania; Justin Sutcliffe, en uno de mis viajes a Maiduguri; Nichole Sobecki, en Ruanda; Paula Bronstein, en los campamentos de los rohinyás y en la República Democrática de Congo.

Mil gracias a David Campbell por proporcionarme en Casa Ecco, a orillas del lago de Como, un lugar maravilloso para pensar, y a las dos M (Margherita y Marilena) por deleitarme con una deliciosa pasta con pescado para estimular la escritura.

Sé que muchas de estas historias no han sido una lectura fácil. Gracias por leerlas, por el interés y, espero, por divulgarlas, porque nada cambiará sin justicia. No ha sido un libro fácil de escribir ni ha sido fácil convivir con él.

Gracias a mi magnífico hijo, Lourenço, por haber soportado a una madre distraída y a mi maravillosa madre que me educó para que me importase lo bueno y lo malo. Sobre todo, gracias a Paulo. *Até o fim do mundo.*

Bibliografía

Aleksiévich, Svetlana, *La guerra no tiene rostro de mujer* (Debolsillo, Barcelona, 2015).
Bourke, Joanna, *Los violadores. Historia del estupro de 1860 a nuestros días* (Crítica, Barcelona, 2009).
Brownmiller, Susan, *Contra nuestra voluntad* (Planeta, Barcelona, 1981).
Chang, Iris, *La violación de Nanking* (Capitán Swing, Barcelona, 2016).
Herzog, Dagmar (ed.), *Brutality and Desire: War and Sexuality in Europe's Twentieth Century* (Palgrave Macmillan, Basingstoke, 2009).
Jesch, Judith, *Women in the Viking Age* (Woodbridge: Boydell Press, 2003).
Sanyal, Mithu, *Rape: From Lucretia to #MeToo* (Verso, Londres, 2019).
Shakespeare, William, *Titus Andronicus* (Penguin Classics, Londres, 2015).
Vikman, Elisabeth, «Ancient Origins: Sexual Violence in Warfare, Parte I», *Anthropology & Medicine,* vol. 12, n.º 1, pp. 21–31, Londres, 2005).
Vikman, Elisabeth, «Modern Combat: Sexual Violence in Warfare, Part II» *Anthropology & Medicine*, vol. 12, no. 1, pp. 33–46, Londres, 2005)

Agresores
Ensler, Eve, *La disculpa* (Ediciones Paidós, Barcelona, 2020).
Human Rights Center, *The Long Road – Accountability for Sexual Violence in Conflict and Post-Conflict Settings* (UC Berkeley School of Law, Berkeley, 2015).
Human Rights Watch, *Kurdistan Region of Iraq: Detained Children Tortured – Beatings, Electric Shock to Coerce ISIS Confessions* (Human Rights Watch, Nueva York, 2019).
Skjelsbæk, Inger, *Preventing Perpetrators: How to Go from Protection to Prevention of Sexual Violence in War?* (Peace Research Institute Oslo, PRIO Policy Brief 3, Oslo, 2013).
Slahi, Mohamedou Ould, *Diario de Guantánamo* (Crítica, Barcelona, 2016).
Wilén, Nina e Ingelaere, Bert, «The Civilised Self and the Barbaric Other: Ex-Rebels Making Sense of Sexual Violence in the DR

Congo» *(Journal of Contemporary African Studies,* vol. 35, no. 2, pp. 221–239, 2017).

Wood, Elisabeth Jean, «Rape during War Is Not Inevitable», en *Understanding and Proving International Sex Crimes* (Torkel Opsahl Academic EPublisher, Pekín, 2012).

Argentina

Balardini, Lorena, Sobredo, Laura y Oberlin, Ana, *Violencia sexual y abusos sexuales en centros clandestinos de detención: Un aporte a la comprensión de la experiencia argentina* (CELS/ICTJ, Buenos Aires, 2010).

Lewin, Miriam y Wornat, Olga, *Putas y guerrilleras* (Planeta, Buenos Aires, 2014).

Sutton, Barbara, *Surviving State Terror: Women's Testimonies of Repression and Resistance in Argentina* (New York University Press, Nueva York, 2018).

Bangladés

Bass, Gary Jonathan, *The Blood Telegram: Nixon, Kissinger, and a Forgotten Genocide* (Hurst, Londres, 2014).

Mookherjee, Nayanika, *The Spectral Wound: Sexual Violence, Public Memories and the Bangladesh War of 1971* (Duke University Press, Durham, NC, 2015).

Raja, Jadim Husaín, *A Stranger in My Own Country: East Pakistan, 1969–1971* (University Press, Daca, 2012).

Berlín

Anónimo, *Una mujer en Berlín, Anotaciones de Diario escritas entre el 20 de abril y el 22 de junio de 1945*, (Anagrama, Barcelona, 2005).

Beevor, Antony, *Berlín: La caída, 1945* (Crítica, Barcelona, 2015).

Djilas, Milovan, *Conversaciones con Stalin* (Seix Barral, Barcelona, 1962).

Huber, Florian, *Promise Me You'll Shoot Yourself: The Downfall of Ordinary Germans*, 1945 (Allen Lane, Londres, 2019).

Köpp, Gabriele, *Warum war ich bloß ein Mädchen?: Das Trauma einer Flucht 1945* (Herbig Verlag, 2010).

Merridale, Catherine, *La guerra de los Ivanes, El Ejército Rojo 1939-1945*, (Debate, Barcelona, 2007).

Birmania-Rohinyás

Human Rights Council, *Report of the Independent International Fact-finding Mission on Myanmar* (United Nations Human Rights Council A/HRC/39/64, Ginebra, 2018).

Ibrahim, Azeem, *The Rohingyas: Inside Myanmar's Hidden Genocide* (Hurst & Company, Londres, 2016)

Orwell, George, *Los días de Birmania* (Ediciones del Viento, La Coruña, 2007).

Bosnia
Andric, Ivo, *El puente sobre el Drina* (Debolsillo, Barcelona, 2016).
Borger, Julian, *The Butcher's Trail: How the Search for Balkan War Criminals Became the World's Most Successful Manhunt* (Other Press, Nueva York, 2016).
Butcher, Tim, The Trigger: *The Hunt for Gavrilo Princip – The Assassin Who Brought the World to War* (Vintage Digital, Londres, 2014).
Glenny, Misha, *The Fall of Yugoslavia: The Third Balkan War* (Penguin, Londres, 1992).
Warburton, Ann, *EC Investigative Mission into the Treatment of Muslim Women in the Former Yugoslavia, Summary of Report to EC Foreign Ministers* (WomenAid International, Copenhague, 1993).

España
Beevor, Antony, *La guerra civil española* (Crítica, Barcelona, 2005).
Preston, Paul, *El holocausto español* (Debate, Barcelona, 2017).
Sender Barayón, Ramón, *Muerte en Zamora* (Postmetrópolis, Madrid, 2018).

Guerra de Secesión de Estados Unidos
Carr, Matthew, *Sherman's Ghosts: Soldiers, Civilians, and the American Way of War* (New Press, Nueva York, 2015).
Feimster, Crystal Nicole, *Southern Horrors: Women and the Politics of Rape and Lynching* (Harvard University Press, Londres, 2009).

Nigeria
Habila, Helon, *The Chibok Girls: the Boko Haram Kidnappings and Islamist Militancy in Nigeria* (Penguin, Londres, 2017).
O'Brien, Edna, *La Chica* (Lumen, Barcelona, 2019).
Thurston, Alex, *'The Disease Is Unbelief': Boko Haram's Religious and Political Worldview* (The Brookings Institution, Center for Middle East Policy, Analysis Paper n.º 22, Washington DC, 2016).
Walker, Andrew, *'Eat the Heart of the Infidel': The Harrowing of Nigeria and the Rise of Boko Haram* (Hurst, Londres, 2016).

Nínive
Brereton, Gareth (ed.), *I Am Ashurbanipal: King of the World, King of Assyria* (Thames & Hudson, Londres, 2018)

República Democrática de Congo

Guevara, Ernesto «Che», *Pasajes de la guerra revolucionaria: Congo* (Sudamericana, Buenos Aires, 1999).

Johnson, Kirsten *et al.*, «Association of Sexual Violence and Human Rights Violations with Physical and Mental Health in Territories of the Eastern Democratic Republic of the Congo» *(Journal of the American Medical Association,* vol. 304, n.º 5, pp. 553–562, Chicago, 2010).

SáCouto, Susana, *The Impact of the Appeals Chamber Decision in Bemba: Impunity for Sexual and Gender-Based Crimes?* (Open Society Justice Initiative, International Justice Monitor, Nueva York, 22 de junio de 2018).

United Nations Security Council, Final Report of the Panel of Experts on the Illegal Exploitation of Natural Resources and Other Forms of Wealth of the Democratic Republic of the Congo (UNSC S/2002/1146, Nueva York, 2002).

Van Reybrouck, David, *Congo: The Epic History of a People* (4th Estate, Londres, 2014).

Ruanda

Durham, Helen y Gurd, Tracey (eds), *Listening to the Silences: Women and War* (Martinus Nijhoff Publishers, Leiden, 2005).

Gourevitch, Philip, *We Wish to Inform You That Tomorrow We Will Be Killed with Our Families: Stories from Rwanda* (Farrar, Straus & Giroux, Nueva York, 1998)

Hatzfeld, Jean, *A Time for Machetes: The Rwandan Genocide – The Killers Speak* (Serpent's Tail, Londres, 2005).

Human Rights Watch, *Shattered Lives: Sexual Violence during the Rwandan Genocide and its Aftermath* (Human Rights Watch, Nueva York, 1996)

Nowrojee, Binaifer, *Your Justice is Too Slow': Will the ICTR Fail Rwanda's Rape Victims?* (United Nations Research Institute for Social Development, UNRISD Occasional Paper 10, Ginebra, 2005).

Sundaram, Anjan, *Bad News: Last Journalists in a Dictatorship* (Bloomsbury, Londres, 2016).

Van Schaack, Beth, *Engendering Genocide: The Akayesu Case Before the International Criminal Tribunal for Rwanda* (Human Rights Advocacy Stories, Foundation Press, Nueva York, 2009).

Siria

Human Rights Council, *'I Lost my Dignity': Sexual and Gender-based Violence in the Syrian Arab Republic –* Conference Room Paper of the Independent International Commission of Inquiry on the

Syrian Arab Republic (United Nations Human Rights Council A/ HRC/37/CRP.3, Ginebra, 2018).
United Nations High Commissioner for Refugees, 'We Keep It in Our Heart': Sexual Violence Against Men and Boys in the Syria Crisis (AC-NUR, Ginebra, 2017).

Vietnam
Hastings, Max, *Vietnam: Una tragedia épica, 1945-1975* (Crítica, Barcelona, 2019)

Yazidíes
Jeffrey, Shaker y Holstein, Katharine, *Shadow on the Mountain: A Yazidi Memoir of Terror, Resistance and Hope* (Da Capo Press, Nueva York, 2020) Murad, Nadia y Krajeski, Jenna, *Yo seré la última*, (Plaza y Janés Editores, Barcelona, 2017).
Otten, Cathy, *With Ash on Their Faces: Yezidi Women and the Islamic State* (OR Books, Nueva York, 2017).

Producciones audiovisuales
Blood in the Mobile. Dirigida por Frank Piasecki Poulsen, Koncern TV, 2010.
City of Joy. Dirigida por Madeleine Gavin, Netflix, 2016.
En tierra de sangre y miel. Dirigida por Angelina Jolie, GK Films, 2011.
Los fiscales. Dirigida por Leslie Thomas, Art Works Projects, 2018 .
El silencio de otros. Dirigida por Almudena Carracedo y Robert Bahar, Semilla Verde Productions, 2018.
The Uncondemned. Dirigida por Michele Mitchell, Film at Eleven Media, 2015.

Créditos de las fotografías

Principal de los Libros le agradece la atención
dedicada a *Nuestros cuerpos, sus batallas,*
de Christina Lamb.
Esperamos que haya disfrutado de la lectura
y le invitamos a visitarnos
en www.principaldeloslibros.com,
donde encontrará más información
sobre nuestras publicaciones.

Si lo desea, también puede seguirnos
a través de Facebook, Twitter o Instagram
utilizando su teléfono móvil
para leer los siguientes códigos QR: